俚语赏释

许文华◎著

江苏凤凰文艺出版社
JIANGSU PHOENIX LITERATURE AND ART PUBLISHING

图书在版编目(CIP)数据

俚语赏释 / 许文华著. --南京：江苏凤凰文艺出版社，2021.8
ISBN 978-7-5594-4494-3

Ⅰ.①俚…　Ⅱ.①许…　Ⅲ.①汉语-俗语-汇编-武冈　Ⅳ.①H136.4

中国版本图书馆 CIP 数据核字(2020)第 013217 号

俚语赏释

许文华　著

责任编辑	朱雨芯
装帧设计	书香力扬
责任印制	刘　巍
出版发行	江苏凤凰文艺出版社
	南京市中央路 165 号，邮编：210009
网　　址	http://www.jswenyi.com
印　　刷	成都兴怡包装装潢有限公司
开　　本	880 毫米×1230 毫米　1/32
印　　张	24
字　　数	485 千字
版　　次	2021 年 8 月第 1 版
印　　次	2021 年 8 月第 1 次印刷
书　　号	ISBN 978-7-5594-4494-3
定　　价	108.00 元

序

语言作为交际工具，它同时具有记录文化的功能，记载了人类文明的巨大成果。语言本身也是文化，不同语言的产生和发展其实就是一种文化的产生和发展，世界的语言多种多样，反映了世界文化多样性。就汉语而言，除了平时所说的普通话，还有各种方言，方言的存在也是文化多样性的反映。

一种语言或方言的文化性最直接的表现是俗语，人们为了区别普通话的俗语，就把方言俗语称为俚语。一般工具书对俗语和俚语分别有解释，说俗语是通俗并广泛流行的定型的语句，简练而形象化，大多数是劳动人民创造出来的，反映人民的生活经验和愿望。说俚语是粗俗的或通行面极窄的方言词。这个说法实际上是值得再斟酌的。所有的俚语都具有地域流行性、相对定型性、通俗形象性、民众性、经验性，这些特征本身就散发着地域文化气息，可以说，俚语是地域语言文化的瑰宝，它也是一种语言艺术的凝结。它不用推广，流淌在生活中，浸润成民众血液里的文化基因。

能够把某地俚语辑录出来已经很不容易了，不但辑录出来还能逐条进行赏释，则是非常值得敬佩的。许文华以武冈俚语为基础的《俚语赏释》这本书是长期积累的结果，不止是热爱就能做到的。单看前言就能让人感受到作者对武冈俚语的研究追求透彻甚解，很见功力。

《俚语赏释》的编写在俚语收条、体例设置和用例呈现方面都非常有特色。

1. 俚语层次丰富。书中所收俚语，从俚语性质上看，包括了词、惯用语、成语、歇后语、谚语；从俚语形式上看，包括了双音词、三音语、四音语、单句、复句。比如："打破"(用从中作梗说不利事物成功的话达到使别人的事办不成的目的)，"吃得咸"（口味重，做生意赚钱或用不正当手段谋取利益心狠)，"二不借五"（比喻不愿意在别人面前服软)，"倒呱桐油——有队（油坠）"，"把式把式，当不得个哑式"(意为只会套路不练功底的把式，不如没练过套路却有蛮劲的人)，"你家有金银，隔壁有斗秤"（意为有钱财不要嚣张，人们知道你家财富的多少和来路)。这些俚语的辑录，从侧面诠释了俚语的形式范围。

2. 体例独特适用。书中辑录俚语 570 条，每个俚语都按照"词解""释义""艺术和现实意义""语例"来赏释，这个体例设计很具匠心，也颇见功力。其中，"词解""释义""艺术和现实意义"看起来都是在解释意义，但它们是从微观到宏观的有机联系。"词解"注重关键字词的特殊意义和需要提示的读音，方音标音采用的是汉语拼音的方式而非学界使用的国际音标，这种方式对于武冈民众或其他方言区的读者来说是可以理解的方式。"释义"中，如果只有一个义项则统释，不少有两个义项的，分为本义和语用意义，比较固定的语用意义学界一般称为引申义，但这通常用在一般词语中，教科书里面的惯用语、成语、歇后语、谚语的意义解释通常直接给的是语用意义，所以《俚语赏释》在释义中分层次的做法是有积极贡献的。“艺术和现实意义”是对“释义”原理的进一步扩充，包括有没有比喻色彩，有没有感情色彩，事理上有没有要注意的地方，俚语解释到这里已经把来龙去脉全都端出来了。最后的“语例”的展示是对前面所有释义以及使用要求的原味展示，使得俚语条目落到实处。这样的体例设计对读者来说，即便不是武冈人也能完全领会所举条目的意思和用法。

3. 语例情境科学。《俚语赏释》的落脚点是最后的“语例”，本书的“语例”式样是俚语辑录值得推崇的。不少俗语或者方言俗语书在解释俗语或俚语的时候，先给出条目再进行解释，不再举例，因为俗语或俚语要举例很不简单，不能像普通词语那样造个句子就行了，它往往需要情境，在具体情境下才能顺势导出某个俚语，而要把情境都给出来是比较麻烦的。《俚语赏释》的语例都镶嵌在情境中，比如“十分九寸”的语例是：会计老杨在代生产队向农户收购红薯养猪。有几个与老杨是一大家族的农户，要求老杨的秤平称些，以虚增红薯的重量（如果经验老到，一百斤可多出三五斤），老杨拒绝了。这几个农户抱怨说：“没见过你这么死心眼的，一大家子人做事何必这样十分九寸!”这个语例如果只给出最后一句，内容也很完整，但有了前面的情境才能使这个成语式的俚语可感性更强，在前面释义的基础上加深理解。

《俚语赏释》的俚语生动活泼，充满田野气息，它的编写和赏释也破费心力，将科学精神和应用精神融为一体，为俚语编写提供了一个有价值的范式。

我与许文华素不相识，最开始想把它推荐给研究武冈话的同行教授，却不过作者的再三委托请求，拜读了大作，虽然知道有的概念或释义方式不是学界的方式，但并无妨碍，它的内容和编写的功力让我心生敬意，这样的书值得推介。是为序。

彭兰玉

2019年4月　于岳麓山下

（说明：彭兰玉为湖南大学文学院汉语言文字学学科带头人，院学术委员会副主任委员，国家级普通话测试员，湖南省语言艺术专家库专家。主持的课题之一是方言研究。）

前　言

关于“俚语”一词，不同的辞书有不同的解释。《现代汉语词典》(商务印书馆 1978 年 12 月第 1 版，1980 年 6 月第 18 次印刷本第 687 页，2016 年 11 月第 577 次印刷本解释与此同）解释为“粗俗的或通行面极窄的方言词。”并列举了北京话里的“撒丫子（放开步子跑）”与“开瓢儿（打破头）”作实证。最新出版的《中华大词典》(四川辞书出版社于 2018 年 5 月第 1 次出版第 1 次印刷）对“俚语”一词也作出了相同的定义，只是举例不同而已（见该词典第 552 页)。上海辞书出版社出版的《辞海》(2002 年 1 月版同月第 1 次印刷本第 1002 页）解释为：“通俗的口头短语。俗语的一种。常带有方言性。”并列举了《新五代史 · 王彦章传》里的相关内容为例：“彦章武人，不知书，常为俚语谓人曰‘豹死留皮，人死留名。’”上海辞书出版社 1982 年出版的《辞海（语词分册）》（1977 年 11 月第 1 版，1982 年 4 月第 4 次印刷本第 220 页）解释为：“俗语或谚语。常带有方言性。”《现代汉语词典》对“俗语”和“谚语”分别是这样解释的：俗语，通俗并广泛流行的定型的语句，简练而形象化，大多数是由劳动人民创造出来的，反映人民的生活经验和愿望；谚语，在民间流传的固定语句，用简单通俗的话反映出深刻的道理。笔者认为，俚语里是包含着较多的粗俗话语，但并不全是粗俗的话语，很多俚语用语也较文雅、含蓄，《现代汉语词典》及《中华大词典》对“俚语”的定义有歧视之嫌；俚语大多用语简练，语面字符不多，但也有部分俚语语面较长而不失经典的。所以，前述 2002 年版《辞海》，以“短语”来修饰“俚语”也欠准确。笔者注意到，新出版的《中华大字典》（2015 年 6 月第 3 版第 26 次印刷，第 536 页），对“俚”字是这样解释的：“俚俗的；民间的；通俗的：俚语/俚谣/俚歌。”这种解释，是对历代字典、词典关于“俚”字含义的继承和发展。既然“俚”有“民间的”含义，中国又是一个多民族的国家，且地大物博，各地的民间就有包括语言在内的很多习俗的差异，俚语作为民间的用语组成部分，也不会是广泛流传的，广泛流传了的就已不再是俚语了，就已经被通用语言吸收了。所以，《辞海（语词分册）》对“俚语”的定义也欠准确——因为它不像俗语那样广泛流传。综上所述，笔者认为：俚语，是民间特定的环境，特定的历史条件和特定的文化底蕴中产生的，富有特定意义，具有地方风格的，比较固定的和流传不广的简练的语句（常常以词和短语的形式出现）。

一个地域的俚语的集合，在很大程度上体现了这个地域人们过去和现在的生活状态，是这个地域的人生活、文化的缩影。虽然俚语不登大雅之堂，但是，是值得人们学习和研究的，因为一个民族，一个国家的历史、文化，都是由这样一个个地域，一个个地域的人们的生活历史和文化构成的。比如普通话就是以北京语音为标准音，在北方方言的基础上结合其他语言因素加以改进而推行全国的。不去研究这些特定的、具体的文化现象，对这个民族、对这个国家的了解就是肤浅的。据有关资料显示，俚语在英语中也是极具色彩和活力的，基于多元、广交、勤变、求新、务奇、趋俗的美国俚语尤甚。美国就有一部《美国俚语大全》（美国哈泼-罗出版公司 1986 年出版，作者为大学退休英语教授罗伯特·查普曼博士）。该书收集了 17000 个词条。由于这本《美国俚语大全》的推广，很多昔日不登大雅之堂的市井话，如今已常见于各大报刊。我国目前虽然还没有俚语大全之类的书籍，但很多的属于俚语范围的词汇，带着以往旧有词语不可比拟的含义，变成了网络流行语。可见，俚语是有强大生命力的，它能促进国家、民族语言、文化的更新进步。

本编所著《俚语赏释》，是以武冈（湖南省直属县级市）地域流行的俚语为基础而展开的。在此，有必要谈谈武冈俚语的特色。

武冈区域有着悠久、淳厚的历史文化。自西汉文、景帝年间建县以来，两千多年间，历经郡、州、路、府等的沿革变迁，南明桂王朱由榔还曾在这里建立过短暂的永历王朝；在这里主政的，不仅仅是县、郡、州、路、府的长官，更多有王公贵族；历史名人陶侃就曾在这里任过县令；在这片热土上，孕育过以李道纯、潘应斗、邓辅纶、欧阳东等为代表的本地许多历史文化名人。这诸多因素，为武冈区域沉淀了丰厚的文化底蕴。在此基础上产生的武冈俚语更具有耐人寻味的文化内涵。

了解武冈区域的俚语，在很大程度上，是对武冈区域人文、历史的解读；同时，要理解武冈区域的俚语，也需要我们具有丰富的生活阅历和知识。

一、武冈俚语比喻多，而且对比喻修辞的应用有发展

武冈俚语有三分之一以上是比喻，包括非严格意义上的打比方。各类句式的俚语都能找见比喻修辞的身影，小到几个字的短语，大到语面字数较多的复句，就是反问句式中也套有比喻的修辞手法。武冈俚语的比喻中，又以借喻为多，可以说绝大部分的比喻都是借喻，即语面中不出现本体和比喻词，在具体的语言环境中直接道出喻体。

我们知道，比喻的运用，不仅使语言生动形象，借喻的运用，更使语言明快、简洁，而武冈俚语在比喻的具体用语中，又常常赋予含蓄、委婉的艺术。如把心胸狭窄，妒嫉心强的人比作“小生娘娘”，要理解本俚语，首先要知道“小生娘娘”的出处，才知道该比喻的旨意——对你心胸狭窄、爱生气缺点的批评，可“小生娘娘”毕竟是一尊神，人与神是有天壤之别的，这样用语既指明了你的缺点，又对你没有贬损的色彩——在一定意义上是抬高了你的身价，使你生不起大气，使批评容易为人接受。又如“玻璃相公”，是把人比作玻璃做的读书人（或士子），知道是说你没有作用，一碰即烂，但玻璃做的人多漂亮——晶莹剔透的，读书人或出仕的人多高尚，这同样让你挨了批评不生气。这是武冈俚语对比喻修辞的发展其一。其二，动态比喻多。比喻应用中常常是用甲物比乙物的情况多，而武冈俚语中，常常以动态的行为或过程来比喻事物的性质或状况。如“喉咙里伸出手来”，喉咙里伸出手来干什

么？当然是把食物抓进食道，把那种想吃食物的迫切性以动态的行为描画得栩栩如生。其三，同类相比。记得在学习语法修辞讲到比喻时，有这么一条规则：本体和喻体是性质不同的两个事物。但武冈俚语中却有较多的同类相比的情况，且也都生动有趣。比如“亲家母”，在本地方言中本指夫妻双方的母亲，在俚语中是比喻闹了意见互不通气、互不说话的两个女人。在旧中国，婆媳矛盾是一个永恒的话题，婆婆刁难媳妇，常常是以媳妇屈让为结局，媳妇的母亲能对女婿的娘能好吗？能不心存芥蒂吗？当然夫妻双方母亲的矛盾不是敌我矛盾，被比喻的两个女人的关系也不是你死我活的关系。其四，以假设为喻体。很多比喻中的喻体是虚无的或基本不存在的，但在俚语中假设其存在，旨在突出或深化比喻意义。例如“裤裆里拉屎同狗打憋”：我们知道，一个正常的人，谁也不会为了不让狗吃到自己拉的屎而把屎拉在自己裤裆里，而俚语把它假设为一个已然的事实，旨在强调俚语所批评的行为的行为人愚蠢，处理问题不理智。

二、武冈俚语用语简洁，含意丰富

武冈俚语常常以形象的或约定俗成的短语（短至二三字）来表示特定的语言内容，如特定的人群，人的品性，事物的状态等。这类俚语不仅为数众多，而且使用频率高，常常以简短的字面表达着丰富的内含。如“三足猫”三字，代表的内含是指某人生性好动，闲不住，安静不下来；它虽不是“勤劳”的别称，但也不具较强的贬义性，是一种稍带责备口吻的描述。又如“不通得”，本指在什么地方卡住了，过不去，但约定俗成的俚语意义是指，某人做了违背人伦道德或亵渎神灵的事或说了这方面的话，必然会遭到神明的惩罚，使其生命、健康不得顺畅。

武冈俚语用语简洁的特点，在很多借喻句式俚语的用语特点中已得到了体现，这一特点也体现在其他类型的语句中，如表判断的俚语，语句中一般都不出现判断词，很多时候都不出现主语和谓语，只出现语句中表程度的成分。如“牙是牙，刷是刷的”，这个俚语是说某人说话很刻薄，不照顾情面，而语面却不出现主语“某人”和谓语“说话”，只有表示程度的补语。主、谓语常常在具体的语言环境中省略了。又如复句型的俚语中，常常不出现关联词，既使用语简单，又使上下语句更贯通、紧凑。很多语面只有几个字的短语，都是紧缩型的复句。

三、武冈俚语有大量俚语的用语意义系弦外之音

很多俚语语面是一个语意完整的句子，但用语意义却不是语面直接表达的意思，而在言外之意——弦外之音。弦外之音要让听者根据自己的生活经验和语言积累去领会。有些弦外之音是用逻辑推理去判断的，如“天上打死人，地上要解交”——既然天上那么遥远的地方打死人地上的人都要想办法去劝解了，那么，地上的人闹矛盾了我们还不应当去劝解吗？有的俚语语面和言外之意往往没有逻辑联系，它们之间是一种约定俗成的关系，如“荞麦畲里打死人”的用语意义是讽刺、批评那些“土气”未脱就惺惺作态装“洋气”、高贵的人，如不是通过一个典故说明，怎样的推理也是推不到这上面来的。还有的俚语的弦外之音是不十分确定的，在不同的用语环境和用语对象中，言外之意会有所不同，如“打瞌睡当不

得死”，用于拖欠不还的人，是劝人要还了才最终解决问题；若是用于办事想敷衍塞责的人，就是说此事最终还是要你办结的，迟办不如早办了。

四、武冈俚语创造了独特的“不”字格歇后语

武冈俚语中也不乏歇后语。本书收集的歇后语大多是武冈区域独有的，或者与别的地方同“面（谜面）”不同“底（谜底）”的歇后语。其中值得一提的是“‘不’字格歇后语”。

“不”字格歇后语（笔者根据其特点概括性命名）可以说是武冈区域的人民所独创。它是以“不”字格式否定某事物存在的语气开头，接着以具体的事例来肯定前半句中被否认的事物的存在，有着“打当面骨”的效应。也可以说是一种否定之否定的句式。它和其他歇后语一样，同样有“谜面”和“谜底”组成，但“谜面”和“谜底”没有必然的逻辑联系，即不能根据“谐音”或“推理”来确定“谜底”，而是一种约定成俗的“谜面”“谜底”关系。这也是武冈“不”字格歇后语的独特之处。它除了具有普通歇后语的生动及耐人寻味的含蓄，还赋予了用语的特别幽默感。如“扶冲人不卖杨梅——一角不卖，八分才卖”说的是个老实本分的农民提着上好的杨梅去城里卖，临行前家里人嘱咐说，至少要八分钱一斤才能卖，路上，别人见他的杨梅好出价一角钱一斤，问他卖不卖，他说：“一角不卖，八分才卖。”其本意可能是认为杨梅卖到八分钱一斤就可以了，不必要别人多出钱，表现的是一个憨厚的买卖人的形象。但在世俗观念中，一般都被认为是傻到了家——没有比这人更傻的了，于是本俚语就成了一个幽默的笑话。

五、时代局限性的武冈俚语同样具有生命力

由于俚语的产生离不开具体的地理、历史环境，且每一个俚语都有较固定的含义，这就使俚语带有一定的时代局限性，很多过去产生的俚语，在新的历史时期就会失去使用的意义。尽管这部分俚语已没有较大的现实意义，但俚语本身的艺术与其反映的历史状况是不可否定的。本书收集了部分时代局限性很强的俚语。这些俚语都从不同的角度，不同的程度反映了一个历史时期这一区域的人民的习俗和生活状况，具有历史借鉴意义。如“十二月冇被盖，天天好娶亲”“别人的男人好又好，我也想不到；自己的男人丑又丑，捡个毛钱落我手”“前世冤家两个老”，读懂了这三句俚语，对本地区之前的婚姻状况就了解了一个大体的棱角，同时也能体验到本地区人民生活的艰难和妇女的痛苦。管中窥豹——略见一斑，武冈区域的人民是如此，别的地方的人民的生活和妇女地位也好不到哪里去。“历史的经验值得注意”，俚语所反映的一定时期人们具体的生活状况不应被忘记。了解和记住这些俚语也是我们对历史经验的借鉴。这些俚语虽不常用，但同样具有生命力。

六、很多普通话中的词语在武冈俚语中有独特的含义

前面讲到用语简洁是武冈俚语的一大特色，在这些简洁的俚语中，很多都是普通话中简单的词语，但它们作为俚语，一是单独成句使用，二是与普通话的词语相比较有着独特的含义。这些含义并不是武冈人民的杜撰，而是对它们在普通中含意的延伸和发展。比如“地道”，在普通话中一是指在地下挖掘的通道，二是指真正的名产地出产的（东西），三是“真正的、纯粹的、实在的、够标准”的意思。而在武冈俚语中它

是指人的为人是真诚的，符合道德规范的。“地道”的俚语意义是对其在普通话中三方面意义的综合发展和延伸。又如“洋人”，本指外国人，特别是西洋人。在武冈俚语中是指用使别人上当受骗的话语或方法让别人闹笑话或出丑。西洋人若出现在小山村，因其肤色、眼色、毛发与本地人迥异，会受到本地人的围观，本地人闹笑话了，出丑了，也会受到大家的围观和取笑。这就把名词发展成了动词性用语了。

本人并非语言学家，也非民俗研究者，但生在农村，长在农村，在武冈俚语的熏陶中成长。闲暇时间，回味俚语，觉其虽用语粗俗，但道理深刻并饱含用语艺术，于是，产生了收集和探讨武冈俚语的兴趣。

本书并非俚语大全，是在作者所熟识的俚语基础上，较多摄取亲朋有意无意间提及的俚语并加以琢磨及讨教，以自认为有艺术价值和现实意义的俚语为素材，经反复推敲和查阅相关资料后编写而成。在俚语的选取中，尽量做到选取汉语成语词典、歇后语汇编书籍等未收集的，本区域独有或虽非独有但有独特含义的口头用语。

本书采用“词解”“释义”“艺术和现实意义”“语例”的体例编写。“词解”侧重于相关字词在俚语中的特殊意义及必要的方音注释。用字和注释中，尽力维护祖国语言文字的统一，方言字尽力选择读音、意义与普通话相同或相近的字；读音是在普通话读音的基础上注明俚语中的方音。“释义”中，武冈俚语往往语面意义与使用意义是不一致的或有所区别的，所以，很多俚语的解释有“本来意义”和“用语意义”之分；牵涉到有典故、出处的注明典故、出处。有的俚语本身用语艺术性强，则重在阐明其用语艺术，有的俚语本身用语艺术性不强，但俚语说明的事理有较强的现实意义，则侧重于阐述其现实意义，所以，将“艺术”和“现实意义”并为一个条目阐释。“语例”，既是俚语运用的实例，也是对俚语含义和艺术、意义的具体诠释，加深读者对俚语的理解。

由于本人的水平有限，本书的编写难免存在不妥或错误，敬请读者谅解，并欢迎提出宝贵意见。

大姑娘上轿——头一回，编写本书，以期抛砖引玉，招来更多更好的有关俚语探研的文章及书籍。

编　者

2018 年 12 月

目 录

俚语赏释

爱得你滴油

词解

得：de，用在动词或形容词后面，连接表示结果或程度的补语。

滴：dī，液体一点一点往下落。武冈读音 dià。

释义

本义：很爱（按）你，爱（按）你爱（按）得油都滴出来了。

用语意义：本俚语是正语反用。用语环境是在别人以商量的口吻请求你做某件事或给予某种物品时，因对方提出的请求超越了两人之间的交情或因某种原因你不愿意而拒绝对方时的用语，常常与回应对方请求的肯定的用语连用表示拒绝。用语形式常为“我要为你做……或给你……嘛，我爱得你滴油嘛”。意思是“因为我不爱你或不很爱你，所以不为你做……或不给你……”。

艺术与现实意义

本俚语用语上暗藏着两个修辞手法。其一，是谐音双义：“爱”通“按”——武冈话“爱”与“按”都读“àn”。“按”，有“压”的意思，将你压住，压得身上滴油（指汗液或组织液）了，那还算爱你吗？其二是比喻，把人比作了榨油的原料，没有人拿人去榨油，只有榨油的原料——茶籽、油菜籽之类才能“按”出油来。这二者就是本俚语正语反用的缘由。本俚语虽有

“按”得出油的情节——“爱（按）得出油”本应是非常地“爱（按）”，见过老式榨油机榨油的人都知道，茶籽、油菜籽是在榨油人狠劲撞击木栓挤按才会滴油的，如果按一般的正语反用应当是非常恨，但本俚语又不能表示恨，只是不爱或爱得（交情）不深而已。

本俚语一般是用在平辈的亲朋之间或长辈亲属对晚辈亲属之间。使用本俚语既能表示拒绝，又带有较强的诙谐色彩，不影响亲朋之间和谐的关系。

语例：姐姐的男朋友给姐姐买了件新式样的衣服，小两岁的妹妹见了很羡慕，央求姐姐：“你把这件新衣服让给我吧，你再要未来的姐夫给你买一件好不好?”“好嘛，好嘛，我爱得你滴油嘛。”姐姐不无揶揄说。

爱哭的孩子有奶吃

词解 略

释义

本义：孩子哭了，母亲叫孩子不哭最好的办法就是喂孩子奶；越爱哭的孩子，母亲喂奶的次数就越多。

用语意义：比喻百姓相对政府、下级相对上级，以至孩子（指已不吃奶的孩子）相对父母，如果你不唱穷、不叫苦、不提要求，政府、上级、父母就不会搭理你，你就得不到好处；经常唱穷、叫苦、提要求的人，才会等到政府、上级、父母的好处。

艺术与现实意义

哭与不哭的孩子都应当有奶吃，但孩子饥饿不哭，粗心的或不称职的父母不知；有心机的孩子不饥饿也哭，哭得父母闹心，只好尽其所能给孩子。这也是现实社会的真实写照：如果你是一个老实公民，自立性很强，从不向政府伸手，不向领导提要求，不向父母叫苦，那么，你就得不到政府的特别优惠，得不到领导的重用和提拔，得不到父母的偏爱。相反，那些不干实事的人，经常到政府相关部门讲困难，整天绕着领导提要求、夜夜向父母诉苦的人，成为政府、上级、父母的重点对象，有什么优惠，有什么好处全让他一个人得了。本俚语是对这种现象的描述，也是对这种现象不满的表达。

语例：你单位的办公房没钱修不上，你要多与上面领导沟通，多讲困难、多提要求呀，你不明白“爱哭的孩子有奶吃”的道理吗？

拗倒码子打油

词解

拗倒：拗，ǎo，《说文》：手拉也（上海辞书出版社 2011 年 2 月出版的《康熙字典》第 373 页）。武冈读音 ào。武冈土话有拉着尺码（绳线类）丈量的意思。倒，dǎo，副词“着”的意思。拗倒，武冈土话，量定、量着的意思。

码子：这里指器物的大小尺寸。

打油：是涂抹油的意思。

释义

本义：以前买了煮菜用的铁锅在使用前，都要先用火将铁锅烤得滚烫（以铁发红为标准），然后在铁锅的内、外面反复涂抹植物油（以桐油为最好），再把锅烧烫，再涂抹植物油，如此反复数次，最后让铁锅上的油自然晾干再使用。这叫作膏（gào）锅。目的是使锅的表面形成一层保护膜，以后不容易生锈。由于当时经济欠发达，物资匮乏，植物油很珍贵，膏锅后的植物油脏得不可再用，舍不得浪费，所以有经验的膏锅者先看准锅的尺寸，然后确定要多少植物油。锅膏好，油刚好用完。这就叫拗倒码子打油。

用语意义：比喻某人很注意节约，不浪费东西。有时也用来说某人很小气（与“大方”相对），给别人的钱物有理由减扣下的就减扣下，别想在他那里占便宜。

艺术与现实意义

本俚语所体现的，是高尚的节约精神，但这种节约不是吝啬鬼的那种节约，是合理的节约：是量准了，需要多少材，就下多少料，既要把事做好，又不浪费材料。时下整个社会欠缺的就是这种合理的节约精神：一个华丽而大方的包装盒，里面有用的商品却是一丁点儿；几个人点一大桌菜，吃了剩下一大半，吃不了，也不兜着走；两三个人的一小家子，却住着几排几间几层的大房子，如此等等，是对地球资源的掠夺和浪费。如此浪费是在加速人类的消亡。这时，是多么需要提倡这种“拗倒码子打油”的精神呀！

“拗倒码子打油”以行为的全过程为喻体，虽然有时也用以说别人小气，但小气也是勤俭持家（小家、大家）的表现，它不只是一句俚语，也是武冈的民俗精神之一。

语例：你要做家具呀，请毛木匠来做吧。他最节约材料了，拗倒码子打油的。

八竿子打不到的亲戚

词解

竿子：竹竿，截取竹子的主干而成。这里是指过去南方农村用以丈量土地面积的丈竿——整根竹竿长一丈（1丈=10尺=100寸），上刻有尺、寸的标识。

打：本地丈量土地时，把用丈竿丈量一竿叫“打一竿”，所以“打”在这里有“丈量”的意思。

释义：八竿子打不到的亲戚，是说该亲戚与自己的关系疏远。常常指亲情关系转了几道弯，平时不交往的亲戚。

艺术与现实意义

南方农村大都处于丘陵地带，地势欠平坦，整理出来的水田、旱地，每块的面积都比较小。长或宽有八丈的田或地非常少，所以，丈到八竿子以外，已不是本块田或本块地的范围了。用“八竿子打不到的亲戚”，来说明亲戚关系非常疏远，也是一种比喻的说法，而且很形象——其关系的远近就好像摆在桌面上的不在棋盘内的棋子一样的一目了然。

“八竿子打不到”，本说明距离较大或关系疏远，应当可以修饰其他事物的关系，但本地用语习惯只用于形容亲情关系。

语例：老张一进屋，妻子就告诉他：今天有个叫某某某的人到家里找他，说是他的亲戚，要他帮忙补办一个身份证。老张说："已经是八竿子打不到的亲戚了。不过既然找上门来了，而且托办的事也不难，就给他办了吧。"

拔出萝卜带出泥

词解

带：捎带。带出，即跟着出来。

释义

本义：拔出萝卜后，因萝卜下的主根及其周围的须根会带出一些泥土。

用语意义：比喻某一个坏人倒台或一个黑恶组织被铲除后，总会带出一些有瓜葛的人或事出来。

艺术与现实意义

萝卜系根茎类蔬菜。主根大，常呈圆柱形，生长成熟后约有三分之一的主根显露在地面以上，显露部分外表光洁，招人喜爱。一株萝卜苗下只有一个主根，即只有一个萝卜。但就是这么光洁可爱、形似独立的萝卜，拔出来后，仍然要带出一些泥土。

泥土是萝卜生长的根基。这个俚语在"用语意义"的基础上，有一个弦外音：任何一个作恶的人（除顿生犯念者外）或作恶的组织，必不是孤立出现或存在的，必然有他（它）的势力或保护伞；只要把主根拔起，他（它）的爪牙、保护伞就会显现，只是多少的问题。本俚语之所以选择萝卜说事，是因为常见蔬菜中，拔出土后，相对来说，只有萝卜带出的泥土少些。意即像萝卜这么光洁的蔬菜拔起都要带出泥土，何况其他的呢？

本俚语系以行为的全过程为喻体，系动态比喻。

语例：杨某某如此猖獗，原来是有公安局的谢某某为他撑腰。现在好了，拔出萝卜带出泥，连谢某某一并关起来了。

把式把式，当不得个哑式

词解

把式：bǎ · shi，会武术的人或专精某种技术的人。这里是指会武术的人。也写作“把势”。

当不得：比不上。

哑式：yǎ · shi，哑，由于生理原因或疾病而不能说话。哑式，这里是指不讲只做，没有套路只使蛮劲的人。

释义

本义：只会套路不练功底的把式，不如没练过套路却有蛮劲的人。

用语意义：为人做事不能只讲花架子，必须有实干精神和实干能力才能把事情办好。

艺术与现实意义

本地把那些熟知武术套路（指武术中连贯性动作，包括拳路、棍路、刀路、鞭路等）的人叫把式。但是，很多把式只精通武术套路，没有实战运用的经验和过硬的功底，所以遇到不知武术套路却有蛮劲且反应敏捷的人，把式反而落荒而逃。在武术中，套路只是技巧，身体强壮、反应机敏才是基础。技巧再好，没有功底，你推不动人家，扛不动人家，但别人一拳一脚就给你扫出几米远，你根本拢不了别人的身边，你怎么跟人家比？

现在靠武术、靠拳脚取胜已经不是时代主流，讲究科学技术和劳动技能，但科学技术和劳动技能也不是停留在文凭和职称上，主要是体现在实际运用和操作技能上。现实中文凭高、职称高却没有解决实际问题能力的大有人在，而没有很高的文凭和职称，却能把事情办得很好的也大有人在。不管是谁，如在二者中做出选择，肯定会选择后者。所以，本俚语在现代也有其现实意义：既是对那些高文凭、高职称而低能力的人的批评，也能激励人上进好学，练就真本事。

语例：今天厂里进行操作技能比赛，原本预想那些有硕士学位的职工会占优势，结果魁首却被没有学位、没有大学文凭的老工人老王夺了，真是“把式把式，当不得个哑式”呀！

把心掏出来把乞你吃了
你还讲是个红萝卜

词解

把：bǎ，介词。这里是“将”的意思。

心：指心脏。

掏：tāo，用手或工具伸进物体的口，把东西弄出来。

把乞：把，bǎ，给［见上海辞书出版社 1981 年 10 月出版的《辞海（语词分册）》第 664 页］。乞，qǐ，凡予人物曰乞（见上海辞书出版社2011年2月出版的《康熙字典》第9页）。把乞，给予。

释义

本义：我把心脏都掏出来给你吃了，你却说是吃了个红色的萝卜。

用语意义：一方对另一方付出了真心实意，而另一方并不领情，不能感觉到对方的诚意。本俚语主要是用于男女情感方面，也有用于其他亲朋好友的交往上的。

艺术与现实意义

本俚语在语法上运用了夸张和比喻的修辞手法。“把心掏出来给你吃了”，是一种夸张的描述，感情再好、交往再密切，没有谁掏出心脏来给人吃的，即使有，对方也不会接受。这是把一方对另一方的真情夸张到了极致。红萝卜与白萝卜相比，红萝卜的块茎比较短，根部圆而尖，与心脏相似，所以本俚语中把心脏比作红萝卜。红萝卜与心脏相比，除了形状和颜色，无论从哪方面讲都是天壤之别，把心脏掏出来却被对方认为是红萝卜，说明对方的麻木或薄情寡义到了何等地步。

本俚语的产生和运用，是血和泪的泣诉，听之者无不为之动容，能勾起人们对付出者的无限同情。本俚语用在男女感情上，系单相思的情况，这一方对另一方情有独钟，另一方对这一方根本没这方面的感觉；用在人情交往上，则是因为接受付出方不识好歹或呆滞，或付出一方付出时的方式方法和话语不恰当或不诚恳，而导致对方不领情，这也说明在人情上并不是有付出就一定有回报的。

本俚语也提醒我们反省：付出只要是真情的，有无回报听其自然，不要期望回报。这样一旦期望落空，我们就不会伤心和有强烈的失落感。

语例：小娟对邻居小胡产生了爱慕之情，常常有事无事地找个借口与小胡见面，有好吃的一定要给小胡留一份，但又不好意思开口明说。而小胡却认为小娟对他的好是邻里之间的正常交往，根本没往心里去。直到有一天，小胡的母亲托人给小胡说媒（小胡也表示接受），小娟再也按捺不住了，冲到小胡面前丢下一句话："我把心都掏出来把乞你吃了，你还讲是个红萝卜！"说完头也不回地跑了。

半夜起来喊天光

词解

喊：大声叫。

天光：凌晨东方发白，本地就叫天光。

释义

本义：睡到半夜就爬起来大声喊："天光了，天光了！"

用语意义：是说人为生活所迫劳作辛苦，夜里常常睡一觉醒来，不管天光不天光，就当作天光了，赶紧起来劳动。

艺术与现实意义

一个"喊"字，透露了人们劳作的艰辛。过去的农村都是自耕自足的经济方式，一般是以家庭为单位。在自己家里，天光不天光，起来劳动用不着大呼小叫并以"喊"字来描述。其实，这个"喊"是心灵的呼喊，体现的是人们心里的那种紧张状态。正常情况下，过去的人们是天黑就睡觉，天亮就自然醒过来，而当工作任务重、心理压力大时，往往晚上要劳动到心疲力竭才睡觉，因心里老是想着工作任务，不到天光醒过来了，一醒过来心里就习惯认为是天光了，赶紧爬起来，叫醒配偶一起投入了新一天的劳动。

“半夜起来喊天光”的人，不是傻子，也不是神经病，是不是天光也不知道，或起来发现未天光还不知道再睡吗？那是因为生活压力所迫：过去的农村，生产力低下，又不知计划生育，往往一对中年夫妇身后跟着一大群未成年孩子，孩子们要吃要穿要住房，大了还要论嫁娶，这些都是要钱要物的，作为父母，若不拼命地劳动是根本完不成这些任务的，所以，只好半夜起来喊天光地劳作——也正因为这样，衰老也快，所以这时父母的父母也帮不上大忙了。在这种意义上，本俚语体现了本地老百姓生活的艰辛。

语例：老五也长大了，到了谈婚论嫁的年龄，可因弟兄多，父母给的房子太小，媒人介绍了几个妹子，都嫌住房太小未谈成。老五心烦了，就粗心粗气责怪父母无能。父亲教训道：“你们六弟兄、八姊妹，为拉扯你们长大，我和你妈半夜起来喊天光，我们容易吗？父母是没有能力了，要大房子只有靠你们自己了。”

半夜起来摘黄瓜——清不起蔸蔸尖尖

词解

清不起：分不清。

蔸蔸尖尖：蔸，dōu，指某些植物的根和靠近根的茎。蔸蔸，这里指黄瓜连着藤的那一端。尖尖，指黄瓜不与藤连接的那一端。

释义

本义：睡到半夜起来采摘黄瓜，分不清哪端是蔸蔸，哪端是尖尖，看到黄瓜就往篮里拽。

用语意义：比喻从中途插入某件事情的处理或某项工作中，不知道事情的来龙去脉，一是不知道从何着手，二是可能做出不适当的行为。

艺术与现实意义

在过去，武冈区域的黄瓜只有本地黄瓜——白皮黄瓜（青皮黄瓜是二三十年前从外地引进的），这种黄瓜蔸蔸、尖尖大小差不多，且不长（成人的手抓住，两端露出的就不多了），所以粗看很难分出头尾，这是其一；其二，人睡到半夜起来，瞌睡没打醒，人迷迷糊糊的，也无心去分辨蔸蔸和尖尖，见白色的就往篮子里拽呗，黄瓜藤拉断了也懒得管了。用半夜起来摘黄瓜，来形容中途参加到某些事情中去的迷茫，也是恰如其分的。俚语用“半夜”，也是暗合“中途”的意思。很多领导调换到一个新的岗位，一到任下车伊始，就指手画脚地瞎指挥，把事情搞得一团糟。这就是半夜起来摘黄瓜的典型表现。

注意到外地有类似的歇后语，如“半夜摸黄瓜——不知头尾”。这个歇后语与本俚语有相同意义的一面，但没有本俚语形象细腻，含义也没有本俚语深刻——“摸”太轻柔，没有迷糊中摘黄瓜时乱扯的情节和含义。再则半夜起来“摸”黄瓜也不合情理。

语例：某建筑公司欠甲单位一笔巨款，建筑公司在外地揽了一大工程，要等该工程款到位才能偿付甲单位的欠款。但该工程还有一些扫尾工程没完成，拿不到工程款，建筑公司已无力垫付扫尾工程款，于是与甲单位协商好由甲单位再借些款给建筑公司。建筑公司来提款，恰逢甲单位换了领导。新领导不肯签字说：“你们借了我们那么多的钱未还又来借款？”并把建筑公司来提款的人劈头盖脸地训斥了一顿。单位老会计对新领导的作风有点不满，便对新领导说："你是半夜起来摘黄瓜——清不起蔸蔸尖尖了……"会计把原委给领导解释清楚，领导才签字付了款。

绊筋股

词解

绊筋：绊，缠住。筋，肌腱或骨头上的韧带。绊筋，指某处肌体组织韧带多而交错，不易理清，也不易啃咬。

股：本义指大腿，这里借代指人。

释义：指某人为人处世不通情达理，胡搅蛮缠，无理要说出个有理。

艺术与现实意义

本俚语使用的是一种借喻加想象的修辞手法：把那些极端自私、蛮不讲理的人比喻成动物身上某些韧带多而交错的组织，理又理不清，嚼又嚼不烂，以突出"绊筋股"的胡搅蛮缠劲儿。

这里需要说明的是，"绊筋股"不是恶霸，也不一定是坏人，他也似乎是站在"理"上，只是他讲的都是一些常人难以接受的歪理，而且，他不会跟着你的思路来，只反复强调他的理，你拿他没办法，只好让步吃亏。

本俚语有贬责的感情色彩，但又不是纯贬义用语，重在描述他人不良个性。

另外，本地把小孩子爱哭闹，特别是因身体不适时的哭闹也叫“绊筋”，但不加“股”。

语例：老王家的牛曾与老李家的牛相斗，斗得一败涂地。之后，老王家的牛只要看见老李家的牛就吓得飞跑。一天下午，老王家的牛冷不防看到老李家的牛向它走来，老王家的牛飞也似的奔跑，结果把六六的孙子撞倒跌伤，用了几百元钱。六六担心老王家穷要不到钱，就找老李要钱。

老李：“又不是我家的牛撞倒你家小孩，怎么问我要钱呢？”

六六：“要是你家的牛冇去追老王家的牛，他的牛怎么会撞倒我孙子？反正我只问你要钱！”

老李：“又不是我要我家的牛去追王家的牛。”

六六：“那老王也没叫他的牛把我孙子撞倒呀！我不管，反正我只问你要，哪个叫你家的牛去追王家的牛的？”

……

老李：“好了，好了，绊筋股呀，我奈你不何，算我倒霉，我出一半总可以了嘛！”

梆梆客

词解

梆：bāng，旧时打更用的梆子。用木头或竹子制成，空心，敲打的声音又响又脆，传播距离远。

客：对某些奔走各地从事某种活动的人的称呼。

释义：是指健谈，喜欢吹嘘自己的见识和本事，而又不务实的人。

报仇不如看仇

词解

看仇：看，观察，此处有等候的意思。仇，chóu，仇恨，这里是被动用法，是被仇恨或遭到报应的意思。看仇，等候仇家遭到报应。

释义：与人有怨仇，与其积极地去报仇，不如静候观察，看到与自己有怨仇的人遭到报应。

艺术与现实意义

本俚语是一种为人处世的哲学态度，它既有积极、睿智的一面，也有其消极的一面。积极、睿智的一面表现在：如果对方是作恶多端的人，必然会有人能制伏他，他会遭到应有的报应。报仇虽然痛快，但一般都是两败俱伤的事情，特别是当自己的能力和势力远不及对方时，自己受到的伤害往往比对方更大，所以采取忍让看仇的方法，是一种睿智的表现；同时，劝人宽容忍让，会使矛盾得到缓解，有利于社会的稳定。但本俚语也有它消极的一面，就是如果人人基于自保，不去和坏人作斗争，那么就助长了黑恶势力的猖獗。

“报仇不如看仇”，虽多少有点“阿Q”精神的味道，但如果自己与对方能力相差悬殊时，还是“看仇”的好，不要直接报仇。在现代法治社会，我们依靠国家和政府，让法律去惩罚恶人，也属于“看仇”之列。

本俚语是一个选择关系复句的紧缩型语句，语面简洁，含义丰富。

语例：阿彪的弟弟受到老黑的欺侮，阿彪要去找老黑报仇拼命。阿彪的叔叔知道后赶忙来劝阻，因为阿彪两兄弟一齐上也不是老黑的对手。叔叔劝阿彪："你们奈何不了他（指老黑），俗话说'报仇不如看仇'，你等着看，他以后会遭到别人的报应的……"

报　应

词解

报应：佛教用语，原指种善因得善果，种恶因得恶果，后来专指种恶因得恶果。

释义：俚语用语意义：指某家出了不聪明、不成器的后代或直接指某人不聪明、不成器（暗含是前人不积德的结果）。

艺术与现实意义

本俚语一般用于奚落与自己有隔阂人家的后人不争气，或者因气恼自己的后代不成器而责骂自己的后代。

俚语意义实是本义的延伸，在使用本俚语时，其实还暗藏了另一层骂人或怨己的意思。使用本俚语的全意应是：你们的祖先不积德，做恶事做多了，才生出不聪明、不成器的后代作为报应；或自己家的祖先不积德，才生出这么不肖的后代。

本俚语虽带有迷信和侮辱人的消极因素，但也有教育人多做好事、少做坏事的积极意义：多做善事，祈祷子孙昌盛成行；尽力教育子孙成器（有所成就，有所作为），不要因子孙不成器连自己的祖宗都被别人羞辱了。

语例：

1. 王旦家与刘鑫星家有几代人的隔阂。一天，公安局派人到刘鑫星家送逮捕嫌犯家属通知书，刘鑫星的儿子因涉嫌盗窃被逮捕了。王旦知道后，每当路过刘鑫星家门口时就不指名不道姓地大声说：“好呀，出报应了！”气得刘鑫星直吹胡子。

2. 儿子不懂古董，一天将家里一尊价值上万元的小铜像作价600元卖了，还以为赚了，一见面就向父亲报喜。父亲骂道：“你个报应！一万多元的铜像几百元钱卖了，你还高兴？”

被窝里打屁——蒙着被头臭

词解

蒙：méng，此处为“遮盖”的意思。

释义

本义：在被窝里打屁了，为了不让自己闻到臭气，就把被头扎紧塞住，不让臭气泄出来。

用语意义：比喻自己或自家人做了某些丢人现眼的事，即使自己吃了亏，也不声张，以免让别人笑话而感到难受。

艺术与现实意义

在被窝里打屁了，尽管蒙紧了被头，臭气是客观存在的，虽然自己的嗅觉没有感觉到，但身体是被染臭了的，是吃了亏的。自己做了丢人现眼的事不声张，别人不知道，就没有闲话闲语传到自己耳朵里来，耳根是清净了，但自己心里的难受是依然存在的，只是，就好像在被窝里放了屁，屁的臭气没有传到你的嗅觉里你就可以不去理会一样。这本是一种自欺欺人的做法，但也许在一定程度上保护了自己或自家的自尊或者说虚荣心——现代时髦的说法是自己的隐私权——利于自己或自家向前发展。

编者注意到，别的地方也有相似的歇后语，如“被窝里放屁——能文（闻）能武（捂）；自己臭自己”，“能文（闻）能武（捂）”是谐音歇后语——但谁愿意闻臭呢？肯定只有捂的份了。“自己臭自己”虽与本俚语同是推理性歇后语，但感觉臭了还不知道捂吗？所以，这些歇后语没有本俚语贴切、合理，同时，“谜底”的含义也没有本俚语深刻。

语例：王三的女儿还未出嫁，在一个偶然的情况下，鬼使神差地和自己的堂兄发生了性关系。两家父母知道后，先是把两个年轻人狠狠地教训了一顿，然后两家约定这事到此为止，被窝里打屁——蒙着被头臭了，要不，两个年轻人今后怎么做人？

本庵堂里少和尚

词解

本：这里是“自己方面的”意思。

庵堂：庵，ān，佛寺（多指尼姑住的）。庵堂，尼姑住的佛寺叫尼姑庵。

释义

本义：庵堂里只有尼姑，没有和尚。

用语意义：是指自己的单位或家庭人手少，没有多余的人力去支援别的单位或别的家庭。现也指经济能力有限，帮不了别人。

艺术与现实意义

人力支援必须有劳动力，尼姑是文弱女子，相对和尚来说不算劳动力。以庵堂自称是一种诙谐的用语：斋堂里本来就没有和尚，何来和尚（劳动力）支援别人呢？本俚语是用以说明本单位劳动力薄弱，没有支援别人的能力。

本俚语应产生于20世纪五六十年代。新中国成立初期，各地方原有的寺庙都仍然保留，每一个小地方都有自己的小佛寺（或庵堂），但从事吃斋、念佛的和尚、尼姑、道士在逐渐减少。到1968年后，寺庙、庵堂就所剩无几了。以后的青少年对寺庙、庵堂就没有记忆和概念了。另一方面，那时是人民公社时期，讲究“全国一盘棋”“全省一盘棋”“全县一盘棋”“全公社一盘棋”“全生产大队一盘棋”。哪个单位（含省、县、社、大队、小队，下同）有困难，上级都会动员其他单位出力（主要是劳动力）帮助；单位之间也因友好关系互相请求帮助。有时被动员的单位或被请求的单位也确有困难，不能派出人员支援，于是以“本庵堂里少和尚”的诙谐性俚语，用以回复请求单位或动员的上级领导。意思是说本单位的劳动力也不足，没有富余的劳动力被派出支援。

现在单位与单位之间、个人与个人之间，如果没有能力（已包括劳力的、经济的）帮助别人时，也使用本俚语。

语例：老袁的老表要修新屋缺钱，以为老袁在外工作会有较多的钱，于是向老袁提出借数万元钱。这可把老袁难坏了。老袁说："表兄，不是我不愿借钱给你，只是因为本庵堂少和尚，确实拿不出上万数的钱外借……"

壁背底刨虫喜子

词解

壁背底：武冈方言，指房屋外墙壁或外木壁的外面，外围到檐水所滴处止。壁，武冈读音 biá。

刨：páo，挖掘。

虫喜子：本地话指蚯蚓。久晴不雨的天气，如果蚯蚓游到地面上来，浑身沾满了灰尘，很快天就会下大雨，人们认为蚯蚓是出来报喜的，所以给它一爱称：虫喜子。

释义：是指不顾大局，不讲情义，自己人与自己人争夺细小的利益。

艺术与现实意义

壁背底的地盘是自家的"领地"——就是土地管理严格的现在，农村土地使用证中，红线的四至范围一般也是凭屋檐水画线——自然，壁背底土地中的蚯蚓也是自家的东西；过去农村中比较贫穷，也不实行计划生育，一家人往往都有几个兄弟，且兄弟之间的年龄差别不大，长大成人分家后，一般也很难尽快地建有自己独立的房子，一般都是父母把原有的房子分成几小间，一人一小间，这样壁背底的地盘就是几兄弟共有的。共有的东西，每个人都想自己多占些这也很自然。可是，虫喜子到处都有，不只是壁背底才有，既细小也不值钱，这个兄弟不去外面刨虫喜子，硬要先刨了自家壁背底土地中的虫喜子，可见这个兄弟没有大局观念，不讲兄弟情义，生怕自己在兄弟之间吃了亏，或好了别的兄弟，也是一种没有出息的表现。

本俚语通过把与自家人之间争共有的小利比喻成在自家“壁背底刨虫喜子”，将一些人狭隘与极端自私的心理，以形象的行为过程描述出来，让人真切地感受到这种人的可气、可恨与可怜。

语例：张家三兄弟的父亲前不久出车祸死了，通过诉讼获得了23万元的赔款。诉讼时，老二躲得远远的，既怕出钱也怕出力，等赔偿款一到位，就马上对老大说：“大哥，父亲这赔偿款我们三兄弟都占份，现在钱到手了，是不是要分分呀？”“你就是‘壁背底刨虫喜子’狠，打官司的时候你到哪里去了？这钱不得分，母亲还在，要给母亲作养老金！”哥哥没好气地说。

壁上面挂团鱼——四脚无靠当

词解

壁：bì，墙。这里指房屋的墙壁、木壁。武冈读音 biá。

团鱼：武冈话指鳖。

靠：依靠。

当：dàng，武冈方言中是“地方、位置”的意思。

释义

本义：把团鱼背部向内、腹部向外悬挂在壁上面，尽管团鱼的四脚不停地做爬行的动作，可总是抓不到支撑其前进的东西或让其不晃动的依靠。

用语意义：比喻人做事失去了支撑和立足点或做事考虑不周全而没有退路。也指人老来生活无依靠。

艺术与现实意义

团鱼有很厚的甲壳，对保护它的肢体不受损伤起到了很好的作用，但也有很大的弊端，就是若将它的身体翻个四足朝天，它自己就没有能力翻回来。人们正是利用了它这一弱点，捉到团鱼后，在它外壳尾部的软组织处开个口子，用绳子穿住，让其背部贴着墙壁（或木壁）吊起来，它的四只脚就抓不住任何东西，只有在空中漫无目的地晃动的份，没有办法逃脱。本俚语取意不在于它无法脱逃而在于它无法逃脱的原因——尽管四足不停地做着爬行的动作，却抓不到支撑身体的依靠，一切努力归于零。本俚语既是一个歇后语，也是一个形象的比喻，把那些做事虚浮，不注重基础和落脚点，禁不起风浪检验的情形，比喻成壁上挂着的四足悬空乱扒的团鱼，使办事人的那种草率和无奈跃然纸上；若是比喻人老来衣食无着，则催人产生怜悯之心。

本俚语的产生和使用，其主旨不在取笑办事不稳妥的人，而在于从俚语中受到教益：办事一定要扎实稳妥，不要让事情落得“扁担冇扎，两头失塌”的境地；也包括人要有长远的打算（含参与政府的社保），不要落到老来“壁上面挂团鱼”。

语例：小张因工作调动，要把自己及随行家属的户口迁往调入地。去派出所办户口迁移时，户籍民警问他要迁往地的户籍接收手续，小张说，那边没关系的，同意上户的。户籍民警说：“你这是农村迁往城市，在城市落户目前还比较难的，如果这边给你迁出了，那边又因诸多原因不接收，你一家子的户籍不是壁上面挂团鱼——四脚无靠当了？”

鼻涕流到嘴里了，哪个还不晓得舔

词解

舔：tiǎn，用舌头接触东西或取东西。

释义

本义：以前的农村小孩，可能因为产前产后的有关保健工作做得不够好，很多孩子常常是嘴鼻间挂着较浓的鼻涕，特别是到了冬天。因为鼻涕里含有一定盐分，流到嘴里有点咸津津的味道，又由于卫生保健教育不够，很多小孩等鼻涕一流到嘴边就有意识地将鼻涕舔食了。

用语意义：是说心仪的男女之间，如果女的主动接近男的，而男的不知道与其交欢，那男的一定是个呆子。就好比小孩子鼻涕流到嘴里了还不知道舔食一样。

艺术与现实意义

“食色性也。”小孩子舔食鼻涕是因为鼻涕有咸味，咸味是人自然喜欢之味——人们之所以把做某件事情有一定的好处叫作“有咸味”，也应是缘于此——咸味到了嘴边自然舍不得放弃，所以，小孩子舔食鼻涕是一种本能反应；大人之所以不舔食鼻涕，是因为卫生意识对本能的抑制，再则没有哪个大人的浓鼻涕流到嘴里来了的（个别有也是一种病态）。男女交欢也是一种本能反应，而且男人在这方面要求强烈频繁，如果不考虑道德和社会秩序的约束，男人遭到女人的拒绝也应是频繁的（即男人会对所有自己心仪的女人提出性要求，自然遭到拒绝的次数就多了）；现在是女人主动到你面前来挑衅你了，岂有不动心之理！所以，本俚语基于生理需求这个层面上，采用了借喻的修辞手法。它既形象但又隐晦，因为舔鼻涕与性需求是八竿子打不到的亲戚，只有在特定的语言环境下使用，人们才会产生这方面的联想。

需要说明的是，本俚语的使用是带有戏谑、调侃性质的，并不是赞扬和鼓励其用语意义所指的事宜。因为小孩子舔食鼻涕既是本能也是无知，作为曾经或许舔食过鼻涕的大人，一提到舔食鼻涕，一定会有一种恶心感，所以，其被比喻的本体也不是一种正常的社会现象。

语例：老旺的妻子今天不在家，老旺的姨妹子来做客。傍晚邻居们一起聊天时，几个年轻人开始戏谑老旺，有人特意问："老旺，今天你婆娘不在家，小姨子来了，晚上怎么睡呀？""还用问，鼻涕流到嘴里了，还不晓得舔呀？"有人帮腔说。

鼻子大了压倒口

词解

压倒：力量胜过或重要性超过。这里是塌住的意思，即上面的东西掉下来或垂下来把下面的东西堵住、遮盖了。

口：嘴巴。

释义

本义：鼻子长得太大，向下垂的倾向较大，似乎塌住了下面的嘴巴，使嘴巴不便说话。

用语意义：比喻对别人的提议有意见，可是因为提议的人辈分、职务比自己高或关系太亲近而不便提出。

艺术与现实意义

本俚语本是一个比喻，但喻体是不存在的，因为现实中谁也没见过有谁的鼻子长得垂下来遮住了嘴，使讲话受阻。除非是鼻子病变长瘤了，但这不是本俚语所涉及的内容。喻体只是一个想象，其强调的是这种客观上的紧密的“上下”关系和“亲近”关系。

鼻子和嘴都是你身上的器官，都是你身上的肉，鼻子长得再大、再丑，尽管有碍你说话，但你总不至于嫌弃自己的鼻子吧，总不至于不要自己的鼻子吧。正是这种内在的、一体的关系，促使你包容对方的不周、不是。

现实中，本俚语所比喻的现象确实经常存在：对自己有去留或升降决定权的上级领导做出的决定或提出的要求，尽管不尽合理，甚至在一定程度上损害了你的利益，可你不得不服从，有时还得违心地吹捧几句；与自己关系亲近，辈分又比你高的人向你提出的要求，有时比较过分，或你本不愿意照办，但你不得不照办。

本俚语体现了有些服从的无奈和情感在办事中的羁绊作用。

语例：老彭对老林说：“老黑这个铁公鸡，往常要他拿出自家的东西比割他的肉还难，怎么这次交救灾款他就这么积极?”“这就叫鼻子大了压倒口，你知道这次救灾的发起人是谁吗？——是老黑他老丈人!”老林说。

婊子婆进庵堂——假充正派

词解

婊子婆：婊子，biǎo · zi，词典解释为“妓女”。婊子婆，在这里除包括“妓女”外，还包括那些“偷情”的妇女。

庵堂：ān táng，庵，佛寺（多指尼姑住的）。庵堂，指尼姑庵。

尼姑，出家修行的女佛教徒，习俗要求洁身自好，出家前及出家后都不得有淫乱行为。

正派：zhèng pài，（品行、作风）规矩、严肃、光明。

释义

本义：品行不端的女人跑到庵堂里当了尼姑，冒充正派的女人。

用语意义：除了本义外，主要是指，人做了坏事还要找冠冕堂皇的理由为自己掩饰，或本来是一个坏人却取得了很正统的地位，使人不知道或不再提及他的丑行。

艺术与现实意义

本俚语是一个推理性歇后语。按常理，品德不端的女人是进不了庵堂、当不了尼姑的，但这个歇后语成了常用的俚语，证明婊子婆进庵堂这种现象不是没有过。在我们的现实生活中，这样的现象是越来越多：很多的社会“烂仔”，通过不正当的手段，摇身一变成了人大代表；很多奸商，天天经营着假冒伪劣商品坑人、害人，却往往成为当地享有名气的慈善家；有些人本是社会“烂仔”，因不明动机的偶然行为，符合了当时政治的需要，就被捧成了英雄，如此等等。这些说明，本俚语在当今的社会里仍然有强大的生命力，仍然应当成为人们抨击这些伪君子的有力武器。

语例：在慈善事业表彰会上，刘老板被宣布为优秀的慈善企业家。台下炸开了锅，人们议论纷纷：“这个刘老板，坑蒙拐骗、偷税漏税什么没干过，这倒好，成了优秀慈善企业家了，真是‘婊子婆进庵堂——假充正派’！”

扁担冇扎，两头失塌

词解

扁担：biǎn · dan，放在肩上挑或抬东西的工具，用竹子或木头制成，扁而长（一般在1米左右）。

扎：zhā，这里指在扁担两端悬挂东西处有一定的凹陷（离顶端二三寸的地方比其他地方稍窄）或者竖着钉一个（或相隔很近的距离钉两个）竹钉或铁钉，以防悬挂东西的绳、藤条之类滑落（或向中间滑拢）。

失塌：失，失掉。塌，tā，（支架起来的东西）倒下或陷下，这里有“下坠”的意思。失塌，本俚语中是指扁担两端的东西掉落坠下。

释义

本义：扁担挑着重物两端就会向下弯曲或扁担在肩上有较大

的倾斜，用绳子、藤条、竹条等挂在扁担两端的东西，如果没有“扎”就会向下滑落。不用实际看到，我们学过杠杆原理的人就知道：扁担两端的重物只要有一端滑落，另一端即使绳子、藤条、竹条不滑落，也自然下坠掉落。所以叫“扁担冇扎，两头失塌”。

用语意义：有一定矛盾或冲突的两个事物，本想两头（两事或某个事务的两个方面）兼顾，却因办事不老成，考虑不周到，结果一头都没顾到。

艺术与现实意义

本俚语的本义是因果关系，而用语意义却是一种比喻。用语意义中失败的根源在于，把问题看得容易、简单，办事态度轻率，没有稳扎稳打的实干精神，就像扁担挑物没有“扎”容易滑落一样难以成功；另外，贪心重，本来难以兼得的两个事物想都得到，结果是一事无成，就像扁担上两样互相制衡的东西，失去一样，另一样自然坠去。

本俚语是杠杆原理在日常口语中的应用，要求我们办事要老成，考虑问题要全面周到，不能顾此失彼。在事情开始办理之前，要把最坏的结果和应对措施考虑好，这样才能万无一失，这就是扁担要上好“扎”。

语例：晚稻将要收割的时间，有人邀老焉一起去搞贩运，说是能赚钱，时间只要半个月。老父亲劝他要等收割晚稻后再说，怕遇“烂九月”（指农历九月连续阴雨）。老焉不听，说是贩运回来收割晚稻来得及。结果贩运的东西销路不好，贩运超过预想时间十多天且未赚钱，回来恰恰赶上了“烂九月”，收回的谷子大部分发了芽。真是“扁担冇扎，两头失塌”。

别逢不用

词解

别：bié，表示禁止或劝阻，与“不要”义近。这里是“没有”的意思。

逢：遇到。

释义：别逢不用，又说“备逢便用”，意思都是：把暂时派不上用场的东西保存起来，没有遇到使用的场合就不使用，偶尔需要这种东西时，使用起来就方便了。

艺术与现实意义

这是奉劝性的话，或自我解释的话。有些东西看似没有什么作用，特别是近期内，但将来可能发挥作用；有时需要急用时还一下子找不到，于是奉劝别人要将此东西收好，或自己收这些东西别人不理解时，向人这样解释。

本俚语体现了武冈人民两方面的优良品质：一是节约，不浪费可能有用的东西；二是住家、做事有长远打算，有备无患的意识强。

语例：一家人出去旅行，父亲把本地到处都是的辣藜叶草也晒干带上。儿子不解地问：“带这个干吗”？父亲说：“别逢不用呀。”果然，儿子途中因天气火热，严重中暑，差点就到昏厥的地步，父亲马上拿出辣藜叶煮水给儿子擦身、擦腿，并在足趾尖和手指尖放了少量血，将儿子救醒。辣藜叶真正起到了别逢不用的大作用。

别个在堂屋里讲话，你在茅厕里插言

词解

讲：武冈读音 gǎng。

别个：“人家”的意思，代词，指别人，有时也包括自己，是相对说话对象而言。

堂屋：正房里居中的一间。

茅厕：厕，武冈读音 si。茅厕，厕所。

释义：是指别人正在商量正事，一个与商量的事毫无关系的人来插话，或者是对该问题根本没有发言资格的人来插话。就好像别人在堂屋讲话，你在茅厕旮旯里插言一样，是不明白自己身份和对别人不尊重的表现。

艺术与现实意义

本地习俗：供奉祖先的神龛都设在堂屋里；家庭或家族中有什么大事须商量，有表决资格的人也聚集在堂屋里；茅厕，一般都在偏屋的外侧，没有偏屋的也是安置在离正屋较远的地方（一般搭个小茅草屋）。堂屋规整、大方、庄重；茅厕偏杂、狭小、肮脏，两者无法相提并论。一个人在茅厕里大、小便，本身就是一件隐讳的事，不便让人知晓，人家在堂屋里讲话，你在茅厕里大声插言，就是不知高低，是对堂屋说话的人的不尊重、不礼貌的行为。

本俚语虽然体现出一定的门第等次，但它教育人们尊重别人，不随便插入别人的话题，或扰乱别人说话兴致。话虽粗鄙，却体现了中华民族的传统美德。

语例：哥哥高考没上录取线。爷爷、奶奶、爸爸、妈妈正商量是要哥哥复习再考，还是打工挣钱的问题，正进入犯难阶段。还在上小学的妹妹突然插话："我们老师说，世上无难事，只要肯登攀。""别个在堂屋里讲话，你在茅厕里插言，没规矩!"妈妈制止说。

别人的男人好又好，我也想不到
自己的男人丑又丑，捡个毛钱落我手

词解

男人：这里是"丈夫"的意思。

丑：这里是"差"的意思，不只是长相丑陋的意思。

捡：拾取。这里不仅是"拾取"，还含有且侧重于"赚"的意思。

个：这里是"枚"的意思，是硬币的数量单位。

毛钱：毛，这里是货币单位小的意思。毛钱，不是"一角钱"，是小钱，面额小的钱。

释义：别人的丈夫再优秀，"我"也不可能得到；"我"自己的丈夫再差劲，但他对"我"忠诚，哪怕只是捡到或弄到一个很小的钱都交给了"我"。

艺术与现实意义

本俚语体现了武冈妇女的婚姻观：择婿不重在于男方人才的优秀，而在于男方对婚姻家庭的责任与忠诚。同时也体现了武冈妇女知足常乐的良好心态：捡个小钱“落我手”就满足了，而不是要求大把钞票“落我手”。这其实就是实实在在的生活，夫妻之间彼此信任、忠诚，财物的使用有个统一的管理和安排，这样才能做长久的夫妻。什么郎才女貌，什么爱得死去活来——花无百日红，爱是情感的冲动，这只是短暂的，“不可长保”；“情”，才是长久的。

本俚语在现在看来已经远远落伍，现在谁再用本俚语去示人，可能会被笑掉大牙，但它代表了很长一段历史时期人们（特别是农村的人们）的婚姻观，所以，本编还是收录了，望懂本俚语的读者在心底珍存。

语例：小婉的一个姐妹见了小婉的丈夫后对小婉说：“尊丈夫我可不敢苟同，又矮又丑，当初你们就没相过亲吗?”“你没听说过这样一句俗语吗?‘别人的男人好又好，我也想不到；自己的男人丑又丑，捡个毛钱落我手’，他人老实忠厚，我就知足了。”小婉回说。

别人的婆娘过不得夜

词解

婆娘：这里指妻子。

释义

本义：指与别人的妻子偷情，怕被别人抓住，不敢跟别人的妻子整夜鬼混。

用语意义：现在一般的用语意义指借用别人的东西须及时归还，不能长久地存放在自己家里，就同与别人的婆娘偷情，不能将别人的婆娘留得太久一样。

艺术与现实意义

在过去的年代里，没有现在这样发达的旅游业和打工潮，人们很少走出家的圈子。不论男人，还是女人，若不在家里过夜都是不正常的现象，都会受到家人的质问和别人的猜疑。所以，某男与某女若有婚外情，只能在晚上偷偷摸摸相处一会儿就要马上分开。

本俚语的本义和应用，体现了人们两方面的道德观念：一、婚姻家庭的专一性。虽然本义讲的是男女的婚外情，但本俚语是把它作为一种非正常和不道德的现象加以描述的。二、借东西要及时偿还，而且是突出了及时性。但本俚语的使用，有时也含有不满出借人催收过急的情绪。

现在的借贷现状是，能借的尽量借；借了，能拖的尽量拖；能不还的尽量不还。这是一种堪忧的借贷秩序。本俚语的广泛使用，有鞭策人们提高自己借贷信用的作用。

语例：妻子问丈夫，借了老王的犁具还了没有，丈夫说："早已还了。借用的第二天他就来催收了。真是别人的婆娘过不得夜呀。"

病人床上睏，死人路上行

词解

睏：kùn，方言，“睡”的意思。这里是“躺”的意思。

行：xíng，行走。武冈读音 héng。

释义：生着病的人虽然在床上躺着，甚至不能动弹，但他的病情显露出来了，治疗得当，近期内不会有生命之忧；从不看病吃药的人并不是就没有潜在的疾病，只是他们不经意而已，这些潜在的疾病一旦发作，会很迅猛，很快夺去人的生命——刚刚他还在行走，突然倒地就不行了。

艺术与现实意义

本俚语描述的现象是多见的事实。经常生病的人会经常打针吃药，而药物往往在对症治疗的同时，也杀死和抑制了其他菌毒，防止了其他疾病的发生或加重，减少了这种病人突然死亡的几率。现在的科学研究也证明，经常患感冒的人很少会患癌症。有些潜在的疾病，平时没有明显的反应，有时一般性的检查还查不出来，一旦发作就会马上或短期内致命。如癌症晚期才查出的病患和心脑血管疾病中的“中风”“脑梗”“心梗”“室颤”等。

本俚语是对上述现象的形象概括，其现实意义在于，警示我们要注意自己身体的病理变化，哪怕是细微的，不要感觉不严重就不在意。预防和及时治疗疾病，珍爱生命。

语例：晚饭后，左邻右舍习惯性地聚会又开始了。刚子发布新闻似的对大家说：“你们知道吗？陈老七死了。”“哎呀，他婆娘在床上躺了这么多年没死，他却先死了，可惜！”有邻居叹道。“这便是真正的‘病人床上睏，死人路上行’啊！”

玻璃相公

词解

相公：旧时妻子对丈夫的敬称；旧时又称成年男子。

释义：玻璃相公，是指那些身体欠强壮，弱不禁风或干不了粗活的男子。

艺术与现实意义

本俚语应是产生于新中国集体化期间，老百姓的普遍重体力劳动而轻脑力劳动的社会环境下。在现实生活中，没有哪个做妻子的对自己的丈夫称相公。妻子对丈夫称相公，我们只在古装戏中看到。而古装戏中被称为“相公”的，都是读书人或当官的人。于是“相公”一词逐渐被用于指那些斯文的读书人。“玻璃”是取义于其华丽而易碎，侧重于其易碎。这些斯文的读书人，肩不能挑，手不能提，在集体化大生产中，尤其是农村，简直就是一个废物，就像一个玻璃做的人，虽然好看但一碰即碎。所以，“玻璃相公”曾一度是对体质文弱的读书人蔑视性的称呼，折射了一小段人们轻视文化的历史。

“玻璃相公”，在俚语用语意义上与“废物”有着异曲同工之妙，被用语人虽然也明白自己在这方面确实不行，形同“废物”，但“玻璃相公”中的“玻璃”“相公”都是文雅艺术、美妙之词，没有半点贬损之意。这体现了武冈俚语用语温和的特色，也是武冈人民宅心仁厚——不愿过多贬损、挖苦别人的表现。

语例：城里文化馆的同志响应党的号召，农忙季节下乡支援农业生产。一位戴眼镜的知识分子，又瘦又高，一下到田里就无法站稳。旁边一位大嫂扶了他一把，没好气地对他说：“哎哟，你真是个‘玻璃相公’!”

不当锣打，不作鼓响

词解

当：这里读 dàng，当作。

作：这里读 zuò，当作。

响：发出声音。

释义

本义：不把（它）当作锣打，不把（它）当作鼓敲。

用语意义：是指某人（某机构）对别人（或百姓）委托、嘱咐或承诺别人的事情不放在心上，没有办理的迹象。

艺术与现实意义

武冈有一个地方剧种叫“祁剧”，该剧种在架场后，正式演出前，要敲打一段时间的锣鼓，以招揽观众，这叫作开场锣鼓。演员在这段时间可以做演出准备；观众听到剧团的锣鼓声，便知道戏要开演了，没有入场的赶快入场（包括剧院和其他场所）。

如果哪里说要演戏，却总听不见锣鼓声，那是没有人相信的。那场戏也是肯定没有多少观众的。敲锣打鼓是演戏的前奏，听不到锣鼓声就是没有演戏这回事。所以，用“不当锣打，不作鼓响”来比喻某人（某机构）对别人（或百姓）委托、嘱咐或承诺别人的事情不放在心上，没有办理的迹象，是非常贴切的。

语例：有很多这样的人，别人托他办事，他当面答应得快，过后却“不当锣打，不作鼓响”。

不涵服

词解

涵：hán，包容。

服：fú，信服。

释义：对别人比自己好怀嫉妒心理，不能包容信服。

艺术与现实意义

本俚语反映的是人性中的“恶”，普遍存在的“嫉妒”心理（素质高的人嫉妒心理少些而已），不管别人的“好”与“强”是否对自己有损害或有威胁，对别人的“好”与“强”总有种说不出的不舒服感；嫉妒心理强的甚至因此去干损害别人的事情。本俚语正是因这种现象而产生，因嫉妒转化损害别人的行为、结果而使用。就是说当别人容不得你的好而做出损害你的事情时，而你或第三人用“不涵服”来分析别人的心态。

本俚语用语简洁，含义丰富。

语例：改革开放后，黄立先率先走出村落到外地做了几年生意发了财，回到家乡修了很大的新房子。随即就有人传说黄立先是撬了人家的保险柜发的财，黄立先很烦恼。父亲劝黄立先："是有人不涵服，只要自己没做亏心事，随他们说去！"

不化愚气

调解

化：huà，消除。

气：这里是指人的精神状态。

释义：指人愚笨，教不乖巧；或指人死守原则不知变通，不能接受别人的意见和建议。

艺术与现实意义

本俚语语面简单而内涵丰富。在使用中常带有责备、贬低和气愤的情感。在不同的用语环境中，除前述感情色彩相同外，体现出的意义是不同的：在教授较笨拙的人的技艺时，被教人接受能力差，屡教不会，传授人性子急，用本俚语责备被传授人；或者，在要求某人更新观念以求符合社会进步，而被要求人不接受，甚至遭其反驳时，也使用本俚语责备被要求人。在这两种情况下，主要体现出的是说话人恨铁不成钢的思想感情，同时，是对用语对象的强烈刺激，有益于被传授人发愤学习或反省自己的观念，具有一定的积极意义。有时在要求别人变通处理某事项（侧重于为自己谋私利）遭到拒绝时，也使用本俚语责备别人，这是歪风邪气欲战胜正气的表现，不具有积极意义。

语例：老程是十几年的老农业局长了。改革开放初期，县里要成立一个商业局，基于老程工作扎实，有创业精神，县委决定要老程出任商业局长。可老程认为只有抓好农业生产才能解决人们的温饱，商业就是“投机倒把”，不能创造现实价值。书记怎么做工作，他都不愿意接受。书记气极了，批评老程：“你怎么就这么不化愚气呢?”

不冷不热五谷不结

词解

结：jiē，长出（果实或种子）。

释义

本义：如果气候没有冷热之分，那么所有的粮食作物就不会结果实。

用语意义：本俚语常用以劝勉年轻人要热爱劳动，不要因冬天怕冷、夏天怕热而不肯外出。

艺术与现实意义

五谷等农作物的生长，从播种、发芽、分蘖、抽穗到开花、结籽、收割，各个阶段要求的适宜的气温是不一样的。如水稻，播种、发芽的最低温度是 10～12℃，在春季就可以进行，而分蘖则要求在 20℃以上，开花、旸花的适宜温度是 20～40℃，高了低了都不利雌花的受精。水稻的生长旺季应在夏季。而小麦生长的适宜温度是12~22℃，夏季就不是小麦生长的适合期。五谷果实的成熟必须要求较多的阳光，阳光多则必高温；而作物的发芽、成活，却不能在高温下进行。五谷是适应一年四季气候的变化而产生、繁衍，没有冷暖交替变换，很多对人生活有益的物种就可能消失。所以，如果一年四季没有冷热之分，就不会有五谷的丰硕果实的交换更替，人们就会缺乏主食，就会挨饿。

本俚语从人们生存所依赖的五谷生长需要一年四季的冷热变化出发，说明人生必须与冷热打交道，不可怕冷怕热，畏缩不前。本俚语也可以引申为：困难与四季冷热一样不可避免，必须直面而战胜它。

语例：妈妈："小方，去把这些萝卜洗了晚餐吃。"小方："冷死了，晚餐不吃萝卜行不?"妈妈："不冷不热五谷不结，不要怕困难，去!"

不领在天边，领到在身边

词解

领：此处为"接受"的意思。

天边：此处指"极远的地方"。

身边：身体的近旁或与自己密切相关。

释义

本义：（任务或委托）不接受，它如同与你离得很远的物体，它的好坏、成败与你没有关系；一旦接受了，它就总缠绕在你的身边，萦回在你的脑海，你就得记挂着它，为它的好坏、成败而操心。

用语意义：本俚语针对自身运用时，表明自己为人的责任心；用以教导他人时，要求他人为人要有责任心。

艺术与现实意义

本俚语系叙事寓人，是对人品德的要求。首先是把要接受的任务或委托比作一个具体的物件，不接受这个物件，它离你就距离远；接受了，它离你就距离近。离你远时，这个东西损坏了、变质了、被盗了，你可以不管，也管不了，或者也与你没有利害关系；领在你身边时，你要时时保护它，要防止它受损害，要防止它被遗失。“领到在身边”，就是要你尽责任。这样一推导，本俚语的用语意义就自然而然地出来了。

本俚语的运用，侧重于对委托事项的办理态度。因为任务大多数情况下是不存在“领”与“不领”的。所以，本俚语的产生与运用，充分体现了武冈人民“受人之托，忠人之事”的高尚品质。

语例：妻子对丈夫说：“你朋友托你代他看望他母亲的事，你既然答应了，就要去看了给他回信。不领在天边，领到在身边哩！”

不死脱层皮

词解

脱层皮：这里指脱落一层皮肤。

释义：是指人遇到了难过的坎，过这道坎就是不丢掉性命，也会像脱落一层皮一样难受。

艺术与现实意义

要理解本俚语首先得知道一个神话传说：传说从前是蛇死人蜕皮，人是不死的，只是到了一定的时候要像蛇一样地蜕一层皮。但是，人蜕皮非常痛苦，每一次就同死过一次一样。后来凡间出了一个仙家叫“罗衣秀才”。这个罗衣秀才没有别的本事，就是“金口玉言”，从他口里讲出的话都会得到应验。一天，罗衣秀才看到一个妇女正在蜕皮，痛得满地滚爬，嘴里不时地喊叫：“天呀，天呀，我宁愿人死蛇蜕皮呀！”罗衣秀才见了动了恻隐之心，便随口说道：“那就人死蛇蜕皮吧！”从此，人就不再蜕皮，活到一定的年龄就死亡，而蛇则蜕一次皮就获得一次新生——长大一圈。自然，我们知道蛇也是会自然死亡的，只不过不论是过去还是现在，人们很少看到蛇自然死亡的情况，过去的人缺乏科学知识，就以为蛇是不会死亡的。

从上述传说我们不难体会到，人要蜕一层皮是何等痛苦，以致长生不老都不要也不要蜕皮。本俚语用“不死脱层皮”来形容人遇到的坎难过，使人听了就毛骨悚然，极尽了夸张之能事。既然是夸张，则被适用之事也并不就是一定有生命危险的事，只是用以说明该坎的难过程度或事难办程度。

本俚语是让步性假设复句“即便不死，也要脱层皮”的缩写。

语例：尹星前段时间才与戴夏流顶过嘴，前几天上级就宣布，戴夏流成为尹星的直接上司。有同事拿尹星开涮说：“戴夏流成了我们的一把手了，过几天就走马上任，尹星呀，你可要不死脱层皮呀！”

不是咯根吃菜的虫

词解

咯：gē，武冈读音 guǒ，与指示代词“这”意义同。

根：量词，这里是“条”的意思。

释义

本义：这条虫子不吃这种菜。

用语意义：是指某人不是做某事（指能获利或技术含量高的）的料，即没有机会和能力做某件事。

艺术与现实意义

虫子有很多种类，有的吃草，有的吃树叶和木头，有的吃果子，有的甚至吃金属和泥沙，有的虫子专与人争食——吃菜；吃菜的虫子也分很多种。在虫子吃的这些东西中，人们最喜欢的是菜，甚至与主食比，人们更觉得菜珍稀可贵。所以人们把吃菜的虫也看得“高虫一等”。本俚语其实也是一个比喻：把人做事比喻成虫吃菜；什么样的虫子只吃什么样的菜，什么样的人只能办什么样的事。因为菜是最好的东西，所以这里的“事”侧重指获利的好事。

本俚语往往被用来作为自己或自己的亲人做不了某件事的说辞。但使用中往往不是表示谦虚或实事求是（也有诚恳地表示没有能力的），而是有能力没有机会或没有关系做不到。

语例：吴老伯对侄子说：“听说公社招广播员，你家小妹既漂亮又有文化，应当有希望呀?”“没有哟，我家妹子不是咯根吃菜的虫哟。”

不是肥土不栽姜，不是好汉不出乡

词解

好汉：按《现代汉语词典》的解释是“勇敢坚强的男子”，在这里还含有“有能力”的意思，且侧重于有能力。

出乡：指离开家乡到外地去（谋生或创业）。

释义

本义：不是肥沃的土地，不会用来栽培生姜；不是有本事、有能力的男子汉，不会离开家乡到外地去谋生或创业。

用语意义：本俚语是把出乡的男子汉比作栽姜的肥土；栽姜的土要有肥力，出乡的男子汉要有能力。用语意义在于告诫人们不要轻视外乡来的人。

艺术与现实意义

生姜的生长对于土质的要求很高，要想产量高首先要求土地肥沃，肥力不高的黄土栽培的生姜产量是不会高的。武冈在这方面还有一句俚语，叫“在家千任好，出门时时难”，过去不像现在，到外地的打工仔比比皆是。在过去，到外地去生活、生存，没有过人的胆识和能力，是难以在别处生活或安家立业的。把出乡谋生存的人比作能栽姜的肥沃土地，有对外乡人的敬重的情感，充分体现了武冈人民胸怀博大、与人为善的特点，没有地区偏见和歧视。

如今，改革浪潮已席卷全国各地，出乡者也遍布全国各地。他们中不仅有男子汉，妇女们也巾帼不让须眉，他们都是能栽姜的肥沃土地，他们都是有胆有识有能力的好儿女。本俚语的产生和流行，也说明了武冈人民早就具有超前的走出去的开放意识。

语例：小易是四川人，跑到武冈安了家。前天托人来说媒，想要娶老张的女儿为妻。老张对媒人说："一个男子汉，肯定有什么差处，不然在家里娶不到老婆，还要到这里来娶妻?""老哥，这你就不懂了吧，俗话说'不是肥土不栽姜，不是好汉不出乡'啊!"媒人说。

不通得

词解

通：通达，没有阻塞或妨碍。这里是指人的生命、健康顺畅，没有夭折或病痛磨难。

得：de，用在动词后面，表示可能。

释义：相传人做了违背人伦道德或亵渎神灵的事，必然会遭到神明的惩罚：或令其寿命夭折，或赐予他（她）病痛，令其不得安生。不通得，就是指某人做了违背人伦道德或亵渎神灵的事或说了这方面的话，必然会遭到神明的惩罚，使其生命、健康不得顺畅。

艺术与现实意义

本俚语用语浅显、通俗，把人生寿命的夭折、身体的病痛比作想通过哪里却因自身的原因又过不去一样。文字简短，含义曲折、丰富，把谁若做出违背道义、亵渎神灵的事必遭神明惩罚报应的内涵丰富、外延宽广的道德行为规范体现在三个字里面。

在本地，这是一个具有震慑性的俚语。只要一提到“不通得”，人们就会把它与生命的夭折、病痛的折磨联系到一起；如果自己正在做不该做的事，就会立马休手。本俚语常常是长辈用于对晚辈不良行为的训诫。

本俚语的产生和运用，体现了武冈人民尊老爱幼、崇尚道德、敬恭神明的优良传统，是人们美好信念的展现。

语例：爷爷要小歪牛去扯猪草，他不肯去。为此，爷爷多讲了他几句，小歪牛就拿着木棍去打爷爷。叔叔见状喝道：“呀，不通得的！”小歪牛立马住手。

不通人性

词解

通：沟通。此处有接近、符合的意思。

人性：人所具有的正常的感情和理性。

释义：不通人性，是指某人某时的言行刁钻、野蛮，不符合人所应具有的正常的感情和理性。

艺术与现实意义

本俚语是一句严厉谴责的用语，带有谩骂性：言外之意，人不通人性就是畜生。本俚语常用于长辈对晚辈的斥责，有教育晚辈遵行人类传统美德，不可有违背常理和有悖人性的言行的效果：人总是看重自己的人格尊严，被别人，尤其是长辈说成不通人性是畜生，是很伤自尊的事情，所以，一般能知道自己言行的错误，或当场改正，或事后反省。

“不通人性”与“畜生”可以说是同义语，但“畜生”贬损明显，听之刺耳，而“不通人性”则较隐晦、圆润，相对来说不容易激怒被用语人。这是武冈俚语用语温和一面的表现。

语例：姑姑到强强家做客，强强的父母均不在家。临走时，奶奶觉得强强他姑家穷，不容易来一次，不给她拿点什么回去，感情上过意不去，就给强强姑提了一个南瓜。强强认为南瓜是妈妈种的，不是奶奶种的，奶奶不能拿去送给姑姑，于是就从姑姑手里夺回南瓜。爷爷见状气得不行，当场给强强一记耳光，并训斥道：“你这不通人性的东西!”训得强强面红耳赤。

不想吃油渣锅边站？

词解

油渣：是指猪或其他动物的肥肉和体内专有脂肪块切片放于锅内高温煎煮，使脂肪液态化后剩余的纤维质及其他成分的部分。可食，其味香、酥、脆兼备（现在喂了饲料和激素的猪的脂肪煎的油渣可就没有那样酥、脆啰）。

释义

本义：如果不想吃油渣就不站到你煎油的锅边来了。

用语意义：比喻局外人对某事特别关注，其目的是想从中沾点利。

艺术与现实意义

本俚语的本义是很具时代特色的。改革开放以前，中国农村农民的生活状况是很贫苦的，一年难得有几次肉食。现在是猪的瘦肉畅销，肥肉降价都难以出售；而当年的状况是，肥肉抢脱手，瘦肉无人要，因肥肉可煎油，瘦肉不放油还粘锅且不好吃（当时的植物油也非常少）；人们买了肥肉不是为了直接煮食而是为了煎油炒菜用，所以，油渣也是一年难得几回吃的美食。当时的邻里关系也比较融洽，没有现在这么生分。谁家在煎油，闻到香气的邻居会围到灶台边和你说长道短，等到油渣出锅，主人也很通情达理，深知邻居们锅边站的用意，会给在场的邻居一人几个油渣解解馋。这便是本俚语的来历了。

知道了本俚语的来历，其用语意义就好理解了。

本俚语运用反问加比喻的修辞手法。反问肯定了锅边站是想吃油渣，以具体的心理概括了人们的普遍心理，以一点而论全面，虽不符合归纳推理原则，但却是这种普遍心理的典型代表，符合客观实际——局外人对局内事关注都有一定动机。这种现象以一个具体事例作比方，既通俗易懂，又使用语环境生动、幽默而不凝重。

语例：老焉听说老表在与高速公路工程建设指挥部洽谈一个路段的建筑承包事宜，就跑去问老表合同谈得怎么样了，资金有困难吗？表嫂听了就对老焉说："老表，你这么关心，是想参一股吗？""不想吃油渣锅边站？还是表嫂明事理哩！"

不要你成龙，不要你成虎
只要你牛屎淤担得二百五

词解

龙：帝王的象征。这里是指帝王一样很了不起的人物。

虎：比喻勇猛威武。这里是指很有本事，能够征服他人的人。

牛屎淤：是指牛在栏里踩踏积成的，混合着草和牛尿、牛粪的厩肥，用语中常常也包括猪屎淤。

释义：不指望你成为帝王一样很了不起的人物，也不期望你成为征服他人的能人、官吏，只希望你身体健康，能挑得动二百五十斤重一担的牛屎淤。

艺术与现实意义

本俚语在本地其实是作为一则笑话传开的。这里有一个典故：本地孩子出生后有“洗三”的习俗，即孩子出生后的第三天才给孩子洗澡。给孩子洗澡的人一般是“八字”好的孩子的长辈，如奶奶、外婆等，或是当地“八字”好又有名望的其他女性长辈，而且都要会讲祝福的好话。洗三时，给孩子洗澡的人要一边给孩子洗澡一边对孩子讲祝福的好话。说是有一家的新生儿洗三时，本准备是奶奶给孩子洗澡的。其时，孩子的外婆也在场。外婆是一个斗大的字不识一箩筐的粗人。奶奶出于礼貌，礼节性地说：“外婆给孩子洗三吧。”谁知，外婆毫不客气，接过孩子就给孩子洗澡。外婆用手蘸着温水在孩子胸脯上轻轻拍了三拍后

说："不要你成龙，不要你成虎，只要你牛屎淤担得二百五！"这是什么话呀？哪个愿孩子不成龙、成虎，而去挑牛屎淤呀？更何况"二百五"是要傻不溜的代名词呀！好在是祝福外孙子身体好有力气还可以理解。奶奶是又好气，又好笑，就把外婆这祝福语作为笑料传开了。

这样的祝福语，在绝大多数的人看来就是一个笑柄，但在笔者眼里，这是不同人生理念的体现：为人在世，有的人只想升官发财，欺压别人，盘剥别人，希望自己的后人也是如此；有的人总想着出类拔萃，比别人优秀有脸面。但是，欺压别人、盘剥别人的人是坏人，出类拔萃的人是凤毛麟角，平凡的人才是多数人。平凡人最重要的就是要有健康的身体，能够勤恳地劳动。"外婆"就是这种平凡心态的人。人，不能做坏人，也不能一出生就是伟人，首先要做好平凡的人，然后才可能成为出类拔萃的人。一个人从一出生就树立出人头地的思想，其实是一种很大的精神负担。能够顺利出人头地的人，很多便会趾高气扬，目空一切；不能出人头地的人，一生都生活在失落当中，得不到满足和快乐；有的人为了出人头地，不择手段成了坏人，而且这部分人为数不少。人首先要保持平常人的心态，如果他是个或者可以培养成出类拔萃的人，他的每一个成功，对于他自己来说都是一个惊喜，那么，他的一生就生活在满足和快乐中。人的欲望少，私心杂念也就少，世上的坏人也少了，好人就多了。

这个类似笑料的俚语之所以要收集，旨在表达本编一个心愿：希望社会能改变教育理念，在教育孩子时不要首先灌输"伟人"思想，而是要促成孩子有一个平凡人的心态，让人们在平凡中见伟大，摒弃无谓的竞争，让每个人在快乐中学习、在快乐中工作、在快乐中创造、在快乐中终了。

语例：愿天下父母，不要把对新生儿"不要你成龙，不要你成虎，只要你牛屎淤担得二百五"的祝福语当成笑柄，首先把自己的孩子看成是平凡人，期望他们身体健康、热爱劳动，在平凡的心态中成就自我。

不　眦

词解

眦：zì，上下眼睑的接合处，靠近鼻子的叫内眦，靠近两鬓的叫外眦。通称眼角。武冈读音 cǐ，是用外眼角睨视的意思。

释义

本义：用眼角瞟都不瞟一下。

用语意义：不理睬或瞧不上。

艺术与现实意义

俚语“不眦”与普通话中的“不理睬”意义近似，但又有区别：“不理睬”，是因与自己无关或与自己意见相左而不与别人打交道或对别人的言行不发表任何意见；而俚语“不眦”除有“不理睬”这层意思外，还在一定程度上含有鄙视的感情色彩。本地习俗，用眼角看人是对别人的不尊重，何况现在就是连用眼角看都不看一下了，可见这人或这事与用语人是多么地不相干，是多么地不值得他关注。

本俚语也具有用语简洁、含义丰富的用语特色。

语例：刘招弟对黄石佗说：“你这个罚款是可大可小的，市政府的阳主任曾在你村上下放过（指知识青年上山下乡），你去找找他呀。”“他呀，向来眼睛长在额头上，我们这些人去找他，他不眦的。”

苍蝇不叮无缝的蛋

词解

叮：本指蚊子等用针形口器插入人或牛马等的皮肤吸取血液，这里指苍蝇从缝中吸食蛋液。

缝：fèng，裂缝。

释义

本义：如果蛋壳没有裂缝，苍蝇是吸食不到蛋液的，所以苍蝇也很少落到蛋上去；如果苍蝇总是落到蛋上了，那就说明蛋壳出现了裂缝。

用语意义：一个人如果总是受到外来的不良因素的骚扰，那他本身一定存在某些不足或缺陷。

艺术与现实意义

苍蝇的食域很广，香、甜、酸、腥、臭都喜欢，但这些食物都有一个共同的特点，就是气味浓烈。完好的蛋，外壳的气味一般不吸引苍蝇，只有当蛋壳出现裂缝，蛋液的腥味溢出或蛋因壳裂变质而发出臭味，苍蝇才喜欢在蛋上落脚。

本俚语既是一个判断句式，也是一个比喻句式，把不良因素的骚扰比作苍蝇落脚寻找吸食源，把自身的不足或缺陷比作蛋壳出现了裂缝。

本俚语深含一个哲理：人若想少受或不受病痛的侵袭，就要提高自身的免疫力；要想不受不良因素的困扰，就要自身品德过硬，不要让人有空子可钻，不要让人有把柄可抓。

语例：媳妇与他人有染，公公召开家庭会“整风”。媳妇强调是他人老缠着自己。公公说：“苍蝇不叮无缝的蛋，你就没有问题?”

踩烂牛屎发财，踩烂狗屎烂鞋

词解

踩烂：因为踩到而使被踩到的东西改变了原来的形状。

发财：词典解释：（个人或私人企业）获得大量财物。本地讲谁发财或祝谁发财，包含有求财的运气好，做生意顺畅，有意外之财的意思。

烂鞋：使鞋烂，加快鞋烂的速度。鞋，xié，武冈读音 hái，与财押韵。

释义：不小心踩烂牛屎，你不要嫌脏，它会给你带来发财的运气；不小心踩烂狗屎可不好，它会加快你所穿鞋子磨烂的进度。

艺术与现实意义

本俚语本是大人劝慰小孩的用语：20 世纪 90 年代以前，南方农村种水稻主要是以牛耕田，老百姓所养的耕牛多，到处都有牛屙的屎。小孩子走路不太注意，踩到牛屎的情况很多。当然，狗屎也是多的——当时至少每户都养有一条狗，且都是放养，小孩子踩到狗屎的情况也多。但由于狗与牛相比体形很小，每一处的狗屎量也小，不小心踩到些，一般也不易引起小孩的注意，而每一处的牛屎量很多，且牛屎又以稀溏的较多，不小心踩烂了沾得满足都是，常常吓得小孩哇哇大叫。所以大人们常用本俚语劝慰小孩子。

值得注意的是，本俚语虽只是劝慰小孩的用语，但通过这俚语我们看到了一种特殊的情感，即老百姓对耕牛的怜爱。本来无论是牛屎还是狗屎，都含有较多的酸性物质，粘在鞋上，对鞋（旧时常穿布鞋）都有腐蚀作用，那为什么踩烂牛屎就“发财”而不“烂鞋”呢？这就是老百姓对牛爱怜的情感的体现。当时稻田的耕种全靠牛背犁犁地松土。记得当时春耕或入冬时，到处都是“牛是农家宝”的宣传语，以提醒大家注意保护耕牛。有的地方还把这些宣传语用石灰浆刷在墙壁上、山坡上或水库大坝上，有的字写得有几丈见方。记得如果哪头耕牛患病或摔断了腿足治不好须宰杀，宰杀时，很多老农会悄悄地流泪。这就是百姓对牛的情感。牛对人类有贡献，对人鞠躬尽瘁，所以人们不嫌弃它，即使是它的粪便也不嫌它脏。

语例：孙子踩了一足牛粪，把新穿的鞋子弄脏了，吓得哇哇大哭。爷爷劝慰孙子：“啊哟，冒关系，冒关系，踩烂牛屎发财，踩烂狗屎烂鞋。莫哭，莫哭，我孙子要发财了哩！”

瓷瓦碴指屁股——丫丫碴碴

词解

瓷瓦碴：指陶器（含瓦片）、瓷器被打烂后的碎片。这里主要是指陶器、瓦片的碎片（瓷片太锋利）。

丫丫碴碴：丫，yā，上端分叉的东西。碴，chá，碎片碰破（皮肉）。丫丫碴碴，有阻碍，不顺利。

释义：比喻办事总遇到麻烦不顺畅或交办的事宜因接办人不乐意而时不时唱困难出难题，使事情办理不顺利。

艺术与现实意义

瓷瓦碴揩屁股，一听就觉得好笑和不可思议，但这样的事情并不是无中生有，曾经是有过的：过去的农村，人们生活水平低下，填饱肚子都成问题，谁还讲究揩屁股的事宜。用废纸、小木棍、稻草、野草揩屁股是很正常的情况，如在野外内急，既未带手纸，周围也没有可用的柴草，发现有瓷瓦碴，虽然用着不舒服，也只好将就。瓷瓦碴虽硌肉，只要不是很锐利的，也还不至于割伤皮肤。这是本俚语产生的基础。办事虽然遇到麻烦或因接办人不乐意而在办事中讲条件、挑剔，但毕竟事情还是办理了，这也是其与用瓷瓦碴揩屁股的可比性。

“瓷瓦碴揩屁股”是一个不登大雅之堂的喻体，正因为这样，使用本俚语，表达了用语人对办事不顺畅的烦恼或对讲条件、挑剔之人的不满的思想感情。

语例：妈妈要毛毛去地里拔白菜，因天下着雨，毛毛老大不愿意，于是强调很多理由，“我没有水鞋！”毛毛撅着小嘴说。妈妈将自己穿的水鞋拿到毛毛身边。毛毛又说：“我冒看见家里的雨伞！”妈妈又把雨伞递到毛毛手里，抱怨说：“要你做事呢，真是‘瓷瓦碴揩屁股——丫丫碴碴’的……”

长的是根黄鳝，短的是根泥鳅

词解

根：在这里是条的意思。

黄鳝：huáng shàn，鱼的一种，身体像蛇而无鳞，体表多黏液，较滑溜，黄褐色，有黑色斑点。生活在水边的泥洞里。

泥鳅：ní qiū，鱼的一种，身体呈圆柱形，尾端侧扁，鳞小，体表多黏液，较滑溜，背部黑色，有斑点，腹面白色或灰色……头小而尖，嘴角有须五对。常生活在河、湖、池沼、水田等处，潜伏泥中。

释义

本义：习俗上黄鳝、泥鳅是同一类的鱼，没有高低贵贱之分，虽有长短的区别，但说长论短没有多大意义。

用语意义：是说同一个阶层的人，没有什么强弱可争，争个强（长）也如同一条黄鳝，示个弱也是一条较黄鳝短一点的泥鳅，好不到哪里去，也弱不到哪里去。

艺术与现实意义

现在的黄鳝比泥鳅值钱，市场的出卖价格比泥鳅要高很多，但在过去的年代，泥鳅比黄鳝值钱，当然价格高不了多少，也就是说，你黄鳝身子虽然长点，可你的价钱低点，泥鳅的身子虽比黄鳝短些，可价钱贵些，所以不相上下；泥鳅和黄鳝，味道和营养价值也差不多；都主要生活在泥下，且体表也都很滑溜。这些相同或相似的特征说明黄鳝与泥鳅是一个类型、一个档次的东西，存在的区别不影响其品位的高与低。在这里值得一提的是，黄鳝、泥鳅都在泥里求生存，本地把地位最低下的人称为泥巴夹缝里的人。

本俚语常用来劝说争强好胜的双方，因为能在一起争论，就谁也强不到哪里去，档次差不多。如果双方档次差别很大就相聚不到一块。比如皇上与七品芝麻官，聚在一起的可能性几乎为零，就是聚在一起了，芝麻官能与皇上争高下吗？本俚语就是以黄鳝与泥鳅为题说事，是一个以人们熟识的事物为喻体的形象的比喻。本地还有一俚语叫“泥鳅、黄鳝一篓蛇”（含贬义），也含有这层意思在里面。

语例：老黄与老郑因琐事发生争执，进而说到各自的能力上来了。老黄对老郑说：“你有么咯能干，还当起咯组长子。你当得我呀，我要是走运，你把我提鞋子都不要！”在场的林老插话相劝：“长的是根黄鳝，短的是根泥鳅，都是在泥巴夹缝里求生存的人，有什么高下可争的？”

唱隔壁戏

词解

唱戏：演唱戏曲。

隔壁：左右毗邻的屋子或人家。

释义：是指一个人对另一个人有什么要求，不明说或不好明说，而采取绕着弯子说相关的事，让要求的对象从中明白或猜透自己的想法或欲望。这就叫“唱隔壁戏”。

艺术与现实意义

“唱隔壁戏”，顾名思义就是去隔壁唱戏。为什么要去隔壁唱戏，那肯定是因为在家里唱戏不便；去隔壁唱戏给谁听，当然主要是想给“自家人”听（戏在隔壁唱当然是听，如果家人跑去看就形同于在自己家唱了），而且是希望“家人”要听懂，听明白，知道唱的是什么内容。在对门唱戏，“自家人”也是能听到的，但这可是“唱对台戏”了，那不是背道而驰了吗？所以不用“唱对门戏”而用“唱隔壁戏”。

本俚语本身是一个比喻，把自己有什么要求不便明说而转着弯子透露自己的希望比作在自己家里不方便唱戏而跑到隔壁家里唱戏让自己家里人听。这里的“自己家里人”是指诉求对象，并不一定要和自己有亲属关系，也是一个比喻。

“唱隔壁戏”是希望自己的需求得到满足，但由于多方面的原因并不一定能得到满足，直接说出来怕被别人直接驳回没有面子；或者认为自己的要求过高，直接提出来不好意思，用“隔壁戏”“唱”出来，让别人主动承受，自己有脸面些。这体现了武冈人民说话的技巧和策略。

语例：小敏今天在学校里看到表姐（同班同学）穿了件黄格子花的新衣服特别漂亮，很羡慕，想要父母给自己也做一件，可知道自己家里经济状况没有表姐家好，又不好意思直接提出。吃了晚饭，家里人在一起聊天时，小敏对妈妈说：“妈妈，我告诉你一个好消息：今天表姐穿了件黄格子花衣特别漂亮，同学和老师都夸她啦！”“鬼丫头，跟妈还唱隔壁戏，你不就是想要做一件你表姐那样的新衣服吗？还什么‘一个好消息’。算你行运，这几天家里还有点钱，给你也做件吧。”小敏听后心里乐开了花。

财多累己

词解

累：lèi，使疲劳；使劳累。武冈读音 lēi。

释义

本义：相传，有一个孤独的瞎老太婆家里很穷。一天，一个已是富翁的远房亲戚来看望她，见她生活贫困，临行时给了她一根金条。瞎老太婆拿着金条爱不释手，非常高兴。但过了一会儿她就为这金条犯难了：这金条可是大家都爱，我眼睛又看不见，要放在哪里才安全呢？她先把金条放在箱子里，认为箱子有锁最安全，可转而一想，怕别人连箱子一起拿走反赔了更多。接着，她把金条放枕头底下，认为夜夜把它睡在自己头底下最安全。可转而一想，又怕别人趁其熟睡时将金条抽走，对贼来说比带走箱子更方便、更安全。瞎老太婆为这事苦思冥想，吃不好饭，睡不好觉。有一天，她终于想到了一个绝密的地方：自家后门外的尿桶底下——谁也不会想到尿桶底下会有黄金；尿桶这么臭，谁也不会去提开尿桶看。瞎老太婆想好就这么做。可很不幸的是，瞎老太婆将金条往尿桶底下藏的过程却被一个在她屋后放牛的人看见了。结果可想而知。过了两天，瞎老太婆去检查金条是否还在尿桶底下时，发现金条不见了。她不仅不难过，反倒高兴起来了——财多累己，这下我轻松了，再也不为金条藏哪里犯愁了！这便是“财多累己”的来历和本义。

用语意义：多财产，多操劳。

艺术与现实意义

“财多累己”的本义与来历，是一个寓言式的故事。本俚语，言简意赅，富含哲理：发财，发大财，是人们梦寐以求的事情，但是，财富多了也未必就是好事情。就像本故事中的主人公一样，“天上掉馅饼”也存在财产保管上的精神负担。除了“天上掉馅饼”，发财还有两种可能：一是辛勤劳动创造财富，二是靠违法犯罪以盗窃、抢劫、诈骗、盘剥、偷税漏税等手段获取财物。第一种情况就不用说了，要想财产更多，就要付出更多的辛劳，肯定是“累己”的了。第二种情况，首先就要冒很大的风险——随时可能进监狱，甚至被判死刑；其次，也有财物获取后保管或隐匿的辛苦。所以，人要想安逸，就不要有过多的欲望，不要过分地追逐财富，要使财富的创造建立在快乐的基础上。

语例：王山以前闲人一个，成天三朋四友坐在一起打牌开心。现在当起了养猪专业户，财产多了却忙得不可开交。以前的牌友阿四多次邀其打牌未果，于是叹息说：“财多累己呀，当什么养猪专业户……”

财神菩萨

词解

财神：迷信的人指可以使人发财致富的神仙，原为道教所奉的财神，据传姓赵名公明，亦称赵公元帅。

菩萨：泛指佛和某些神。

释义

本义：财神菩萨，就是指财神。

用语意义：作为俚语用语意义并非本义，而是反其意而用之，指那些不懂又好动多事，会无意中使别人的事务受到损害的人。多指小孩。

艺术与现实意义

本俚语是说自己正在完成某项事务，结果一个不懂而又“热心”好动的人（多为小孩）来了，本想给你帮一下或好奇地摆弄一下，结果将会使你欲完成的事务遭到破坏，这时你急叫“财神菩萨，不要乱搞”，以制止他的行为。系正语反用。

在制止的话语中，先安上“财神菩萨”的头衔，使话语带有祈求性——因为我们对于菩萨只有祈求的份，有恳求对方不要干涉自己正在完成的事务的意思；对熟悉本地俚语的人来说，也具有祈使性，只要一听到没好气的“财神菩萨”，就知道自己闯祸了或将要闯祸了，而立即停止自己的行为。

本俚语多用在“热心”好动的孩子身上。孩子闯祸，本可以训斥辱骂，可以用严厉或恶毒的语言来制止，但基于人们对孩子的喜爱而以“财神菩萨”正语反用以表警示。这里还牵系到本地的一个习俗：人是不能随便被称为菩萨的，尤其是小孩子，人与菩萨相比会折寿的。所以运用本俚语也有一种万般无奈的味道在里面；被用语人也宁愿停下自己的举动，而不要与菩萨相提并论。所以起到了警示效果。

本俚语的逻辑：财神是保佑人发财的，而对于“你”，只要不妨碍“我”的工作或破坏“我”已完成的工作成果，就是让“我”赚钱发财了，在这种意义上，“你”就是“我”的财神爷了。

语例：何师傅正在做家具，有一根刨好的木枋在刨凳上未放下来。小三子跑来玩，见刨凳上放着木料，就拿着刨子去刨。何师傅见后急了——再一刨整根木枋就废了——“财神菩萨，财神菩萨，动不得的了！再刨就冒用了。”

扯卵揩屁眼——只图方便

词解

扯：读音 chě，拉。武冈读音 qiǎ。

卵：读音 luǎn，男子睾丸的俗称（见上海辞书出版社 1981 年 10 月版《辞海》证词分册第 2169 页）。俚语中，是指男性外生殖器。

释义

本义：自己的卵与自己的屁眼相隔很近，如果拉长自己的卵去揩拭自己的屁眼，当然很方便。弦外之音：卵和屁眼都是自己身上的肉，屁眼是擦干净了，可卵却弄脏了。

用语意义：比喻人做事敷衍了事，只图方便、快捷地完成眼前的局部的任务，不惜损害整体中其他部位的利益。

艺术与现实意义

本歇后语用语粗俗，如果是年轻妇女使用，还有点羞于启齿。但综合考虑整个歇后语的含义，就会觉得本歇后语的比喻贴切形象，富有现实批评性，是对那些只顾眼前局部利益，不顾全局及其他部位利益的狭隘思想一个辛辣的讽刺。以这样的歇后语批评行为人，既有一定的诙谐性，又会使受批评者在讪笑中感到无地自容。

本俚语是一个假设性的比喻，喻体是不存在的，再怎么图方便，也不会有谁实施喻体的行为。之所以这样设比，就是为了贬低和挖苦那些只图自己方便不顾整体利益的人。

语例：雨水将一条田塍（chéng，田间的土干子）冲垮了，队长要老五去把田塍恢复好。老五却就近在水库的堤坝上取土用在田塍上。队长得知后批评老五："你就能干哩，晓得扯卵揩屁眼——只图方便了，要是水库堤坝垮了，你这条田塍恢复了有什么用？"老五只是讪笑。"还不快点去把堤坝恢复好！"队长厉声说。

城口冲人不吃芋头——跑到屁埯里去

词解

城口冲：冲，chōng，这里指山区的平地。城口冲，本地小地名，在大山脚下。

芋头：芋，yù，多年生草本植物，块茎圆形或卵形，叶子略呈卵形，有长柄，花穗轴在苞内，雄花黄色，雌花绿色。块茎含淀粉很多，供食用。有水芋（生长在浅水里）和旱芋（生长在旱地里）之分。芋头，整株芋也叫芋头，这里指芋的块茎。

跑：逃走。这里是指芋头被筷子夹起后又滑掉。

屁埯：埯，ǎn，小坑。屁埯，武冈方言，即肛门。

释义

本义：芋头有一个特点：煮汤时，芋头熟后表面变得很滑溜，如果不是煮得很熟用筷子很难夹稳。相传一个城口冲的人在吃汤芋头，因芋头不是煮得很熟透（熟透了，稍用力夹筷子就陷到芋头肉里了，就不会滑脱)，筷子一夹就滑落了，筷子一夹又滑落了，反复几次都未夹上一个芋头进嘴。于是，他火了，用筷子头用力插进芋头里举起来说：“你（指芋头）想跑？你跑到屁埯里去呀！”说完就将所插的芋头送进嘴里，惹得满桌哄堂大笑。这个俚语就这样传播开了。

用语意义：人们在吃如芋头一样滑溜的食物，若筷子多次夹不稳时，常用本俚语取乐。

艺术与现实意义

本俚语和后面的俚语“托坪人不捡狗屎——佬佬喝起”一样，都是一种失误的艺术。我们因某个原因追赶某人，特别是对你有冒犯的小孩，当被追的人快被追上时，往往对被追的人说：“你跑，你跑，你跑到屁埯里去！”这时候这样说是以贬损对方的语言来发泄自己对被追人逃避的不满。而本俚语的“始作俑者”是在发泄对芋头的不满时，一不小心，把自己也搭进去了——把自己的嘴当成“屁埯”了。但正是这种失误，才有了笑料，使人们的生活又增添了一份乐趣。这也是一种缺憾美。

本俚语系“不”字格歇后语，以幽默性语言直译，意思为“城口冲人哩不吃芋头的，只是夹不稳芋头时，还叫芋头跑到屁埯里去”。

特别说明：这类“不”字格歇后语中常常涉及了具体姓氏和地名，系习惯使然，不存在姓氏和地域的歧视或贬低。如只从避讳上讲，本可以以“某”或“某某”替代，但替代后便失去了俚语的真实性和亲切感。

语例：节日里，一大家子围在一起吃“大锅饭”。饭桌上有一大碗粉汤，因煮时忘了将粉丝改短，弟弟在用筷子捞粉条时，捞上来又滑下去了，用碗张也张不全，部分已放入碗里又因下面粉条的绊扯，又溜出去了。大哥笑话弟弟：“城口冲人不吃芋头——跑到屁埯里去哟。”

吃倒屎，穿倒屎，冇得屎，饿得死

词解

倒：dǎo，武冈方言同“到”字以下的用法一致：用作动词的补语，表示动作有结果。

屎：shǐ，粪便。

释义

本义：因为有屎，我们才有吃的；因为有屎，我们才有穿的；如果没有屎，我们就会被饿死、冻死。

用语意义：不要嫌屎脏，屎对我们的生活有很重要的意义。

艺术与现实意义

除了精神极端错乱的人都知道，屎是不能吃的，事实上，我们也没有谁直接吃屎。本俚语讲“吃倒屎”“穿倒屎”，是把间接的事物予以直接化肯定，强调了问题的重要性，实质也是一种夸张的手法。

本俚语之所以把“屎”的重要性直接提升到我们生活的吃与穿，有其特别的历史背景：20 世纪 70 年代以前，中国的工业欠发达，化肥，之前是没听说过的。到了70 年代以后，广大农村才广泛使用化肥，而且生产工艺落后，农村里碳酸氢氨、尿素等速效氮肥，都要有指标才能买到，而指标是很有限的。南方农村农业生产的主要肥料来源，就是动物（含人）的粪便和杂草、树叶的发酵产物。由于乱砍滥伐，不注意植被保护，森林在急剧减少，山林被列为禁砍禁伐之地，所以，曾经很长一段时间里，要想农作物长势好，所收农产品够日益增多的人口果腹，全指望动物（含人）的大小便了。如果没有粪便，农田就会歉收，就有人会饿肚皮，甚至有人会饿死。这不是骇人听闻，是编者曾经经历过的事实。后来杂交水稻诞生了，化肥的生产技术也提高了，联产承包责任制也推行了，农产品连年增收，解决了温饱问题。而现在又发现，化工技术催熟的农产品，味道欠佳，甚至有损身体健康，人们又怀念起“冇得屎，饿得死”的年代了——还是“有机产品”好。

随着人们对生活水平和要求的提高，越来越注重农产品的有机栽培。主要靠“屎”来促进农产品生长的时代已经一去不复返了，当时谁也不用担心农产品有激素、有致癌等有害因素。此处重提本俚语，旨在提醒人们记得曾经有过的时代和提高对有机农业重要性的认识。

语例：小玉不小心衣服上弄了些牛粪，小伙伴们就都说她是“臭人”，并不愿跟她靠近。小玉急了就大声对小伙伴们说：“我奶奶说了，‘吃倒屎，穿倒屎，冇得屎，饿得死’，身上沾了点牛粪算什么呀！”

吃倒碗里的，看倒锅里的

词解

倒：dǎo，（人或竖立的东西）横躺下来。在这里是这个意义的引申，是某个事务已搞定的意思，与用作动词补语的“到”意义相似：表示动作有结果。

释义

本义：吃着碗里的食物，看着锅里的食物（看够不够大伙吃，若不够，则要尽快从锅里多舀些，以防被他人先动手，轮到自己没有了）。

用语意义：比喻人不知足，不安于本分，总是觊觎公共财物或权力。

艺术与现实意义

20世纪六七十年代，社会生产力低下，老百姓缺吃少穿，一家人吃饭，或集体开餐，或谁家办红白喜事请客，往往锅里煮的饭不够大家吃饱，所以，人们在端着碗吃饭时，往往要眼盯着锅（指饭锅）里，看看剩下的饭有多少，自己还能不能再舀上一碗两碗，如见饭不多了，则要采取紧急措施——或快速吃完碗里的赶快舀第二碗第三碗，或另找一个容器装一些饭藏在一边（这种情况很少发生，怕别人笑话），等等。有些人还总结出了经验性策略：看看锅里的饭量，如果不够所有在场吃饭的人吃两碗，则第一碗适当少舀些，这样第一碗饭就会比别人先吃完，就有把握舀到第二碗。这便是本俚语产生的背景，也是本俚语的本义。

本俚语的用语意义，抛开其产生的历史背景——缺吃少穿，则是一种贪婪、不满足的心态。自己有了该得的一份，不管够不够，总想着要在公共的东西中多吃多占，也包括公共权力：工作人员有了自己的工资、补助、奖金，还要利用自己手中的权力贪污、挪用，或损公肥私、巧取豪夺；当了科长了还想当处长、厅长……吹牛拍马，受贿行贿，卖官买官；合伙做生意，不仅得了自己应得的，还要让他人血本无归……本俚语正是对这些行为的概括和批判。

语例：某科长对他单位的同事的工作和家庭情况了如指掌：

谁家有几个孩子；谁的老婆年轻、漂亮，有没有工作，在哪里工作……有同事拍马屁：“科长真是关心下属的好领导！”“这哪是关心下属呀，这就叫‘吃倒碗里的，看倒锅里的’。”另一同事半开玩笑半认真地说。

吃得咸

词解

咸：xián，武冈读音 hán。像盐那样的味道。

释义

本义：是指人口味重，菜食里放盐量比一般人要求的多。

用语意义：是指人做生意赚钱或用不正当手段谋取利益时心狠。

艺术与现实意义

人们对菜食中的盐分的要求千差万别：有的人向来吃得淡，有的人向来吃得咸；搞体力劳动的要求盐分高些，搞脑力劳动的，对盐分的要求低些；身体好的对盐的耐受力高些，身体有病的，诸如肾炎、高血压、甲亢等病人，对盐分要控制得低些；而肾虚的人却偏爱菜咸……用这些差别来比喻人对财物欲望的高低，用“吃得咸”来比喻某人对财物的贪欲高，也是通俗而形象；有的人吃得咸是因为代谢要求高，在获利上就如正当的高利润商品；有的人吃得咸则是一种病态，在获利上就如不择手段地获取高额利润或其他利益。本俚语选择的就是病态的“吃得咸”，用以批评、斥责那些利欲熏心的人。

语例：张老汉与李老汉等在一起道白。谈到村子一些知名人士的为人时，张老汉说：“你们家（指家族）李兵做生意吃得咸：趁小六子要钱给他娘治病救命，硬将小六子家价值一千多元的牛六百元买走了。”李老汉说：“你也莫只讲我们李府，你们张府也好不到哪里去：你们那个张四狗在乡政府管文卫，要把个小学老师换个学校，这是轻而易举的事，村上的刘老师要求调到他家的隔壁村小，硬收了别人1000元钱的红包，不吃得咸吗？”

吃得亏，才打得一堆

词解

吃得亏：吃亏，指受损失或处不利地位。吃得亏，就是指能包容、能让步。

打：这里指与人交涉的行为。本俚语中指相处。

一堆：一块或一起的意思。

释义

本义：要能够包容、让步，才能相处在一起。

用语意义：亲戚、朋友、邻里、同事及合伙人之间，要能互相包容，能作必要的退让，才能和谐地相处在一起。

艺术与现实意义

人长时间相处在一起就会有矛盾，而且相处的时间越长，关系越亲密，各人的缺点就会暴露得越多；在利益上也会有矛盾，比如在交往中谁付出得多、谁付出得少。如果彼此斤斤计较，不能包容，不能谦让，这个“堆”就会瓦解、分裂；当然，不好的“堆”就应当让其土崩瓦解，没有必要为它吃亏；这里的“亏”，不是无度的“亏”，只是为了大家的共同利益和目的，牺牲个人的部分利益，但最终是要获取更大的利益——达到大家共同的目的。

本俚语的产生和运用，体现了武冈人民与人为善、宽大为怀的好品质，也体现了武冈人民处事的理性。

本俚语既是一个因果复句：“吃得亏”是因，“打得一堆”是果；也是一个条件复句：“吃得亏”是条件，“打得一堆”是结果。综合说，即不仅因为吃得亏才打得一堆，而且必须是吃得亏才能打得一堆。

语例：小亮放学回到家里告诉妈妈，今天同桌的毛笔不小心划坏了他的本子，他就打了同桌一耳光。妈妈教导小亮：“人家不是故意的，你不应该打人家。老话说，要‘吃得亏，才打得一堆’哩，对同学要友好。”

吃呱茄瓜数蒂朵，自己不数数别个

词解

茄瓜：茄子。

数：shǔ，查点（数目）。

蒂朵：dì duǒ，指瓜果与茎、枝连接的组织。

别个：别人。

释义

本义：几个人合着一堆茄瓜共同吃。茄瓜吃完了，结果发生关于谁吃得多、谁吃得少的争执。因为茄瓜蒂朵味儿又涩又粗一般是没人吃的，于是就提出数各人吃茄瓜时掰下的蒂朵，看谁多谁少。结果每个人为防止别人隐藏茄瓜蒂朵都抢先去数别人的，而不数自己的。

用语意义：本俚语是叙事寓人的用语，是指人只看到和指责别人的过失或缺点，不去反省自己的过失和缺点。说明人缺乏自知之明。

艺术与现实意义

本俚语的前提是“吃呱茄瓜数蒂朵”，落脚点在“自己不数数别个”。前提是一个虚构的情节，没有谁合着吃一堆茄瓜，吃后觉得不均匀再来数蒂朵的情况。这只不过是打一个比方而已。但因为茄瓜的蒂朵大（冬瓜、南瓜的蒂朵虽更大，但没有谁一餐能吃很多个的），即便丢在外面也易找，所以就用上了茄瓜而不用辣椒等，这使假设具有合理性。本俚语的语法艺术类似于古诗词中的“比兴”手法，目的是为了托出“自己不数数别个”的普遍的社会现象，以达到批评这种现象的目的。为什么“自己不数数别个”，因为人对自己的过错总是容易包容，而对别人的过错总是明察秋毫。本俚语揭露和批评的正是这种恕己律人的不良品性。

语例：哥哥对妈妈说：“妈妈，弟弟做作业乱写乱画。”妈妈说：“你也莫在这里‘吃呱茄瓜数蒂朵，自己不数数别个’，你做作业也是一样的！要想讲弟弟，你自己先把字写好。”

吃呱桐油呕生漆

词解

桐油：tóng yóu，油桐的果实里榨出来的油，是质量很好的干性油，用途很广，可以制造油漆、油墨、油布，又可做防腐剂等。有毒。

呱：guā，拟声词。武冈方言这里读 guà，助词，相当于"了"。

生漆：漆树树干的皮割开后流出的树脂，乳白色，跟空气接触后逐渐变红色，最后呈褐色。可以做涂料，或做油漆的原料。也叫土漆，有毒。这里借以指血。

释义

本义：吃了桐油，由于难受，会让你恶心呕吐，以致由于肠胃的剧烈痉挛会让你吐出鲜血来。

用语意义：占了不该占的便宜会让你付出更多，以致赔了老本。

艺术与现实意义

桐油也是油，以为（贱价或不付款）吃了就占到便宜了，谁知桐油不仅气味难闻，而且有毒，吃进肚里，让胃非常难受并产生剧烈痉挛而呕吐。肠胃有出血疾病的人，可能因此导致再度出血而吐出血来。

本俚语是一个双重比喻：首先是把血比作生漆。生漆变成褐色后与人吐出或屙出的暗红色的血块近似。这是一个小的比喻。大的比喻指贪了不该贪的便宜，结果吃了亏，赔了本比喻成“吃呱桐油呕生漆”。

本俚语中，“呕血”却不直接说是“呕血”，而说成是“呕生漆”，这样使语言显得生动而不刻板；“呕血”是残酷的，谁也不愿见到、听到这类词语，以“生漆”替代“血”，使本俚语远离了残酷的血腥味。这也是本地区用语温和的具体表现。

语例：赵宝宝用2000元钱买了别人一辆崭新的豪爵摩托，以为捡了个大便宜。谁知这摩托是别人偷来的赃物，摩托被公安局没收了，钱也被犯罪分子挥霍追不回来了。这真是吃呱桐油呕生漆。

吃井水不分你我，一分钱打烂脑壳

词解

吃：在这里是喝的意思。武冈人对于液态食物的摄取上，是“吃”还是“喝”不注意区分。

脑壳：本是指保护大脑髓质的骨外壳，一般用语上泛指人的脑袋。

释义

本义：很多人共着一口井饮水，井水不分是你的还是我的；但钱就不同，必须分清楚是你的还是我的，有时为分清一分钱是你的还是我的，会打架拼命——打烂脑壳。

用语意义：如果财源取之不尽，人们不会因占有而发生纷争；如果财源有限，人们会为有限的钱财拼命争夺。

艺术与现实意义

在自来水普及之前，中国广大的农村都是很多户人家共同用一个井里的水，每天每户人家用的水是很多的，而且每户之间的用水量差别也是很大的，但人们不会去计较，都相安无事。相安无事的原因是因为绝大部分水井的水源源源不断，不会因为谁挑了一两担水，水位下降就不能再满上了；最多是个谁先谁后的问题，这个问题有“先来后到”的公德可循，一般也不会发生冲突。钱是有限之物，而且便于储存，特别是有了银号和银行以后，再多的钱，收藏都不是困难，困难的事是没有钱可用，所以，人们为了钱会发生争斗，甚至拼命。

本俚语一方面揭露了人性自私等“恶”的一方面，但同时也提示了一个道理：人性虽贪财，但只会为有限的东西争斗，到目前为止，人们还不曾为阳光发生过争斗，因为阳光无穷无尽；还未为空气发生过争斗，因为空气无穷无尽，所以，要想不因为财物发生争斗，除了用道德和规约（含法律）限制外，最重要的是要发展生产，提高社会生产力，使人们生活所需要的物质越来越丰富，争斗就会减少。本俚语中“一分钱打烂脑壳”，不纯属夸张的手法，曾经一分钱也能买较多的东西：一分钱可以买一颗小糖，可以买几两蔬菜，四分钱可以买个鸡蛋……更重要的是人们很看重每一分钱，因为买什么东西，差一分钱你就拿不走。有时为一分钱发生争执，争执的不是钱本身，而是争强好胜的这口气。现在，人们看到地上有一分钱、一角钱甚至五角钱都懒得弯腰拾取，原因就是生产力大幅度提高了，大家富有了，为小的钱财发生争斗的情况也越来越少了。

语例：父亲要儿子拿一些钱去救济一群因水灾而出来逃荒的人。临行时叮嘱儿子：“你一定点清人数，亲自给他们分均匀呢！”“我告诉他们每个人有多少钱就是了，还怕他们自己分不清呀？”儿子说。“常言道‘吃井水不分你我，一分钱打烂脑壳’呢，不要因为我们的施舍不均而让别人争斗伤了和气！”父亲说。

吃口饭也有粒谷

词解

饭：指大米饭。

谷：gǔ，这里指稻谷。稻谷去壳为大米。武冈读音 gú。

释义

本义：吃一口饭，由于去壳条件的限制，饭里会夹有一两粒未脱壳的谷子。

用语意义：事物不会十全十美，总会有不完美的地方，所以要求不要太苛刻。

艺术与现实意义

以前稻谷去壳，最初是用竹、木、黏土等制的工具——礱子（解释见本书“礱子”条），后来发展到柴油机带动的碾米机。这两种工具所碾出来的米，尤其是前者，不能保证百分之百的去壳率，米中夹有未被去壳的谷的几率较高，每吃一口饭，总免不了有一两粒谷。现在，稻谷加工成米，除了机械外，还加了电脑监测，所以大米中夹着谷的几率很小，几乎接近于零（但并不等于零，经常煮饭用米的就知道偶尔也能发现一两粒谷）。就是这个稻米加工的发展过程，也说明事物不是绝对的，在好的同时，也总会存在不尽如人意的地方；我们所能做的就是尽量争取完美，美中不足总是难免的。所以，对事物要求过高过严是不现实的，对自己的一时不顺或失误也不要畏难、灰心和苛求。

语例：小姜老师今天因一个学生捣蛋且不接受老师的批评教育而心急如焚，竟然气得哭鼻子。校长开导小姜老师："吃口饭也有粒谷嘛，哪个班都会有一两个不听话的学生，不要急，慢慢来……"

吃牛屄还要斯文

词解

牛屄：屄，bī，女子的外阴（见上海辞书出版社 1981 年 10 月出版的《辞海》语词分册第 1140 页）。牛屄，指母牛的外生殖器。

耍：shuǎ，施展，表现出来（多含贬义）。

斯文：旧指文化或文人。此指文人那种文质彬彬的样子。

释义

本义：连牛屄都吃的人却还装出一副文质彬彬的样子。

用语意义：是指人禀性虚伪，本是某方面的"粗人"，却要在某方面装出"文雅"的样子。

艺术与现实意义

在过去的年代里，屄是没人吃的，都认为这东西脏、下作；说让谁吃屄是对谁的极大的侮辱。屄是不能吃的，文人更是这样。现在，这个人不仅吃屄，而且还要吃屄中最大的牛屄；却又一边吃着牛屄——已经粗鄙得不像样了，一边装出一副文质彬彬的文人样子，这是怎样一幅令人喷饭的搞笑画面呀！

本俚语虽然用语粗俗，但其恰到好处地运用了反衬的修辞手法，把一个极其虚伪的形象，活生生地展现在你面前。也正因为用语粗俗，对那些虚伪的人起到了极其辛辣的讽刺和贬低的效果。但它又不是严肃、尖锐的那种气氛，所以常被用于熟人、朋友间的揶揄、批评。

语例：常老六本是一个粗鲁的人，今天在店里吃面却摆出了一副令人难以理解的吃相：用筷子将面条夹起来先放在调羹里盘起来，然后再拿着调羹将面往嘴里送。朋友王金孝见了忍不住喷饭，然后对老六说："稀奇，稀奇，今天居然吃牛屄还耍斯文了！"

吃人饭费狗力

词解

吃：这里是"耗费"的意思。

人饭：人的食物。

狗力：狗的力气或功夫。

释义

本义：吃的是人吃的食物，消耗的是人的能量，效果却好像是狗在满山奔跑，耗尽力气，却对人一点益处也没有。

用语意义：是指人费了很大的功夫做某项事情，结果没有成功，或者成功了却没有实际效益。

艺术与现实意义

本俚语其实暗含了一个比喻，就是把人做的无用功比喻成狗花费的力气。因狗与人的生活习性迥异，一般情况下也没有共同的目标（除猎狗为猎人打猎之类），所以，狗费力气的结果同人是没有关系的，即对人是没有用的。同时，虽然狗对人或人对狗都是有感情的，但本地习俗狗是下贱的象征，故本俚语对用语对象有贬低和奚落的感情色彩。

本俚语用语简洁，含义丰富。因其常用于亲朋之间的戏谑，所以虽有贬损、奚落用语对象的色彩，但却能使古板的用语环境显得轻松、活泼。

语例：丈夫想用铁丝弯一个简易小书架，钉锤、夹钳地搞了一上午，结果由于选用的铁丝型号太小，“书架”本身都“站”不稳，哪里还能承受得了书的重量。妻子见了戏谑：“好呀，吃人饭费狗力，今天上午有功劳！”

吃屎冇寻到茅厕桶

词解

冇：máo，没有的意思。

茅厕桶：厕，武冈读音 si。茅厕，以前农村里用以解大小便的地方。为了利用大小便浇菜肥田，常常在茅厕屋里安一只很大的木桶容纳大小便，木桶上架两块较厚的木板供人踩踏。这个大木桶就叫茅厕桶。

释义

本义：要吃屎必须找到茅厕桶，没有找到茅厕桶就没有屎可吃。

用语意义：这是一句带有侮辱性的责骂人的话。用来比喻某人吃了别人的亏——遭别人戏弄或暗算等而去找加害者理论，结果却找错了对象。

艺术与现实意义

这是粗俗的话语，本俚语也可用“屙屎没寻到茅厕桶”等较文明的话语替代，却用“吃屎”开头，极尽了挖苦之能事。

本俚语虽然粗俗，且带侮辱性，但其揭示的理没错：要发气，要找人算账，必须找准承受人，否则反受其辱。这句骂人的俚语，也能警示人们：做事、说话要谨慎，在自己受到不明情况的侵害，如果没有充分的证据和理由说明侵害人是谁时，不能轻易地去责怪别人。这些粗俗的、挖苦性的比喻，正是本俚语能起到警示作用的源泉。

在实践中，敢使用本俚语的人，一定是有充分证据或理由能证明自己不是侵害人的人。一般只要用语人讲明自己不是加害人的理由，受语人也无话可说。本俚语有时也在互相之间开玩笑时使用。

语例：孙某家的菜不知被谁家的牛吃了。尹某对孙某说，肯定是杨某家的牛吃了的，去找杨某准没错。孙某说：“我哩，不去找杨某，你又没有看到他家的牛吃了我家的菜，搞不好他还要骂我‘吃屎冇寻到茅厕桶’。”

吃稀饭也要个师傅

词解

稀饭：粥。本地多指以大米煮的粥。

师傅：师，有效法之意；傅，有教导的意思［此二解释分别参见上海辞书出版社1977年11月出版的《辞海〈语词分册〉(上)》第63页、第242页］。师傅，在这里有“经验、教训”的意思，不是单纯地指传授经验教训的人。

释义

本义：相传有户人家里很穷，平时在家里吃稀饭都是难得的事情。一天这家主人来到亲戚家做客，亲戚家也不富裕，只煮了稀饭款待他。他看到稀饭也很满足、很高兴，就用大碗盛了满满的一碗。因太满，稍一晃动就溢出沾在碗外沿。这人觉得如再继续往下流，滴到地上怪可惜的，就赶忙把碗举过头顶，用舌头去舔食快滴下的稀饭。结果拿碗的手平衡失控，将整碗滚烫的稀饭全倒在自己背身上，把自己背上的皮肤烫伤了一大片。这人如果不用舌头舔，而用调羹、瓢将滴下的稀饭接住或用另一只手的手指将往下滴的稀饭撸回碗中，都是可以避免烫伤的。所以说，吃稀饭也要个师傅，即要有经验。

用语意义：办任何事情都要有经验，所以，人要注意学习。

艺术与现实意义

吃稀饭是再简单不过的行为，可是，就是这么简单的行为，也需要有经验，没有经验也会烫伤自己的背身。可想而知，做其他的事情就更要有经验了。本俚语以吃稀饭烫伤背身的特例为话由，强调了学习对于人的重要性，体现了武冈人民对生活认识、理解的深刻，具有高瞻远瞩的见识。

知道本俚语的来龙去脉，运用起来，就使得语言环境生动有趣而不刻板，听者也乐于接受其属于严肃范畴的教育意义。

语例：小明看到二叔做了一个小木凳，觉得很容易，第二天就去二叔家借来工具自己做小木凳。结果做出的小木凳怎么放也放不平、放不稳。二叔知道其做不好，就过来教训小明："吃稀饭也要个师傅，你以为小小的木凳就这么容易做呀？做好一张小木凳，里面的学问大着哩！"

吃蛇不吐骨头

词解 略

释义：用以比喻某人心肠和行事手段极其阴险毒辣。

艺术与现实意义

就一般人的知识领域而言，蛇（指毒蛇）是世界上最毒的动物。传说蛇刺（蛇体内针状骨头）若刺到人体内，会游移走动，找也找不到，用针拨也拨不出，直到钻进心脏里使人死亡。而被俚语比喻的这个人却能把最毒的蛇吃了，而且连具有高度危险性的骨头都不用吐。可见，这样的人比毒蛇还毒。另外，吃肉食吐骨头就会留下明显的痕迹，不吐骨头就不会留下明显的痕迹——

这条蛇到哪里去了也无从查起。这说明这人办事不仅狠毒，同时，狡诈阴险，做了坏事还不露痕迹。

一提到这个俚语，我们就能想见这人吃蛇时恶狠狠的样子，从而体验到这人为人的狠毒、阴险。

用一个人的吃食程度和状态来说明这个人心肠和行事手段的毒辣，这也是武冈俚语的独到之处。

语例：你要和他合伙办事准吃亏，他是个什么人？他是个吃蛇都不吐骨头的人！

吃冤枉

词解

冤枉：yuān · wang，这里是“不值得”的意思。

释义

本义：（给你）吃了不值得。

用语意义：主要是指掌握一定公共权力的人（包括干部，村主任、组长及临时负责人等），只拿报酬，不做实事或不做对大家有益的事。这是一个严厉批评的用语。有时也指一般人偶然地吃白食（不用付出劳动或钱财取得东西）。

艺术与现实意义

在过去的年代里，如果一个干部被群众指责批评为“吃冤枉”，是一件很不光彩、很没面子的事；如果遭到群众质问——“你不是吃冤枉，那你说你为群众做了些什么?”——自己还无言以对，便更加是无地自容。在现在的现实中，吃冤枉的干部、领导太多了。在近两年的作风建设整顿中，常常看到这样的报道：这个县里市里吃空饷的人员多少多少，那里清出吃空饷的人员多少多少。更有甚者，贪污腐化严重，这是吃空饷者望尘莫及的了。当时，产生了“吃冤枉”这个俚语，就说明吃冤枉的人就已存在，但当时的人们怎么也不会想到，这个“吃冤枉”中居然会包含成万上亿地贪污腐败财产。“吃冤枉”已过时，无论是内涵还是外延，都已不足以容纳现今的贪官们了。

批评用语“吃冤枉”的出现，表现了当时人们的正义感。

语例：林干部被公社派来指导防洪。由于经验不足、措施不力，洪涝造成的损失仍然很大。群众不满，有人当面骂林干部是吃冤枉的。

出门看天色，进屋看脸色

词解

天色：天空的颜色，借指时间的早晚（过去没有随身携带的钟表，要判断时间的早晚，晴天全凭太阳在天空中的位置，阴雨天全凭天空的明暗）和天气变化的征兆。

脸色：指人脸上的表情。

释义：到别人家里去做客要注意观察主人的脸色，主人高兴则可久待些，主人不高兴则要找借口尽早离开。这就好比出门要看天色一样：天晴要戴帽子防晒或尽早回家避开太阳的直射（指热天)，天将下雨或可能要下雨，则应备雨具防淋或尽快回家；天色早则可到较远处行走或在外面多待些时辰，天色将晚则不要远行或不要在外久留。

艺术与现实意义

本俚语体现的是古今通用的常理。我们到别人家里去做客无非这几个目的：一是去探望别人，二是去叙旧，三是去道贺，四是去求助。如果你去了主人表现得不高兴，那么，你的目的都达不到：探望是为了关心别人，别人不高兴你去了更增人家麻烦，可能会让别人更不高兴；去叙旧，人家没有心情和你讲；人家不高兴了还有何贺可道；求助就更加无望了。在这样的情况下，还待在那里必然是自讨没趣。这条俚语要求我们要充分地尊重别人、理解别人。在现在这个社会，人与人的关系更加纷繁复杂，尊重和理解别人尤为重要。

语例：小平要到姑姑家里去，妈妈嘱咐："出门看天色，进屋看脸色，要是姑姑不高兴就早点回来，听到了吗？"

出门三步低，会到叫花子喊老爷

词解

出门：离家远行。

低：等级在下的。

会到：遇见，碰到。

老爷：旧社会对官吏及有钱有势的人的称呼。

释义

本义：出门在外，不要心高气傲，要谦恭下人，哪怕是见到叫花子，都要以“老爷”相称以表尊重。

用语意义：劝导人出门在外要谦恭有礼，才能处理好与他人的关系，才能得到他人的帮助，自己想要做的事情才会成功。

艺术与现实意义

“老爷”是社会地位最高的人群，“叫花子”是社会地位最低下的人，你出门在外，遇到叫花子要尊称他们为“老爷”，这“最高”和“最低”反衬出出门在外谦恭下人的重要性和必要性。“三步低”中的“三步”不是指前后距离，而是指上下级别，是见官大三级的对立面，是见人矮三分的意思。

人出门在外，远离家乡故土，不熟识环境——包括地理环境和人际关系，需要求人的事情太多；你求人，对人不谦恭，人家懒得理你；得不到别人的容纳，得不到别人的同情，得不到别人的帮助，你就寸步难行。即便你在本地是“老爷”，可你这“老爷”在外地不起作用，你照样得装孙子。这是一个社会现实。这不光是一个万般无奈的事情，也是一个生活理念：人都要相互尊重，在自己熟识的地盘是如此，在自己不熟识的地盘更是如此。

语例：黄洋洋高中毕业没考上大学，今天准备跟着熟人外出打工了。临行前，父亲教导黄洋洋：“出门在外，不能像在家里一样对人吆三喝四，对人要谦恭有礼，俗话说‘出门三步低，会到叫花子喊老爷’哩。”

锄头落土不亏人

词解

锄头：南方农具，整体形状呈“7”字形，短横为锄，竖为柄。锄为铁制，长度一般在30厘米左右，口宽脑窄，“脑”部连接锄柄，柄较长，其长度可根据需要而定，一般在4尺左右。是种地松土的主要工具。

落土：是指锄头落到土里去，这里是借代耕种。

亏人：亏人是使动用法，是使人亏的意思。

释义：只要拿着锄头去耕种就会有收获，不会让人吃亏。

艺术与现实意义

土地是忠厚的，锄头是勤劳的，只要拿着锄头在土地上耕种，适宜的作物就会生长，人就会得到丰富的物品。这是大自然对人类的恩赐。

本俚语是劝人勤劳农耕，以自己种植的物品来养活自己，丰富自己的生活。一个从事过农业劳动（包括空闲种菜、培花）的人都知道，本俚语不是谎言，忠厚的土地只要你付出适当的劳动，就会给你丰厚的回报，你就会有收获成果的喜悦。

本俚语不仅仅是勤劳收获的哲语，更是人们对土地情感的衷言。你付出，它给予，长此以往，还真叫人故土难离。为什么过去的人总以背井离乡为痛苦，因为，在家乡有自己的土地，锄头砸砸就能收获赖以生存的物品，在他乡，土地都是别人的，你劲再大，挥舞着锄头无落处。所以，要珍惜“锄头落土”，要珍惜劳动的机会。

语例：妈妈对老三说：“老三，我们家红薯地旁边还有一小块空地，你去给它挖转来种上豆子!”“妈，那才多大一块地呀?”“老三呀，锄头落土不亏人啦，地虽小它也能长出作物来呀!”

吹糠见米

词解

吹：武冈读音 qū。

糠：kāng，稻、麦、谷子等作物籽实的皮或壳（多指脱下来的）。

释义

本义：在 20 世纪 70 年代以前，本地以蕈子（解释见后“蕈子”词条）碾米，稻谷过蕈子后，谷壳和米剥离。谷壳一般被碾成两瓣或三四瓣，即糠。有时为了检验蕈子碾米的效果，把碾出来的、少量的米和糠放在手掌上，用嘴轻轻一吹，谷壳就飞出去了，手掌上剩下的就只有米（如果蕈子碾米的效果不好就还掺杂着少量谷粒）。这个过程就叫吹糠见米。

用语意义：是指赚钱、做事成效快而直接。

艺术与现实意义

吹糠见米，在当时的农村是每个人都经历过或见过的事情，因为每个用礱子碾米的人当碾出一定的米后，总要捧一捧米糠混合物吹一吹，看看米里是不是还有较多的谷。如果谷多，推礱子的速度就应放慢些，并让礱子上堆放的谷流入礱子里的速度减慢些，以保证碾出的米里很少有谷壳未剥脱的谷粒。本俚语采用借喻的修辞手法，以行为过程比喻行为过程。将赚钱、做事成效快直接比作吹糠见米，除了有快而直接的感觉外，还给人一种轻松的愉悦。它是以通俗比抽象，使抽象变得具体形象。当然，现在吹糠见米已经变成陌生的现象了，本俚语的传承、使用，可帮助我们见证过去的生活。

语例：仇二云因资金缺乏，想拉刘兴怡一起去做水果贩运生意。仇二云对刘兴怡说："苹果在东北非常便宜，从东北运苹果到本地卖，吹糠见米，赚钱是看见的……"

穿草鞋的还怕你穿皮鞋的？

词解

草鞋：用稻草、笋壳等编织的鞋子。有些只有底加侧纽（纽用以穿绳子缚在足上），有些草鞋则有底有面。

穿草鞋的：指穷人。

穿皮鞋的：指富人或官员。

释义

本义：穿草鞋的人不怕穿皮鞋的人。

用语意义：穷人不怕富人和当官的人。

艺术与现实意义

本俚语以反问的语气加强了肯定的判断，同时使用了借代的修辞手法：以“穿草鞋的”借代穷人，以“穿皮鞋的”借代富人与官员。

本俚语的成立是建立在穷人以命相搏的基础上：穷人无钱无势，在其他方面无法与富人和当官的人抗衡，只有尽命来，命大家是平等的。只要以命相搏富人和官员就害怕。为什么呢？因为富人舍不得已拥有的钱财，官员舍不得舒适的生活，而穷人，特别是极穷的人，认为自己活着也没多大乐趣，死了反倒省了不少烦恼，所以，富人、官员都怕穷人拼命。

本俚语实际运用中，“穿草鞋的”（穷人）是一个相对的概念，是与用语对象做比较而言，并非一无所有。本俚语在运用中既有它积极的一面，也有它消极的一面。积极的一面，是在有钱有势的人欺压百姓时，百姓出于无奈而用本俚语自卫，往往能让受语人有所畏惧、有所收敛，不敢大肆作恶或滥用职权。消极的一面，就是会被那些无赖利用以对抗正直的好人和国家政策、法律的执行。

本俚语在现代运用中，已不像原本那样沉重，并不是非要尽命来不可，很多时候是指在某问题、某方面以最坏的打算作底来衡量。就是说，某问题、某方面如果彻底泡汤，处于相对劣势的一方损失要比对方小得多。

语例：执行人员：“我们扣押你的财产，是依据法律规定，你不能阻挠。你还要继续阻挠，我们会对你不客气！”“不客气就不客气，我穿草鞋的还怕你穿皮鞋的？”被执行人耍赖说。

穿烂衣，逗狗咬

词解

逗：dòu，招引，招惹。

释义

本义：穿烂衣的人容易招惹恶狗的撕咬。

用语意义：比喻人穷容易遭受别人的欺侮。

艺术与现实意义

狗也和人一样，喜欢顺眼的人，讨厌不顺眼的人。狗看惯了穿戴整齐的人，就觉得穿戴不整齐的人是异类、是坏人，所以，它为了保家卫主，必须攻击之。特别是到了傍晚，如果你穿着普通，经过狗的视线，只要不是恶狗，它就不会理你。如果你穿得和常人有明显的区别，不管衣服烂不烂，狗都会朝着你吠。如果你穿着披一块吊一块的烂衣服，它就想象着猎物被撕得皮肉披一块吊一块的样子，容易激起它的攻击性——这也许是狗性中所保存的狼野性的残留。所以，“穿烂衣，逗狗咬”是个客观存在的事实，并不带有主观好恶。在过去的社会里，贫穷的人打不起官司，报不起仇，容易遭受别人的欺侮，这也是个事实。这是后者与前者的可比性。但后者这个事实带有强烈的主观好恶性。

本俚语应是穷人的发明，穷人处处受欺侮，满腹的怨气无处发泄，只好把这些欺侮穷人的人比作仗势欺人的狗。但本俚语却又不是辱骂性质的用语，而是一个描述性的用语。一般情况下，本俚语不带直接的、具体的受语对象，是对这种社会现象的揭露和贬斥。

语例：在公共食堂里，不知是谁把王老大的瓷碗打烂了。王老大想也不想地就说是蒋小小打烂的。蒋小小觉得委屈，便说：“怕真的是‘穿烂衣，逗狗咬’，毫无依据就说碗是我打烂的！”

戳是烂非

词解

戳：chuō，用力使长条形物体的顶端向前触动或穿过另一物体。

是：对，正确（与“非”相对）。

烂：破烂。这里是形容词活用而来的使动用法，是“使……烂”的意思。

非：错误，不对（跟“是”相对）。

释义：蓄意搬弄是非，使好的事情向着不好的方向发展，使不好的事情变得更加糟糕。

艺术与现实意义

本俚语采用了互文的修辞手法：“戳”与“烂”本就可组成“戳烂”，“是”与“非”本就是“是非”的拆用；把“戳烂”“是非”拆开交错使用，能起到互相注释、互相补充的作用，而且语词更加“朗朗上口”。

“戳是烂非”与“搬弄是非”是近义词，它们都能使事物变得更加糟糕，但“搬弄是非”很大程度上是无意的，是爱说爱传而又不慎重思考的结果；而“戳是烂非”则是蓄意的。如果说前者体现的是人的个性，则后者体现的是人的品质。

在现实社会中，“戳是烂非”的人为数不少，很多人心胸狭窄、忌妒心强，见不得别人比自己好，别人比自己好就要想方设法使他不好；别人不好了则希望别人更加不好，以反衬自己的好、自己的能耐，不论别人与自己有没有意见、有没有仇。本俚语是对这一现象的描述，也是对这一现象的抨击和批评。

语例：林林将被招为公社干部了，过几天上级领导就要到本地来调查了解。林林父亲叮嘱林林：“这事切记不能让刘二娘知道，她是个戳是烂非的，无事讲得有事出的。”

催渡船一样

词解

催：cuī，使事物的产生和变化加快。这里是“撑”的意思。武冈人把撑船叫催船——催促船快走。

渡船：载运行人、货物、车辆等横渡江河、湖泊、海峡的船。

释义：指人作风疲沓，做事须多次催促才能达到目的或完成任务。

艺术与现实意义

武冈没有大的江河湖泊，更没有海峡，渡船的船身也较小，不需要橹和机械动力，都是用竹篙将船撑过来撑过去。这样的渡船一般是横过水面，很少有顺流而下的机会，所以，渡船必须撑一篙才能前进一步，不撑即不能前进；而渡船从此岸到达彼岸，不可能一篙能到，须反复撑渡（本地话叫催），所以，本地用“催渡船”来比喻人做事没有自觉主动性，需要他人反复催促。一个“催”字，突出了反复性。

本俚语把催促人办事以“催渡船”做比，把抽象概括的语意以具体形象的过程来体现，增加了语言的生动性。本俚语虽然用语平和，但多少带点责备和批评的感情色彩。

语例：洋洋性格憨皮，早晨喜欢赖被窝，今天天气突然变冷更是这样。妈妈叫洋洋起床叫了三次了，还不见洋洋出房门，妈妈有点不耐烦地说：“洋洋，叫你起床好像催渡船一样！要迟到了！”

催工不催食

词解

催：cuī，催促，叫人赶快行动或做某件事。

工：工作，生产劳动。用武冈土语说就是做事。

食：这里指吃饭。

释义：做事，你可以催促别人快点完成，但吃饭，你不可以催促别人快点吃。

艺术与现实意义

本俚语在本地相当于一条习惯法，得到普遍的遵守。在旧中国的农村，除了自耕农，就是地主（包含富农和有雇工能力的其他农户）和长工、短工。地主为自己多获利，总是希望长、短工劳动的时间长，吃饭的时间短，以提高剩余劳动率。可能是多次遭遇长、短工的抗议，便约定俗成出现了“催工不催食”这样一个“习惯法”。

人吃好饭（指有工夫细嚼慢咽），才能较好地活着，才能更好地劳动。本俚语的产生和使用，体现了本地用工的基本的人道主义精神：不能只图自己的利益而不顾工人的死活。随着时代的发展，现在也体现了人们饮食卫生的意识：吃饭受到催促，用餐时间缩短，吃饭人只好狼吞虎咽，不利消化且损伤肠胃。

语例：小冈吃饭习惯细嚼慢咽，一顿饭没有 20 分钟吃不下来。父亲急于带小冈去赶班车，于是催促小冈吃饭的速度快些。母亲没好气地对小冈父亲说：“催工不催食，催催催什么！”

打波鸟过呱坳

词解

波鸟：武冈区域称白鹭为波鸟。鸟，武冈读音 diǎo。

坳：ào，山间平地。

释义

本义：波鸟喜欢成群结队地生活在湿地和潮湿的林地间。武冈区域多为丘陵地区，山丘上长满了葱郁的森林，山丘与山丘之间的山坳上一般都有水田，水田里有鱼、蚌、螺等波鸟喜爱的食物，所以波鸟多栖息在山坳上。波鸟肉体不大，但肉质鲜美，羽毛用处多，所以常常成为猎人的猎杀对象。过去本地区猎人的猎枪就叫鸟铳。使用时往枪管里灌以火药与铁砂，击发后呈散射状，一次能击中多只飞鸟或栖息在树木上的鸟。猎人打波鸟时隐匿在山坳有利位置，然后让波鸟受惊起飞，当波鸟飞离地面一定的高度，队形还未散开之时击发鸟铳，一次能打到几只有时甚至十来只波鸟。所以，猎人打波鸟的最佳地理位置是山坳，等波鸟飞过了山坳就失去了猎杀波鸟的最佳时机。

用语意义：泛指人们办事失去了有利时机。

艺术与现实意义

如今波鸟已成为国家的重点保护动物了，在坳上不在坳上都不得猎杀了，但本俚语的用语意义依然存在。本俚语的使用，丰富了民族语言的词汇，不仅有提示人们办事莫错过有利时机的现实意义，同时通过讲解其来由，可以让我们的后代极具兴趣地了解波鸟——白鹭的生活习性，并进而教育我们的后代爱护珍稀动物。

语例：小张和小刘一同在电脑前看小张所炒股票的涨跌情况。小张今天的运气真好，所买的股票在一个小时内就二次涨停了。小刘要小张赶快抛，小张说还要等等。小刘着急地说："不要再等了，再等，打波鸟过呱坳了！"

打不开，骂不开，打呱骂呱又拢来

词解

开：用在动词后面，表示分开或离开。

拢：lǒng，靠近。

呱：guā，拟声词。武冈读音 guà，助词，相当于“了”。

释义：自己的子女被打了骂了，虽然暂时负气离开，但过后又会回到父母身边。

艺术与现实意义

本俚语说明父母子女间的亲情是难以割舍的，虽然父母有打骂行为，但子女不会因为父母的打骂而离弃父母。这里有三点需要说明：第一，父母的打骂是从教育子女的目的出发，要与虐待及故意伤害区别开来，父母出手会注意轻重，不会往死里打；第二，子女一定是有违反父母心目中道德标准的行为；第三，是因为过去父母子女一般都朝夕相处，互相依恋性强，子女对父母在情感上的依赖性也强。基于这些原因才有“打不开，骂不开”之说。

现在时代进步，讲求父母对子女教育的文明性，并倡导禁止打骂子女，但是，由于生活所迫，父母外出打工的多，或在本地工作忙，再加上子女从幼年开始接受幼儿园、学校教育，父母子女相处的时间少了，尽管父母管教再文明，父母子女之情已经淡化。有的子女，父母稍一训诫，就会“离乡背井”，或被坏人拐卖，或跟着坏人学坏，或乞讨为生，等等，不再“拢来”了。所以，现在的人要想子女“打不开，骂不开，打呱骂呱又拢来”，必须多关怀子女，多投入感情，不要一有空闲就小赌博开心。

语例：阿孝早上因儿子不听话，将儿子的脸都打红了。下午儿子放学回来又拉着阿孝的手“爸爸，爸爸”叫不停。奶奶感叹说：“打不开，骂不开，打呱骂呱又拢来，还是血浓于水啊！”

打当面骨

词解

打：打击。

当面骨：人小腿前侧的骨头，即胫骨。

释义

本义：打击到别人小腿前侧的胫骨。

用语意义：某人在某方面本有软肋，却又要在这方面吹牛，知道其底细的人当面揭了他这方面的短，使其狼狈不堪。这就叫“打当面骨”。使用时一般采取“打……当面骨”形式。

艺术与现实意义

当面骨（即胫骨）在小腿的前侧，外边就是一张不厚的皮子包裹着，中间没有其他的肌肉或脂肪，小腿前侧神经丰富，痛觉敏感。所以，第一，受到打击时比肢体上其他地方疼痛明显；第二，少了肌肉、脂肪的保护，当面骨比肢体上其他的骨头更容易受伤。这是本俚语成立的基础。

本俚语是一个比喻，把当面揭穿他人“牛皮”比作打别人当面骨，不仅直观形象，还把被揭人心里的难受劲，以很多人都经历过的痛感形容出来了，真可谓是一个“三维”比喻。

“打当面骨”与“当面揭短”的“当面”，不仅字同，而且义也相近，这也是本俚语用语的巧妙性所在。

语例：王三看到老陆在给妻子洗衣服，便取笑老陆："看你熊得，还要给老婆洗衣服呀！"老张听到王三居然敢在这方面取笑别人，就对王三说："王三，你不给你老婆洗衣服呀？你连你老婆的裤衩都洗哩，我看到的，你还想不认账吗？""张老兄，你怎么打别人的当面骨呀？"老陆对王三反唇相讥。

打到豪猪连夜干

词解

豪猪：啮齿目动物中的一类。身体肥壮，自肩部以后直达尾部密布长刺，刺的颜色黑白相间、粗细不等。体长50~70厘米。豪猪白天躲在穴中睡觉，晚间出来找食，喜食花生、番薯等农作物。受惊时，尾部的刺立即竖起，唰唰作响以警告敌人。刺还可以振身射出伤人。

连夜：这里指当天夜里（不休息）。夜，武冈读音yā。

干：gàn，做事。这里是指将豪猪拔刺、除毛、剖腹清理等工作。

释义

本义：打猎打到豪猪，就要当夜将豪猪拔刺、除毛、剖腹清理干净，吃了肉。

用语意义：好吃的东西忍不住一气把它吃完，像打到豪猪一样连夜清理干净吃了肉。主要是指小孩子嘴馋且没有节制，好吃的东西留不过夜。

艺术与现实意义

豪猪昼伏夜出，狩猎的人也只有到了晚上才能打到。豪猪个头小、体重轻，然而，除屎和毛外，浑身是宝，它的肉和内脏除了味道鲜美、营养丰富外，还具有较高的药用价值；它的刺具有降压、定痛、活血、化瘀、祛风、通络等功效。所以，猎人们一旦打到豪猪是不肯怠慢这个小动物的，必须连夜拔刺除毛、剖腹清理，好吃的先吃了，剩下的好好收藏。

本俚语说其是借喻句式本有不妥，因为都是用吃比吃，但人同此情、物同此理。大人们打到豪猪连夜干，除了喜爱，还有理智的判断在里面，不是纯粹地为了吃；小孩子“打到豪猪连夜干”，是出于嘴馋，忍不了，稳不住，两种“吃”还是有很大区别的。

在这里要说明的是，本俚语除体现小孩子嘴馋外，它还反映了一个食物匮乏的时代：对于过去的小孩子来说，可吃的东西本来就匮乏，好吃的东西就更少；有了好吃的东西，在数量上也不够小孩子吃饱、吃足。大人们有了好吃的东西，都希望小孩子多做几次吃，以便更好地消化吸收，可小孩子哪能稳得住呢？

用本俚语说小孩子嘴馋，在大人，没有太多责怪和批评小孩子的意思；小孩子也知道是说自己嘴馋，也知道父母没有恶意，所以，既达到了指出小孩子嘴馋的目的，也不伤害父母子女的感情。相反，这是一种诙谐性的用语，使父母子女的关系更加随和融洽。这也是武冈俚语用语温柔、含蓄的体现。

语例：姑姑来看奶奶，给小华带了一包香甜的饼干。妈妈将饼干给小华时，要小华留着点明天吃。到了晚上，妈妈问小华剩下的饼干放在哪儿，别让老鼠吃了。姐姐告诉妈妈，饼干早就没有了。妈妈戳小华的脑袋说：“你呀你，真是打到豪猪连夜干吔！”

打得锣大，吓得鬼细

词解

大：指声音大。

吓：xià，使害怕。武冈读音 hà。

细：细微，细小。这里有消失不见的意思。

释义

本义：相传鬼是最怕铜锣的声音的。如果某人到偏僻的地方去，特别是晚上，胆小怕鬼，就拿一面铜锣边走边敲，鬼就不敢接近他。过去当官的出行要鸣锣开道，除造声势，让行人回避外，也应有驱邪的意思在里面。

用语意义：比喻某事开头的声势造得大，喊得凶，但却没有实际效果。

艺术与现实意义

锣敲的声音大，目的在于把鬼吓得离开消失；然而，鬼是虚无缥缈的、不存在的东西，所以锣敲得再响，也是没有任何实际意义的。以“打得锣大，吓得鬼细”来比喻某事务的声势造得大，却没有实际效果——就好像实际的效果被浩大的声势吓跑了一样，是对那些讲求形式，却只停留在口头、不注重实效的“口头派”的贬斥。同时，该俚语的产生和运用，体现了武冈人民不信鬼神的唯物主义精神。另外本俚语还运用了对比的修辞手法：“大”和“细”，充分体现了“声势大”与“效果小”的反差；以“鬼细”来形容效果的微小，表达了用语人极为不满的思想感情。

语例：老张对老李说：“一年一度的作风整顿又要开始啰，有些人又要开始头痛啰！”“打得锣大，吓得鬼细，没有多少实际作用的！”老李抱怨说。

打咯打铜，打咯打铁

词解

打：dǎ，制造器物。

咯：gē，拟声词。本地方言为判断助词，如同“的”。

打铜：以铜打造器物。

打铁：以铁打造器物。

释义

本义：有的人是铜匠，打铜；有的人是铁匠，打铁。

用语意义：对待同一问题，有的人赞同，有的人反对。

艺术与现实意义

本俚语在并列句式的基础上，同时运用了两种修辞手法：一是借喻，把人们的不同意见比喻成不同的行为——打铜与打铁；二是使用了谐音的修辞手法——“铜”与“同”同音，“铁”与“劫”谐音。“劫”是“劫夺”的意思，对“赞同”的“劫夺”，就是反对。另外，“铜”与“铁”属于一个类型的东西，其不同是在同类型的基础上的不同，所以“打咯打铜，打咯打铁”是表示在同一问题上表现出的不同态度和观点。

本俚语是两个结构相同的句子组成的并列式复句。

语例：队长召集社员开大会，商量要不要修渠道的事情，因为修了渠道便于灌溉，但要占较多的粮田，还有渠道的走向问题。会议开了大半夜，打咯打铜，打咯打铁，没有得出一个统一的结论。

打狗欺主

词解

欺：欺负，即用蛮横无理的手段侵犯、压迫或侮辱。

主：狗的主人。

释义

本义：没有充分的理由打别人家的狗，就是欺负狗的主人。

用语意义：除本义外，主要针对有一定社会地位和影响的人：在行为人的行为损害了他亲戚、朋友的人格、名誉或利益时，认为有损他的面子而用本俚语责备行为人。

艺术与现实意义

打狗，是指到别人家里去，如果别人家的狗欲袭击你，你不招呼主人出来赶狗，而你却先打了别人家的狗，或在野外，明知是某某家的狗，你却无故去打它。

狗的一项重要职责就是替主人看家护院，你要进主人家，他家的狗吠你，欲攻击你是正常的，只要不是不防卫就会被狗咬时，就要先招呼主人出来为你赶狗。如果你先打狗，就是对主人的不敬重。这是武冈农村的习俗。即使狗在外面，你明知这狗是谁家的，你无故地去打这条狗，也是对狗的主人的不敬重。由此引申到，某人在当地是有地位的人、很有威望的人，你打骂了、侮辱或侵害了他的亲戚、朋友，也是对他的不敬重（有什么矛盾应请某人出面处理）。或者，某人虽不是社会名流，但同你是要好的朋友，如果你不知会他就损害了他的亲戚、朋友，也是对他的不尊重，也在“打狗欺主”之列。这种引申意义现在已经淡化，本义也主张得少了。社会名流、有威望的人的亲戚、朋友就因社会名流或有威望的人而不可侵犯，这是封建特权意识的残余，是应当批判的，但如果人们有矛盾，不贸然行事，仍保持通过亲戚的亲戚、朋友的朋友或社会名流出面调停的传统，也不失为一个促进社会和谐的、良好的传统。

语例：“张书记和我是多年的朋友了，可他明知刘某是我的亲戚，有错处罚也罢，还公开处罚，这不是打狗欺主吗？”刘某的表叔说。

打瞌睡当不得死

词解

当不得：不能替代。

释义

本义：人打瞌睡与死亡都要躺着把眼睛闭上，外部形态是一样的表现，但这个人打瞌睡了并不等于这个人就死了。

用语意义：事情的了结必然有它的实质性要件，不是装装样子就能解决的问题；或者，必然要完成的事情，推托只能敷衍一时，不能最终解决问题。

艺术与现实意义

打瞌睡与死，虽然暂时的外部形态相像，但它们是性质完全不同的两码事：一个是生命的休养，使生命力更旺盛；一个是生命的终结，是人个体的消亡。本俚语抓住了这两个性质完全不同却又存在短暂的相似性的事物，把它们拉在一起，更加衬托出了表面现象和实质要件的差别。然而，在现实世界中，小到个人，大到政府机关，常常会有以“打瞌睡”来敷衍“死亡”的现象发生：欠人家的钱，总是以各种客观理由来推脱，但债最终是要还的；没完成工作任务或未达到验收标准，弄虚作假来应付领导和上级的检查，暂时过关了，却不能产生实际效果。如此等等，不一而足。本俚语就是对这一现象的严厉谴责和批评。

语例：

1. 阿二借了周冒一万元钱几年了，周冒一来催收，阿二总是要找借口推脱，有钱也不还。阿二父亲也看不过去了，就骂阿二：“鬼崽子！打瞌睡当不得死的，借了别人的钱还能不还呀？想办法把人家的钱还了！”

2. 在政府工作会议上，市长说：“前段卫生工作大检查，我们冒险蒙混过了关，但是，打瞌睡当不得死，我们的卫生工作还要继续抓紧，没到位的要到位，要使我们的卫生工作收到实际效益！”

打烂一塘鱼草

词解

打：这里是指“搅拌使散开”。

烂：这里是指无序地散开。

释义

本义：是将喂鱼的草倒入池塘搅拌，洗掉泥沙并利用水的浮力尽量使鱼草漂浮散开得更广些（让更多的鱼可同时食用）。这样散开的草显得杂乱无章。

用语意义：是指某人不修边幅，房子或办公室的陈放杂乱无章。

艺术与现实意义

打烂一塘鱼草，是对室内陈放杂乱无章的比喻。该比喻形象、简洁：如果不用这样的比喻，要把室内陈放得杂乱无章充分地表达出来，需要一段很长的文字才能描述得较清楚，而用此俚语一比喻，无须其他文字补充，其杂乱性就可想而知。

本俚语的局限性，在20世纪八九十年代以前，养鱼打烂一塘鱼草的现象随处可见，人们对这种杂乱鱼草的印象记忆犹新。而现在养鱼，很少用野草了，代之以饲料，这种打烂一塘鱼草的景观就难得一见了，如果再要把这两种现象作比，恐怕要反过来比喻了——打烂一塘鱼草是什么样子，就像你室内的陈放。

本俚语的继续传承，也是一段历史的回忆。

语例：这个老师呀，书是教得好，但他那办公室啊——打烂一塘鱼草。

打　破

词解

打：做，从事。

破：破裂，不完整。这里是“使……破裂、不完整”的意思。

释义：为使别人欲成的事（主要指婚事）办不成而从中作梗说不利事情成功的话，叫打破。

艺术与现实意义

普通话中也有“打破”一词，《现代汉语词典》对其是这样解释的：突破原有的限制、拘束等。从解释可见，普通话中的“打破”是积极的、褒义的，而本俚语是负面的，并带有一定的贬义性。

本俚语主要用在婚姻的缔结方面，有人在给某人或某人的子女说媒准备缔结婚姻时，对缔结双方一方有意见的人就去对方或媒人面前说这人或这人子女的坏话，讲这人或这人的子女品德和身体怎么怎么不好，如作风不好、不孝顺长辈、是个傻子、有严重疾病等，使对方不敢与之缔结婚姻，使欲缔结的婚姻关系破裂，所以叫作“打破”。所讲的“坏话”可能是实事求是的，也可能是无中生有的。俗话说：“只有婚姻道聚，哪有婚姻道散。”这是本地人奉行的做人原则，所以，不管这“坏话”是实事求是的，还是无中生有的，“打破”都会被视为不好的事情，故带有贬义性。当然，也有其他场合使用的情况，如某人与另一人做生意，对这人有意见的人，跑到对方面前讲某人不讲信用，有诈骗历史等，使其生意不成，也叫打破。

本俚语是基于“打破”本义而延伸产生新意而独具地方特色的范例之一。

语例：尹大爷对刘二说：“听说你儿子有人来说亲（说媒相亲）了，成了吗?”“没有呢，他张大伯到女方打破，说我儿子曾经蹲过班房（指被公安机关关过）哩。”“这老张也是，这多年的陈谷子烂芝麻了，还翻出来说事!”尹大爷以埋怨张大伯的口吻说。

打蛇不死三分罪

词解

分：此处读 fēn，是“十分之一”的意思。

罪：过失。

释义

本义：打蛇如果不把它打死，即有三分过失。

用语意义：除害必须坚决彻底，不坚决彻底就是过失。

艺术与现实意义

“打蛇不死三分罪”这个俚语在武冈地区很多人都知道，但大部分人只知其然，而不知其所以然。其实本俚语是有科学道理的：一般情况下蛇是怕人的，蛇咬人是被迫的，是人侵犯了它，如你踩到了它，或者你挡住了它的必经之路让它感到严重威胁，或它认为你将攻击它，它才被迫自卫。然而，受过伤的蛇，特别是被人曾经打伤过的蛇就不同了，它对外界的恐惧感强烈，见到人就感到威胁，就会主动出击。所以会有“打蛇不死三分罪”之说。

在人类社会的现实生活中也是如此，如我们打击黑恶组织不彻底，让主要成员漏网，那么，他们事后的报复、反扑会更加丧心病狂；同时有了前面的经验教训，他们的反侦查能力会更强，要打击他们比第一次更难。那些杀人抢劫的暴力犯罪分子，在他们第一次作案后如不能及时抓获归案，他们就会认为自己比谁都聪明，就会更加肆无忌惮。所以，我们对于罪恶的打击必须坚决彻底。

语例：我们对黑恶势力的打击，必须摸清底细，做好充分准备，不打则已，一出手就要坚决彻底，否则，我们就会“打蛇不死三分罪”，有负于我们的职守。

打死个盐罐客

词解

盐罐客：盐罐，过去专门装食盐的瓦罐、瓷罐。盐罐客，过去指走村串户专门从事卖盐（附带卖盐罐）的小商客。

释义：是指某人炒的菜放盐放得特别咸。

艺术与现实意义

食盐在人们的食物中虽然用量很少，但在较贫困的过去，却是很珍贵的物品。原因有二：一是生产力落后，食盐的开采量少；二是交通不便，食盐的买卖全靠货郎走村串户销售。有时几个月都看不到一个卖盐的货郎，所以食盐极其珍贵。人们舍不得多放，这原因也有二：一是菜不能太咸，二是食盐太贵买不起。

“打死个盐罐客”，即把单独行走的卖盐的货郎打死，劫下盐罐客的盐，则数量既多，又不要用钱买，所以放起来也就舍得啰。

本俚语是一个假想，不是一个实写，普通老百姓谁也不会为了多放点食盐而去打死“盐罐客”，除非是杀人越货的强盗。以假设的情形来夸张菜放盐超标的分量，以动释静，不失为武冈俚语用语的又一艺术特色。

但本俚语透露了一个人们普遍存在的“恶”的心理：不花钱、不耗心血得来的东西不珍惜。“抢”来的不要钱的盐舍死地放，不怕咸死你。这是本俚语假设的夸张，但在现实中，这样的现象不乏存在，中国人尤其如此：那些暴发户挥金如土，而且不用在正道上：豪赌，包养“情妇”（之所以用引号是因为她们配不上情妇的称呼，是靠色相赚钱的高档妓女），高价买黄花闺女、幼女初夜，给死人修四合院，等等，这些都是“打死个盐罐客”的现象，是值得批判的。

语例：小米邀兄弟姐妹们聚会，用餐时，姐姐问小米：“你家里昨晚打死个盐罐客?”“怎么啦，姐?”小米没反应过来一脸惊讶地问。姐笑着说：“要不你家的菜这么咸。”大家都笑了。

打死麻蛄

词解

麻蛄：蛄，读 gū，麻蛄，武冈土语对青蛙、石蛙、蟾蜍等的总称。

死：死亡。这里“死”是“麻蛄”的定语，不是“打”的补语。即打之前，麻蛄已经死了。

释义

本义：麻蛄已经死了，还要去打它。

用语意义：比喻有些人（侧重指有一定权力的人）欺善怕恶，对恶人不敢惹，放任自流；对老实的人就往死里整，落井了还要用石头去砸他。

艺术与现实意义

麻蛄本是一种憨厚可爱的小动物，打到它（指抓住或弄死）了，也不算什么本事，更何况现在它已经死了还要去打，这是多么无聊的事情呀！可现实中往往就多有这样无聊的现象存在：一些有权有势、有关系的坏人，干了很多违法乱纪的事情，官员们却视而不见、充耳不闻，没有人去管；而一向遵纪守法、老实做人的人，一旦有什么不妥之处，官员们就抓住不放，大会小会作典型，还要严格按有关规定从重处罚。这正是一种“打死麻蛄”的无聊表现。除了官员，很多其他普通公民也有这种乐于欺负老实人的不良习气。

语例：老陆一向工作认真负责，这次偶然上班时间在外玩牌就被领导抓住了，大会小会点名批评还不算，听说还要记过处分，也真是打死麻蛄了。

打铁还要本身硬

词解

打铁：锻造钢铁工件。

还：hái，副词，用在形容词前，表示程度上勉强过得去。

硬：坚。这里是指人身体强壮。

释义

本义：打铁的人本身要身体强壮，才能胜任这份工作。

用语意义：要求别人做到的事情，自己必须在这方面做得好，就像打铁的人没有强壮的身体就难以胜任一样。

艺术与现实意义

手工打铁的日渐减少，今后也许会消失，所以有必要说说打铁是怎么回事。手工打铁，是在简易的煅烧炉（由适中的火炉与手拉风箱组成，形状、高矮、大小可因需要而定）里将铁坯烧红变软，然后将烧红的铁坯用铁钳夹到铁砧（高矮、形状、大小可因需要而定）上，根据要打造的器物的形状、功能，用大小铁锤锤打铁坯，经过反复烧、反复锤打，一方面使之成为要打造的器物，同时，反复煅烧、锤打使铁中均匀地浸入少量碳原子以增加铁的硬度。锤打中，大锤当先、小锤相伴作技术性敲击。大锤很重，炉温很高，打铁人没有强健的身体是奈不何的。

任何事情，要求别人按你提出的或督促的标准去做，是一件很难的事情，是一个硬指标，就如打铁，而你则是这个打铁的人。若是品德要求，如你自己品德不好，别人就不信服你；若是行为、技术规范，你自己是外行，一是不知道什么是规范和不规范，二是你自己起不了示范作用，外行人员也无所适从。

一个“还”字，充分体现了“本身硬”的必要性，因为只有本身硬，才能勉强适应打铁的活计。

本俚语的侧重点在于品德要求、行为规范，有利于提升人们的品德修养，凡事严于律己、率先垂范。

语例：父亲对儿说：“你现在是领导了，要带头遵守规章制度，别人才会服你，俗话说‘打铁还要本身硬’哩！”

打脱牙齿往肚里吞

词解

吞：在本俚语中是指不咀嚼，整个儿地咽下去。

释义

本义：自己的牙齿被别人打脱了，不把被打脱的牙齿吐出来让别人知道，而是吞到自己肚里去了。

用语意义：用语意义有二：一是比喻自己的对手势力强大，自己吃了亏却无处伸张正义，而自己又不愿意在对方面前服软，所以自己吃了亏也不声张。二是比喻自己受到伤害或吃了亏，是由自身原因所引起，所以受到伤害或吃了亏也不便声张，声张了有损自己的声誉。本俚语常用用语意义侧重后者。

艺术与现实意义

牙齿被打脱了不吐出来，而自己将它咽到肚里去了，这是一个非正常的现象。一个“吞”字说明了下咽的艰难和痛苦，表达了忍辱负重的复杂心态。为什么会这样呢？人们经过思考，自然会得出以上两个比喻意义的结论。本俚语既是一个借喻的修辞手法，也是一种发人深省的悬念法——牙齿这硬邦邦的东西，既然被打落了，为什么不吐要咽呢？领会了，便觉得比喻的直观、含义的深刻。

本俚语把复杂的心理以简单的动作比喻出来。

语例

1. 恶霸地主刘某某，看上了长工于某某的女儿，先将于某某的女儿强暴致其怀孕，然后向于某某提亲，于某某出于无奈只好强装笑脸为他们举行婚礼，真是打脱牙齿往肚里吞。

2. 李某的儿子想当兵，但身体有一些小毛病，为让儿子入部队，李某拿了大把的钱私下给了某关键人物，要其疏通关节。结果儿子还是因为身体的毛病入不了部队。李某去找这个关键人物讨说法，那人说：“你儿子身体有毛病能怪我吗？你说我收了你的钱有证据吗？”李某想想也没办法，只好打脱牙齿往肚里吞。

打油火

词解

打：dǎ，这里指发生与人交涉的行为。

油火：油着了火。

释义：是指某人为人贪利蛮横，与人发生纠葛只要有借口，就撒泼耍赖，胡搅蛮缠，一定要占到便宜才肯放手。

艺术与现实意义

物件着火了，人们普遍的常识是用水浇灭，特别是在知识文化水平整体不高的过去。而油着火后，如果浇去的水不能将火面同时全面覆盖，用水是浇不灭油上之火的，因油能浮在水面上，浮在水面上的油它照样能燃烧，一直要到把油烧完了，火才会熄灭。

本俚语其实是一个比喻：与那些蛮横不讲理的人发生了纠葛，就像是油着了火，你想要浇灭他们心头之火不是那么容易的；油上的火的目的就是要把油烧完，贪利蛮横人的目的，就是要占到便宜——油不完火不灭，不占到便宜不罢休。

“打油火”之“油”字，一语双关：一是油着火难灭，二是“油”也代表油水，有利可捞。

语例：兰兰和妞妞发生口角，进而撕扯。妞妞顺势倒在地上呼天抢地，说兰兰打伤了她。看到这一幕的人在私下议论道：“这回兰兰要倒霉了，妞妞是打油火打惯了的，兰兰不赔上那多子钱，妞妞肯定不会放过她。”

打罩媒子

词解

打：dǎ，做，从事。这里有“设置”的意思。

罩：zhào，遮盖，套在外面。这里有“蒙”的意思。

媒：媒介。这里有向某方面引导的意思。

释义：某事不知是谁所为，但有怀疑的对象，在没有证据的情况下以适当的语气，采取旁敲侧击的策略与被怀疑人对话，以图达到被怀疑人承认事实的目的；如确定不是被怀疑人，也不污赖。这是其一。其二是有些觉悟不高的人，利用别人记忆的模糊而说别人借过自己的财物未还（实已还过），以图别人记忆不深刻再次偿还而获取小利等。

艺术与现实意义

本俚语的特色，在“词解”和“释义”中就已得到体现：寥寥数字的语面，却有着丰富的内涵。语面和内涵是一个概括和具体、方法和操办的关系。语面均涵盖了释义中的两种情况：第一种情况，就是设置一个好像“我”已掌握了充分证据的假象“罩”住“你”，让“你”在神情慌乱中承认“犯罪”事实（不是的不深究，或向其道歉）。第二种情况，是“你”曾经有过向“我”借财物的情况，这是个前提——“罩”，如果“你”还的记忆不深刻就会再还，达到了“我”目的；如“你”还的记忆深刻就会讲出点对，“我”则承认自己记忆错误，表示歉意，也不失自己的面子。有时，别人借了自己的财物时日已久，别人还没还过记不清了，也直接说别人借过自己的东西没还，来核实别人是否还过，因为如对别人说还没还自己记不清了，又怕别人利用你记忆模糊的短处而就地打滚使自己吃了亏。这也属“打罩媒子”之列。

俚语本身如不是用在歪道上，也是一种处事的策略和艺术。

语例

1. 老明家偏房外侧的土墙不知什么原因倒塌了，有人猜测是谁的牛从这里经过蹭痒痒蹭倒的。又有人反映说，当天龙老大赶着牛从这里过了。老明就去对龙老大说："今天，你的牛被砖块砸伤了吧？""你不要来打罩媒子了，你是想说你家的土砖墙是我的牛蹭倒的吧？不是啦，我的牛从那里过的时候，墙已经倒呱的了。"龙老大说。

2. 刘二嫂曾经借了王阿姨 20 元钱，因为时间太久，刘二嫂是否还了，王阿姨记不清楚，王阿姨准备去试探一下。"刘二嫂，你借了我 20 元钱还没还吧？""你是打罩媒子吧？这个钱是借了，但过了一段时间就还了的，当时你正在你自己门前的空地挖土哩！"刘二嫂说。"啊……啊，是这样，是我记性不好，对不住了……"

打肿脸充胖子

词解

充：冒充。

释义

本义：本来不肥胖，脸上瘦削无肉，但也想充当富态的胖子，就使劲拍打脸上的肌肉，使它肿胀起来和富态胖子的脸一样大。

用语意义：比喻不富有的人在虚荣心的驱使下，竭尽所有财物显摆，强装富有。

艺术与现实意义

现在，胖人在一定程度上被视为不健康的人，在西方国家中，甚至被视为是贫穷的人。而在我们国家的过去，因为社会生产力不发达，人们普遍缺吃少穿，胖人都很少存在，所以，人们常常把胖人说成是富态。认为只有富有的人才不缺吃，才会发胖，发胖的人是有福气的人（也把人后来变胖叫作“发福”）。所以，瘦人希望自己变胖。这是本俚语产生的历史背景。

本俚语也是一个假设性的比喻，因为如果没有特别需要，没有谁真的会把自己的脸打肿了去充胖子。只是为了讽刺某些虚荣心很强的人的一种假设。

本俚语通过假设性的比喻，描述的是一种不正常的社会现象，但这种社会现象在我们的生活中却经常出现。曾几何时，佩戴手表是一种时髦，是富有的表现。有的人看到周围的人都戴上了，觉得自己没有不光彩，宁愿常常吃稀饭，吃当时主要用来喂猪的红薯、雪里蕻充饥，也要卖了米，积攒很长一段时间的钱把手表买了戴上；政府号召救灾捐款，如果有两个互不服气的对手，富有的捐多少，不大富有的哪怕是竭其所能，也要捐得和对手一样多；很多女人，看到别人穿得很光鲜，本来自己没有条件攀比，宁愿家里基本建设不搞，也要穿得和别人一样光鲜。如此等等，这些都是打肿脸充胖子的行为。

打肿脸是痛苦的，与他人攀比也是要付出代价的，这也是本俚语假设的合理与比喻的贴切之处。

语例：

小王：“小张，开上奔驰啦，不错，不错！”

小张：“打肿脸充胖子呗。”

小王：“谦虚，谦虚。”

大大方方天来补，细细摸摸鬼来拖

词解

大大方方：大方，对财物不计较，不吝啬。“大大方方”是“大方”的叠用，强调了大方的程度，“叠”出“大方”的气度。

补：填补。

细细摸摸：细摸，本地方言，是节俭、精打细算的意思。“细细摸摸”是“细摸”的叠用，强调了“细摸”的程度，透出了“抠门”的气息。

拖：拉走。

释义：大大方方，不计较财物的得失，乐于付出，那么，你失去的自然会有回报；细细摸摸得近乎吝啬、抠门，那么，你集聚的财物可能会无形中受到损失。

艺术与现实意义

本俚语重在说明，该花费的财物要舍得，不要吝啬；该花费的去节省，就有可能达不到预期目的，反而失去得更多。这是就事论事而言。本俚语也体现了一种日常的生活哲理：大方，哪怕自己克服重重困难也乐于助人者，在他有困难的时候，一定会有人热情相助，他大方所付出的会在接受别人的帮助中得到补偿；中国崇尚礼尚往来，你对别人乐于付出，别人在礼尚往来的观念下，有可能、有机会的时候也会对你更多回赠。这就是所谓“失之东隅，收之桑榆”。这种现象很神奇，就好像你有天神相助一样。相反，你细摸得近乎吝啬、抠门，对人从不肯解囊相助，在你有困难需要帮助时，就很难得到别人的帮助；如果你吝啬而又富有，那些需要你帮助而得不到你帮助的人，有可能出于记恨，而借机减损你的财产，你就不明不白地损财了。就好像鬼使阴法，把你家的财物悄悄地“拖”走了一样。

本俚语的积极意义在于鼓励人乐善好施，不要做吝啬、抠门的守财奴。

特别说明：“大大方方”不是挥霍，“细细摸摸”不是损人利已。

语例：姐姐对父亲说：“弟弟对待朋友太舍得了，自己也不是怎么有钱，朋友哪个缺钱他总是倾囊相助，不晓得以后自己没钱了，哪个来帮他？您老人家要劝劝他。”父亲说：“大大方方天来补，细细摸摸鬼来拖，他自己的事由他自己把握，随他去吧。”

大　话

词解

大：此处读音 dài，与“话”相连时读“dái”。义同“大（dà）”，用于“大城、大夫、大黄、大王”。

释义：作为俚语是说某人做事不细致，容易忽略细节或不计较细节问题；与人相处情感不细腻，没有亲昵感。

艺术与现实意义

“大话（dái huà）”与“大话（dà huà）”意义和感情色

彩是不相同的，但“大话（dái huà）”应是“大话（dà huà）”意义的引申。“大话（dà huà）”者，虚夸之话也。讲虚夸之话不自然或不能细致入微，必然有粗糙、矛盾或漏洞之感。本俚语即是借用其不到之处来形容人性格的粗犷，办事免不了疏漏，与人相处不能理解别人情感的细腻，也不能给别人以细腻的情感。本俚语多数使用情况下显中性，对性格粗犷之人没有贬低的感情色彩，有时并含有赞许的色彩。在有赞许的感情色彩情况下，是说某人是做大事的人，不计较小节问题。

本词条字面上与普通话相同，但作为俚语却有着独特的意义。

语例：妹妹告诉妈妈，哥哥在与他人合伙中吃了亏，挣到的钱让别人多得了。妈妈说：“你哥是个那样的大话人，随他去。”

大话喧打喧，屁股打出边打边

词解

大话：虚夸的话。这里主要是指虚夸自己怎么怎么能干或有本领的话。大，本俚语中读音：dài。

喧打喧：喧，xuān，声音大。打，助词（上海辞书出版社2011年2月出版的《康熙字典》第364页，后文“边打边”中的“打”与此同）。喧打喧，即大话连续不断。

打出：露出。

边打边：边，方面［上海辞书出版社1982年4月出版的《辞海（语词分册）》第1095页］；在本地方言中有“一半”的意思。边打边：（屁股）整边整边地（露出来）。

释义

本义：（某人）正在夸耀自己怎么怎么能干、怎么怎么有本领，可是（他）穿的裤子却烂得露出了整边的屁股。

用语意义：贬斥某些人夸大话不怕当场露馅，到了不知羞耻的地步。

艺术与现实意义

本俚语本身就是现代数据时代的一个视频：一个衣衫褴褛的人在那里夸耀自己的本事，讲得唾沫四溅；镜头转向身后，透过破烂的裤子，现出了说话人整边的屁股。——这是本俚语的形象性、直观性。

在过去的时代，不论是本地还是外地，不论是男人还是女人，衣不遮体或是无意中露出了屁股——哪怕只是一点点，都是最羞愧难当的事情，更何况是露出整边的屁股。而向众人夸耀自己，是最风光的事情。把这两个根本对立的镜头同时统一在同一个人身上，把一个讲大话不知羞耻的形象，刻画得栩栩如生。也是对那些讲大话不怕出丑的人的辛辣讽刺。

同时，本俚语也包含着一个人生哲理：人，应当实事求是，高调唱得越高，大话讲得越响，它背后的“丑”也就越来越大，越来越藏不住。记得有一个竞讲大话的小品，有一方吹牛，他“上嘴唇顶着天，下嘴唇挨着地”，对方质问他脸到哪里去了，他回答说：“讲大话的人就不要脸了。”这也就是“打出屁股”了。

语例：小明对妈妈说，他要跟表哥一起去做生意，说表哥保证他能赚到钱。妈妈说：“你表哥，他能保证你赚到钱？你没看到他每天都穿着那身邋遢的衣服——真是‘大话喧打喧，屁股打出边打边’……”

大话与细话相同

词解

大话：指高声大气讲的话。

细话：指轻言细语说的话。

释义

本义：同一句话，高声大气讲出来与轻言细语讲出来，意义是一样的。

用语意义：本俚语是用以规劝他人有不同意见时，要以理服人，不要高声大气地争吵。

艺术与现实意义

在现实中，同一句话，高声大气讲出来与轻言细语讲出来，意义是一样，但有时效果是不一样的，尤其是祈使句。有时高声大气讲出来的话对他人有震慑作用，别人害怕不得不按他讲的办，而轻言细语讲出来就起不到这种效果。但这不是一种正常的现象。多数情况下，心平气和讲的话别人容易接受，越是高声大气，别人越是反感。本俚语倡导的是以理服人，它的产生和广泛使用，表现了武冈人民与人为善，以平和的心态解决争端的良好素质和愿望。

语例：小彭因对有关事项与朋友的见解不同，正在与朋友大声争吵。父亲走来对小彭说："有理不在言高，大话与细话相同。"

大路朝天，各走一边

词解

大路：宽阔的路。

朝天：朝，cháo，面对着。朝天，指（路）面向着天。

释义

本义：宽阔的大道，路面向着天空敞开着，相向而行的人，各自走在路的另一边，就不会发生摩擦和碰撞。

用语意义：两个人（或两个单位或两个集团）虽然从事着互相矛盾冲突的事情，但是，社会的生活空间是宽阔的，只要不使他们交织在一起也可以相安无事，就好比相向而行的两个人走在大路上，只要不走在道路的同一侧，他们就不会摩擦、碰撞一样。

艺术与现实意义

只要是实在的路，什么路的路面都是朝天开着的。本俚语之所以以“大路朝天”作比，是因为大路是路当中最宽的路——在俚语产生的过去没有机动车路面，更没有高速公路和高铁，天是最宽阔的空间，所以，在这么宽阔的路面，在这么宽阔的空间，方向再相反，只要注意不走在同一边上，就不会发生摩擦、碰撞。强调了不摩擦、不碰撞的可能性，为俚语的比喻意义做了铺垫。

本俚语旨在劝导意见相左的人，要避免与对方的冲突，不要钻牛角尖钻到一块儿去了，在各自的空间里活动，方可相安无事。它既有积极的一面，也有消极的一面。积极的一面在于劝导有矛盾的人尽量避免往一块儿凑，减少不必要的摩擦；消极的一面在于做坏事的一方，往往要求主持正义的一方丧失原则，只要不是自己的职责范围，少管“闲事”，使歪风邪气抬头。

语例：杜甲店里的柚子卖五元钱一斤，隔壁王二店里进的柚子比杜甲进的货差，也卖五元钱一斤。杜甲对王二说：“你进的这些柚子也卖五元呀？”王二知道杜甲要说的意思，赶忙说：“大路朝天，各走一边！”杜甲知道王二恼着他，便不作声。

大树只怕风来摆，好汉只怕病来磨

词解

风来摆：摆，摇动。风，说风本无大小之分，这里是指大风。风来摆，被风吹得摇摆翻滚。

好汉：勇敢坚强的男子。

磨：mó，折磨。

释义：勇敢坚强的男子汉就怕疾病来折磨，这好比高大的树木就怕被大风吹折或吹倒一样。

艺术与现实意义

树大招风：树大，树冠大而稠密，风吹则受力面积大；大树稀有且总是高出小树和灌木，风吹时没有群体的共同抵抗；大树树干又长，相对小树和灌木易被折断。生活经验也告诉我们，大风过后，被吹折或被连根拔起的往往是大树，而小树和灌木都安然无恙。所以，大树就怕风吹。男子汉再坚强、再勇敢，必须以好的体魄为基础，如果疾病缠身，人再坚强，身体不给力，怎么支撑得起来？再勇敢，说话的力气都没有，怎样去面对艰难险阻？好汉病倒和大树被吹折吹翻一样，高大伟岸的身影不见了，这是多么令人伤心的事情。

现实的状况更是如此，自然环境被污染、被破坏，暴风、台风不时侵袭，大树本已稀少，暴风、台风过后更是惨不忍睹。同样环境被污染，假冒伪劣产品前赴后继，内外污染，往往令坚强勇敢的汉子大病缠身，一旦疾病突发，倒矣！倒矣！

语例：“王大，多好的人，多壮的汉子，一场中风，倒在轮椅上，叫人推着走，让人多心痛啊！”王大的姑姑说。王大的姑父说：“是啊，大树只怕风来摆，好汉只怕病来磨呀！”

大字墨墨黑，小字冇认得

词解

墨墨黑：墨黑，像墨一样的颜色——黑色。墨墨黑，是形容黑的程度很高。

认得：认识。

释义

本义：大个的字在我眼前一片漆黑，看不清，所以不认识；小个的字，因为字太小，在我眼前一片模糊，也看不清，所以也不认识。

用语意义：表示某人是文盲，不识字。

艺术与现实意义

现在的字，五颜六色。过去，没有打字机、打印机，更没有电脑，一谈到字，哪怕是书——印刷体的书页也是后来的进步，一般是手写本。写字都用墨，墨只有黑色一种，没有其他颜色的墨。朱笔（蘸朱砂）只有官府和皇上在批阅公文时用。印刷体书中的字也是黑色的。这里的“大字”也应包括中号字。

本俚语往往用于表示自己不识字，有时也用于描述他人不识字。

本俚语的艺术性在于，从字面上往往把听话的人往“字迹看不清”方面诱导：大字墨墨黑，可能是写字的人写得不工整，大个的字在老年人眼里一团漆黑；小字因为字太小，而说话人老眼昏花，都看不清楚了，所以不认识。——不会戴眼镜吗？等到醒悟过来已经愣了好大一会儿了。然后觉得说话人很风趣，说话的气氛就活跃了。也许发明本俚语的人是一个上了年纪的人，但后来对于不识字的年轻人也普遍这样说了。本俚语是把简单的话复杂地说，有点拐弯抹角的味道，但正是此情此景的拐弯抹角，体现了武冈人民语言的幽默性。

语例：邮递员把儿子的信递给孟老汉时，孟老汉要求邮递员将信念给他听。邮递员说：“你儿子的家信我念不合适，还是你自己回家看吧。”“现在我家里的人啊，都是大字墨墨黑，小字冇认得呢。”孟老汉说。

带贵人

词解

带：随身携带，这里是指与生俱来。

贵人：尊贵的人。这里指心地善良，且乐于帮助别人的人。

释义：带贵人，是指某人的命运中总带有贵人相助的机缘。就是说这个人在危难之际总会有好心人帮助他渡过难关。

艺术与现实意义

“带贵人”与“带纸闭煞”是完全相反的概念：后者是你对别人好，别人不领你的情；前者是你有困难别人主动帮助你。

“带贵人”也是一种迷信的说法，没有科学的依据。但这种现象在现实中也是客观存在的。根据编者的生活经验认为其存在的原因如下：其一，总的说，带贵人的人一定是心地好、性格好的人。一个人只做好事、不做坏事，别人没有为难你的理由；万一有这样万恶之人为难你，天地自有正气在，总会有人挺身而出，为你伸张正义。这是带贵人的根基。其二，为人谦和不嚣张，人都有同情弱者之心，厌恶嚣张之人。其三，性格随和不挑剔，包容心强，不老是拣别人的毛病，说话不伤别人的心，这样你的朋友就多，愿意帮助你的人就多。其四，善心帮人。你善心帮助别人，在你为难之时自然就有人帮助你。其五，是祖上积德（做了较多的善事）。祖上积德在社会上就有威望，口碑好，别人知道你是某某家族的后裔，就不会为难你，能够帮你时，便帮了你。这一点是与下一条“带纸闭煞”不同的地方，下一条的结果与祖上没有联系。当然，性格遗传除外，但性格是可以陶冶与修养的。

特别提示：坏人做坏事时也有可能有坏人来帮助他，但这不是“带贵人”，是臭味相投，是“带鬼人”，这样的“鬼人”会将他推向万劫不复的境地。

语例：张向山对人说：“我儿子可是命中带贵人哩。去年我儿子去参加高考的路上不小心将准考证弄丢了，进不了考场，急得直哭。有位送考的家长记起在来的路上好像听有个摊贩讲了句捡到准考证的话，就马上带着我儿子找到了准考证哩！这位家长与我儿子素不相识，这不是带贵人吗?”

倒呱桐油——有队（油坠）

词解

桐油：油桐树的果实里榨出的油，是良好的防水防腐剂，有毒。

有队：队，这里指具有某种性质的集体。有队，是指与境况相同的人为伍。

坠：读音 zhuì，往下落。武冈方言，“坠”与“队”同音，都读“duì”。

释义

本义：桐油倒了，油就掉到地上去了，即油坠了。

用语意义：是指遭遇不幸或做了坏事不孤单，有境况相同的人为伍。

艺术与现实意义

这是一个谐音歇后语，且是双谐音：倒了菜油，倒了机油、汽油，同样是“油坠”，前半部分之所以选择“桐油”，是因为“桐”与“同”同音，“油”与“友”谐音；后半部分“油”与“有”谐音，在武冈方言中“坠”与“队”同音。“同友”与“有队”为近义词。这是本俚语选词之妙。

不论是遭遇不幸也好，做了坏事也罢，都是倒霉的事情，所以本歇后语选择的“谜面”是倒了桐油——桐油很贵重的，倒了不可复收，本身就是倒霉的事。人天性怕孤单，人们就是在遭遇不幸或做错了事的情况下，也希望有人和自己一样。这样心理上才有所慰藉。本俚语的使用在“坠友”间虽有诙谐的慰藉性，但更多的是他人对“坠友”在诙谐气氛下的鞭挞。

语例：小军今天因上课讲小话，放学后被老师留下谈话。回来晚了，妈妈责问小军：“又被老师留堂了？”小军说：“今天我们班长也被留下了哩。”爸爸批评小军：“啊，倒呱桐油——有队（油坠），光荣?!”

倒呱云山，占得我份上冇得一瓢土

词解

倒：倒塌。

云山：本地名山，主峰海拔1300余米。风景秀丽，因系国家森林公园和全国第六十九福地而闻名。

冇得：本地方言，没有的意思。

一瓢土：不是实指，是说分得土的量很少。

释义

本义：就是云山倒塌了，占到“我”名分上分摊的损失不到一瓢土的价值。

用语意义：是说大众的集体的东西，大众的集体的事情与个人没有多大的利害关系，所以可以不管。

本俚语的用语意义亦属弦外之音。

艺术与现实意义

本俚语中的“瓢”并非实指，是说其量小。土，没有谁用瓢量，最小也是用畚箕量，“瓢”也不是土积的最小单位，此处用“瓢”是夸张的手法，突出了量的小。

本俚语产生和运用于大集体时期。由于当时的管理制度不科学，不能把集体利益和个人的切身利益密切挂钩，不能充分调动人们的积极性；集体大，人口多，集体收益的数量听起来很大，分到各人头上却微乎其微，特别是对集体贡献大与贡献小的人在收益分配上没有多大的区别，所以，人们对集体的事情有些漠不关心。——云山倒塌了，在本地可谓是大到不能再大的事了，可是，因为云山是公家的，就是真的倒了，要分土到人，“我”也分不到一瓢大小的土坷（实际是说对“我”的损失充其量就是一瓢土的价值而已），所以，“我”不用为云山倒不倒而操心。当然，这只是少数人的心态，大部分人是能为集体利益着想的。

本俚语本不具有积极意义，但它是一个历史时期人们精神状态落后一面的反映。现在提到这个俚语，在于警示人们对于社会的管理不能“吃大锅饭”，要把人们的收益与贡献紧密挂钩，才能充分调动人们的工作积极性。

语例：父亲对儿子说："队上的抽水机坏了，队里只有你懂，你去修一下，不要等队长来安排你。"儿子说："倒呱云山，占得我份上冇得一瓢土——队长不来安排我，我去问谁要工分（生产队年终领取报酬的依据）？"

道　谢

词解

道谢：用言语表示感谢。

释义

本义：说一声"谢谢"。

用语意义：近似"谢谢""感谢"。

艺术与现实意义

"道谢"，虽只有两个字，其实是一个省略了主语的句子，属于谓宾结构，这个主语是句子谁说的谁就是主语。直译应为"（某某）说了感谢的话"。这个用语，记得在名著《水浒传》中用得较多，该书中常有"道过谢"的话语。也许正是《水浒传》故事在本区域的流传，使得"道谢"从陈述性的语句，变成了一个动词。

"道谢"与"谢谢""感谢"虽近似却又有不同，习惯上，得到别人行为上或物质上的帮助都可以用"谢谢""感谢"，但"道谢"在本地的用语习惯只限于得到别人物质帮助的情况下使用，与"难会"条分工合作："难会"用于得到别人行为方面帮助时表示感谢；“道谢”用于得到别人物质方面（包括受到别人的款待）帮助时表示感谢。这两个词语的分工合作性，具有独特的地方特色。

语例：小华跟父亲到姑姑家吃过中饭准备回家，出门时小华不忘讲客气，对姑姑说：“姑姑，难会了！”父亲连忙纠正说：“要说‘道谢’，快重新讲！”小华：“姑姑，道谢！”

到哪架山上唱哪架歌

词解

架：jià，量词，山一座叫一架。在武冈方言中也有“只、支、条、头”等量词意义。

释义

本义：到了哪座山上，就唱哪座山上的山歌。

用语意义：到了新的环境，就要适应那里的环境（包括困难）愉快地生活（包括克服困难）。

艺术与现实意义

本俚语是基于山歌而产生。我们知道，山歌是形式短小、曲调爽朗质朴、节奏自由的民间歌曲，流行于南方农村或山区，多在山上劳动时歌唱。而山歌的曲调和内容，不同的区域，有时甚至不同的山头（较大的山头）是不同或不完全相同的。如果从一个区域到另一个区域、一个山头到另一个山头生活，要融入新的区域或山头，就得学会那里的曲调和新的山歌。

本俚语是一个比喻，把适应新的生活环境、克服新的困难，比喻成到哪个山头就学会哪个山头山歌的曲调和新的内容。学习新的曲调、新的山歌内容虽然也不是件容易的事情，但它是快乐的。把适应新的环境、克服新的困难比喻成学习新的曲调和新的山歌这么有趣，体现了武冈人民的乐观主义精神。

语例：企业改制了，王元发变成了富余的下岗工人。妻子不无伤感地说："下岗了，一时没有固定的收入，又难以找到合适的工作，以后的日子怎么过呀?""不要愁，不要愁，到哪架山上唱哪架歌，活人还被尿憋死?"王元发自信地说。

单身婆养崽——搭帮众人帮忙

词解

单身婆：农村中指死了丈夫或丈夫失踪后没再嫁的妇女。

崽：zǎi，本只指儿子，这里也包括女儿。

搭帮：多亏，依靠。

释义

本义：单身婆养育儿女，多亏了亲戚、邻居大家的帮助。

用语意义：是指某项成功或事务的完成得到了很多人的帮助。

艺术与现实意义

旧中国，以至解放初期，中国妇女是裹足（女孩七八岁开始就用布条把足用力缠住，不让其正常发育长大）的，即所谓"小足女人"，不能从事重的体力劳动；又由于封建纲常的桎梏，妇女受到“足不出户”的压迫，更加不能从事商业、公务等智力劳动，所以，妇女离开了男人就难以自立生活，更不用说抚育儿女了。如果丈夫去世或离家失踪，儿女尚未成人，光凭单身母亲是难以生活和成长的。这时，亲友、邻里都会主动帮助，让单身婆与其儿女渡过难关。

本俚语本义上反映了武冈人民仁爱、友善的优秀品质。本俚语的日常使用，都是在自己成功或完成某事务后，对大家表示感谢的礼貌用语，表现了武冈人民的谦虚、感恩的好德行。使用中避免了尽说些感恩戴德话语的凝重气氛。

一个理解误区：对本俚语的本义，很多人理解是有偏差的。他们认为，单身婆养的崽是丈夫不在时偷情所生；而且，与其有婚外情的男人较多，养的崽还不知道是谁的，所以有可能是父亲的人都来帮单身婆抚养子女。这是一些心术不正的人的理解，是对本俚语的曲解。

语例：老华家里很穷，送儿子读书都是七拼八凑借来的钱。儿子很懂事，读书很用功，终于考上了大学。儿子临行前，老华略备薄酒宴请众亲友邻里表示感谢。席上致词说：“我儿子能考上大学，是单身婆养崽——搭帮众人帮忙呀……”

当家才知盐米贵

词解

当家：当，读 dāng，此处为掌管、主持的意思；当家，即主持家务。

释义

本义：主持家庭事务了，才知道油、盐、柴、米、酱、醋、茶这些日常生活用品的贵重。弦外之音：不当家，就不知道盐米的贵重和当家的难处。

用语意义：一是当家人常以本俚语叹息当家的难处；二是用以教育后代勤俭节约，花钱耗物不要大手大脚；三是本俚语里的“当家”也可引申到国家机关、社会团体及企事业单位。

艺术与现实意义

开门七件事：油、盐、柴、米、酱、醋、茶，而尤以盐、米为基础：没有米，人就会饿死；没有盐，人就会无力做事；其他几样缺了，只是生活没有那么滋润了。所以，本俚语选择“盐米”作为生活资料的代表。

本俚语其实也是一句哲理名言：人生活在一个家庭，对家庭就有依赖性；生活在一个单位，对单位就有依赖性；生活在一个团体，对这个团体就有依赖性。如果不主持家庭、单位、团体的事务，很少有人去考虑家庭、单位、团体的全面、长远的事务，只向家庭、单位、团体索取，很少去关心它的难处；自己不满意了，只怪“当家人”没当好“家”。所以，你要想让自己的孩子不依赖家庭，知道当家的难处，只有尽早地让他独立生活，去考虑自己生活的全面、长远的问题；要想让单位、团体的成员关心单位、团体的全面、长远的事务，就要让成员有主人翁意识，不要把他们当白痴、当奴仆；单位、团体的事务都要向他们公开，要把成员的利益和单位、团体的利益紧密地结合在一起，这样才能让全体成员都关心单位、团体的全面的、长远的事务。

语例：张光向刘洋叹息道：“我那儿子啊，他哪是在外面念书呀，经常三朋四友地大吃大喝，没钱就向家里要，唉……”“是啊，当家才知盐米贵呀，我那儿子不也一样……”

当家的不闹事

词解

当家的：当家，解释见前条。当家的，是指主持家务的人；引申为单位的主要负责人。

闹事：聚众捣乱。

释义

本义：主持家务的人不会在家庭起哄捣乱。

用语意义：是指单位的主要领导人不会聚众捣乱，破坏单位或社会秩序。

艺术与现实意义

一个家庭的好与坏、荣与辱，虽不全是当家人一个人的功劳或过错，但都是当家人的脸面：家庭兴旺顺畅，当家人脸上有光，走到哪里都不会让人小觑；家庭衰败没落，当家人走到哪里都抬不起头来。所以，当家的人，只可能千方百计使家庭兴旺，不能带头生事来败坏自己的家庭。

本俚语看似平凡，但其实是一句深含韬略的哲语：在单位，如果是只求平稳度过的主要领导，要使手下调皮捣蛋的人不起哄闹事，就只有把这些人重用起来，而不调皮捣蛋的人都很老实，都宽容大度、淡泊名利，不会闹事。这样的单位领导虽不会有实际政绩，但至少能保证在任期内不出大的乱子。有些国家也一样，制定一些政策，让那些有权、有钱、有势的人多获利，让他们觉得国家就是他们的国家，他们就不会起哄闹事了，这样的“太平皇帝”在任期间也就“国泰民安”了。但这都是纸包火的艺术。

本俚语也有真正的哲理含义在于领导、首领都应当是民主的化身，一切政策、措施都符合大多数人的利益，是大多数人的意愿的体现，让广大人民有当家做主的感觉，而不是受愚弄、受压榨的感觉，大多数人就不会闹事了。至于少数调皮捣蛋者，让他们真正成为人民民主专政的对象，他们就老实了；在家庭也一样，从家庭的整体利益出发，赏罚分明，不仅当家的自己不闹事，也不让其他家庭成员有闹事的余地。

语例：

职员甲：“这个新来的领导把原来那些调皮捣蛋的人全都安排在重要岗位上去了，这是怎么回事呀？”

职员乙：“你没听说‘当家的不闹事’吗？这就是领导艺术呀，你要想当官，你就去闹呀，闹到领导怕了，领导就让你当官呀。”

“这是什么话呀！”

当了婊子还要立贞节牌坊

词解

婊子：biǎo·zi，妓女。

贞节：封建礼教所提倡的女子不失身、不改嫁的道德。失身，是指女人与丈夫以外的男人发生性关系，包括被强奸。

牌坊：形状像牌楼的建筑物，旧时用来宣扬封建礼教所谓的忠孝节义的人物。

释义

本义：某女子不仅有婚外情，还当了婊子，她却蒙骗族上和官府为其修建了象征道德高尚、对亡夫忠贞不贰的贞节牌坊。

用语意义：是指某人一方面做尽了坏事，一方面又在社会上树立了或想树立良好的形象，让大家觉得他是一个大好人。

艺术与现实意义

贞节牌坊是封建朝廷或地方官府为表彰那些孀居而守妇道的模范女子建造的牌坊；并不是每个孀居而守妇道的女人都能得到的，所以，女子如果能立贞节牌坊是一种殊荣。婊子，在词典中解释是指妓女，但这种解释是不完全准确的。在旧中国，女子与除自己丈夫以外的男人有过不正当的男女关系都会被骂为“婊子”。立过贞节牌坊的女人，并不是就百分之百没有婚外情——只是不为人知，自己又不诚实罢了。被立过贞节牌坊的女人偶尔也会有过婚外情的个案也是可能存在的，故有“当了婊子还要立贞节牌坊”之说。

一个女子只要有婚外情，哪怕是再秘密的，哪怕是只有一次，她就不配享有贞节牌坊。婊子和牌坊是遥不可及的两个东西，风马牛不相及的两个概念，而在本俚语中给它们拉到一起了，把坏与好形成了强烈的对比，凸显了某些人人格的虚伪性。但这些虚伪的人性又确确实实存在我们的生活中：有些商人，或偷税漏税，或偷工减料，或以假充真、以劣充优，或残酷压榨工人，把得来的高额利润中的小部分用于公益建设或用作慈善捐款，把自己伪装成大好人；贪官把贪腐得来的部分钱财捐给社会，把自己包装成爱民的好官；等等，这些都是“当了婊子还要立贞节牌坊”的表现。本俚语是对这一社会现象的揭露和批判，以利纯正我们的心灵。

语例

1. 刘细婆是村上的妇女主任，常教育别人作风要正派。谁知她自己与夏某的奸情却被捉个“拿双”，真是当了婊子还要立贞节牌坊。

2. 家乡修路，李老板捐资百万，捐资碑在显眼之处赫然刻着李老板的大名。有知情者说，李老板真是当了婊子还要立贞节牌坊，他的亿万家财都是官商勾结，靠“豆腐渣工程”赚出来的，现在倒好，成了大善人了。

当面讲话不生病

词解

当面：当，dāng。当面，面对面。

病：生理上或心理上的不正常状态。这里指的是心理上的结蒂、记恨、猜疑。

释义：对人有什么不痛快、不满的话语，面对面讲清楚，免得别人总觉得你对他或他们有什么隐瞒而心存芥蒂，或背地里议论，特别是被人把话传变了，而使双方产生不必要的记恨和猜疑。

艺术与现实意义

人应当坦诚相待，对别人有意见、有想法，应当当面向别人说清楚。这样，双方之间是误会的可以解释清楚；有缺点的，可以改正的得以改正，就算不能因为你的意见得以改正，对方也知道你有哪些意见、意见的程度如何。这样，双方不会因误解而产生隔阂，不会因猜疑而产生怨恨。

本俚语从语法上，既表判断，也含比喻："病"，都是慢慢产生的，一般都有一定的潜伏期，到达一定程度才显露出来；人与人之间如果有心理隔阂，就像是产生疾病的病毒，到时候暴发出来，使人与人之间产生不可逾越的鸿沟。本比喻贴切而形象，其发生、发展、结果的过程如看得见一般。

本俚语是一个朴素的做人原则，体现了武冈人民坦荡的胸怀。

语例：合伙就要解散了，在结完账后，发起人老张问大家还有什么意见吗？老李站起来说："兄弟，当面讲话不生病。既然散伙了，你还扎下一些钱干什么？"老张："对不起，忘了讲了，留下一些钱是担心我们卖出去的产品有质量问题，要给人家维修或退货还钱用。过几个月，如果没有此类事情发生再分给大家。"

当面是人，背后是鬼

词解

当面：在面前，面对面。

背后：不当面，在人家看不见听不着的情况下。

人：指人的品质、性格或名誉。此处指品质、性格或名誉好的正直人。

鬼：指不光明；不可告人的打算或勾当。此处指不光明或干着不可告人的勾当的人。

释义

本义：当着你的面，他表现得很正派，对你亲近、奉承；背着你，却干一些损害你或他人名誉和利益的勾当或制造、散布对你或他人不利的言论。

用语意义：是对那些为人不正直、两面三刀的人的批评、谴责。

艺术与现实意义

在人们的心目中，人就是正直的、善良的；鬼是诡计多端的，是害人的。而有的人，由于生活环境和个人遭遇的特殊性，使性格扭曲：为人不正直，待人不诚恳，两面三刀，当面一套，背后一套。本俚语正是针对这种时弊而产生，把这些性格扭曲的人的人前人后的表现，以“人”和“鬼”来概括，形成了强烈的对比。这种对比对这些两面三刀的人是极大的贬低和鞭笞，表现了武冈人民的浩然正气。

语例：张乡长在所蹲点的村上主持村委会的换届选举，在讨论下届候选人的人选时，张乡长认为陆某某表现不错，可以考虑作下一届的村委会成员候选人之一。马上就有人提出反对意见：“张乡长，你不要被陆某某的表面现象所迷惑，他这个人，说得重一点，‘当面是人，背后是鬼’，当村干部是不靠谱的。”

当做不做

词解

当：dāng，应当。

做：zuò，从事某种工作或活动。

释义：应当做的没有做（不应当做的却做了）。

艺术与现实意义

本俚语是指某人处事的轻重缓急失当。这里有两种情形：一是偶尔现象，是偶尔对事务认识不清、处置不当；二是表现为一种个性。而俚语多数情况下是表现为人的个性。有的人的处世、处事逻辑与一般人不同：一般人认为应当或马上需要办理的，他认为不必要或不须着急；一般人认为应当这样办理的，他却偏要那样办理。这样的情况却又不是为了与别人作对；在一般人看来他是当做不做，而在他看来一般人是当做不做。至于谁对谁错，因人因事而论。

本俚语的产生和运用，在我们办事用人上有着一定的指导意义：如果这个人是你认为有当做不做个性的，那么，你在安排做那些可能有两个截然不同的结果的事务时，就不要选任这个人。

语例：书记对村主任说："乡政府今年要把我村评为冬种农业的先进，过几天组织各村的村干部来现场参观，但我们大路边上还有一大块空地没种上什么。你看能不能去与隔壁村交涉一下，要他们承认没冬种的地是他们的呢？""隔壁村的书记是个当做不做的，他肯定不会帮这样（说假话）的忙的。还是我们组织人马加班加点给它种上油菜，干得粗糙一点没关系。"村主任建议说。

当　方

词解

当：dàng，合宜，合适。

方：fāng，地方。

释义：指搁置东西或人起居合适的地方。

艺术与现实意义

俚语“当方”与普通话“地方”都是一个空间的概念，但“当方”强调了空间的适合性。比如说，一个人拿着一个花瓶说没当方放置，并不是说他家里就没有容纳这个花瓶的空间，不管咋说，床底下总空着吧。但是，花瓶不是放到床底下收藏着的东西，是要放在适合的位置上供人观赏的。当然，像这种情况也可以说没地方放置，但这时的“地方”应是“当方”所表示的意思，是用“当方”诠释“地方”了。本地嫁女还有“看当方”的习俗，“看当方”也不只是去看看男方家住在什么地方，最主要的是去考察男方家的条件和所处地方的条件好不好，与女方的生活条件是不是相匹配，适不适合女子在这里长期生活。这也足以说明“当方”和“地方”的不同和“当方”所包含的“适合性”。

语例：爸爸出差回来，买回一尊较大的名人塑像。妈妈要小俐送到房里，小俐拿着塑像到房里良久说：“妈妈，没有当方摆放。”“那你先随便搁置在哪里，等我空闲了收开地方再说。”

地　道

词解

地道：dì · dao ，真正是名产地出产的；真正的、纯粹的；实在，够标准。

释义：用于描述人的为人、品德，是真诚的、符合道德规范的意思。

艺术与现实意义

地道（dì · dao）不论是词典解释义还是俚语用语意义，都是基于本义“地道（dì dào）”。地道（dì dào）是筑在地底下的，落在实处，没有悬浮感，让人放心。为人真诚、讲求道德，是人与人相处的基础。俚语“地道”，直接解释为“真诚、符合道德”，但其实是一个间接的比喻：将人与人的沟通比喻成地下互相连通的地道，而侧重点又在地道落到实处的含义。

本俚语单独运用的情况很少，一般与否定词“不”字连用，用于指责、批评某人为人不真诚或做事不符合道德规范。

语例：20 世纪 80 年代，两岸关系回暖时，向良的外祖父从台湾回来探亲，不知道家乡还没通电，给向良家带回一台彩电作见面礼。经常在外跑生意的向荣知道后对向良说：“家里没有电，你拿着个彩电也没用，不如我给你联系个买家，把电视卖了吧。”向良表示同意。过了几天，向荣告诉向良有人出了 800 元，向良听后很高兴，就将电视交给了向荣。其实向荣拿着电视到城里卖到了 1700 元，净赚了 900 元。他们共同的叔叔向方知道后，对向荣说："卖电视机的事，你可不地道哟，起码要给人家个大头才对得住自己的良心！"向荣后来又补给了向良 400 元。

掉到茅厕桶里

词解

掉：落。这里是"跌落"的意思。

茅厕桶：厕，武冈读音 si。茅厕桶，去过茅厕里用以装屎尿的大木桶（参见"新鲜茅厕三日杉木香"条）。

释义

本义：不小心失足掉进茅厕的粪桶里了。

用语意义：指某人意外获大喜（包含财富）。

艺术与现实意义

如果茅厕桶年久失修，架在上面供人踩踏的木板腐坏了，解手人不注意踏断木板掉入桶里的可能性是存在的，也是实际发生过的。这是本俚语产生的基础。

本俚语是正语反说的范例：意外获大喜，应当是异常高兴、异常兴奋的事情。除了"意外之喜"还找不出其他适合的词语来表达和形容；人们最讨厌的事情就是身上沾满了粪便，如果掉到茅厕桶里，那是人生中最倒霉的事情了，所以，用"掉到茅厕桶里"的倒霉至极的心态来反衬获意外之喜的高兴心态，其程度恰好相当。

本俚语产生之初，应当包含了用语人嫉妒的心理，并对用语对象有一定的贬损，但在长期的运用中，似乎已成习惯，这种“嫉妒”和“贬损”性已淡化，但带有戏谑性，不属于认真的祝贺或道喜。在亲朋之间使用带有戏谑的话语，有益于活跃相处气氛，融洽相互关系。

语例：人们经常在附近的山丘上采野生蘑菇，由于经常采，一次能采到的蘑菇就不多。今天早上小芳去采蘑菇，一下子就采五六斤回来。妈妈高兴地对小芳说：“一下子采了这么多，你怕是掉到茅厕桶里!”话虽不好听，但小芳知道妈妈是夸她，心里乐滋滋的。

钓麻蛄也要个棉絮坨

词解

麻蛄：本地对青蛙、石蛙、土蛙、树蛙、蟾蜍等的总称。

棉絮坨：坨，tuó，坨子，成块或成堆的东西。棉絮坨，即棉花团子。

释义

本义：要舍得一个棉絮坨，才能钓到一个或更多的麻蛄。

用语意义：比喻要舍得投入才会有回报；舍不得投入而想有回报是不可能的。

艺术与现实意义

我们知道，凡是蛙类都是以捕食昆虫为生的，有时大蛙也吃小蛙；蛙类的眼睛虽然鼓鼓的，但并不十分好使，可性格非常果毅，只要有它能吃下的昆虫大小的东西在它眼前晃动，它就毫不犹豫地跃起身将其咬住并不松口。人们利用蛙类的这种特性祸害它们：在小竿的一端缠上一定长度的细线，线的另一端缠上一小团棉絮并在水中蘸湿，然后利用竿子的长度将悬挂在线上的棉絮团伸到有蛙活动的禾田等有隐蔽物的地方，并抖动小竿使棉团上下跳动。蛙以为是昆虫，跃起身一口咬住不放。人把竿、线一收，轻而易举地捉住了麻蛄。而且，取下麻蛄后，棉絮坨也未受到损失，有时钓上百只麻蛄也不需要更换棉絮团。所以，钓麻蛄真是投入小、收益大的事情。

社会上很多的人，想要发财，但舍不得投入，生怕自己投入的钱不仅得不到回报，还会血本无归，体现的是一种过于谨慎的迂腐性格。本俚语就是用于劝导或批评这类人的。

语例：

老高："老成，去新疆那边运枣子回来卖可以净挣一块多钱一斤。我约了几个人一起去，你来一个吗？一人预付五千块钱的头本。"

老成："还要五千块钱的头本啰。"

老高："那是哩，那要头本哩，钓麻蛄也要个棉絮坨哩。"

掉毛的凤凰不如鸡

词解

掉毛的凤凰：是指掉光了美丽羽毛的凤凰。

释义

本义：掉光了美丽羽毛的凤凰，其作用和价值还不如鸡。

用语意义：比喻人离开了发挥其优势和权威的环境，他的能力和社会地位就不如普通人了。多用于受到挫折而生活不如意的人聊以自慰。

艺术与现实意义

凤凰是神鸟，是美丽、吉祥和高贵的象征。从凤凰到不能与鸡相提并论，是多么大的落差呀！

本俚语除形象地反映出一个人境遇的落差外，还蕴含了一个伟大的哲理：人，本没有高贵低贱之分，人之所以有差别，是因为所处的环境不同，离开了他优越的或适宜的环境，他的能力就会显得低下，就不会得到他人应有的尊重。比如现今的歌星、影视明星，如果失去了表演的舞台，失去了观众，他们又有什么能耐能超越普通人？再如，现今的腐败分子，他们在位时，是何等威风，一旦落马，打入牢房，他们还能与普通百姓相提并论吗？这就是本俚语所说明的道理。这里要说明一点，前面列举的这些现象，并不是说这些人就一无是处，他们的优越或适宜的环境，首先是通过他们某方面的能力和努力得来的。之所以列举这些，只是为说明，人的能力和价值只有在适当的环境和场合才能发挥和显露出来。

另外值得注意的是，凤凰是传说中的神鸟，其神圣程度与龙相当，现在人们把它跟鸡相提并论，说明人们思想上已冲破了迷信的束缚，不相信龙凤的神话传说。

语例：“以前好歹也是个科长，在单位也是一呼百应，现在下岗了，以前的朋友不见啰，出门打的也舍不得几块钱啰，真是掉毛的凤凰不如鸡呀！”老肖自言自语。

斗大的字认得一箩筐

词解

斗：这里读 dǒu，量粮食的器具，十升为一斗。

箩筐：用竹子或柳条编的装载粮食或蔬菜等的容器。

释义：

本义：一般一箩筐的容量为五斗，斗大的字认得一箩筐，就认得五个。

用语意义：是说人文化程度低，认识的字非常少。

艺术与现实意义

本俚语一般是文化程度低的人在别人询问他的文化程度时自我解嘲，或者是在向对方介绍第三人，说第三人文化程度低时的诙谐用语。其诙谐性在于，带着夸张的口吻，隐晦地告诉对方自己或第三人不认识几个字：箩筐是农村家庭中除谷仓以外较大的容器，如果按我们平时写字的大小，且是平面的，一箩筐要载多少字呀，你稍不留神就会上当，还以为被介绍的是一个才高八斗之人。但你一旦回过神来：字用箩筐载，一个字用斗量，一箩筐充其量能装五六个字，此时你会觉得，说话者虽然文化不高，但说话很逗，挺好笑的。这里还有一个“陷阱”：尽管讲的是“斗大”一个的字，但人们理解的大小总难走出字用纸写，大小是平面的大小的误区——就是斗大一张的纸，放满一箩筐也很多呀。正是这个“陷阱”让本俚语更具有诙谐性。

语例：张法官因受理民事纠纷下乡调查，在询问被调查人文化程度时，被调查人风趣地回答："我文化程度就蛮高哩，斗大的字认得一箩筐。"

斗篷底下看人不出

词解

斗篷：dǒu péng，本地管"斗笠"叫"斗篷"。斗笠，遮阳光和雨的帽子，有很宽的边。用竹篾夹油纸或竹叶等制成。本地斗笠用竹篾、油纸和棕丝等制成，外形是底边宽、高度较小的圆锥形。

看人不出：这里指对人看不清楚，判断不准确。

释义

本义：人戴着斗笠，因斗笠的遮挡，对人的相貌看得不完整，到底是谁或长相如何判断不是很准确。

用语意义：人因为受环境、条件的限制或影响不能充分显示其才能；判断一个人有没有出息，不能凭一时一事的感觉和印象。

艺术与现实意义

与戴着斗笠的本地人相遇，距离再近，若非低着头向上看，则只能看到小半个头脸；就是低头向上看，眉毛以上的部位也是无法看到的，因为斗笠的内圈把眉毛以上的部位遮住了。若非非常熟识的人，难以认识与你相遇而过的人。根据相术，要从长相看一个人是否聪明、是否有出息，首先是要看此人额头上“天平”是否宽阔、方正。首要的相术部位都看不到，怎么能判断此人是否有出息呢？这些应当是本俚语从唯物和唯心方面的起源。

本俚语从一个人戴着斗笠，你不能完整地观察、正确地判断他的长相等情况的客观现象，引申出不能凭一时一事的表象来判断一个人的发展前途的道理。这两者就如同心圆中，小圆与大圆、实体圆和抽象圆的关系。也就是说是一个以小见大、从具体到抽象的关系。

本俚语也是一个打比方的句子：在一个人的能力没有得到展现的情况下去判断其前程好坏，就好像在斗篷底下看人的长相看不全一样。

语例：小元期末考试数学考了个不及格。父亲拿着“通知书”气馁到了极点：“这伢子完了，冇得出息的了！”爷爷可不这么看，爷爷说：“这倒未必，斗笠底下看人不出，这娃娃脑瓜子活，文章写得好呀！”

斗篷岭上的石头——碰不得

词解

斗篷岭：斗篷，头戴的圆锥形雨具。斗篷岭，本地一座小山，山的形状像斗篷故得名。各向山坡陡而无大障碍。

释义

本义：这斗篷岭因各向山坡陡而无障，山坡上若有不是生根石的石头，只要稍用点力碰动它，它就会沿着山坡往下滚；人上山后，总是要下山回家的，石头滚动的方向与人回家的方向是一致的，也就是说，你碰了石头，石头就跟着你来了。本俚语也有说“陡岭上的石头——碰不得”的，意思是一样。

用语意义：比喻某人为人随和又重吃食（或重利），只要有人随便说句邀请的话，他就跟着来吃食或取利了。此俚语往往用以自侃。

艺术与现实意义

陡坡上的石头，若非生根石，本来就因自身重力产生的势能而有向下滑的趋势，有时人不去碰它，它也可能因自然力的影响而自动下滑或下滚。这种势能所产生的下行趋势，就是人重利重食本性的比喻。一碰跟着滚只是本性决定的运动形式。在过去的年代里，由于生产力的落后，很多人都落得衣食无着的地步，饥饿的煎熬，就是没有邀请都要去讨着吃了，更何况发出了礼节性邀请——这种邀请不一定是真心实意的，有时只是照顾面子性地说一声。民以食为天，饥饿无解的情况下，是不讲究自尊和原则的。现在，人们衣食无忧，请谁吃饭不是随便召唤一声就会来的，接不接受别人的请吃或请利邀请，要考虑交情、事由和自身的操持原则，甚至档次。当然，现在也会有人用此俚语说话，但大多是自侃——拿自己说事，编排自己的不是。

语例：小王想请刘老帮忙办个事可又有点不好意思开口。小王对刘老说：“刘老，我想请你……请你……”刘老知道小王肯定是想请他办什么事却又不好意思张口，就打趣说：“你不是想请我吃饭吧？要是请我吃饭你就切记不要讲出口，我可是斗篷岭上的石头——碰不得的哟。”

豆豉辣子姜

词解

豆豉：豉，chǐ。豆豉，食品，把黄豆或黑豆泡透蒸熟或煮熟，经过发酵而成。有咸淡两种，都可放在菜里调味，淡豆豉也可入药。

辣子：辣椒。

姜：生姜。

释义

典故来由：传说从前有一个母亲让孩子（不大聪明）到城里去买豆豉、辣子、生姜回来炒菜做作料用，怕孩子记不清各要买多少，就分别拿了五角、二角、一角不同面额的钱，告诉儿子：这个钱（指五角）买豆豉，这个钱（指二角）买辣子，这个钱（指一角）买生姜。因家离城较远，儿子把三个钱按母亲给时的顺序拿好，一边走一边念叨：豆豉、辣子、姜，豆豉、辣子、姜……到城郊时，看到一个敲着锣儿耍猴的，就去看了一会儿热闹。再往前走时，钱还是按母亲给时的顺序拿着，但要买什么东西却给忘了，他反复地想，反复地想，一拍脑门高兴了："不就是钱纸、蜡烛、香（敬神用的线香）吗？这个钱买钱纸，这个钱买蜡烛，这个钱买香……"结果就不言而喻了吧。这个典故，人们就用"豆豉辣子姜"或"豆豉辣子姜——钱纸蜡烛香"代称成为俚语。常常只说"豆豉辣子姜"大家就都明白了。

用语意义：用以讽刺那些机械记忆者。

艺术与现实意义

“豆豉辣子姜”和“钱纸蜡烛香”，字数相等，谐音顺口，而且在过去都是每天要用到的日用品（过去每天早晚都要在家中神龛前上香，每月初一、十五点蜡烛、烧钱纸敬神），如果不去理解它们用途的区别，很容易混淆。这孩子机械就机械在他忘记了此行的目的，就只去反复地记忆“豆豉辣子姜”的顺序，当“豆豉辣子姜”与“钱纸蜡烛香”难以避免地发生混淆时，如果去联想此行的目的是买佐料炒菜用，就不会买回“钱纸蜡烛香”了。

“豆豉辣子姜”与“钱纸蜡烛香”虽都是日常用品，但用途是恰恰相反的，“豆豉辣子姜”是活人饱口福用的，“钱纸蜡烛香”是祭祀死人用的，想买活人吃的东西却买回了祭祀死人的东西，具有强烈的讽刺意义。

本俚语弦外之音，就是说人是“死脑筋”，但用本俚语替代，听起来没有那么刺耳难受，反显得愉悦有趣，具有生动的幽默感。

语例：小余第一次单独到姥姥家去，妈妈怕小余走岔路，临行前反复叮嘱小余路线要怎么走：走完大路有个岔路口，从右手，就是朝拿筷子的那个手去，走了这段路又有个岔道口，向左，就是朝拿饭碗的那个手去……二叔在旁听着好笑，就讽刺娘儿俩：“豆豉辣子姜，可一定要记住了！”

豆腐掉到灰里面
——吹又吹不脱，拍又拍不得

词解

豆腐：这里是指水豆腐，即刚出盒的新鲜豆腐，而不是豆腐干。

释义

本义：新鲜的豆腐掉到灰里面沾了很多的灰尘，因豆腐水多，对灰的黏性强，用嘴吹，灰尘吹不掉；用手拍，水豆腐一拍即烂。

用语意义：比喻碰到棘手的问题，怎么处理结果都不理想。

艺术与现实意义

一般而言，东西掉到灰里面沾了灰尘，要使灰尘脱离该物件，常用的简便的方法只有两种：一是用嘴吹，将灰尘吹掉；一是拍，将灰尘从物件表面拍走。而新鲜豆腐掉到灰里，这两种方法都是不可取的。它本身就是一个难处理的问题，用它去比拟其他棘手的问题，既浅显易懂，又恰如其分。

虽然豆子是农村生产的，但在过去的武冈和全国各地一样，特产不丰富，吃一顿豆子打的豆腐也是不容易的，能将新鲜豆腐做成豆腐干的情况是较少的，所以，一提到豆腐，一般都是指新鲜豆腐。豆腐干我们叫作腊豆腐，会区别称呼。

编者注意到，在别的地方也有类似的歇后语，“谜面”相同，“谜底”为“吹也吹不得，拍也拍不得”或“吹也吹不得，打也打不得”或者是“洗不净”。这些“谜底”的用语与本俚语“谜底”的用语是不同的。“也”和“又”的改变没有多大实质性意义，但“吹不得”到“吹不脱”的改变，就有较大的区别了：一个“脱”的改变，挑明了“吹”与“拍”的目的就是要让黏附的灰尘离开豆腐。而编者提到的其他地方的俚语的“谜底”则没有明确这个目的。吹豆腐、拍豆腐都不是目的。

语例：村调解主任的父亲因与邻居发生争吵把邻居打伤了。邻居坚持要调解主任处理，不要别人来主持调解。调解主任拿着这事确实是“豆腐掉到灰里面——吹又吹不脱，拍又拍不得”，好为难啦。

斗散法

词解

斗：dòu，比赛争胜。

散：sǎn，没有约束；松开；分散。这里是“零星”的意思。

法：法术。

释义

本义：两人比法术，时而说比，时而说不比；比一下，未分胜负又停止，像闹着玩似的。

用语意义：比喻人对某事不用心、不认真，或没有恒心和毅力，或者，是说某事物不着边际，不靠谱。

艺术与现实意义

法师斗法本是争强好胜，显示各自的本领，以提高自己的声誉和行业地位，所以，斗法是不遗余力，势必分出个高下强弱来的。而现在的两个法师的斗法零零星星，时而斗，时而不斗，斗也不是你死我活，显然不是认真的，是闹着玩的。本俚语就是以这种情形来比喻某些人办事不用心、不认真的态度，把人办事那种吊儿郎当的样子动态化。本俚语既指出了他人办事不用心、不认真的缺点，但用语又不凝重，让人易于接受。有时也用于某些消息、传闻不会得到证实和结果。

语例

1. 哥对弟说："你呢答应帮我去贷款的嘛，两个月过去了，你既不当锣打，又不作鼓响，你办事也是斗散法的！"

2. 听说农业税要取消了，喊了这么久，也没见有结果，只怕是斗散法的。

断香火

词解

断：断绝。

香火：祭祀时燃着的香烛所发出的火光。这里指子孙祭祀祖先的事务。

释义：断香火，指某家人没有子孙后代给祖先上香祭祀了。

艺术与现实意义

旧时习俗，每个家庭都要设神龛，神龛上供奉着自家已故的祖先，神龛下供奉着本宅土地神。作为子孙，每天早晚都要在神龛前点燃蜡烛和供香（线香或棒香），祭祀祖先和天地，以示对神灵的恭敬、对祖先的怀念，并祈祷神灵和祖先的庇佑，也表示子孙后代在延续。

如果哪一家没有子孙后代了，当然这家的神龛前就没有香火了。这本是一个很自然、很客观的事情，但“断香火”往往被人用来诅咒别人。这是一句非常恶毒的诅咒用语，人们一般不会轻易使用。只有在别人做了非常缺德的损害他人利益和人格等的事情后，才用这恶毒的咒语去诅咒别人。旧时人们迷信，生怕中了别人的此类咒语，绝了自家子孙，断了自家香火，所以常常警告自己不要做太缺德的事情。这也是它的积极意义。

语例：不知是哪个缺德鬼把放鼠药后打扫的垃圾不掩埋，随地乱倒，老妹婆家十多只鸡误食了鼠药全毒死了。老妹婆气得呼天抢地，骂道：“哪个天杀的，将我家鸡毒死完呀，他家里要断香火的呀！……”

碓窾里拜年

词解

碓窾：碓，duì，以前农村里舂米的工具。窾，kuǎn，空处，中空。碓窾，即石臼，外形为四棱台或圆台，上大下小，中间的凹陷近似于流线体（上大下小），上内径在40厘米左右。因其是专为碓设制的，所以也叫碓窾。

拜年：过去的礼俗，春节里晚辈要到长辈家的祖先神龛前下跪行礼以表示祝福。

释义

本义：碓窾里拜年，就是指在碓窾里下跪——因空间太小，是难以跪下去的，即便跪下去了也非常别扭，想爬起来都很困难。

用语意义：比喻住房或办事的场地太小，相处拥挤或不便于行动。

艺术与现实意义

这也是一个静物动态化的比喻，把房子和办事场所的窄小，以行为的艰难来体现。可以想见，如果真要你在碓窾里下跪那是一件多么憋屈的事情呀。本俚语以夸张的比喻将场地的窄小形象化，能起到用语生动有趣的效果。

本俚语也是一个假设性的比喻，没有谁真的会到碓窾里拜年，因为到碓窾里拜年的艰难劲可以想见。知道了碓窾是什么样的东西和拜年是怎么回事，一提本俚语，场地窄运作不开的碍手碍脚状况得到了充分的形容。

语例：小云的房子窄小，客厅里安了电视、茶几、餐桌后，两人相遇就要侧身而过了。一天，她想约朋友来玩，朋友说："到你家里去玩，到你家里去碓窾里拜年呀？"

多衣多寒，无衣绊蛮

词解

多寒：寒，冷。这里指寒冷的感觉。多寒，更怕寒冷。

无衣：是指缺少衣服，没有待添加的衣服，并不指一件衣服也没有。

绊蛮：绊，挡住或缠住，使跌倒或使行走不方便。蛮，粗野，蛮横。绊蛮，方言，指明知有阻力、有不利或成功的可能性不大，偏偏要迎难而上地蛮干，就像有藤蔓等缠绕着你的身，阻止你前进，而你不顾身体的伤痛，挣断藤蔓等羁绊奋力向前。

释义：富有的人衣服多，稍一寒冷就穿上很多的衣服；贫穷的人缺吃少穿，天气再冷也没有多余的衣服添加，咬咬牙，绊绊蛮也就挺过去了。

艺术与现实意义

现在天冷没有衣穿这样的现象已经微乎其微了。现在的人穿衣不是“穿衣保暖”而是“穿着打扮”了：什么衣服穿着舒适买什么衣服，什么衣服穿着漂亮买什么衣服；买件新衣服穿一两回，有的甚至来不及穿，就觉得不时髦了，就给它扔进了垃圾箱。

本俚语显然已不合时宜，本编在此加以赏释，旨在提醒：中国乃至世界曾经有过这样的时代：人们为了果腹、遮体而挣扎着；而且在中国，这样的时代离我们很近，就在20世纪的80年代以前。要想避免这样的时代重复，人们要实实在在地发展生产，而不是耍花架子，搞泡沫经济。同时也要注意，本俚语所讲的现象，是人们穿着方面的两个极端：稍冷即加衣或担心着凉不冷也加衣和再冻也没衣加或再冻有衣也不加，这都是不利身体健康的，前者会降低自身的免疫能力，后者直接损害自己的身体健康。

语例：穿着厚实而整洁的他对衣着单薄的表弟说：“这么冷的天，你就穿这点衣服不冷吗？”“还好，你没听说‘多衣多寒，无衣绊蛮’吗？”表弟苦笑着回答说。

剁倒树捉现老鸹

词解

剁：duò，用刀斧砍。

现：xiàn，当时就有的，即现成的。

老鸹：鸹，guā，武冈读音 wà。老鸹，乌鸦的俗称。

释义

本义：老鸹停落在大树上，上树去捉老鸹担心会摔伤或被树的枝丫刮伤，于是就先把树砍倒再捉老鸹。

用语意义：比喻既想获利又不想承担任何风险（这是不可能的）。

艺术与现实意义

乌鸦喜欢在人们屋前屋后的大树上停留或筑窝繁衍。乌鸦个儿较大，肉香而鲜美，而且传说乌鸦的头能治人的头痛病，所以，很多人都想捉住乌鸦，把它变成盘中餐。但是，要捉到乌鸦也不是容易的事情，因为它的窝筑在高大的树顶尖上（这是乌鸦筑窝的特点），攀爬不易，且有较大的风险；还要等到深夜它在窝里熟睡了。笨人想出蠢办法：将树剁倒再来捉老鸹。——这肯定是没有意义的，因为一开始剁树，乌鸦就被惊飞了，还不用等到树倒地了。

本俚语是一个假设性的比喻，现实中没有谁真的笨到剁倒树再去捉老鸹（除了剁倒树在窝里掏到乌鸦雏鸟外）。之所以把这样一个不存在的假设约定俗成为俚语，旨在讽刺、批评那些做事过于谨慎、保守，而又缺乏头脑的人。但实际运用中有时也指那些没有承担风险而得到利益的现象。

语例：大家都看好王三的采石场，很多人都向采石场投资入股，只有陶又云，他投了资，但不入股。他要王三每月按2%的利率付利息给他。别人说，陶又云这还真是剁倒树捉现老鸹了。

额头上生口讲天话

词解

天话：不靠谱（靠不住或没有依据）、不着边际（落不到实处）的话。

释义：（这个人）讲话不靠谱，不着边际的，就好像嘴巴长在额头上，说的全是天话，对地上的人是不适用的。

艺术与现实意义

相术有云：天庭宽阔，地阁方圆。天庭，面相上主要是指人的额头；地阁，是指人面相中鼻以下的部分，嘴也是这部分的组成。人生活在地上，嘴也长在“地阁”中，若嘴长在额头上，就是“天庭”之嘴，自然说的就是“天话”啰。天话自然只对天上的众仙及神人管用，不是特别针对，自然对地上的人是没有作用的——这当然是调侃的话，但本俚语的出处与这个调侃应有很大的关联。所以，天话就被引申为“不靠谱、不着边际”的话了。

本俚语其实是一种借喻的修辞手法。把不靠谱、不着边际的话比作嘴长在额头上的人所讲的话，讲的全是天话，对人没有用。额头上生口是不可能的事情，以这种假设的怪异现象作比，使俚语显得别有一番诙谐情趣。

本俚语还有一含义，就是讲话的人讲的话听起来美妙动听，不然就不叫“天话”了，也就没有“天籁之音”的美誉了。

“额头上生口讲天话”不是针对具体的事项夸海口讲大话，重点在于所讲的话无依据，不可能落到实处。

语例：小方不到两岁，父亲就海漂打工，五年来从未回家。今天早晨，小方突然对奶奶说他见到爸爸了。奶奶批评小方：“你去哪里见到你父亲了，见着你父亲你还能认识他？真是额头上生口讲天话！”

儿孙自有儿孙福，莫为儿孙当马牛

词解

儿孙：儿子和孙子，泛指后代。

自：这里是“自然”的意思。

福：福气。

当：dāng，充当。

马牛：比喻为生活所迫供人驱使从事艰苦劳动的人。

释义

本义：儿孙们自然有儿孙们的福气，长辈们没有必要为了儿孙的幸福去当牛做马，过于操心劳力。

用语意义：从关心别人出发，劝别人不要为了儿孙过度操心劳力，注意保重自己的身体。

艺术与现实意义

中国人的美德，每个人都愿意尽心竭力为自己的子孙造福，希望自己能为子孙营造万代福祉。很多人能在祖先创下的基业上发扬光大，但我们也不能忽视这样一个较普遍的现象，就是祖先创下的基业越大，子孙就越不肖，越不思进取，只知吃喝玩乐，很快将祖先创下的基业败个精光。有的甚至因为祖业败光，自己又没有创业的习惯和能力而不得不以讨米告终。也有的儿孙为祖业的分割争执而反目成仇。同时，我们也看到，很多祖先贫穷无能的人，后代通过奋发努力，创下了祖先无可比拟的家业。正是基于这些现实现象，本俚语应运而生。

“儿孙自有儿孙福”中的“福”，在这里不仅仅是指福气，实际上也包含着儿孙的才能，即儿孙创造自己幸福的能力。也就是说作为父母或祖父母，要相信自己儿孙的能力，他们一定会比自己强，会比自己做得更好。你为他们当牛做马，做得再多，如果你的成功让他们产生懒惰、依赖的心理，不思进取，儿孙有能力得不到发挥而削弱，离开父母祖业，他们就不能很好地生活，这实际上是害了自己的子孙后代。所以，我们要传给子孙的最重要的东西，不是自己拼死拼命得来的财富，而应是创业的精神和能力。我们也许会为自己的能力可福荫子孙而自豪，若子孙生活在温柔乡而没有自己的自豪，那么，是你占有了子孙的自豪，你是自私的。

俚语中，“儿孙自有儿孙福”是因，“莫为儿孙当马牛”是果。

语例：老祥的妹妹为给已上大学的儿子在城里买房子，起早贪黑，不到50岁的人就已佝偻着身子。老祥很心痛，于是劝妹妹道："儿孙自有儿孙福，莫为儿孙当马牛。儿子能上大学就尽了你们的力了，儿子读书出来如何生活他自己晓得安排的。"

二不借五

词解

借：借用。此处为被动结构，即"向……借"之意。武冈读音 jià。

释义

本义：二虽少，五虽多，但二不向五借数以补自己的不足。

用语意义：比喻人自以为是，明知自己的不足，也明知他人比自己强，但就是不愿意在别人面前服软，不愿意向别人学习或听别人的规劝。含贬义。

艺术与现实意义

武冈话讲谁有点"二"，即谁有点傻、不太聪明的意思，所以本俚语选择以"二"开头。后面的数字之所以选择五，而不选择三、四、六、七、八、九，是因为三、四被二借了后，不是与二相等，就是比二还少；六到九与二相比，相差太远——相差太远的人是凑不到一块儿的；而五借一个给二，还是比二要多。

本俚语以数喻人，数字的选择和加减把那些明知不如别人，却死要面子、装出瞧不起别人架势的人，刻画得栩栩如生。

语例：甲在乙面前无理取闹，丙对丁说："你去劝劝甲吧。"

丁说："甲二不借五的样子，他听哪个劝呀，我才不去自讨没趣哩！"

犯想心

词解

犯：产生、发生（多指错误或不好的事情）。

想：开动脑筋，思索。

心：思想。

释义：从坏的方面多考虑（以预防坏的事情发生）。

艺术与现实意义

本俚语中"想"是思考，"心"也有思考的意思，"想""心"连用，强调了思考的全面性：既要考虑到事情的好的方面，又要充分考虑到事情的坏的方面。"犯"本身就是一个带贬义性的词，我们知道，凡是与"犯"沾边的词都不是什么好的词语，所以，本俚语以"犯"领头，而不以"生""发""出"开头，就在于强调是从坏的方面多思考。

本俚语的现实意思在于提示我们遇到事情要多考虑，尤其要多从坏的方面考虑，只有从最坏处着想，杜绝了坏的可能，事情才能成功或不至于出现疏漏而受挫。

本俚语中"犯""想""心"，除了"心想"有连用习惯外，都是不连用的独立的字，把它们组合拢来，表达要多从坏的方面思考，是一种约定俗成的用语习惯，但这样却表达了很复杂的内容。

语例：小朱抱着不到一岁的宝宝在街上散步，因内急，把小孩放在一公厕前的空地上坐着就去了厕所，出来后发现孩子不见了。大家猜测应是被拐卖儿童的犯罪分子抱走了。小朱很自责、很懊悔，逢熟人就说："我怎么就不犯想心，不考虑会有人贩子在这些地方出没呢？"

奉承你鼻子大，穿左索

词解

奉承：用好听的话恭维人，向人示好。

鼻子大：代指面子大。

索：suǒ，大绳子或大链子。

释义："穿左索"的来由：南方农村的耕牛不像西北牧民的肉牛被成群结队地放养，不需任何羁绊，而是被单独放养的。放养或耕地时为便于控制其行动，一般都在牛鼻子上安一个纽，再在纽上连接一根较长较粗的绳子。放牛或耕地时，人牵着绳子的另一端，让牛按照人的意图行动。安纽，是在牛两个牛鼻孔下端的隔膜（牛的这层隔膜最怕痛）上钻一个较大的孔，用较结实的绳子或木栓固定在鼻孔上，一般从右边进，左边出，留在右边的结比较大，左边的结相对较小；长绳子都是从左边连接，所以叫"穿左索"。

本义：我要奉承你，因为你鼻子（代指面子）大到要穿左索。

用语意义：你就是个畜生，我还要奉承你？

艺术与现实意义

本俚语字数不多，却是一个转折关系的复句：前一句是一个暗藏因果关系的分句，直译应是“因为你鼻子大，所以我奉承你”；后一句虽没有“但是”，却实是一个“但书句”：你鼻子大，我本来应该奉承你，但你的大鼻子是用来“穿左索”的。

本俚语看似句式完整，却还隐藏了一个真正的意思没有讲出来。即：既然你的大鼻子是用来穿左索的，那么，你就是一个畜生，我就不必奉承你。

另外，本俚语采用了欲擒故纵、先扬后抑的用语艺术，让对手在“一头雾水”中被你骂了：我奉承你——奉承我，好——鼻子大——鼻子大就大点吧，只要你奉承我——穿左索——啊，你骂我是头牛？

本俚语是一句贬损人的话，不值得提倡推广使用，但其包含的用语艺术值得鉴赏。

语例：阿三和他的堂祖父发生争吵，阿三急了，直呼堂祖父的名字骂堂祖父。堂祖父很气愤：“鬼崽崽，你竟敢直呼我的名字？”“我不呼你的名字，我还要奉承你呀？我奉承你鼻子大，穿左索！”

扶冲人不卖杨梅——一角不卖，八分才卖

词解

扶冲：武冈小地名，在武冈城东北方向。

释义

本义：一个扶冲人去卖杨梅，别人问他杨梅一角钱一斤卖不卖，他说不卖，要八分钱一斤才卖。

用语意义：取笑别人不识数，分不清哪个多、哪个少。

艺术与现实意义

本俚语确实是一个天大的笑话，绝大多数人不会相信这种情况的存在，只有经历过的人才相信确有其事。本俚语中讲的扶冲人卖杨梅的事，编者没听说过其出处，知道这俚语的人也讲不出个所以然，应当是无风不起浪。但类似的事情编者是知道确实发生过的：编者老家有一个邻居，一家两口，孤儿寡母。儿子是领养的，不算聪明，但也不是白痴。儿子十四五岁那年（20世纪70年代）的一天，母亲拿了十多个自家喂养的母鸡所下的蛋要儿子（编者是记得他的名字的，为保护隐私权起见免提）到城里去卖。因蛋个儿大，临行前母亲叮嘱儿子："也要六分钱一个子才卖哩。"意思是最少要六分钱一个才能卖。儿子用竹篮提着蛋，没有遮盖。路上有人见其蛋个儿大即问："你的蛋八分钱一个卖么?""冇卖哟，六分钱一个就卖哟，我妈妈讲呱咯哟。"儿子说。这一问一答，把路人和与这儿子一同上街的邻居都笑掉了大牙。笑定之后，在邻居的开导下，以每个八分钱的价格全数出卖。编者所举之例说明本俚语所取笑的现象无独有偶，并不是个例。

出现这种售货人只有两种可能：一是售货人确为白痴，两个数不知谁大谁小；二是这人憨厚、本分，不忍心让别人多花钱，价钱达到自己的最低标准就可以了。但如果售货人真是不识数之大小的白痴，家里就不会让他出来卖东西，所以，透过本俚语，也体现出武冈人生性憨厚、本分的一面。

语例：大头开了个二手摩托车店。一中年男子来到一辆豪爵摩托车前问："这摩托三千元卖么?""不卖!"大头说。不到一分钟，一个年轻哥儿付了二千五百元就准备把这辆豪爵摩托开走。中年男子对大头说："你怕真是'扶冲人不卖杨梅——一角不卖，八分才卖'哟!""对不起，这是我朋友，我先答应他了的。"大头解释说。

浮豆腐

词解

浮：fú，停留在液体表面上（跟"沉"相对）。武冈读音 páo。

释义

本义：本地手工打豆腐，磨浆、冲浆、滤浆，到了将豆浆烧开后，即要在豆浆里均匀地加入适量的石膏水或老醋水（之前打豆腐时，豆浆析出豆腐后余下的，经过发酵的水），使豆腐凝结析出。在这一过程中，正常的豆腐块片沉或半沉在水底，只有很少部分漂浮在水面上。这些漂浮在水面上的豆腐就叫"浮豆腐"。这部分豆腐一般被捞出不要，因为这是豆矸子（因籽粒成长时受到病菌侵害或因发育不全而形成的小而坚硬的豆子）形成的，没有营养。

用语意义：指某些作风轻浮，做事不沉稳、不扎实的人。

艺术与现实意义

本俚语使用的是借喻的修辞手法，把那些做事不沉稳、不扎实的人比作"浮豆腐"。浮豆腐是清理的对象，是没有用的；之所以没有用，从表面上看就是因为它“浮”，不像其他有用的豆腐那样会深入水底。这一特点使那些作风轻浮、办事不沉稳、不扎实的人的性格得到了形象的描绘。

值得注意的是，在说谁是“浮豆腐”时，这人都有过于自信(但又不是固执己见的那种)，自以为了不起，轻率冒进的成分在里面。这便是用语意义中生成“浮豆腐”的“豆矸”。另外，身上存不得一个钱，有个钱就要大手大脚用了，这也是“浮豆腐”的范围。

语例：哥哥和妹妹在同一个班级读书，数学期末考试哥哥和妹妹在同一个考场，结果妹妹考了98分，哥哥才考了62分。妈妈问哥哥为啥比妹妹差这么多，妹妹抢先告哥哥的状：“妈妈，哥哥考试不认真，做完卷子不检查，提前半个小时就出去了!”“这个浮豆腐!”妈妈敲了一下哥哥的脑袋说。

斧头脑壳锤不脱

词解

斧头脑壳：斧头，斧子，砍竹、木等用的工具，头呈楔形，锋口较头宽，装有木柄。斧头脑壳，土语，指斧子顶部装木柄处。斧头顶呈矩形，较平，常倒转来用作敲打器具。

锤：用锤子敲打，这里是指用斧头脑壳敲打。武冈读音 qú。

脱：分开、脱离的意思。

释义

本义：用斧头脑壳强力敲打也不能使其分开或去掉。

用语意义：是指某事务有某人的份（名誉或利益），理由很充分，不管怎么说都少不了他的份额，就像两样东西已牢牢地黏合在一起，用斧头脑壳强力敲打也分不开了；或者比喻某人的某种习惯或嗜好怎么也去不掉或改不了。

艺术与现实意义

斧头脑壳是以前农村中常见打击工具中最有分量、最强有力的，除了铁块，没有它敲不烂、敲不开的。以“斧头脑壳锤不脱”来比喻应得份儿理由的充分或习惯、嗜好的难以改变，其强硬性，看得见，摸得着，无可争辩。但本俚语也常常为那些蛮不讲理的人使用作为霸气用语。

语例

1. 这银佛像是我爷爷的遗物，爷爷生病在床这几年，都是我和我的家人在照料他；爷爷虽还有其他的孙子孙女，但他们没有尽到做晚辈的责任，所以，这尊银佛归我，是斧头脑壳锤不脱的。

2. 反正这东西在我手里，我非要不可（找不出正当理由），斧头脑壳锤不脱！

3. 他饭后一支烟的坏习惯是斧头脑壳锤不脱的。

干干净净，吃呱生病
邋邋遢遢，吃呱壮壮粑粑

词解

邋邋遢遢：邋遢，lā · ta，词典解释为“不整洁，不利落”。

“邋邋遢遢”是“邋遢”的叠音使用，这里是指食物不干净。

壮壮粑粑：壮，强壮。粑粑，饼类食物，本地粑粑常以糯米、高粱、麦子、荞麦等自做，做得圆滑而厚实。壮壮粑粑，是形容人（常指小孩子）长得健壮，身上的肌肉像粑粑一样圆润而结实。

释义

本义：过于干净的食物吃了让人生病，不很干净的食物吃了反而让人长得更壮实。

用语意义：这是家庭负担繁重，没有较多时间来注意饮食卫生的人用以自我开脱、自我解嘲的话语。

艺术与现实意义

这句俚语看了让人觉得粗俗，听了让人生愁。其实，这是一个时代农村生活状况的反映。在中国的封建社会，小脚女人是男人的附庸，不能参加生产劳动，专事家庭茶饭。在这种情况下，要么家里穷没有吃的，有吃的就会被家庭主妇弄得很干净。新中国成立后，男女平等，女人也不用裹足了，与男人一样平起平坐，共同参加生产劳动。可是在集体化“吃大锅饭”的那段日子里，由于管理的缺陷，参加劳动的人多，劳动效率低；按出勤分配劳动成果而不是按效率分配劳动成果，所以，人们出工不出力，出勤多，分得的劳动产品却不多，人们要靠经营好自留地来补充短缺的吃、用。人们从集体的工场一下工，就要忙着自己地里（政策允许的自留地）的活计，没有时间将食品弄得很干净，也没有很多的时间照顾小孩吃饭、穿衣、洗漱。而且那时候不讲究计划生育，小孩子又多，更是照顾不过来。小孩子手不干净抓了食物也往嘴里塞；因为可吃的食物少，掉到地上的食物不仅小孩自己捡了又吃，大人捡了也往小孩嘴里送。奇怪的是，当时这些邋邋遢遢吃食的小孩子，一个个都长得很结实——究其原因，应是因为父母都忙，总是有成果的，较以前，小孩可吃的东西还是相应增多了。所以，本俚语就出台了。

当时小孩子长得结实都归功于邋邋遢遢的吃食是没有科学依据的，其实是当时情势下的无奈。当时，小孩子生病的也多，夭折的也多，只是人们没有把它与不讲卫生联系起来罢了。不过讲究卫生也是门科学，讲卫生讲得不科学也会让人生病。记得那个年代，曾有过这样的报道（记得是一张《参考消息》上写的），说是一个医生讲卫生，饮用和煮饭菜的水全用蒸馏水，结果一家人吃得越来越瘦，抵抗力越来越弱。这是过于讲究卫生的不良后果。所以，本俚语的产生和运用，也并不是空穴来风。

大家也知道，食品干净些、卫生些，人吃了好些，因为时间上讲究不来，只好聊以自慰。本俚语的使用本身就具有很大的诙谐性。

语例：小林的儿子在吃苹果，不小心苹果掉在地上，小林拾起来，用嘴将苹果吹吹又递给儿子。妻子见状一把夺过儿子手中的苹果，责怪小林不讲卫生。小林讪笑着说："没事，干干净净，吃呱生病；邋邋遢遢，吃呱壮壮粑粑。"

搞副业

词解

搞：做，干，从事。

副业：词典解释为主要生产任务以外附带经营的事业。

释义：除词典解释的"副业"意义外，作为俚语意义曾经主要指以集体的名义派出富余的劳动力外出务工或经商。

艺术与现实意义

词典解释的普遍意义的“副业”，是指在完成主要生产任务的基础上从事的对自家有益的附属事务，与主业并行不悖。

“搞副业”作为俚语已经是一个历史概念，其盛行于20世纪50年代末到80年代初。当时正是集体化的大生产时代，农村以公社、大队、小队为所有制单位，以小队为基础。农村集体以种植粮食、蔬菜及基本农田水利建设为主业。有的生产队在完成基本的生产、建设任务的前提下，劳动力有节余，稍有经济头脑的集体领导，就会以集体的名义派出精干劳力外出务工或经营当时政策所允许的商业，这就是当时所称的“搞副业”。这些“副业”与生产队的“主业”也是并行不悖的。生产队规定这些“搞副业”的人每月向生产队缴纳多少钱，略有节余者归其所有；生产队则以出满勤给其记工分，年底参与生产队收益分配。

人们批判大集体是绝对的平均主义，能力强弱没有区别是不正确的。这“搞副业”就是很好的例证：派人出去，被派出去的人一般都是当地比较能干的人。被派出的能干人外出弄钱的能力也有高下，生产队不知道他在外面弄了多少钱，所以只能根据当时外出能弄钱的通常情况略低的标准来定外出人员向生产队缴纳的金额。这样，被派出的人员多少会有些自己的“私房钱”，而且其越肯卖力，越肯动脑筋，弄的钱就越多，自身节余的也就越多。当然，因为当时整个社会的趋向是消灭工农、城乡、脑力劳动与体力劳动的“三大差别”，所以被派出“搞副业”的人的收益与在家务农人员的收益不会有很大的差别。

本编收集本俚语，旨在记住有过的历史现象及其积极意义。

语例：“根据本队生产的实际情况，经过队委会商量，今年决定派出三个人搞副业，愿意外出的请在三日内报名。”队长在社员大会上宣布。

告化婆的寡屁——冒滴味

词解

告化婆：告，gào，为某事而请求。告化婆，女性叫花子。

滴：dī，一点一点向下落的液体。这里是形容小或少。武冈读音 dì。

寡：guǎ，淡而无味。

释义

本义：叫花婆放的屁，连臭味都没有。

用语意义：是指某食物或因品质不好或因加工技术欠缺，而没有一点味道或应有的味道。也指某人所写的文章过于平淡，没有欣赏价值或从事的事务没有什么意义。

艺术与现实意义

我们都听说过有丐帮，在城市里的乞丐常常是成群结队的。叫花子本身就是以乞讨为生的人群，告化婆在叫花群里面更是受欺压的对象：桌面上剩下的饭菜，如果不多肯定就被男乞丐抢去了，即便剩得较多，好的也被男乞丐抢去了；告化婆单独讨得的食物，也可能被食不果腹的男乞丐抢去，所以，告化婆肚里是很少有高脂肪、高蛋白的食物的。我们知道，人打屁之所以臭，是因为脂肪、蛋白的消化不完全而产生氨气等气味难闻的气体，如果吃的都是粗茶淡饭，且量不多，打个屁也不是臭不可闻——屁只有臭与不臭的区别，一个屁没有臭气，那肯定是寡淡了。

把食物或文章比作屁本就不爽，现在这个屁连臭味都没有，尽最大能事地贬低了食物或文章。

本俚语也从另一个角度反映了旧社会告化婆的苦难。

语例：单位举行征文活动，评委甲对评委乙说："黄某这篇文章怎么样？他自己说是他最满意之作。"评委乙说："告化婆的寡屁——没滴味！"

狗绊藤的亲戚

词解

狗绊藤：本地土语，指狗交配。

释义：狗绊藤的亲戚，是指关系疏远的亲戚或根本没有血缘关系的亲戚的亲戚。

艺术与现实意义

本俚语使用的是借喻的修辞手法：把亲戚的复杂关系比喻成狗交配后所生小狗之间的血缘关系，很难理清。

狗交配时，母狗的生殖器的一部分会被公狗的生殖器带出体外，然后公狗掉转身子，两狗的头朝着不同的方向，中间相连的是生殖器，就像一根较粗的藤条把两条狗连接在一起，良久才会脱落分离。"狗绊藤"，是本地对狗交配的一个形象的比喻。

母狗发情时，它周围所有的成年公狗都会跑来争夺交配权。如果周围的公狗多，争夺交配权的场面就非常热闹、复杂：公狗与公狗之间争斗撕咬，有时母狗不情愿某公狗也会与之厮斗。另传，据说母狗发情期间与不同的公狗交配的次数越多，所孕的狗崽子就越多。按照这种说法，母狗一胎所生下的狗崽子就有可能各自的“父亲”不同。也就是说它们之间的血缘关系很复杂。

是个人就有亲戚关系，这是毫无疑问的。但在现实生活中，由于社会风气的不正，亲戚关系往往被扩大化，使社会变成了一张巨大的、无形的关系网。谁掌握着一定的公共权力，谁的“亲戚”就会越来越多：舅妈的舅妈，姨父的姨父，姑父的姑父，老表的老表……有血缘关系的，无血缘关系的，通过关系转换全都变成了“亲戚”跑来要你行方便、走后门。

本俚语用“狗绊藤”来修饰“亲戚”，说的就是这种关系的复杂性。使用本俚语，对这种“亲戚”关系有贬低、侮辱性，但这不是它的主要意义，其主要意义在于表达用语人对这种“亲戚”关系的不满。有时看似用语人不近情理，但其实，这也是一种正能量的传递：如果人人都不喜欢这种“狗绊藤”的亲戚，社会的事情就会简单得多。

语例：王松林在政府办公室工作多年，常常有从未谋面的“亲戚”来找他“帮忙”。今天，王松林姑父的侄子的内兄因掉了身份证，在王的姑父的陪同下来找王帮忙办个临时身份证明。事后，王松林的妻子埋怨道：“你家狗绊藤的亲戚就这多，经常是忙得你四足不落地！”

狗都要自己多喂一只

词解

都：dōu，此处与“甚至”义同，表示意思更进一层。

喂：这里是“饲养”的意思。

释义

本义：连狗都要自己家里多饲养一只（何况是人呢?）。

用语意义：本俚语是诙谐性地褒扬自己家（此处也包含一个家族）里的小孩子会维护家里的利益，为家里做有益的事情。

艺术与现实意义

本俚语的逻辑：本地农村的习俗，养狗看家，过去农户家里养的狗不是现在的宠物狗，而是看家狗；不论白天黑夜，狗看到不认识的人会“汪汪”叫，提醒主人警惕；有的狗很凶恶，如果不认识的人还往前走，它会拼命撕咬你。狗起到了维护主人家庭利益的作用。小孩子不懂事，一般只图玩耍，其他的事一概天不管地不探，偶尔灵机一动，做出对家庭有利的事，他们会兴冲冲地向父母报喜。而父母为鼓励孩子的行为，会表扬孩子。有时父母就拿孩子与狗作比：“你”比狗强，狗只会叫，“你”还会做。所以结论是：为了维护家庭的利益，狗都要多养一只，更何况比狗能干的孩子呢?

狗在本地农村习俗是低贱的象征，但本俚语是取了狗可爱的一面。把孩子与它作比，使父母子女间既有一种亲近感，又多了一层诙谐感。大人对孩子使用本俚语时，当然孩子不可能理解得像笔者分析的这么透彻，但会隐约感觉到父母是说他比狗强，所以也很高兴，还会在父母面前做出小鸟依人的撒娇状。

本俚语亦是意在弦外的用语艺术。

语例：妈妈早上出去时还是晴空万里，所以出去前把一些未干透的衣服晾了出去。中午时分，天空突然乌云滚滚，大雨就要来临。小山山赶紧搬了凳子垫高身子，将妈妈晾晒的衣服收回屋里。下午妈妈回来了，小山山立即迎了上去向妈妈报喜：“今天你晾的衣服没淋湿哩，我把它收进去了哩!”妈妈说：“好崽！难怪别人说‘狗都要自己多喂一只’哩。”

狗脑壳上寄屎

词解

脑壳：〈方〉头。

寄：寄存的意思。在本俚语中，谐音与“记”同。

屎：此处指人的大便。

释义

本义：把人的大便寄存在狗的头上（是存不住的）。

用语意义：是指人记性不好或未引起足够重视，没有把别人吩咐的事记住。

艺术与现实意义

这是一个假想而形象的比喻，没有谁会去狗头上寄存大便，只是假想有人去狗头上寄存大便。狗头上寄存大便一定是存不住的：狗走千里要吃屎，这所存之屎一定会被狗想办法吃了。本俚语是借用狗脑壳上寄屎这个假想的事例以说明某人记性差，跟他说的事他老记不住。本俚语是对受语人的揶揄，虽然用语粗俗，但运用起来，与正儿八经的词语相比，具有很强的诙谐性，利于活跃说话气氛。

语例：还有这么长的时间，你要他记住这件事，只怕是狗脑壳上寄屎，靠不住！

狗咬蚊子——撞起咯

词解

撞：读音 zhuàng，这里指偶然碰上。武冈读音 chǎng。

释义

本义：狗能不能咬到蚊子是没有把握的，咬到了是碰巧所得。

用语意义：指人办事没有具体的预定目标和成功的把握，成功了是偶然的机会。

艺术与现实意义

狗一般情况下是不去咬蚊子的。但我们发现，有时候狗像人一样闲得无聊时，也偶尔张嘴伸脖去咬蚊子，有时真能咬到。所以，狗咬到蚊子是偶然中的偶然。同时我们应注意到：狗咬蚊子不是处心积虑的，是不经意的。

人生中往往有很多狗咬蚊子的事情发生：有时候你长期努力奋斗的目标，或处心积虑要办的事情，往往达不到或不能成功，而偶尔为之的事情却成功了，有的甚至因偶尔的成功而发达了。“狗咬蚊子——撞起咯”，也告诉我们，人不要只是在自己既定的理想和目标中奋斗，不要放弃偶尔的机会。狗咬蚊子——撞起咯，你就成功了。

语例

1. 小周平时学习成绩平平，而这次高考中不仅发挥得好，且大部分考题是他在复习中注意了的问题，所以，考得很理想。同学们都羡慕地夸赞他，他实事求是地说：“没什么，狗咬蚊子——撞起咯。”

2. 阿汪进城买饲料，看到一群人在围着买彩票，说两块钱一张，要是中了奖最高可得几百万。阿汪性起，拿出两元随便填了一串数据买了一张彩票，结果中奖两万多元。阿兴不知道买彩票是怎么回事，夸赞阿汪：“阿汪，你真有本事，两元换了两万元！”阿汪说：“没什么，狗咬蚊子——撞起咯。”

狗咬岩鹰——隔天远

词解

岩鹰：老鹰的一种，因喜欢在岩壁上筑窝，故得名。属于猛禽，常捕食鸡、鸭等家禽。

释义

本义：狗想咬空中飞着的岩鹰，真是有天地之隔。

用语意义：比喻某人做某事的条件或能力还相差很远。

艺术与现实意义

狗之所以招人喜欢，除了它聪明、重感情外，还因为它肩负着看家护院的责任。鸡鸭是主人院落的组成部分，而岩鹰最喜欢到院落里捕食鸡鸭。如果岩鹰在某个院落上空盘旋，就意味着它准备捕食院落里的鸡鸭了。一个有生活经验的人都知道，如果院落里有看家狗，狗也会做出护卫准备：狗会仰望着天空，在院落里不停地走动，有时还做出想咬岩鹰的跃跃欲试的动作。所以本俚语的谜面——“狗咬岩鹰”不是信口开河，而是有依据和道理的。岩鹰发现有狗在跑动防卫，它一般也不会下嘴，它不会给狗留下咬它的机会。所以，狗想咬岩鹰的处境是：一个在天上，一个在地上，没法够得着。这里值得强调的是，狗是有咬岩鹰的冲动的。人做某件事情，虽然条件不足、能力不够，也是有想做成某件事情的愿望的，所以两者具有可比性。

编者注意到，别的地方也有类似的歇后语——“狗咬老鹰——差得远”。但“差得远”没有“隔天远”这么直观、形象、大气和“俏皮”。

语例：他有资格当县长？简直是“狗咬岩鹰——隔天远”！

乖态婆娘不生崽

词解

乖态：乖，guāi，此为“伶俐”的意思。乖态，本地土语指妇女体态姣好。

婆娘：本地土语指妻子，本俚语中是对已婚妇女的通称。

崽：zǎi，方言指儿子。

释义

本义：漂亮的婆娘不生儿子，没有传宗接代的实际意义。

用语意义：是指某事务，表面现象好看，却没有实际效果。

艺术与现实意义

本地百姓普遍认为，漂亮女人与丑的女人相比，没有生育的多；有生育的女人中，漂亮女人生女不生崽的比较丑的女人生女不生崽的多，于是有了这句俚语。但没有权威的统计数据支持，会不会因为女人漂亮而不生崽或生崽少也没有科学理论论证。

本俚语也反映了老百姓的一个婚姻观：男女之所以要结婚，就是为了生儿育女、为了传宗接代；如果不能生儿育女、传宗接代，娶的婆娘再漂亮也没有什么意义。

本俚语的本义就是在本地区，也早已成为历史，运用本俚语常常体现的是它的“用语意义”。用语意义的变迁，体现了武冈人民婚姻观念的进步。现在在特定的场合中使用本俚语，有其他语词所不能替代的诙谐性。

语例：为了迎接某工作队进村，张贴标语，敲锣打鼓，举彩旗列队欢迎，工作队驻村后也排开了很大的架势，结果该工作队没有给村民带来任何好处，真是乖态婆娘不生崽！

官不爱钱鬼都怕

词解

不爱钱：不贪钱财。

释义：如果当官的不贪钱财，那么，鬼看到他都会感到害怕。

艺术与现实意义

如果当官的不贪钱财，那么，他就不畏权贵，一身正气。正气就是阳刚之气，鬼是阴气的凝聚，阴惧阳，而阳不惧阴，所以，鬼就怕阳气强盛的人，更怕阳气强盛的官（相传官本身是带煞气的，否则他治不了百姓)。这是其一。

其二，本俚语暗含比喻，“鬼”除了实指外，也是暗地里比喻那些做坏事的人。做坏事的人做了坏事，拿钱财收买不了当官的，那他就要受到应有的惩罚，所以，他们更怕不爱钱财的官员。

综上所述，本俚语现实中的运用，在一定程度上激励着官员要做一个一身正气、令“鬼”生畏的好官。

语例：老卫对才云说：“听说某某老板在当嫖客时被公安捉住了，公安要拘留某某老板。某某老板说：‘等一下，我叫常委们来现场办公，看他们是不是决定要拘留我。’某某老板就拨电话，果然一会儿就有几个常委到了现场，公安的人就赶快离开了现场。你说现在这些当官的怎么是这样?”“唉，俗话说‘官不爱钱鬼都怕’，现在的贪官爱钱，怎么能不怕鬼呢?”才云说。

棺材店老板咬牙——恨不死人

词解

咬牙：此处是指因极端愤怒和不满而咬牙切齿。

释义

本义：因社会上长时间不死人，棺材店的老板就长久没有生意，没有钱进账，所以他不满、愤怒得咬牙切齿——恨，恨社会上怎么还不死人。但他再恨，社会上不该死的人照样不会死呀。

用语意义：本俚语是用于自己或别人因正当理由或无意中得罪了他人而受到他人的记恨时，用以自慰或宽慰他人的话语。意思是说，人只要没有亏理，不要怕他人恨；他人要恨也恨不死你我，不要去理睬他。

艺术与现实意义

本俚语是一个推理性歇后语，也是一个从逻辑上偷换概念的俚语："恨不死人"，从"谜面"推断，应是棺材店老板咬牙切齿地说"怎么就还不死人"？从语法上说这里的"恨不死人"是一个动宾结构，"不死人"是"恨"的宾语。从用语意义上说，"恨不死人"是一个动补结构，"不死人"是"恨"的补语，是描述"恨"的结果的，即"你恨也不能把人恨死"。另外，棺材店老板恨社会上不死人，是坏了良心，是非正义的，他这种恨是无法起到社会上多死人的效果的，所以，只要你不亏理，对别人没有恶意，就不怕别人恨——别人就恨不死你。本俚语体现了武冈人民胸怀宽广的品质。

编者注意到，别的地方也有类似的歇后语，如"棺材店老板咬牙——恨人不死"，这个歇后语也是推理性歇后语，"谜底"直截了当，但没有本俚语偷换概念的艺术与内涵的深刻。

语例：妻子对丈夫说："二麻子当年偷生产队稻谷你揭发了他，他如今还怀恨在心哩。"丈夫："棺材店老板咬牙——恨不死人，莫理他！"

官司输了道理出

词解

官司：guān · si，〈口〉指诉讼。

出：显露。

释义：官司打输后，官司为什么输的道理也就明白了。

艺术与现实意义

发生了纷争，而且纷争不能协商解决时才存在打官司。打官司前，总是公说公有理，婆说理更高；如果有谁认为自己的理由没有对方充足时，双方就不需要打官司了。判官处理纠纷，认为哪方的官司应当输时，总要说出充分的道理，所以，当官司输了后，就明白了自己输官司的道理。

本俚语是产生在司法公正的基础之上的，如果司法不公正，输了官司这一方就不可能输得心服口服，就不会觉得自己输得有道理。本俚语的产生和运用，也从侧面反映了过去本地区的司法大体是公正的，不然，本俚语所产生的命题就不能成立。

本俚语虽然只是俚语，不是什么司法规则，但对我们现今的司法也是有很大的指导意义的：首先它鞭策着我们司法必须公正，如果不公正，就是输了也不能“道理出”；其次，要使输了的一方明白道理，我们的裁判就必须做到有理有据，认定的事实必须证据充分，在此基础上的说理必须透彻。而且用语要通俗易懂，如果你说理很深奥，老百姓就听不明白、看不明白，尽管裁判正确，也不能“道理出”。

语例：“老黑与黄明为得宅基地绊得那样丑，官司输呱了，好像老黑又冒吭声了呢?”王阿婆对刘老汉说。“官司输了道理出，老黑虽扭，但也不是蛮不讲理的人。”刘老汉答道。

官有十条路，九条人不知

词解

官：这里指官位的获得和升迁。

十条路：路，途径。十条路，指多种途径，并非实指。

人：这里指他人，普通百姓。

释义

本义：当官、升官有许多的途径，但很多途径是普通百姓不知道的，百姓普遍知道的是正当途径的升迁。

用语意义：在于描述官场的黑暗，很多人用各种不正当手段达到了升迁的目的。

艺术与现实意义

获得官位或升迁官位，当然是凭能力、才干和政绩了，这是十条路中的一条，是人们普遍知道的正规途径。但从古到今，正规途径升迁的只是一部分，很多官吏的升迁是见不得阳光的：有的是靠阿谀奉承、吹牛拍马获得升迁的；有的是靠欺上瞒下获得升迁的；有的是靠阴谋诡计，在别人的血泪中获得升迁的；有的是靠贿赂上司获得升迁的；有的是靠给领导当奴才获得升迁的。现在男女平等了，不论男女都可以当官了，又多出了靠出卖色相获得升迁的途径。现在的人更无耻了，又多出了一条靠掌握领导违法乱纪的把柄要挟领导获得升迁的途径。如此等等，不一而足。所以，该俚语描述是十分中肯和形象的。需要说明的是，并不是“九条人不知”的途径升迁的官员一定比正规途径升迁的官员多。

现在党中央正在下大力气反腐倡廉，堵住“官”的九条人所不知的“路”，也是其重要内容之一。我们不能只是翘首以待，更要积极参与，让官的十条路只剩下为众人所知的一条正道。官场正则社会风气正，社会风气正，人们的生活才舒坦、才开心。

语例：老憨：“邵毛子整个的一个地痞流氓，怎么就当上党委书记了呢？”二憨：“你没听说？——官有十条路，九条人不知哩。”

管空淡闲事

词解

管：guǎn，过问。

空：kòng，尚未被占用的空间和时间，空闲。

淡：dàn，〈方〉没有意味的，无关紧要的。

闲：闲，xián，与正事无关的。武冈读音 hán。

释义：是指喜欢打探和过问那些与自己没有关系、没有多大意义的事情。

艺术与现实意义

本俚语中“空”“淡”“闲”是并列关系，共同修饰“事”的。“空”，侧重于与自己无关；“淡”，侧重于平凡，不是什么有意义的事情；“闲”，侧重于事情的可有可无性，并不是正经的必办之事。“空”“淡”“闲”三字叠加，共同修饰“事”，强调了事的无关紧要。

“空淡闲事”虽然无关紧要，但在现实中却存在着一大批关注这些无关紧要之事的人员，有的人为了这些“空淡闲事”可以丢下自己手中的正事去听、去看、去参与。由于对事情是否有关、是否紧要的认识，可能因人而异，所以，这些人员中又有着不同的类型：有的人是喜欢打探新鲜事，只要是新鲜的，不论与其有没有关、有没有意义，他都喜欢打听；有的人明知这样的事情与自己没有多大的关系，但他要看看是不是有被自己利用的价值，包括作为茶余饭后的谈资，甚至挑唆他人的关系；有的人是好打抱不平，有不平之事，不论其与自己有关无关，都要去过问，去主持“正义”或讲些愤愤不平的话语，如此等等。所以，管空淡闲事，其褒贬不可一概而论。

只是在过去，人们为温饱生计奔忙，无暇顾及其他琐事，对那些好管空淡闲事者，不论其动机如何，都嗤之以鼻。而信息时代的今天，我们还做不到不管空淡闲事，因为这些“空淡闲事”会通过网络不时地跃入你的眼帘，又因为社会的进步，人们意识领域涉猎的范围也更宽广，不管空淡闲事，在思想意识上就落伍了，但我们不能怀着不可告人的目的去关心空淡闲事，这是社会进步的表现和做人的原则。

语例：娣娣嫂今天在野外劳动掉了一串钥匙，到处寻也没找到，家里多处的门打不开，急得不行。于是漫无目的地大喊：“哪个捡到我的钥匙么?”这时有人给她出主意，要她去找姚二嫂，说姚二嫂好管空淡闲事，如谁捡到了钥匙她可能会听到信息。

光饭光饭津巴甜

词解

光饭：本地把没有下饭菜辅助，只吃淀粉含量较高的主食，叫吃光饭。

津巴甜：津，jīn，唾液。津巴甜，是指含淀粉的食物在唾液中分解酶的作用下转化为糖分而觉得甜的味道。

释义：没有伴下饭菜的主食，在嘴里反复咀嚼，会越咀嚼，越香甜。

艺术与现实意义

改革开放前，中国广大农民的生活水平低下，缺少主食是较普遍的现象，更谈不上几菜几汤的排场了。有时能有光饭饱肚，也是不错的了。每餐美味佳肴、饱食终日的人不会知道，其实光饭在嘴里反复咀嚼，确实越嚼越甜，越嚼越能品味出主食的自然之香，是别有一番风味的。有下饭菜，饭在嘴里不经过较多咀嚼就下咽了，所以品不出这个味道；没有下饭菜即吃光饭时，难以下咽，须反复咀嚼才能下咽，因此，“津巴甜”的味道就出来了。

本俚语一般被贫困家庭的父母拿来劝慰未成年儿女吃光饭的用语。小孩子不懂事，不知道父母的难处，没有菜就不肯吃饭，所以父母以本俚语相劝慰，等到小孩品出味道，自然也就不会没有好菜不肯动筷子了。

现在这句俚语在实际生活中不常用了，但它从一个具体的侧面记录了过去落后的历史；同时，也体现了武冈人民在困难生活面前的积极、乐观的态度。

语例：今天黄二两口子为收稻子忙得四足不落地，没时间做饭吃，就要儿子把早餐剩下的饭热一下吃了防饿。儿子说没菜不吃，黄二对儿子说："傻瓜崽，光饭光饭津巴甜哩，不信你试试。"

鬼摸倒脑壳

词解

鬼：迷信的人所说的人死后的灵魂。

摸倒：倒，dǎo。摸倒，土语，摸着。

脑壳：脑袋。

释义：鬼控制了大脑，所以犯糊涂做错事。

艺术与现实意义

本俚语是人做错事后，悔悟时自责的用语或责备别人做了明显不该做的事时的用语。

本俚语使用了借喻的修辞手法，把人一时的犯糊涂比喻成被鬼摸倒脑壳（控制了意识）。在本地的传说中，鬼是邪恶的象征，鬼具有强大的魔力，它摸着你的脑袋，就能掌控你的意识，叫你干坏事你就会干坏事。这个比喻还有一个形象的领会过程：鬼手摸着你的脑袋，肯定不是爱抚，是要摆弄你的脑袋，要你的头偏向左就偏向左，要你的头偏向右就偏向右，这是一个形象的想象，引申为鬼对你意识的控制。

本俚语与成语“鬼使神差”意义较为接近，但“鬼使神差”虽然文雅，却没有“鬼摸倒脑壳”形象、通俗。

本俚语用于自责时，虽说是悔悟，但也含有敷衍的成分，即不深究错的思想根源，不敢于承认自己真正的错误动机，而把错的根源推到莫须有的“鬼”身上了事。当然，这毕竟是认识到错误了，认识不深刻给自己留点脸面也不错。本俚语用于责备别人的错误时，则有对别人错误不可理喻的情感在里面。

本俚语是一个省略句，道出了原因，省略了结果。但这个结果是知道原因不难推测和想象的。这实际上也是一句较典型的“半截话”。

语例：黄云其因误入了别人的赌博骗局，除输光了身上所有的钱，还欠了别人很多的赌债。别人限其三日内还钱，否则要砍他一只手。黄云其没办法，只好偷了他内兄两万元还了赌债。被妻子知道后，黄云其忙说：“对不起，对不起！只怪我当时鬼摸倒脑壳（指赌博和偷盗时），要你哥切记不要报警。”

海稀糊

词解

海：比喻宽，容量极大。

稀糊：稀，含水多；稀薄。糊，hù，俚语读音 hú（武冈读音 hū、hú、hù 不分，均读 hú），样子像粥的食物。稀糊，稀、糊互文，是泻汤，不成形、不成器的意思。

释义：形容人随和、糊涂，办事欠精明，不计后果，常做出一些没有章法、超乎寻常的事情。

艺术与现实意义

本俚语可作比喻理解：海，茫茫一片，没有轮廓，没有界限；稀糊，也是没有轮廓，界限不清的特点，以此来喻人的为人性格，即是随和，办事没有章程，不够精明干练，有时又会做出一些超乎寻常的事来。但“海”，给人以能包容和大器的感觉，所以，“海稀糊”又不能纯作“愚蠢”来理解。

总之，本俚语不是一个含义非常确切的用语，有一种朦胧的感觉。这便是本俚语的特色。本俚语的感情色彩：带嗔而不贬，带褒而不扬；可以理解为对人个性的批评，也可以理解为对人个性的理解和褒扬——这人，与人相处不斤斤计较，没有心计，不耍手段。

语例

1. 侄女：“姑妈，表哥说那个股票已跌到低谷，买了准能赚钱，我信了他的话，把仅有的两千元全投进去了，结果这股票还在继续跌，害得我好惨！”“你表哥是个海稀糊，他的话你也能信呀？”姑妈说。

2. 夏阿姨对邻居们说：“我那儿子，真是个海稀糊！自己生病都没钱治疗，昨天买彩票中了两千元的奖，他就全部拿去和朋友喝呱酒。我都被他气得……”

憨皮箩

词解

憨：hān，傻，痴呆。因傻人、痴呆人一般反应迟钝，所以，“憨”在本地用语中，有行动缓慢的意思。

皮箩：箩，luó。皮箩，筐箩，本地用篾条编成的圆形或方形器物。

释义：是指某人生性憨厚、疲沓，办事拖沓，无论在什么情况下，一点也不性急，显得有点傻乎乎的样子。

艺术与现实意义

本地用竹篾编的箩筐大体上有两种：一种是用软薄的篾片条编织成方筐篓后，再在筐篓外侧和筐篓口上，重点是四个转角处，用较厚较粗的篾片或篾丝附着支撑，使箩筐硬朗，不易变形也便于停放，这是普通的箩筐。另一种是只用软薄的篾片条（比前面的稍厚）编织成方筐篓，不用较厚较粗的篾片加固，这样的箩筐叫皮箩。皮箩的缺点是易变形，但也是它的优点：如果被装的东西与皮箩相比不是太大，方的东西装下去，它就呈方形；圆的东西装下去，它的整体形状就呈圆形；同时，它具有一定的伸缩性，比皮箩口径稍大的东西（只要不同时超宽）它也能装下去。性格憨厚、疲沓的人，就像这种皮箩一样，善于容纳，善于包容，不论先后，不讲求自己的形象……

语例：20世纪70年代，蔗糖匮乏，要到供销社买蔗糖还须凭上面发的购买票或医生开的中药处方（药苦味难闻须放糖调味）才能买一些。有时有票也没有糖供应。今天，大队代销店来了批蔗糖，大家闻讯去抢购。妹子喊二嫂快点拿票去购，叫了半天也不见二嫂出门，出了门也还慢吞吞的，妹子急坏了，埋怨二嫂："你到底快点嘛！你这只憨皮箩！"

喊呱火

词解

喊：hǎn，大声叫。

呱：guā，拟声词。武冈读音guà，助词，相当于"了"。

火：物体燃烧时发出的光和焰。这里指燃烧。

释义

本义：大声说："烧掉了！"

用语意义：指别人对答应或认可的事情反悔了。

艺术与现实意义

本俚语的产生和使用，应基于契约（如地契、房契、婚书、典当文书等字据）的普遍使用。当然，并不是每一个邀约和承诺都会有书面契约，但答应了的事就是一个口头契约的成立，反悔了，就等于把达成的书面契约撕毁或付之一炬。"喊呱火"，这句简洁的粗话，其实也包含了武冈人的契约理念。契约烧掉了，就是对答应的事反悔了。

一个“喊”字说明了“反悔”的性质：“喊”为大声叫，也可以理解为大声说，也应当包括大声呵斥。对方以高声大气的口吻或以呵斥的口吻对你说他答应的或认可的事，现在不答应了，不认可了，一定不是因为意外情况不能守信，而是主观原因的问题，或是双方产生了意见，或是受他人挑唆、指使，或是认为太吃亏……对方反悔的态度是糟糕的。当然，有时也用于因客观原因不能兑现的情况。

本俚语把“反悔”的意思以“喊”的声音和“火”的形象来表达，使意思表达更加形象生动。

语例：老王对小张说：“张伢子，明天是端午节了，你还不去接你媳妇（这里指对象）回来过节?”“喊呱火的了，哪里还有什么媳妇。”小张有些气馁地说。

好狗不挡路，丑狗挡大路

词解

好狗：好，hǎo，这里是“使人满意的”意思。好狗，即招人喜欢的狗。

挡：dǎng，拦住或构成妨碍。

丑狗：丑，chǒu，这里是“叫人厌恶的”意思。丑狗，就是不招人喜欢的狗，特别是不通人性的恶狗。

释义

本义：有些狗招人喜欢，通人性，尤其是在野外，如果你与它狭路相逢，它会主动避让你；有些狗使人生畏，叫人厌恶，不通人性，尤其是爱咬人的恶狗，你就是与它在较宽的大路上相逢，它不仅不避让，还做出一副龇牙咧嘴的姿态，叫你望而却步。这就是“好狗不挡路，丑狗挡大路”的来由。

用语意义：是说有些人通情达理，与人为善，能尽量给别人以方便；有些人自私自利，以自我为中心，可以给人以方便时不给人以方便。有时也用于无意中给自己办事造成不方便的人，但这时用语多带有戏谑性。

艺术与现实意义

本俚语使用的是借喻的修辞手法，以通人性的狗和不通人性的狗来分别比喻与人为善的人和以自我为中心不愿予人以方便的人。但使用中没有谁用本俚语去夸赞那些通情达理的人，而是用本俚语去批评那些不给人以方便的人。日常使用中，戏谑性使用的情况较多。

语例：在大路（农村两人不用侧身即能错身的路就叫大路了）上，张老汉挑着一担柴与黄老绊迎面相遇。黄老绊大摇大摆地走在路正中，硬是不避让张老汉，逼得张老汉艰难地侧身避让黄老绊。路人看不过意，于是对着黄老绊高声说：“今天真的看到好狗不挡路、丑狗挡大路了！”

好看不好吃咯猪血李

词解

猪血李：本地一种李子。成熟时里外鲜红，似猪的血。外观招人喜爱，但吃到嘴里有酸、涩味，难以下咽，不好吃。

咯：gē，拟声词。本地方言为判断助词，如同“的”。

释义：常用来比喻人长得标致或打扮入时，但智商不高或不通情理。

艺术与现实意义

本俚语既采用了借喻的修辞手法，也包含了形与质的对比反衬法，反衬出质的重要性。任何食品对人的意义在于吃而不在于看，外观再美，如果质量不好、味道不行，对人就没有实际意义。人也不例外，如果只有好看的外表，内在却没有任何谋生的本事，又不明事理，与他人不能沟通，不仅相对别人没有用，对自已也是没用处的。

该俚语的广泛运用，不只是一句贬损人的话语，它能激励人们，特别是青少年，加强自身修养——学文化、学技能、通世理，不做好看不好吃的猪血李。

该俚语在实际运用中，不仅仅用于人，其实也用于其他物，在当前更适用于很多商品。现在很多的商品，商家只注重包装而不注重质量，有的甚至在华丽的包装里装的是对人体有害的劣质商品。这比好看不好吃的猪血李有过之而无不及。

语例

1. 小张人长得标标致致的，却讲出这么不通情理的话来，真是好看不好吃咯猪血李！

2. 这盒猕猴桃，盒子这样豪华漂亮，可里面的猕猴桃大都是坏的，也真是好看不好吃咯猪血李！

好人搭帮恶人罪

词解

好人：善良的人，遵纪守法的人。这里外延宽泛，是指不做坏事的人。

搭帮：托福，依靠，多亏。

恶人：品行不端、违法乱纪的人。

罪：苦难，痛苦。这是一个使动性的名词运用，即“使……受罪”。

释义：“好人”因受“坏人”的不良行为的牵累而遭受痛苦和损失。

艺术与现实意义

“搭帮”一词，本是因别人而受益或得到好处时的感谢用语，在本俚语中，却是“好人”因为别人的“恶行”而受到牵累，这是正语反说的一种用语艺术。这种艺术往往带有讽刺性，讽刺别人或自我解嘲。

本俚语反映的是一种普遍的不正常的社会现象：一个地方的土特产，有一小部分弄虚作假，影响了整个土特产的销路；一部分人以乞讨作为发财的手段，使很多行善的人有被愚弄的感觉，对乞讨人员有反感，致使那些确实需要乞讨解决困难的人也得不到施舍；有的老人昏倒了或因车祸倒地了，反诬陷救助的人，引发救助的人寒心，致使确实需要帮助的得不到帮助……这些都是好人搭帮恶人罪的事例。这些“恶人罪”的存在，使人们彼此间的信任感大打折扣，使原本良好的社会风气大幅度逆转。本俚语虽是一个区域性的俚语，但其揭示的问题是值得全社会重视的。全社会要多方努力避免“好人搭帮恶人罪”现象的发生。

语例：今天送公粮时，因发现有一个生产小队贪小便宜，在交公粮的稻谷中掺了瘪谷，粮站即要求所有交公粮的稻谷全部重过一道风车，花费了其他生产队社员很多的工夫。真是好人搭帮恶人罪。

好人在一家，烂草在一畲

词解

好人：指品行端正、才能优秀的人。

畲：普通话读音 shē，武冈读音 xiā（与家押韵），指种菜的旱地。

烂草：是指那些繁殖力强而又没有利用价值的杂草。

释义：品行端正、才能优秀的人总是出在一家，就好像没有用的杂草也爱生长在同一块畲里一样。

艺术与现实意义

用好人总出在一家与烂草总爱生长在同一块畲里作比，有它们的相似处，同时也形成鲜明的对比。其实，本俚语还有一个弦外之音，就是：品行不好、能力低下的人也总是出在一家。

本俚语所讲的情况也是客观存在的现象。它所说明的道理是主观努力和所处环境不一样，出现的结果也不一样：烂草总是繁殖能力很强，当一块畲开始发现烂草时，如果畲的主人懒惰不及时拔除，就会很快蔓延到全畲；一个家庭如果有人奋发努力带好头，特别是父母本身和兄弟姐妹中为长者，其他的人也会仿效，这样好人就到一家去了，反之，如果有人带头不学好，那么这一家出现坏人、懒人的几率就多。

这一俚语告诫我们：每一个家庭成员，特别是长者，必须要奋发向上，给其他家庭成员做好榜样，以振兴自己的家族，从而振兴自己的国家。

语例：甲："乙呢好，崽女都是大学生！"丙："好人在一家，烂草在一畲，比不得。"

好事不出门，丑事传千里

词解

好事：好的、有益的事情。这里指对自家形象、声誉有利的事情。

不出门：是指不被传说，别人不知道。

丑事：丑，叫人厌恶或瞧不起的。丑事，这里指对自家形象、声誉有损害的事情。

释义：对自己或自己家庭、家族形象、声誉有利的事情，很少有人传说，别人很少知道；而对自己或自己家庭、家族形象、声誉有损害的事情，却被传到千里之外去了。

艺术与现实意义

本俚语反映的是一个普遍的社会现象：自己或自己的家庭、家族做了有利于树立自家形象、声誉的好事，你自己不宣传，很少有人愿意为你传播；就是受益的人基于感恩说了，听了的人听了也便听了，没有多少人再为你宣扬。但如果你自己或你自己的家庭、家族发生了对自家形象、名声有损害的"丑事"，很多人会积极传播、宣扬，很少有人知道后不向不知道的人转述的。

本俚语提示的就是人类这种普遍的妒忌心理：容不得别人比自己好，所以，对别人形象和声誉有利的事情就不愿意为别人宣传；别人不好自己就幸灾乐祸，所以，别人家发生对其自家形象、声誉有贬损的事情，恨不能让全世界的人都知道，一有机会就散布这些消息。当然，随着时代的进步、人口素质的提高，人们对这种妒忌的心理有所克服，热衷于传播别人丑闻的人越来越少了，但并不等于妒忌心理的消亡。

本俚语的现实意义在于：既然这种现象合理存在（存在即为合理），为了防止"丑事传千里"，就只有尽量让"丑事"不发生。间接地警示人们少做坏事。

本俚语在语法上采用了对仗、对比两种修辞手法，加强了俚语的用语艺术，特别是"不出门"与"传千里"，是"0"与"1000"之比，形成强烈差距感，突出了"丑事"被传播的范围的广泛。

语例：父亲教育儿子："伢子，你现在是到了谈婚论嫁的时候了，但是你在和妹子交往中要讲规矩，不要以恋爱为名去坑害人家妹子。这些事是好事不出门，丑事传千里哩，不要损害咱们家的名誉哩。"

好死不如赖活着

词解

好死：好，念 hǎo，这里是“满意”的意思。好死，这里指痛苦少的死法或自己认为有意义的死。

赖活着：赖，念 lài，不好，坏。赖活着，这里指平平淡淡、马马虎虎，以至于有一定痛苦地生活着。

释义

本义：死的痛苦再少，死得再有意义，还是不如平平常常、马马虎虎地活着，哪怕是生活中有一定痛苦，还是活着好。

用语意义：本俚语的用语意义在于劝导人们要珍爱生命、积极处世，不要做无谓的牺牲，特别是自寻短见。

艺术与现实意义

本俚语体现了武冈人珍爱生命、积极处世的乐观主义精神。人的生命只有一次，人死了，就什么希望也没有了；只有活着，一切才有可能。

本俚语常常用来劝导那些因疾病痛苦或婚姻、家庭不幸想寻死或因和别人闹纠纷想拼命的人；它如灵丹妙药，常常使“濒临”死亡的人敞开胸襟，有了回头的理由，获得新生。

本俚语是一个语面简洁的转折关系的紧缩复句。

特别声明：本俚语中的死，不包括为国捐躯、为正义献身的死。

语例：叶兰因被丈夫无端打骂，来到水库边欲跳水自尽，被一路人发现拉住，并劝慰道："好死不如赖活着，人只要活着，什么样的问题都是有办法解决的……"等叶兰气稍消后，路人将叶兰送回了家。

好言一句三冬暖，恶语伤人三春寒

词解

好言：指关心人、体贴人、理解人的话。

恶语：恶，读è。恶语，即辱骂人，使人伤心的话语。

三冬：即三九寒冬的意思，也就是冬天中最寒冷的时间。

三春：这里是指春天的第三个月，亦即春天中最温暖的时间。

释义

本义：一句关心人、体贴人、理解人的话，即使是在最寒冷的冬天，也会使人感到心里暖暖的；一句辱骂人，使人伤心的话，即使是在最温暖的春天，也会使人心生寒意。

用语意义：劝告人们要与人为善，说话要从关心人、体贴人、理解人的立场出发，让人觉得与你相处有温暖感；不要辱骂别人，讲一些伤害别人的话语，让人一看到你就产生一种寒冷、害怕的感觉。

艺术与现实意义

本俚语是一个不太规整的对偶句，一"暖"一"寒"，对衬出了语言态度的不同给人心灵效应的差异：同样是一个意思，你从关心、帮助的立场、态度出发讲出来，别人会很乐意地接受；如果你是从侮辱、责备或挖苦的立场出发讲出来，别人就会反感，你对别人的态度像冰霜一样刺骨，别人对你的态度也会像冰霜一样寒冷。

人世间还是多一份真心，多一点爱心的好。如果人与人相处都要像防火防盗一样辛苦，见到有病的人倒在身边也不敢去搀扶（担心被扶人反诬你为加害人），这真是人世间多么悲惨的局面呀！本编收集本俚语，旨在促进人们真诚友好地相处。

语例：丈夫性子急，说话总爱高声大气，今天又与同事怄气了。晚上，妻子劝导丈夫："你是领导，下属有错的时候你不要总是高声大气说话，很多时候你是善意，可别人会对你有反感。你不知道'好言一句三冬暖，恶语伤人三春寒'的俗语吗？"

号呱你咯鼻子干干

词解

号：hào，标上记号，这里是牢牢记住的意思。

鼻子干干：干，这里读 gàn，指事物的主体或重要部分。鼻子干干，指鼻梁。

呱：guā，拟声词。武冈读音 guà，助词，相当于"了"。

咯：gē，拟声词。本地方言为判断助词，如同"的"。

释义

本义：我会牢牢记住你鼻梁的特征。

用语意义：牢牢记住你的鼻梁特征，有机会“我”会报复你或记恨你一辈子或不和你打交道。

艺术与现实意义

为什么要号呱你的鼻子干干？号呱你的鼻子干干做什么？本俚语的用语意义在弦外。

号呱鼻子干干有两层意思：一是鼻梁是人面部特征的重要组成部分，过去的人认为，号了鼻子干干就记住了你的面部特征；二是中国古代有一种刑罚叫“劓（yì）刑”，是一种割掉鼻子的酷刑。劓刑后，就等于号了鼻子干干。所以，只要一讲“号呱你的鼻子干干”就是一种言语的威胁。

这样的俚语一般是不轻易使用的，只有当某人做事太过火、太不尽情理、太伤人心的情况下才使用本俚语。用了本俚语也并不等于一定会实施报复。但人们习惯认为这是最严重的话，都不愿意成为该俚语的受主。谁要是做事太过火了，他的亲友就会劝他，不要过火了，怕别人“号呱你的鼻子干干”。所以，本俚语看似恶语，但有着劝恶向善的积极作用。

语例：毛毛见有人在他菜地里扯猪草，他怕别人弄坏他的菜，跑去将别人装猪草的背篓踩烂了。那人很气愤：“你不准在你地里扯猪草我出去就是了，你还把我的背篓踩烂？我号呱你的鼻子干干！……”

河滩坪散稀饭

词解

河滩坪：小地名，在武冈市城内南门河畔。

散：sàn，由聚集而分离。这里是发散、施舍的意思。

释义

本义：传说，从前有一个财主养了三个女儿。大女儿、二女儿都嫁给了门当户对的郎君，生活都很富裕。阴差阳错，小女儿却嫁给了一个穷光蛋，生活可想而知。偏偏这个财主，特别是财主婆是个嫌贫爱富的主，对女儿、女婿、外孙也不例外。大女儿、二女儿带着女婿、外孙来了就杀猪宰羊，外孙一进门就有糖和鸡腿吃；三女儿带着女婿、外孙来了，叫他们睡柴房，至于吃食就和下人们一个样。穷外孙肚子总是饿，外婆可不是一进屋把糖和鸡腿给他吃，而是遭受白眼和辱骂。有次，穷外孙因饥饿哭闹不休，外婆很烦心。狠心的外婆就拿了一个空心萝卜（老到里面的肉质已纤维化，纤维之间产生大小不一的空隙），里面还插了绣花针给穷外孙吃。穷外孙饥不择食，张口就咬上一大块，结果嘴被绣花针刺得鲜血淋漓。财主婆还骂穷外孙："穷人养娇子（指爱哭的小孩子），富人养龙孙！"从此，三女儿下了狠心，再也不到娘家来，砸锅卖铁地送儿子念书，还将这个遭遇编了歌谣——空心萝卜插上绣花针，一口啃个血淋淋，还说"穷人养娇子，富人养龙孙"——经常拿来激励儿子。儿子也很争气，长大后一考就中了进士，并做了地方大员。三女儿家也渐渐富裕起来了。这时财主家道中落，财主又因病去世，财主婆不善操持，逐渐破落到财主婆要举杖乞讨。有一年武冈闹饥荒，三女儿发善心，在河滩坪布施稀饭。财主婆也举着拐杖来乞讨。三女儿一见财主婆，就想起儿子被绣花针刺得血淋淋的嘴，不禁恨从心头生，想教训教训这个嫌贫爱富的老太婆，便如此这般地吩咐了家人。当天，财主婆排在后头，稀饭发到她这里没有了；第二天财主婆赶了个大早排在最前面，发稀饭的从后面开始发，发到财主婆也没有了；第三天财主婆排在中间，发稀饭的从两头发，发到财主婆又没有了。财主婆后来打听到发稀饭的是她三女儿家，想起当年自己对三女儿家的嫌弃羞愧难当，不再来排队等稀饭，躺在床上饿得奄奄一息。三女儿知道后，心想自己毕竟是娘生出来的，就派人每天给娘送饭。

用语意义：其一，人生贫富难定，不要嫌贫爱富；其二，自己运气差，好的事情总是绕开自己走；其三，被有意见的人算计，该得的好处总没有自己的份。单独使用本俚语时，一般是取第三种意义。

艺术与现实意义

本俚语本可作歇后语格式，但因这个典故来历从不同的角度可说明不同的问题，人们在日常使用中也根据具体的用语环境取其不同的意义，所以，不把它作固定的格式，运用起来更加灵活生动。

本俚语也是叙事寓理，本俚语之所以成为俚语，是因为武冈人民善于从事实、典故中吸取教训。本俚语的传说也许是真，也许是假，但不论其真假，都能激发人发奋立志，同时也是对嫌贫爱富思想的批判，虽然作为俚语其用语意义因使用环境不同而不同，但这两点精神是不变的。

本俚语有一个应该舍弃的糟粕，就是以怨报怨。三女儿再恨母亲，也不能那样“散稀饭”来使母亲无地自容，好在三女儿后来以善行补救了自己的过火行为。

语例：老刘问老张："你的副科待遇解决了吗?""没有哩。真是河滩坪散稀饭哩，以前按工龄的时候我工龄不足，现在工龄足了，却只按职务，我职务又不够格。"老张说。

和尚弄钱，木鱼吃亏

词解

和尚：出家修行的男佛教徒。

弄钱：弄，nòng，设法取得。弄钱，挣钱。

木鱼：打击乐器，原为僧尼念经、化缘时敲打的响器，用木头做成，中间镂空。

释义

本义：和尚去给他人做法事，被敲打的是木鱼——木鱼吃了亏，领取礼金的是和尚——弄到钱。

用语意义：比喻某些人以冠冕堂皇的理由让别人付出而自己从中获利。

艺术与现实意义

木鱼对和尚是绝对的服从关系；和尚做法事要敲打木鱼，这是天经地义的事情；为他人做法事后，主人家讲个礼数，封个红包给和尚，这也是常情。红包可大可小，只是和尚不论而已；有钱人家封的红包礼金数可远远超出和尚应得的报酬。

在过去的集体化年代里，群众都听领导的指挥，因为领导代表上级，代表党，党叫干啥就干啥。领导交办的事，除了记工分

（领取报酬的依据）外，没有条件可言。但也有少数领导动了歪脑筋，以正当的名义，指令群众进行某项劳动，群众除了低廉的劳动报酬外得不到其他好处，而领导却可得到额外利益。例如，集体之间的互相支援，在当时是一种很正常的社会风尚，但有的领导如果请求支援的集体不给其一定的好处，他就不答应支援，得了好处才答应支援。结果是，群众虽得了工分，但因不是给本集体劳动，没有给本集体创造财富，无形中降低了工分在参与集体收益分配中的比值，损害了群众的利益，而领导却额外得了好处。本俚语反映的正是这种“弄钱”者与“吃亏”者领导和被领导的从属关系下所发生的不公平事例。过去有之，现在亦有之。过去是权力支配使然，现在是权力、资本双重支配：某些单位领导指令下级怎么办事，办什么事，事办成了，受累的是下级，而领导却从中捞了好处费；资本家凭借资本获取高额利润，而劳动者，特别是在中国这样劳动力过剩的劳动力市场，为了低廉的工资也不得不给资本家卖命。这些都是“和尚弄钱，木鱼吃亏”的事例。

语例：某职中某班，老师在布置学雷锋行动——给某厂搞卫生。有学生站起来反对：“这不是学雷锋，我听到某厂领导和老师商量的，某厂领导说，老师以学雷锋的名义带学生给他们搞卫生，他们给老师封红包的。这是‘和尚弄钱，木鱼吃亏’，我们不去！”

和尚冇老婆，大家冇老婆

词解

冇：mǎo，方言，没有的意思。武冈读音 máo。在本俚语中，前一个“冇”是本义，后一个“冇”带有动词性质，有“不准”“不允许”大家有的意思。

释义

本义：因为和尚没有娶老婆，所以，大家都不要娶老婆。

用语意义：这是一句批评用语。是对那些因自己没得到某项好处就千方百计让别人也得不到的人的批评。

艺术与现实意义

本俚语本身是一个不能成立的命题：和尚没有老婆是因为修行的需要和修行的戒律不允许，而其他人不受这些戒律的约束，不仅没有谁去阻止他们娶老婆，而且人们还会鼓励他们娶妻生子。所以，以和尚没有老婆为原因或为条件，去得出或推导出其他人不准或没有老婆，“因”与“果”没有必然的联系，也不符合逻辑推理关系——原因或前提是应该而结果的发生是不应该，所以，因果命题不能成立。使用显然不能成立的命题，就是对该命题的批判。使用本俚语，就是对本俚语所指现象的批判。

虽然如此，但现实中却又不乏这种现象的存在：在某好处面前，由于自己不符合受益的条件，就千方百计让别人也得不到该项好处，让别人与自己都处在同一界面上，他的心理就平衡了。这是一种心胸狭窄、妒忌他人的表现。本俚语用因和尚冇老婆则不允许其他人有老婆的假设作比拟，将某些人的自私、妒忌心理揭露得淋漓尽致。

语例：修张家冲水库能解决大多数人家责任田的灌溉问题，可是刘江章的责任田不在该水库的灌溉范围，于是刘江章就煽动别人不要出钱出力。村长知道后，批评刘江章：“你想‘和尚冇老婆，大家冇老婆’，这是什么思想？要是在以前，开斗争大会斗死你！……”

和尚念经——有口冇心

词解

有口冇心：心里（大脑里）想的与嘴上讲的、读的不是同样的内容，或者嘴上只是机械地念读，而心里却是一片空白。

释义

本义：和尚嘴上在诵读经文，可心里想的与经文毫不相干，或者脑袋里一片空白什么也不想，自己也不知道嘴里在念些什么。

用语意义：比喻某人读书、做事漫不经心，都不知道自己在做什么。

艺术与现实意义

和尚念经，是和尚修行的方式之一，本应全神贯注，领会经文精神，参透佛法精髓，但随着社会的发展，信仰的转移，很多佛教徒都是怀着做一天和尚撞一天钟的心态，把诵读经文只当作必经仪式而应付完成，心思一点也不在经文上。本俚语反映了佛教在现实社会的衰落。

和尚这种漫不经心的诵经神态，恰恰是那些没有上进心的读书人和没有事业心的从业者的真实写照。很多从业者，都只把自己所从事的事务当作是挣钱的工具，敷衍了事，得过且过，不是把它作为一种事业，不投入热心和爱心，不把自己的工作做好并发扬光大。

编者注意到，别的地方也有类似的歇后语，但“谜面”相同“谜底”不同。如“和尚念经——长跪不起/老一套/自念自听”，这些歇后语反映的是和尚念经时的形态，而本俚语反映的是和尚念经的神态。

语例

1. 小丛丛每天早晨起来都要高声朗诵课文，妈妈见他这样用功经常表扬他。可今天，小丛丛却因不能背诵课文而被老师留堂。妈妈批评小丛丛：“你呀，每天早晨读书都那么用功却背不了课文，你读书是不是和尚念经——有口冇心啊？”

2. 小桂在帮妈妈剥花生，因为老是想着白天被老师批评的事，所以总是把花生米错丢到花生壳里，把花生壳反丢到花生米里。妈妈批评小桂：“你呀，是和尚念经——有口冇心哩！”

和尚师傅拜堂——疑起的

词解

拜堂：旧式婚礼叫“拜堂”。

疑：yí，不能确定是否真实。此处是“想象的”“不真实的”意思。

释义

本义：和尚师傅拜堂是不可能的，只能是想象自己结婚的情景，过过瘾而已。

用语意义：比喻某传闻系捕风捉影，没有依据也不可能。

艺术与现实意义

这是一个推理性歇后语，也是对过去生活经验的总结。在以前的生活里，寺庙里的和尚都严守清规戒律，是不能近女色的，就算有极个别色胆包天的和尚出轨，也只是偷鸡摸狗而已，绝没有公开娶妻的狂徒，即便有一定要拜堂的和尚，也要先行办了还俗仪式。所以，以“和尚师傅拜堂——疑起的”来比喻传闻是不可能发生的事。当然，按照现在的佛教政策，研究佛学的人是可以结婚生子的，但这并不意味着本俚语就不成立了。使用本俚语来说明某传闻系捕风捉影，与干瘪地说“不可能”相比，要生动有趣得多。

编者注意到，其他地方也有类似的歇后语，如“和尚娶老婆——岂有此理；离经叛道”“和尚讨老婆——打破常规”“和尚寻媳妇——今世无缘/甭想”等。这些歇后语中，“和尚寻媳妇——今世无缘/甭想”与本俚语意义相近，但又有区别：该歇后语中一个“寻”字，付诸行动，自然是不可以了；如果真去寻了，说不定还真有人愿意嫁和尚，不能说无缘了。本俚语一个“疑”，只是一种想象，没有实际行动——实际结婚不可以，想象总是可以的吧？所以，本俚语显得自然而顺理成章。

语例：祚海的儿子远在山东打工，立元告诉祚海：“昨天我在镇上看到你儿子。”祚海说：“你这是和尚师傅拜堂——疑起的呢。”

和尚师傅捡到把篦梳——没用场

词解

和尚师傅：就是和尚。师傅是普通人对和尚的尊称。

篦梳：篦，bì。篦梳，梳头的竹制的梳子，中间有梁儿，精细的竹片穿过梁儿密集地排列，两边都可以梳头。一般用以清理头发中的细小杂物。

没用场：就是没有用的地方。

释义

本义：和尚拾到把篦梳，派不上用场。

用语意义：是指拥有某种东西却派不上用场。

艺术与现实意义

削发为僧，和尚没有头发，拿着普通梳子就没有用，更何况篦梳其梳齿比普通梳子密集，是专门用来清理头发中的尘杂的，更是派不上用场了。

编者注意到，别的地方也有类似的歇后语，如“和尚的梳子——多余/废物/无用之物”“和尚买梳子——无用”“和尚卖篦子——没啥可说（梳）”等，但本俚语一个“捡”恰到好处：和尚明知拿着梳子、篦子没用，他不会去买、去收藏；因清规戒律不准做生意，也不会去卖梳子、篦子；看到遗失物，他必须捡来交与失主或送他人使用以免浪费，这是和尚应有的操行。所以本俚语准确、自然，而没有做作感。

语例：20 世纪 80 年代，阿成的一个国外亲戚回国探亲，送给阿成一部彩色电视机。可阿成家当时不通电，拿着最时髦的彩电也是和尚师傅捡到把篦梳——没用场。

喉咙里伸出手来

词解

喉咙：hóu · lóng，咽部和喉部的统称。这里是指食道。

释义

用语意义：比喻人嘴馋，想吃某种食物的欲望强烈。一般用于对小孩的描述。

艺术与现实意义

大人想吃某种东西，即使欲望很强烈，都能克制住，不会让它表露无遗。而小孩子天真率直，把想吃的欲望以行为表露出来：在做吃的准备的时候，他们的眼睛会盯住该食物不眨眼，生怕一眨眼工夫，该食物就不见了；吃时该食物还未放稳妥，他就急于伸手抓取。这手就像是喉咙里伸出一样，要把该食物直接抓进胃里去似的。

该俚语以动态的行为作喻体，同时采用夸张的手段，把小孩子想吃某种食物的急切心情形象地表现出来。知道该俚语的含义后，一提到该俚语，它就不只是一句话，而是一个小视频：小孩子想吃食物的那种急切的表情和动作形象就会显现在你的脑海里。

语例：妈妈知道小明爱吃西瓜。大热天，妈妈买回一个大西瓜。还未进屋，小明就嚷着妈妈切西瓜，妈妈去洗西瓜，小明就跟到水池边，妈妈刚切下一小块，小明就冒着手被切伤的危险，伸手去拿。妈妈："哎，真是喉咙里伸出手来了！"

猴子肉好吃，脸要得紧

词解

好吃：好，hǎo。好吃，味道好。

要得紧：要，需要。紧，这里是迫切的意思，是"要"的补语。要得紧，非常重要。

释义

本义：猴子肉虽然好吃，但是不能吃，因为猴子的脸与人的脸是很相像的，吃猴子肉就是吃自己的同类，自己的脸往哪里搁？

用语意义：人要讲面子，不能做损害亲戚朋友利益的事情。

艺术与现实意义

猴子与人同属于高等动物，脊椎动物门，哺乳纲，灵长目，有着相近似的头面、四肢。猴子是人的大的同类，是人在动物类别中的近亲，吃猴子肉，有如吃他人的肉；把猴子的脸面吃了也就如吃自己的脸面，就是没有面子、不光彩的事情。本俚语使用的是借喻的修辞手法，把亲朋互损，比作吃猴子肉一样不要人的脸面。在过去，人不吃猴子肉，是一个不成文的公德；人们的观念中亲朋互损就不是人干的事情。

本俚语之妙在于唤起人的同情心，减少同类或亲朋相残、相损的事情。

语例：王平顺在当地很富有。王平顺暴病去世正在办丧事。因其无父母兄弟，儿女尚小，认真管事的少，不少人趁火打劫，将办丧事的物资往家里搬。有人对王平利说："大家都把东西往家搬，你就不知搬些呀？""猴子肉好吃，脸要得紧，大家乡里乡亲的，我咧不做这样的事。"王平利说。

坏赖子

词解

赖：lài，不好，坏。

子：这里是人的通称。

释义：指调皮、不听话、歪主意多的孩子。

艺术与现实意义

"子"虽是人的通称，但在这里，由于用语习惯，在本俚语中却是专指小孩，同时又是多指男孩。女孩不听话，很少有人以"坏赖子"的称呼来指责她。而且都是父母或其他长辈针对小孩使用。

虽然在本俚语中，"坏"也是"赖"，"赖"也是"坏"，但并不是坏的重叠或是强调坏的程度，习惯用语还包含歪主意多的成分。也就是说"坏赖子"不是傻孩子。正因为这样，本俚语有两种用语意义：一是本义，为批评、指责用语；其二，本俚语常常被用于在责备的基础上间接地夸赞孩子：有时大人都不知怎么处理的问题，小孩却提出了处理的主意（一般不是很正统的办法），这时候大人都会以嗔怪的口吻对孩子说："坏赖子！"其实也包含对孩子的赞许，"坏赖子"也能从用语环境和气氛中体会到大人赞许的情感，心里美滋滋的。这也是贬义褒用的范例。

语例：小兵："妈妈，今天我们在田埂上摘绿豆吃被队长看到了。"妈妈："那队长怎么没把你叫到办公室去写检讨呀？"小兵："队长一来，我就趴在地上，被绿豆苗遮住了，队长没发现我哩。"妈妈："坏赖子！"

欢　喜

词解：略

释义

本义：快乐；高兴。

用语意义：专指对自己有意见的人受到损害，或与自己意见不同的人因固执己见而受到挫折，表示庆幸。

艺术与现实意义

本俚语基于本义而并非本义，与本义有着很大的区别，充分体现了俚语的地方特色：本义是一个词，而俚语是一句话，是一个省略句——"我"因……而欢喜；本义是一个形容词，俚语中是一个动词——使动词；本义一般具有书面性，俚语具有口语性：因使用普通话交谈时，口语中形容自己的心态一般用“高兴”，很少讲“欢喜”，而俚语则是用“欢喜”直接表达自己的心态；本义是一个热情的词语，而俚语带有冷酷性——因其高兴建立在别人的痛苦之上。

俚语的褒贬性质，因使用的具体环境不同而感情色彩不同：如果与自己有意见的人是坏人，在做坏事中遭受损害或观点错误的人固执己见而受到挫折，表示“欢喜”具有正义性，同时对受挫人也是严厉地批评和鞭挞；但如果自己本身是错误的，而对他人受损或挫折表示欢喜，则凸显出自己心胸的狭隘。

语例：姐姐警告弟弟不要去戳马蜂窝，可弟弟不信，偏要用棍子去戳那小马蜂窝，结果被马蜂蜇一口，脸上肿了一个大包。姐姐没好气地说：“叫你莫戳你要戳，蜇伤了自讨的，我欢喜！”

黄狗吃肉，黑狗当灾

词解

当：承受的意思。

灾：指个人不幸的遭遇。

释义

本义：黄狗偷吃了主人的肉食，主人却认定是黑狗偷吃了而打骂黑狗。

用语意义：比喻“走运”的人，招人喜欢的人做了坏事，得了好处，人们一般不去怀疑他而首先去怀疑那些“运气”不佳、名声不好的人；如果名声不好的人有证据证明与自己无关还好些，如不能证明与自己无关，就只好黑锅背到底啰。

艺术与现实意义

以前本地习俗，认为黄色代表高贵、吉祥，而黑色象征着不吉利，所以，黄色的狗招人喜欢，而黑色的狗较让人讨厌。一个家庭若同时喂了黄狗和黑狗，若主人的肉食被狗偷吃，而主人又不能肯定是谁偷吃了，主人会先责怪黑狗。这样的情况确实是发生过的。

本俚语反映的现象，在社会上也是具有普遍意义的：哪里发生犯罪案件，警察首先是怀疑那些有过前科的人或在当地群众中口碑不好的人。在单位，领导喜欢的人和领导不喜欢的人一同犯下了错误，领导首先批评的肯定是不喜欢的人；领导喜欢的人，有理由开脱的，领导一定会给他开脱；领导不喜欢的人，有理由开脱的，领导一定会找个其他的理由不给其开脱，以对不喜欢的人的惩罚来减轻对喜欢的人的责任。特别是现今的官场上更是如此，领导的工作失误，可以把责任推给下属，让下属“当灾”；大贪暴露了，以小贪“当灾”或者有关知情人就会“自杀”或“暴病”身亡——这也在“黄狗吃肉，黑狗当灾”之列。

“黄狗吃肉，黑狗当灾”，以特殊的行为过程，深刻地反映了社会上因各种不正常的原因而对事务处理不公的普遍现象。

语例：“阿刚呀，这次你同阿发一起倒卖粮票，他得钱还多些，你得的还少些，怎么对你处罚还重些呀?”阿刚：“黄狗吃肉，黑狗当灾呗。”

黄茅越到古山

词解

黄茅：武冈小地名，在武冈市的西面。

古山：武冈小地名，在武冈市的南面。

越：yuè，指“不按一般的次序”。

释义

本义：黄茅与古山在不同的方位，且都在大山脚下，步履维艰。在交通不发达的以前，这两个地方没有直接连接的通道；要分别到这两个地方去，必须分别从原点出发走不同的道路，所以没有瓜葛。

用语意义：指人说话没有逻辑或记忆错误或不懂装懂，把本来没有联系的事情混到一块去了。

艺术与现实意义

黄茅与古山在不同的方位，本来进出的小道就步履维艰，又没有直接的通道，在本俚语产生时更不可能有飞机等交通工具，要从黄茅直接跨越到古山是不可能的；如果说谁一下子从黄茅到了古山，也是缺乏根据的。本俚语把地理位置上跨越的不能用来比喻某人所说事情的两个或两个以上的内容的不兼容或联系起来没有依据和道理，既形象又让人听起来有新鲜感，从而使谈话不乏其味。

语例：农闲时乡亲们喜欢聚在一起讲故事。有一个读书不多的年轻人也想表现表现，他就讲“关羽温酒斩华雄”的故事，讲到后来他说，这关羽因犯了人命，怕官府捉拿，就被迫上了梁山。听得人们哈哈大笑。有人不无讥讽地说：“讲得不错，讲得不错，居然能从‘黄茅越到古山’去了。”

黄牛不搭水牛队

词解

搭：读音 dā，连接在一起。这里是“跟随或相处在一块”的意思。

释义

本义：黄牛和水牛不合群，相处不到一块。

用语意义：比喻兴趣、爱好和志向不相同的人，难以聚在一起。

艺术与现实意义

黄牛和水牛虽然都是牛，都吃草，都背犁，但是属于不同的种类，气味不同——水牛最怕黄牛打响鼻；爱好不同——水牛爱游泳，黄牛不下深水；发情了，黄牛和水牛不交配；等等。所以它们难以合到一块儿去。放过牛的人都知道，即便把黄牛与水牛放在同一个山头，人为地把它们往一个方向赶，但水牛和黄牛它们总是要拉开一定的距离，哪怕是落单也不在乎。

人和人（指同一个种族的人）之间，即便没有种类不同的问题，但常常因各自的信仰、兴趣、爱好的不同而有各自的社交群；不同信仰、兴趣、爱好的人就是偶尔聚在一起，也少有共同的话语。以“黄牛不搭水牛队”的自然现象来比喻人与人之间的这种“人以群分”现象，给人以泾渭分明的直观感觉。人与人的这种现象是动态的、行进式的，黄牛不搭水牛队的喻体也是动态的、行进式的，恰到好处。

语例：“你这个忙，你表弟可以帮你呀，你怎么不找找他呢?”答：“我和他呀，黄牛不搭水牛队，不是一路人!”

黄牛寻到个尿凼

词解

尿凼：凼，dàng，水坑或田地里沤肥的小坑。本地也泛指地面上能积水的小凹陷。尿凼，地面上积着小便的小凹陷。

释义

本义：黄牛有一个特性，就是爱吃人的小便。如果谁在地面的小凹陷里屙了尿，黄牛发现后，不仅要将凼里面的小便喝完，而且会将浸有尿液的泥沙用舌头舔干净。

用语意义：一般是指人（一般为小孩）嘴馋，不懂得自我节制，对自己爱吃的东西不吃完不放心（总是记挂着要吃)。或者指对某事情产生了兴趣，总是想再去做。

艺术与现实意义

黄牛寻到个尿凼，一定要把里面的尿喝完舔尽，有时放牛的人急着要走，用力拉它鼻上套着的缰绳都拉不走，体现了它的执着。

本俚语使用的是借喻的修辞手法，把对某样食品的馋欲或对某事务的贪恋比作黄牛对人尿的贪婪，虽然用词粗俗，但比喻贴切，把人对某样食品的馋欲或对某事务的贪恋用黄牛的执着动态形象地表现出来了。

本俚语虽说比喻贴切，但多少带有贬损性，含有对贪嘴小孩或对某事不应有的贪恋的嗔怪、责备的思想感情。

语例

1. 妈妈到姥姥家提回一小篮干薯片，给了小敏一把。小敏狼吞虎咽吃完后，又要问妈妈要。妈妈担心吃多了消化不良，就骗小敏说没有了。小敏说她看到妈妈提了一篮子回来了的。妈妈没办法只好又抓了一把给小敏，没好气地说：“你呀，只有不让你看见，看见了就黄牛寻到个尿凼!”

2. 阿汪跟着林林去城里搓了一次麻将，觉得很有趣，就总想要林林和他一起去城里搓麻将，林林挖苦他：“黄牛寻到个尿凼了!”

肥水不落别人田

词解

肥水：富含植物养分的水，主要指刚施了肥料的水。

落：luò，下降。这里是“流”的意思。

释义

本义：自家水田里刚施了肥料的水，如果需要放走，要尽量让其流入自家的田或自家亲戚的田，不要让其流到别人的田里去了。

用语意义：比喻家人之间、亲戚之间要互相关照，有什么有利的事，要尽量让自家人或自家亲戚沾光，不要好了别人。

艺术与现实意义

天气多变，有时上午给自家田里施了肥，下午就下了大雨，田里水太深不利于作物生长，必须放了些。在这种情况下，如果这田的下方有自家的田土，就要把这肥水放到自家田土里去（先放掉下边田里没有被施肥的水），即便中间隔有别人家的水田，别人家也会尽量给予方便，如同意在其田里筑一条临时小沟让肥水流到自家下方水田。这是一个不成文的“习惯法”。本俚语就是借本习俗为比喻，来说明家人之间、亲戚之间要互相帮助、关照。这是本俚语积极的一面。

但本俚语很容易让人误解，成为某些人以权谋私、损公肥私的借口，有好处便无条件、无原则地往自家人、自家亲戚头上揽。如现今的贪官，有油水的职位都尽量让自己的亲戚朋友充任，有油水的工程都尽量让自家亲戚朋友承包，等等。这些人对本俚语的理解犯了一个原则性的错误，就是“肥水不落别人田”中的“肥水”首先应是自家的，不是“公家”的、“别人”的。本俚语的完整表述应是“自家的肥水不落别人田”，为求俚语的用语简洁明快，而省略了“自家的”三字。其实，这不用特别标明也是可想而知的常理。贪官们之所以这么做，只不过是明知故犯，为自己寻找心理托词而已。

语例：王方平想把自己的女儿嫁给自己的外甥。有人讽刺王方平：“王方平嫁女，是肥水不落别人田呀！”

和死泥鳅

词解

和：hè，跟着和谐地伴奏或唱。此处引申为跟着别人做一样的事。读 huó 时，有搅拌的意思。

释义

本义：在 20 世纪 90 年代以前，南方农村种水稻的水田，每年都要甩一次石灰，以中和泥土中过剩的酸性。当时水田里多泥鳅。泥鳅会因石灰水中毒而死亡。死亡前要浮出水面换吸新鲜空气以延续生命。人们利用这一时机，用打捞小鱼（主要是泥鳅）的把（bà）筛将泥鳅捉了。这样捉到的泥鳅要尽快用清水漂养，并在水里放一两滴菜油或一些松针，促其将吸入的石灰水吐出以恢复健康。这样，轻而易举地捉到了较多的泥鳅，而吃到的又是新鲜的泥鳅。有经验的人发现，越大条的泥鳅越难被石灰水呛出，因为它们的埯洞较深，而且拐了弯，所以，人们在已浮出水面的泥鳅被捉捞得差不多时，就用足在水下烂泥里搅和，以破坏大泥鳅埯洞，让大泥鳅呛了石灰水而冲出水面换气。这样就能捉到更多的大条的泥鳅。没有经验的人，主要是小孩子，不明就里，也学着别人的样式用足和泥，结果浮出水面的不是大的活泥鳅，而是被石灰水毒死后沉底的死泥鳅，因为这些人只是用足在泥土浅表搅和，达不到效果。这便是“和死泥鳅”的来由。

用语意义：比喻不知缘由，也没有自己的目标和计划，而盲目地追随别人或学别人的样子做事。

艺术与现实意义

本俚语语面虽简单，但本身就是丰富的生活经验的概括，用语的含义既普遍而又深刻。在社会上不乏“和死泥鳅”的现象。比如饰眉（包括画眉、修眉、栽眉等），有的女人脸蛋长得俊俏，就是眉毛长得不大协调，将眉毛修一修、栽一栽（远视效果画画也行）确实好看些。有些女人则只以为这是一种时髦，不管自己需不需要、适不适合饰眉，也把自己的眉毛折腾得像两条毛毛虫似的，让人看了心里难受。这些人便是“和死泥鳅”的人。又如，曾几何时的“下海”经商，很多有技术、有门路的人下海发达了；一些既没有技术，也没有门路的人也凑热闹跟着下海，结果是亏得一塌糊涂。这些凑热闹的人就是“和死泥鳅”。如此等等，不一而足。

本俚语运用了借喻的修辞手法，把做事盲目捡样的现象比作“和死泥鳅”，确实生动形象：有经验、有目标的人，劳动得到的结果是“大泥鳅”；不明就里、捡样做事的人，一番折腾后得到的是“死泥鳅”。这也是一个生活哲理的概括。

语例：郎良问老表：“老表，听说你最近炒股获利不少呀？”

“没有，没有，跟着别人和死泥鳅。”老表谦虚地说。

鸡肚里冇晓得鸭肚里的事

词解

冇晓得：冇，武冈读音 máo，不的意思，冇晓得，不知道。

释义

本义：鸡心里不知道鸭心里有什么心事（指不好或为难的事）。

用语意义：比喻各人有各人的难处，别人不知道你的为难所在，你也不知道别人的为难所在。

艺术与现实意义

传统观念，人想心事，考虑问题不是通过大脑，而是通过肚里悟出来的，所以这里的“鸡肚里”“鸭肚里”，其实是指大脑或者说是心里。心事，本来有好的，也有不好的，在本俚语中侧重于不好的心事，近似于“忧愁”。

鸡和鸭虽都是家禽，很多时候同处在一个屋檐下（很多人家同时喂养了鸡和鸭），但鸡与鸭没有沟通的语言，难以沟通——鸡和鸡、鸭和鸭本身就没有交流的语言，更何况鸡和鸭是两类不同的家禽，就更加难以沟通了。人虽然有共同的语言（不同语种可以互译），但人各有志，人各有所难，自己的有些难处是不便于让别人知道的或别人就是知道了也于事无补，没有告知的必要。

本俚语虽反映了人与人之间不信任的一面，但却符合当今流行的个人隐私权说。本俚语也从另一个方面告诫我们，要尊重别人的隐私权，别人不愿意告诉你的事不要追根究底；同时，也正因为如此，人与人之间相处要多点理解和包容。

语例：甲见乙叹息，甲对乙说：“你现在过上好日子，有什么可叹息的?”乙说：“鸡肚里冇晓得鸭肚里的事，你哪里晓得我的难处呀。”

家鸡打起团团转，野鸡打起满山飞

词解

打起：打着，表示“打”正在进行。

团团：形容旋转或围绕的样子。

释义

本义：家里喂养的鸡，如果主人烦它们，用扫帚之类追打它们，它们总是绕着主人家的房子或院子转圈子，不会跑到外面去；而山中的野鸡，如果有多只聚在一起，只要猎人一开枪，它们就会向四面八方飞得不见踪影。

用语意义：比喻自己一家人，不管怎么闹矛盾，都离不开这个家，今天负气出走，明天还会回来；若与别人聚在一起，闹翻了就各散四方，谁也不会对谁有留恋之情。

艺术与现实意义

主人的家对于家鸡而言，是它熟识的环境，这里有它的栖息之所，有它吃的、喝的；长期在同一个环境里生活，即便它是畜生，也会对这个环境产生感情，所以，它们被打起来会团团转。野鸡的聚会是临时的集合，哪怕是配偶也是临时的配对，相对家鸡而言，它们没有自己生活的固定场所，互相之间没有留恋之情，所以，它们被打起来会漫山遍野地飞。

对人来说，家，除了是自己熟识的生活环境，更重要的是，家人之间有感情、有亲情，欲别还难，久离相思。就是在现在的打工浪潮中，一家人也可能生活在四面八方，但总是会不时相约相聚，这就是家的感觉，这便是团团转的“家鸡”之情。亲情总会是人类一个永恒的话题，只不过是浓与淡的区别而已。

语例：明明因犯错被爸爸狠狠地打了一顿，明明负气出走了两三天又回来了，进屋就叫爸妈。妈妈满心欢喜地说：“家鸡打起团团转，野鸡打起满山飞。崽，你回来了就好！”

假　充

词解

假充：装出某种样子；冒充。

释义

用语意义：指某人因生活环境和地位变好后，对原来的亲朋邻里不热情、不热心，故作姿态或装作不认识的现象。

艺术与现实意义

本俚语表现出的是人性的虚伪。有的人与他人处在相同地位，特别是更下层地位共同生活时，对人百般示好，甜言蜜语套近乎；一旦生活环境改善，社会地位提高，即摆出一副不可一世的样子：你向他打招呼，他嫌你降低了他的身份，不理你，装作不认识你；你求他帮点小忙，本是举手之劳的事情，他总要找出冠冕堂皇的理由回绝你，有时还要装腔作势地批评你。这就是“假充”，一种为人虚伪的人格。

把一个虚伪的人在与人相处中的表现以“假充”二字蔽之，

精辟；说谁“假充”是对这人虚伪人格的严厉谴责。

语例：几个乡亲在一起道白，有人提到在公安局工作的同乡老雷，冬云马上插话说：“不要提老雷，说起这个老雷我就有火。他太假充了。那年，我儿子的身份证掉了，急于办个临时身份证明外出打工，我请老雷帮忙。他怎么说？他说‘按正规途径去办嘛，不要总想走后门嘛’。这才屁大的事呀，他不肯帮忙也犯不着数落我呀。你们说，他假充不假充？”

嫁鸡随鸡，嫁狗随狗
嫁个木坨坨端起走

词解

随：跟从。

木坨坨：坨，tuó，坨子，成块或成堆的东西。木坨坨，指木块。这里的“木坨坨”是指可做小凳子用的较规整的木块，用整块木制成，常呈圆柱形，不高（太高不稳）。

端：duān，平举着拿。

释义：妇女奉父母之命、媒妁之言成婚后即不能反悔另嫁，不管丈夫是个什么样的人，都要从一而终。

艺术与现实意义

本俚语既是假设也含比喻。虽然在电影、电视剧中看到有拿公鸡代替新郎和新娘拜堂举行仪式的，但毕竟没有谁嫁给鸡、嫁给狗的，更不用说嫁给木坨坨了。这里是一个假设兼比喻：你嫁

的男人再不济，就比如嫁到的是一只公鸡、一条狗，再退一步说就是个木坨，你也要跟随它们过一生一世。

本俚语的喻体选择不是信手拈来，是具有一定讲究的：鸡是人们喜爱的、味美实用的，就是比喻好的男人；狗虽然聪明，狗肉人们也爱吃，但狗是下作的象征，比喻品德不好的男人；木坨坨，没有生命，没有思维，比喻痴呆的男人。本俚语在语法上，除了假设、比喻外，还有递进的关系，喻体从有生命到无生命；本体从好男人到坏男人，再进一步到痴呆男人——坏男人也许还能照管他自己的吃穿，痴呆男人却是妻子一生的负担。

本俚语充分反映了旧中国妇女地位的低下和受封建压迫的苦难。“嫁个木坨坨端起走”是对这一苦难深刻、形象的描画：鸡、狗再不好，它们总是有生命的，还可以和它们有一定程度上的情感沟通；木坨坨和人，完全是两个世界的东西，情感上根本不存在沟通的可能，你走到东，你要给它端到东，你走到西，你要将它搬到西，这是怎样的一个负担啊！

语例：媛媛回到娘家，向母亲诉苦，讲丈夫怎样的不能干，家里怎样的穷，还要靠她去养活丈夫。母亲是个封建意识很强的人，回说：“‘嫁鸡随鸡，嫁狗随狗，嫁个木坨坨端起走’，娘也没办法，你就认命吧……”

捡到个后头爷

词解

捡到：拾得。

后头爷：爷，武冈话念 yé 时，是祖父或男子汉的意思，念 yá 时，指父亲。这里念 yá。后头爷，指继父。

释义：看到别人把自己的亲爹叫“爷”，你就把“捡来”的继父也叫“爷”——有意思吗？

艺术与现实意义

继父虽也叫“爷（yá）”，但与亲生父亲不能作比，更何况这个继父还是“捡”来的便宜货，这就更没意思了。捡来的，是说与继父之间没有形成抚养与被抚养关系，纯粹从礼仪上叫继父一声“爷（yá）”。

本俚语是因某人说话欠思考或说话太快，讲出的话对自己不利或挖苦了自己，或者口吃严重，别人重复他的话语或说话的样子和腔调以取笑说话人，原说话人不高兴，就说别人“捡到个后头爷”以示反击。其弦外之音是说别人这样取笑自己，就像是捡到个后头爷（yá）叫“父亲”一样——我说话口吃是天生的，就好像我的父亲再丑那也是亲生的，没的选择，你学着我结巴学得再像，也就像喊一个与你没有抚养和被抚养关系的继父叫父亲一样，没意思；要别人不要取笑自己了。阻止别人取笑自己，却不用尖酸刻薄的话语，而是用客观存在的事例作比，以说明别人取笑的无趣。

语例：阿彪想开个洋荤，带着几个朋友到省城五星级的大酒店去吃饭。餐桌上摆了一瓶服务员推销的高档洋酒。快开餐时，服务员拿着开瓶器问阿彪，酒要开吗？阿彪问，多少钱一瓶？“8000 元。”服务员说着就要开瓶。阿彪急了，本来平时就有点口吃，这下就更讲不利索了：“开——开——开——玩笑！”等他把一路的“开”讲完，酒已倒入酒杯里了。后来朋友、同事见到他就用“开——开——开——玩笑！”来取笑他。阿彪烦了就说：“捡到个后头爷呀！”

捡得捡得，三分银子赎得

词解

捡：拾取。

得：dé，得到。

分：fèn，整体里的一部。

赎：shú，用财物把抵押品或遗失物换回来。

释义：捡到东西，应该有所获得，如果你（失主）想要把遗失的东西拿回去，就应当给我（拾得者）一定的赎金。

艺术与现实意义

现在的民法规定，拾得之物为不当得利，应当无偿地返还给失主。本俚语与现在的民法规定似乎是不相符的，但应当是现代这方面法律规定的前身：首先，本俚语虽说要“三分银子赎”，但它首先还是肯定了要返还，不能据为己有。其次，赎金也是比较少的——“三分”。“分”是银子的重量单位：1 市斤 = 10 两，1 两 = 10 钱，1 钱 = 10 分。三分银子也不是一个很大的数量。再次，这个“三分”也不是实指——有些遗失物本身就不值三分银子，只是指适当的分量，贵重的物品可多给些，低廉的物件可少给些。最后，现代民法也规定，在返还拾得物时，失主可支付拾得者适当的保管费用。

本俚语体现了武冈人民很早就具有拾物不昧的好品质和朴素、公平的民法理念。

语例：小曾在野外劳动时不小心把手表遗失了。后访得被老覃拾到了。老覃把手表给小曾时，在场的老李说："捡得捡得，三分银子赎得。小曾，你也要对老覃表示个意思。"于是，小曾把身上仅有的5元钱给了老覃，双方推让一番，皆大欢喜地散去。

捡个石头打破天

词解

捡：拾。

释义

本义：从地上拾个石头把天打破——这是不可能的。

用语意义：比喻面对强大的势力，你没有办法与之抗争。

艺术与现实意义

天，是个无穷无尽的空间，不管你的石头能抛多远和多高，它始终不能冲破这个空间，即便是现代火箭和宇宙飞船也没有冲破天这个空间，所以，天是打不破的。俚语产生时，也许人们还没有天的前述概念，只知道天高得不行，没有谁能将石头扔到天上去将天打烂，但大的意思也是一致的，即天是不可能被打烂的。用天的不可打烂来比喻面对的势力，虽是夸张了，但强调了面对势力的强大和面对这个势力的人的无奈——你再愤怒，捡个石头使尽全身力气往天上一扔，想把这个不公平的天打破，石头依然回落到地面，而天丝毫未受影响。

本俚语往往以反问的形式出现，用以劝慰他人不要与面对的特别强大的势力作无谓的抗争，委曲前行以减少不必要的“牺牲”。而这种“强大的势力”，往往又是非法的、黑暗的，所以本俚语虽也体现睿智，但也有对黑恶势力妥协、屈服的消极因素。

语例：在这次被推荐上大学的工农兵学员候选人中，江咏文化素质好、群众口碑好；与其竞争的对手是大队书记的外甥，虽也口碑不错，但文化素质比江咏差。大队还是推荐书记的外甥上了大学。江咏不服气，时不时地发牢骚。舅舅劝慰他：“人家是大队书记的亲戚，你有什么办法？你能捡个石头打破天？算了吧，免得自增烦恼。”

见风烧

词解

见：jiàn，接触、遇到。

风：跟地面大致平行的空气流动，是由于气压分布不均匀而产生的。此处指流动着的空气。

释义

本义：1. 磷保存在油液里，一接触空气就燃烧。2. 本地有一种灌木，纸质叶，就是在生长期，其枝干里水分的含量少，叶片里含水分更少；在水分未干的情况下也很容易燃烧，水分干后沾火即燃，人们把它叫“见风烧”。

用语意义：形容人盼望达到某一效果（特别是医疗）的迫切心情。

艺术与现实意义

本俚语是一个描述性的俚语：某样东西一遇到风就燃烧起来了，把某一事物出现的迅即以连续镜头形象化。

在本俚语产生时，可以说人们根本就不知道什么叫作磷，更不知道磷的迅即燃烧特性，最多的是看到“见风烧”灌木的易燃。本俚语的出现应是基于想象，尽管是描述性语言却不是对实体的描述，而是对人们急迫心理的比喻和形容。

语例：老娘对儿子说：“医生讲他的药很灵的，我吃了这么久了（约三分钟），肚子还是痛呢?”“真的是见风烧呀，它总还要有个过程嘛。”儿子说。

见面三分义

词解

三分：表示一定的分量。人们常常把事务的整体看成是十分。

义：情义。亲戚、朋友、同事相互间应有的感情。

释义：亲戚、朋友、同事间总是有一定的感情的，有什么事、什么话，见了面总是碍于情面，事，不会做得十分九寸，话，不会说得不留余地。

艺术与现实意义

本俚语一般在劝说别人把矛盾面对面讲清楚时使用。其主张熟人之间的矛盾和误会最好面对面解决，不要担心这，不要考虑那，因为熟人之间毕竟是存在一定情分的，很多时候矛盾的双方一见了面气就消了很多，以下的话就好讲了；最怕的是，你不服气找我，我不服气找你，双方的隔阂和误解会越来越深。不熟识的人之间如有矛盾，只要不是剑拔弩张，也是面对面容易讲清楚。本俚语也适用于求人办事。求人办事自己亲自出面，熟人熟面，别人不好太驳面子，也容易答应些。有事当面讲，也是尊重别人的表现。

本俚语体现了武冈人民重情义、讲和谐的美德。

语例：王朗是个胆小怕事的人。今天，他的儿子在学校把一个同学推倒摔折了小腿骨。九爷劝王朗主动去找对方家长赔礼道歉。王朗对九爷说："怕对方打我么?""见面三分义，都是无知儿童闹的事，我相信对方家长也不是不懂道理的人。"九爷说。

见人讲人话，见鬼讲鬼话

词解

人：这里的人是指普通人，即好人。

人话：人们日常交流的正常的话语。

鬼：迷信的人所说的人死后的灵魂。在这里是指坏人。

鬼话：一般用语意义是指"不真实的话；谎话"，此处为本义，即迷信中鬼说的话。引申为算计人、损人的坏话。

释义

本义：见到好人说好人爱听的话，见到坏人说坏人爱听的话。

用语意义：1. 是说某人心术不正，没有一句真话，不可信任。2. 人的处境非常特殊，不得不两面三刀。

艺术与现实意义

本俚语语面只说出了结果，而原因要听者去体会。这句俚语一般情况下对未尽之意的理解是："这个人为人不正直，没有一句真话，不可信任。"但如果是针对一个良知未泯的"汉奸"说出这话，这未尽之意就完全不同，人们会体会到他处境的艰难，不得不两面三刀——当然，现在这种社会环境已不复存在，这种意义下的用语意义基本消失。

在本地，鬼是邪恶的象征，人们久病不愈、精神失常、意外死亡都把它归咎于恶鬼、冤鬼作祟；鬼是狡诈的象征，鬼变尽花样使人上当受骗，进入它害人的圈套；鬼是阴险的象征，它会笑里藏刀，所以，人们谈鬼色变。现在居然有人生活在人的阳世，却与阴曹地府的鬼能说上话，他一定是与鬼差不多的人，是害人的人，他的话讲得再好，你切记不要信，不要入他的笼套。所以说，如果谁要是"见人讲人话，见鬼讲鬼话"，那他的话是不足信的。

本俚语不是说明武冈人民非常迷信，而是采用了比喻的修辞手法，把坏人比作集邪恶、狡诈、阴险于一身的"鬼"。本俚语的产生和运用，充分体现了武冈人民的正直、正气和疾恶如仇的好品质。

语例：儿子对父亲说："仇三毛说有一桩生意，只要投入三千元，十天后就能收回五千元，他问我们与他合伙不。"父亲说："仇三毛是见人讲人话、见鬼讲鬼话的人，他的话你也信？"

见指打指

词解

指：手指。

打：这里指让对方把某个手指屈起来。

释义

本义：见指打指，也叫“倒指”，本是武冈地区的一种儿童游戏：两人各伸出一只手，把中指和无名指屈起来，叉出拇指、食指、小指，分别代表土地、公鸡和蚯蚓。大小关系是土地管公鸡、公鸡啄蚯蚓、蚯蚓蛀土地，即土地大于公鸡、公鸡大于蚯蚓、蚯蚓大于土地。两人以猜拳等方式决定谁先倒对方的手指(即要对方把某一个手指屈起来，一次只能倒一个手指)，然后让对方倒自己的手指，倒至各剩下一个手指，最后看谁的手指所代表的物大，谁就最后取胜。此游戏的关键是当对方倒下你的手指时，你要考虑倒对方哪个手指你才能最后取胜。这就叫作见指打指。也就是说，见到别人倒了你的手指，你就要随机应变倒下对方对你不利的手指。让儿童在游戏中开动脑筋，找出规律（但一旦找出规律并经反复验证后，该游戏就没有再玩的意义了）。

用语意义：比喻人办事灵活机动，能根据不同的情况采取不同的应对措施，把事情办圆满。

艺术与现实意义

把人们处理事情的灵活机动性与既简单又富有智力因素的小

儿游戏见指打指作比，既生动形象，又浅显易懂。把复杂的含义简要概括在四个字之中，口语用语中显得活泼有趣。

本俚语把人的灵活机智与玩游戏的经过作比，系动态化比喻。

语例

1. 这个年轻人不仅为人忠厚，脑瓜子也好使，办事见指打指的。

2. 男子汉在外做事，要多动脑筋，要能见指打指。

江边的鱼子，台上的戏子

词解

鱼子：子，幼小的，小的，嫩的。鱼子，就是个儿小的鱼（包括种小的鱼和未长大的鱼）。

台：tái，公共场所室内外高出地面便于讲话或表演的设置。

戏子：子，人的通称，如男子、女子。戏子，就是唱戏的人，不分男女老少。

释义

本义：戏台上面唱戏的人就同江边的小鱼一样。

用语意义：是说旧时唱戏的人地位低下，谁都可以对他们吆三喝四，他们对谁都得称爷。

艺术与现实意义

有在江边、河边生活经验的人都知道，江边或说河边的小鱼一般都是靠吃江边、河边微生物为生。这些个儿较小的鱼（大鱼一般在水深的江河中心，很少靠近岸边），很容易被人打捞，成为人家餐桌上的菜。在过去生态较平衡的状态下，人们只要方法正确，到江边或网、或捞、或摸（空手捉鱼的方法），都能抓到小鱼。旧中国唱戏的人的社会地位非常低下，首先，唱戏的人如果不是名班名角，即要四处漂泊，没有固定的家——就如江边的小鱼随水漂流没有固定的窝点一样；来到新的处所，人生地不熟，对谁都要点头哈腰，对谁都得罪不起。就是这样，还要受到横蛮的地头蛇的欺侮；表演中，只要你演唱得稍不对劲，看戏的人谁都可以往台上扔侮辱人格的东西，赶出错的人下台……随时都有被人宰割的危险。另外，江边的鱼子，虽说易被人打捞，但也是机灵可爱的，这与戏子也有可比性。本俚语是一个灵巧可怜对另一个灵巧可怜的比喻。

本俚语的用语意义不能在字面上体现，是人们生活经验对字面意义的扩展延伸，也就是人们常说的“弦外之音”。

本俚语具有时代局限性，现在已过时了：如今的戏子（包括歌手）被人们视若掌上明珠，稍有名气的演员（含歌唱演员），都有成千上万的“粉丝”。这些“粉丝”现在甚至不惜下贱自称“屌丝”，明星走到哪里都有成千上万的人夹道欢迎，比过去的皇上都要风光。编辑本俚语旨在提醒人们不要忘记曾经有过的社会现象——过去的现象不正常，当今的现象更不正常：一个懂点艺术的人比制造宇宙飞船上天的科学家更有钱，社会地位更优越！

语例：小曼是歌迷，常常在父母面前夸这个明星怎么怎么帅、那个歌星怎么怎么牛。父亲听得心里烦，打断小曼的夸耀说：“江边的鱼子，台上的戏子，有什么神气的！”

江边洗萝卜——一个一个地来

词解

江：按词典解释，江是指大河或专指长江。在武冈区域，江，读 gāng，统揽了大河、小河。

释义

本义：在河边溪边洗萝卜，洗好一个再洗另一个。

用语意义：是指追究某项责任或学习某项技术等，必须一个一个地过关，不许落下一个。

艺术与现实意义

以前，农村里洗萝卜、红薯之类的，常常是将这些东西一起倒入一个盆里或小水池里，用木制的耙具翻、推这些块状物，很快就可将这些红薯、萝卜类的东西洗得较干净，但也有混杂在中间的洗不干净的情况。萝卜的比重较水轻，放到水里一般都会浮起来。如果到江边洗萝卜像在盆里或池子里洗一样，先把萝卜一股脑儿倒入江边，那么，萝卜就会被江水漂走了。所以只能洗好一个再拿一个洗。这样每一个都会洗得干干净净，既不会漂走一个，又不会落下哪一个。

本俚语主要用以比喻追究责任的彻底性和把关的严格性：没有一个能蒙混过关，也不会有哪个可趁机脱逃。本俚语既是一个歇后语，又是一个动态的比喻句，比喻是形象而又生动的。

编者注意到，有些地方也有类似的歇后语，如“江边上洗萝卜——一个一个来（比喻按次序进行）”。这个歇后语按编辑者的注释重在按次序，本俚语在“来”字前加了个“地”，除了表示“一个一个”是来的状语外，同时也加强了语气；通过语气的加强，让人们领会到次序的彻底性，即不仅要有次序，而且不能落下某一个。

语例

1. 这次模具制造学习的培训班，谁也别想蒙混过关，到时候，江边洗萝卜——一个一个地来，每个人都要现场制作一副合格的模具才算过关。

2. 这次事故谁也不要想回避责任，江边洗萝卜——一个一个地来，把自己的问题讲清楚！

江边鱼子客来钓

词解

客：此处并非宾客之意，而是泛指外来人。

释义

本义：住在江边的人如果要捕江中的鱼，一般不是用钓的方法，而是用捕捞的方法；捕鱼采用钓的方法的，一般都是离江较远的人，因为他们没有常备的捕捞工具（有捕捞工具也不方便远距离搬运）和习惯；钓鱼者，往往意不全在鱼，而在于“趣”。

用语意义：比喻本地有利可图的事，都被外来人员谋去了。

艺术与现实意义

要较深刻地理解本俚语，首先要读懂这个“钓”字。“钓”

在字典、词典解释中一般有两方面的意义：（1）用钓竿捉鱼或其他水生动物；（2）比喻用手段猎取（名利）。“钓”在本俚语的本义中是取第一种意义，在用语意义中，其实也就利用了“钓”的比喻意义。

无论是在过去还是在今天，为官者一般都是异地为官，本地为官的较少，只有“吏”在本地的多。而且当今还把异地为官作为一种用人制度推行。谁都有个三亲四友，为官者更不例外。为官之地有个什么有利可图的营生，为官者肯定也考虑自己的亲友，这是一个方面；另一方面，为官者的亲友都想通过为官者获些利益，他们对为官者为官之地的经济动向也十分关注，一旦有有利可图的契机，他们绝不会错过，死缠烂打，也要为官的亲友分一杯羹。这就是“钓”了。

俚语中所包含的这种关照和“钓”的现象，虽然上不了台面，但现实中这种现象虽不说比比皆是但也不在少数，就是在厉行“反腐倡廉”的今天，也不乏这种现象的存在。去深入地调查一下就知道：大凡有较大的基础建设，没有几个是本地人在承包的，一是由于某些项目本地人没有相应的资质；二是具有相应资质的本地人，也难包到本地有利可图的工程，很多承包者都是与主要官员有不一般关系的。这便是“江边鱼子客来钓”的内涵。这本是一种不正常的现象，本俚语的运用，既是对这一现象的描述，也包含对这一现象的批评。

语例：“姜老板，你们这个地方大搞建设，这么多的项目你没承包到一个呀？”朋友问姜老板。“江边鱼子客来钓呀！”姜老板回朋友。

姜子牙卖面灰，动狂风

词解

姜子牙：又名吕尚（周文王赐姓吕），人称“姜太公”，是中国历史上杰出的政治家、军事家和谋略家，曾辅佐周文王伐纣灭商建立了周朝。

动：刮。

狂风：猛烈的风。

释义

本义：相传，姜子牙83岁学成道下山，在遇到周文王前，为谋生曾做了卖面灰的生意。因上天要其尽快找到圣主，不容许他安心过平民生活，于是在姜子牙担着面灰出去卖的时候上天就特意刮起了狂风，将他担子里的面灰吹得不见了踪影。

用语意义：用以说明人的运气差，总是被不好的事情缠绕着。本俚语通常被用于自我解嘲。

艺术与现实意义

姜子牙神通广大，能呼风唤雨，本地传说连玉帝都是他封的，但他也会有被狂风吹走面灰的时候，这确实是属于运道不济。所以，本俚语在使用中，还有一个弦外之音：本人总遇到不好的事，不是因为本人没有本事，是自己运气不佳，你看，姜子牙不是还有被狂风吹走面灰的倒霉事吗？所以，在使用中也有自我安慰的感情色彩。

本俚语是一个明显的打比方的句子：把人运气不佳的现象比作吕尚卖的面灰全被狂风刮跑。

语例：朋友问老六："你前段时间做黄金生意赚到钱吧？"老六回答说："快莫提了，别人做黄金生意赚大钱，我呀，是'姜子牙卖面灰，动狂风'，连本金都陷进去收不回了。"

讲白话

词解

讲：jiǎng，说。武冈读音 gǎng。

白话：1. 指不能实现或没有根据的话；2. 指现代汉语（普通话）的书面形式，它是唐宋以来在口语的基础上形成的。

释义：讲白话，俚语意义是指讲故事或聊天。

艺术与现实意义

俚语"讲白话"中的"白话"，与词典解释中的两种解释都有一定的渊源：首先，"讲白话"是以口语形式，不像文言文这样，虽简洁却难懂，且又不便于表述的语言形式；其次，故事一般都是虚构的，或者其人物、事件也都有很多虚构的成分；再次，聊天多数是天南海北地扯，一般情况下，谁都不会对聊天时所讲的话负责任。所以，俚语中的"白话"既是普通话中"白话"含义的延伸，也是这种延伸意义的一个特例。

语例："死鬼，一上午都哪里去了？"妻子抱怨说。"和你四叔他们讲白话哩。"丈夫回答说。

讲出不中，中（种）出不生

词解

出：chū，用在动词后表示向外、显露或完成。

中：zhòng，正对上；恰好合上。

种：zhòng，种植

释义：由于人微言轻，（就某些问题）提出的意见、建议不会被接受、采纳，或者，提出的意见、建议，虽不会被当面拒绝，也不会产生实际效果，就像播下去的种子不能生根发芽一样。

艺术与现实意义

本俚语语言简洁却包含着多种修辞手法：1. 对仗（不很工整）；2. 顶真：“中”是前句的收尾，又是下句的开头；3. 谐音：“中”与“种”同音，并以“种”偷换了“中”，使下句产生了新的修辞手法；4. 比喻：把提出的意见、建议不能产生实际效果比喻成种下种（zhǒng）子却不能发芽生长。把抽象的概念变成了视觉形象，也是“通感”修辞手法的应用。

本俚语常常被用作自嘲，带有淡淡的自卑情感。但它反映了一个社会现实的弊端：意见、建议是没有严格的对错的，主要决定于提出意见、建议的人的职位和社会地位，职位和社会地位高的人提出的意见、建议，哪怕是不完全正确，也会产生作用；如果提出意见和建议的人职位和社会地位低下，再正确、再合理也不会有人理会你，产生不了应有的作用。

本俚语间接地抨击了社会特权和不民主的弊端。

语例：职员甲对职员乙说：“你的想法是很有道理的，今天开局务会议时你怎么就不提出来呢?”“提?提什么呢?像我们这些地位低下的人，讲出不中，中（种）出不生，何必多费口舌。”

讲起风就是雨

词解

起：用在动词的后面，表示（从、由……）开始。

就是：就，表示前后的事情紧接着。是，在这里的意思是联系两种事物，表明两者同一。就是，在这里表示风和雨的紧密连贯性。

释义

本义：一讲到风（风都还未刮），（你）就要求见到雨。

用语意义：比喻人对某一事项要求迫切而过于性急，一讲到该事项就恨不得马上到手或实现。

艺术与现实意义

刮风常常是下雨的前奏现象，有时雨跟风跟得很紧，有时跟得较远，有时刮风之后不下雨。俚语中一个“讲”字用得绝妙：实际刮了风，还不一定下雨，就是有雨下也难以肯定是马上还是稍后，更何况现在还只是讲到风，并不是实际的风，作为“听者”就要求得到雨或者已经觉得是雨了，这就充分体现了“听者”对所涉事物的渴求的急切性。

本俚语一般用于描述小孩得到某样东西时的猴急性，因为大人都知道某事物从开始讲到成为现实都有一个过程，不会是一讲起风就是雨地迫不及待。当然，成人如对某事物的演变程序不懂、不清楚时，也会产生这种迫不及待的心情。

语例：晚饭后一家人闲坐时，妈妈讲到在别人家尝了别人做的花生糕又香又甜，说明天她也要亲自做一些给大家吃。小明听后马上叫道："我要吃花生糕，我要吃花生糕!"姐姐对小明说："你讲起风就是雨，妈妈是讲要明天才做呢!"

蒋满娘不寻牛——寻到哪里算哪里

词解

满：全部充实。武冈方言中把兄弟姐妹中排行最小的叫"满"，如"满妹""满叔"等。

寻：寻找。

算：这里是"作罢"的意思。

释义

本义：故事发生在20世纪集体化以前。相传蒋满娘家庭不算富裕，但是她是一个性格粗犷、大话的人。一天，她家的耕牛走失了，她寻找是去寻找，但一点也不焦急，慢吞吞的，走一程，歇一会儿。别人提醒她要快点，否则天黑了就更难找了。她说："不急，不急，寻到哪里算哪里。"于是，"蒋满娘不寻牛——寻到哪里算哪里"的俚语就传开了。

用语意义：一是说某人性格疲沓，天大的事都不能让他焦急。二是说对某事没有成功的把握，只能走一步看一步。

艺术与现实意义

到20世纪80年代以前，南方农村的牛都叫耕牛。有俗语称：“牛是农家宝，种地不可少。”一般的人家，牛就是主要的家庭财产，牛走失了肯定是焦急万分。“寻到哪里算哪里”意味着没有非寻到不可的决心和寻不到也无所谓的处事态度。蒋满娘作为一个妇女却比男子汉显得还镇静、淡定，反衬了她性格的粗犷、大话。她倒也算是巾帼英雄了。说白了，也是蒋满娘把问题看得很透：牛走失了，下落何方，谁也不知道，能不能找得到，谁也没有把握，所以焦急也没有用，只有“寻到哪里算哪里”。本俚语看似对大是大非漫不经心，但在实际运用中，能起到让人淡定、缓解焦虑的积极作用。

本俚语系“不字格”歇后语，用幽默性的话语直译，意思是“蒋满娘哩她不寻牛的，只是一点不焦急，说寻到哪里算哪里”。

语例：弟弟问哥哥，侄子的研究生考上了吗？哥哥说：“哪有那么容易，笔试过关了还要面试，面试过关了还要政审，政审过了还要看导师是否愿意接收，唉，‘蒋满娘不寻牛——寻到哪里算哪里’吧。”

脚踩西瓜皮——滑到哪里算哪里

词解

滑：huá，滑动，如滑冰、滑雪等。

算：suàn，准数，承认有效力。

释义

本义：不小心踩上了西瓜皮，足会随之滑行——当然，很多时候会摔跤。但这种滑行，不会像滑冰、滑雪那样，可人为地导向、控制，且可长时间地滑行下去。这种滑行时间很短暂，几乎就是一瞬间——西瓜皮被摩擦破了就滑不动了；方向也不可以人为控制，是一种意外或任意性的行为。

用语意义：比喻人做事没有明确的目的、计划和打算，很随意，走到哪一步，就算哪一步，对自己没有更多的要求。

艺术与现实意义

本俚语所描述的现象，在社会现实中比较普遍，特别是在过去的社会里。过去的社会里，生产力普遍比较落后，社会竞争性小，理想也很简单，最大的愿望就是不挨饿、不受冻，所以，没有必要费尽心思去部署自己的工作进程和生活目标，走到哪步算哪步的大有人在。现在科学技术飞速发展，人们的生活水平日新月异，绝大部分的人都在规划自己的人生、自己的未来，构想着自己的生活蓝图，脚踩西瓜皮的人就难以在社会上立足，但是，并不是没有，只是与之前相比，少之又少而已。

脚踩西瓜皮虽然是少之又少的情况，但它毕竟是一种生活现象，存在即是合理，所以，脚踩西瓜皮——滑到哪里算哪里，也不纯粹是一种消极的生活态度，在很大意义上体现的是人的一种生活逻辑，即尽力而为、随遇而安，没有必要强迫自己达到怎样的人生目标和生活标准。这样物质生活条件虽不及别人，但其精神轻松，少有苦恼。

语例：姐姐问弟弟："你儿子复课高考，考起么?"弟弟："唉，脚踩西瓜皮——滑到哪里算哪里（意即没考好，也不打算再考了）。"

狡猾人一天不死，老实人一天吃亏

词解

狡猾：jiǎo huá，诡计多端，不可信任。

老实：诚实，正直。

吃亏：受损失，受损害。

释义

本义：狡猾人存在一天，老实人就多有受损害的一天。

用语意义：除陈述本义所指的事实外，旨在引起人们对这一现象的重视，不要上了狡猾人的当。

艺术与现实意义

普通的狡猾人，利用老实人的诚实、正直，坑蒙拐骗，损人利己；当官的狡猾人，出卖公共权力和原则，损公肥私；凶残的狡猾人，拦路抢劫，杀人越货。这些丑恶的现象比比皆是，不胜枚举，老实人只要稍一松懈警惕，就会成为狡猾人的牺牲品，狡猾人全靠老实人养活他们，而他们却在处处炫耀自己的“聪明才智”，炫耀自己的富有和权威。从古到今，这是一个不争的事实，老实人因为自己的正直、自己的宽容和懦弱，面对众多的狡猾人，无能为力，只好诅咒他们，表白自己：“狡猾人一天不死，老实人一天吃亏！”

本俚语是千百年来老实人郁闷心情的表达，是不满和愤怒的呐喊。但光呐喊是不够的，要想老实人不总是吃狡猾人的亏，必须树立民主、平等、法治的意识，形成一股力，和狡猾人作坚决的、有理有节的斗争，把宽容变成公平，把吃亏变成平等。

语例：村民甲："张毛佗要大家集资办厂，现在厂子宣布破产，大家的集资款打了水漂，但他自己家，修了高楼大厦，买了高档小车，这不是我们的集资款吗？""没办法的，狡猾人一天不死，老实人一天吃亏……"村民乙叹息道。

叫（喊）得应

词解

叫：呼唤、呼喊。

得：de，用在动词和补语中间，表示可能。

应：yīng，答应。

释义

本义：（这边）喊叫，（那边）就能听到并发出应答之声。

用语意义：比喻见效迅速。

艺术与现实意义

本俚语是一个借喻句式，也是一种夸张手法。把做某项事情有结果、有成效的直接或迅速，比作两人相互间的呼唤与应答这么直接、这么迅捷。但我们做事情，除了简单地拾取、观望等效果确实迅捷外，其他的事情从开始到有结论、有结果，都会有一个过程，不可能有呼唤与应答这么直接与迅捷。这是一种夸张的手法，在于强调结果、成效的可靠性，重点不在快上。

本俚语以夸张的比喻，给人以直观、可靠而迅捷的感觉，有诱惑、吸引人从事某项事情的鼓动作用。

语例

1. 球球对细细说：“你和我一起去贩运生猪么，我头钱不够；从广东运到本地，脱销给本地的屠宰场，除了运费等成本能赚每斤 1 元多的差价。叫得应，靠得住。”

2. 刘立云感冒几天了，吃了多种药都不见效，其表弟向其推荐一种药说：“像你这种情况，只有吃这个，叫得应，一吃下去就感觉好多了的。”

叫花子不涵服讨米的

词解

叫花子：乞丐。

不涵服：涵，hán，包含，包容。服，fú，这里是“使信服”“平服”的意思。涵服，是指心态平和，彼此之间包容、信服。不涵服，是指相互妒忌，容不得别人比自己好。

讨米的：本地对乞丐的俗称。

释义

本义：乞丐之间彼此妒忌，不能容忍别的乞丐过得比自己好。

用语意义：是指本应同病相怜的人，反而相互妒忌，不能容忍别人比自己好。说明人心胸狭窄、忌妒心强。

艺术与现实意义

本俚语在字面上可改写成“乞丐不涵服乞丐”，但如果这样表述，未免显得呆板无味。“叫花子”“讨米的”都是乞丐的俗称，前面用“叫花子”，后面用“讨米的”，在语言上显得含蓄、活泼，避免了短语中的用词重复。

叫花子自在，正常人没有谁和你较真，但毕竟处于社会底层，谁都可以呵斥你、欺侮你，也没有谁愿意为你主持公道。这些最可怜的人，互相之间应当彼此帮助、爱护才是，而事实上，他们却互相妒忌，见不得别的乞丐比自己好。看到别的乞丐比自己讨得多、讨得好，其他的乞丐就合伙欺侮他，或把他赶走。可见，人的心胸是何等的狭小，忌妒心是怎样的强。

本俚语的产生和运用，并不是要彰显人的心胸狭小和妒忌，而是对这种妒忌狭隘心理的批评和指责。

本俚语也是一个打比方的句子：把本应同病相怜的人而相互妒忌比作“叫花子不涵服讨米的”。

语例：张三家和李四家的情况差不多。在村上的“低保”对象评定中，张三家被确定为“低保”对象呈报户。李四意见可大了，找到村长说：“张三家和我们家情况一样，我们家不能吃低保，那他们家也不能吃！”村长说：“你还真是叫花子不涵服讨米的，这上面有指标限制呀，张三这次解决了，下一次就可以考虑你了。如果张三家这次不能解决，下次轮到你的可能性就更小呀……”

叫花子倒呱米——是（自）讨咯

词解

呱：读音 guā，本地方言的助词，如同“了”。

讨：读音 tǎo，此处有“乞讨”和“招惹”的双重意义。

咯：gē，拟声词。本地方言为判断助词，如同“的”。

释义

本义：叫花子背着的米一不小心倒散到地上去了——没关系，这是讨来的（没有付本钱）。

用语意义：比喻某人受了挫折或委屈，有其自身的过错、原因，倒霉是自己招惹的。

艺术与现实意义

这是一个谐音歇后语，“自”与“是”谐音，“讨”在这里有双重意义：首先是“乞讨”的“讨”，是说倒了的米是乞求来的，不是劳动得来的；其次是“招惹”的意思，是说倒霉是自找的。

过去的中国社会是自给自足的自然经济为主导，钱是很珍贵的，不像现在，钱不值钱，见到乞讨的，发发善心就给点票子。那时，叫花子出去乞讨，发善心的人一是给现成的饭菜，叫花子当场吃完就地道谢；二是给米或者再给点待煮的菜。

叫花子的米倒了，也是一件倒霉的事情：米虽不是劳动所种，但也是走村串户辛苦得来，但叫花子可以自我解嘲地说：

“没关系，这是讨来的。”而正常的人如果因自身的原因倒霉了，可不能自我解嘲：这是“自讨”的，不是“是讨”的。这样就连同情你的人都没有。一般是他人评价“倒霉”人的用语，既含有责备的情感，也含有几分同情，但侧重于责备。短短几个字的歇后语，兼容了有相似、有比较和有区别的许多内容，同时，含有复杂的思想感情，真可谓言语精悍、含义丰富而深刻。

语例：小三小时候很顽皮。一天，小三拿着一枚大爆竹想去吓邻居的小女孩，结果点燃引线后，大爆竹未离手就爆炸了，小三的手指被炸得鲜血淋漓。小伟把这事告诉了妈妈，妈妈说：“小三呀，他是叫花子倒呱米——是（自）讨的！你可不能学他的坏样。”

叫花子炠牛草火
各人从自己裤裆底下扒

词解

炠：jiá，火干也（上海辞书出版社 2011 年 2 月版《康熙字典》第 618 页），即烤的意思。

牛草火：牛草，这里指稻草，因以前稻草主要是用以养牛，所以把它叫作牛草。牛草火，就是用牛草生的火。

从：顺从。这里是“向”的意思。

裤裆：kù dāng，两条裤腿相连的地方。

释义

本义：以前牛少，稻草多。稻草一般不放家里而堆放在野外。严冬里，特别是夜晚，叫花子冻得不行，就去拿人家的稻草燃烧取暖。但也不能大量烧，烧人家的稻草太多怕别人骂。稻草烧完了，草灰还有一定的余热（余热低，不烫人），且这余热能保留的时间不长。于是，叫花子们赶忙将草灰往自己裤裆底下扒，以使自己多受一会儿热的烘烤。

用语意义：本俚语说明人的本性的自私性，用以批评他人自私自利的行为。

艺术与现实意义

人的一举一动，除了条件反射，无不是人内心世界的反映。在稻草燃烧时火势大、热量大，不敢也不需要往自己裤裆里扒；当明火一熄灭，可以往自己身下扒时，则不考虑大家怎样共享余热，每个人都只想自己占有更多的余热，别人一点也没有也不去考虑了。这本是一个细小的行为，但管中窥豹——略见一斑，这也充分显示了人自私的本性。不是叫花子的人们又如何呢？如果在严冬的夜里，大家穿着单薄的衣服围在一起烤牛草火，当大火熄灭时，是不是也和叫花子们一样呢，大部分人应当是一样的，只有少数人能矜持或想到共享余热。这并不是非叫花子群体就比叫花子群体高尚，而是因为非叫花子群体大得多，总会有人懂得些大道理，而非纯本性使然。

有好处都想自己沾上，哪怕是排挤了别人也要沾上，虽不值得赞同，但这是社会的普遍现象。本俚语以最底层的“叫花子”为例，是因为要批评、责备这些自私自利的行为，在这俚语的批评中，使受批评者人格受到侮辱从而达到鞭挞的作用。

本俚语也是一个打比方的句子：把人自私自利的行为比作“叫花子焆牛草火，各人从自己裤裆底下扒”的现象。

语例：天旱了，公共水圳里好不容易从上头放下一些水。组长为了避免大家一齐放水发生争执，于是指定张三、李四、王五把沿圳各家稻田里均匀地放些水。结果他们三人自家田里的水注满了，有些稻田却滴水未沾。人们纷纷指责张三、李四、王五是“叫花子炟牛草火，各人从自己裤裆底下扒”。

叫花子见不得奲米汤

词解

叫花子：乞丐。这里指过去专讨米、饭（含菜蔬）维持生命的乞丐。

见不得：不能遇见。

奲：nái，热也（见上海辞书出版社 2011 年 2 月出版的《康熙字典》）。武冈读音 nài。

米汤：大米饭煮至沸腾时取出的汤。

释义

本义：乞丐见到温热的米汤就会迫不及待地吃掉。

用语意义：某些东西是人人都渴望得到的，见到这样的东西就会毫不犹豫地把它弄到手；或者，好吃的东西一到手，就是吃得有点撑，也会很快把它吃光。

艺术与现实意义

以前的叫花子，都是以讨米、讨饭，或在城镇的饮食店里吃别人吃剩的饭菜及面汤为生。不像现在的乞丐，不要东西只要钱，把乞讨作为一种赚钱的手段。过去，老百姓认为，米汤是大米的精华，比饭更有营养。温热的米汤更加可口，营养也更佳。老百姓做饭一般情况下是不容许取米汤的，因为取了米汤，饭的营养就差了。只有自家的亲人有谁生病不想吃东西时，才取点米汤作特别营养品。叫花子讨饭本身就很不容易，常遭别人奚落和白眼，现在有人端着温热的米汤放到他面前，他感激涕零都来不及了，还有不吃之理？肯定是接过就一气喝个精光了。

本俚语采用了借喻的修辞手法，把人们对某事务的迫切性，比喻成叫花子对龑米汤的奢求，形象、贴切，并具有动态感，把人们迫切的心情刻画得栩栩如生。

本俚语属于陈述性用语，表示某人对某种自己喜好的东西迫切占有现象的发生不觉得奇怪或突然，同时包含有对用语对象轻慢的情感。

语例：几个老乡在一起道白。有人说老单身汉王七找到一个嫩婆娘，讲起没几天，就把女的哄上床给睡了。老张说："这有什么奇怪的！叫花子见不得龑米汤呗。"

姐姐做鞋，妹妹捡样

词解

捡样：捡，jiǎn，拾取。样，yàng，样子，样式。捡样，即照着别人的样子学或跟着别人学。

释义

本义：姐姐做过鞋的鞋样妹妹给留下，作为自己今后做鞋子的式样。

用语意义：大的带头，小的效仿；上级带头，下级跟上（多指不好的方面）。

艺术与现实意义

“捡样”，这里有双重含义：一是本义，指妹妹将姐姐做过鞋的鞋样收捡好，以后自己做鞋有范本；二是指妹妹以姐姐的行为（好的和不好的）为榜样。

过去的妇女手工做鞋，要先根据穿鞋人足的长短、足弓的弧度及足掌的宽窄等因素描好样式画在纸上，然后剪下变成鞋样，再根据鞋样裁剪做鞋用的布料。做的鞋要合足，最难的就是剪鞋样。初学做鞋的人一般是从按别人的鞋样为同一个人或足的大小特征相似的人做鞋学起。而且在过去的农村学做鞋，一般是姐姐跟妈妈学、妹妹跟姐姐学（妈妈一般很忙，而姐姐一则相对妈妈清闲些、二则也能胜任）。

本俚语以妹妹跟姐姐学做鞋的小事例，隐喻上行下效（主要指不好的方面）的社会环境影响。以小喻大，以具体喻抽象，提醒我们在为大、为上时，要严于律己、以身作则，起好模范带头作用。

语例：生产队长把队里的一只烂箩筐拿回家装杂物，王六则把队里的一床旧晒簟拿回家。队长找王六要回晒簟，王六说：“你能把箩筐拿回家，我就不能把晒簟拿回家？姐姐做鞋，妹妹捡样嘛！”队长意识到自己行为的不妥，马上把箩筐拿了回来。

借呱你咯米还呱你咯糠

词解

糠：kāng，这里指稻谷籽粒脱下来的皮壳（稻谷籽粒脱下皮壳后就是米）。

释义：

见了我这样老大不高兴，是我借了你的米，用糠还给了你，让你吃了亏？

艺术与现实意义

本俚语是一个带质问语气的句式，常常是在用语人曾经的亲戚、朋友、邻居与自己见面后，无缘无故地不理睬自己，自己感到纳闷而质问对方时使用。

借了人家的米，用同样多的糠代替米还给了人家，人家就吃亏了，自然有理由不理睬你。本俚语从字面上看似难以理解，这种事实虽不普遍，但确实是存在的。在20世纪80年代以前，生产力落后，人们的衣食住行得不到保障。很多人家吃了上顿没下顿，常常靠借米度日。有时借了别人的大米，确实没有能力偿还，只好以糠替代偿还（可以多些，也可以不多）。出借人出于同情，也表示谅解。这样，在借米方，他是借了东西还了，不存在不讲信誉的问题；于出借方，糠虽不能与米相比，但得了总比没得好，糠也可以用来喂猪、喂鸡鸭，也成全了人家的信誉。所以，本俚语也是有客观出处的，不是从天而降。这个出处，体现了老百姓之间真挚、朴素的民风。但这种民风，发展到本俚语的语面时，多少有点情感的变迁。它又从另一个角度体现了老百姓直道、淳朴的民风：亲友、邻居见面不理睬无非两种原因，一是对对方有意见，二是自己心情特别不好。在这种情况下，对方以如此的口吻质问，自己对对方再不满，自己再不高兴，也会作必要的说明。这样也有利于化解双方的隔阂和误解。有时用语人明知对方不理睬自己不是因为对自己有意见，而特意如此之问。

语例：老满今天遇见表妹琳子，琳子板着个脸，对老满爱理不理。老满很奇怪，对琳子说："我借呱你咯米还呱你咯糠呀？"

琳子见表哥对自己的态度不满，赶忙解释说："没呢，没呢，刚和我那个要死咯（指其丈夫）怄了气哩。"

金窝银窝不如自己的狗窝

词解

窝：本指鸟兽、昆虫住的地方，这里指人睡觉用的床和被褥。

释义：别处的床和被褥再客气、再豪华，自己的床和被褥再差，哪怕差得如同狗窝，但还是自己经常使用的床和被褥躺着舒服。

艺术与现实意义

床可用金银装饰，但被褥没有谁用黄金、白银制作。"金窝""银窝"是形容床和被褥的高档豪华，而非实指。"狗窝"也非实指，是比喻自己住宿的窝脏、乱、差或不上档次；"自己的狗窝"是一个假设："即使自己睡觉用的床、被再差，就如狗窝一样脏乱差。""金窝""银窝"与"狗窝"形成巨大的反差，目的在于说明人睡觉所习惯场地的重要性。人的身体状况千差万别，睡觉的场地即使是同样的材质制成，要使各个人都睡得很舒适，必然会有细微的差别：有的人喜欢硬一点，有的人喜欢软一点；有的人喜欢枕头高点，有的人喜欢枕头低点；有的人喜欢仰卧，有的人喜欢俯卧，有的人喜欢侧卧；等等，对床铺的个性要求是不完全一样的。

特别说明，这里的狗窝可不是现在的宠物狗的窝哟。过去的狗睡哪里，一般都是它自己选择的，它一般选择在门角、墙角避风、避雨处。冬天，主人给它垫些稻草保暖就算是窝了。

本俚语实际揭示了一个生活哲理：人生活在其习惯中就会觉得舒适。所以，我们应当尊重别人的生活习惯，不要强求别人改变自己的生活习惯。

语例：阿坤的弟弟从外国回来探亲，因嫌老家的床铺差，在宾馆开了房。阿坤送弟弟到宾馆下榻。弟弟说宾馆的床铺高档，他出钱多开个房要阿坤在宾馆睡一晚，阿坤说："'金窝银窝不如自己的狗窝'，我呀还是回去睡觉踏实。"

进呱堂屋想进房，进呱房又想上床

词解

堂屋：正房居中的一间。

房：房间，卧室。

释义

本义：冬天到别人家借宿，别人答应其在堂屋搭铺过宿；可堂屋里很冷或者还加地上潮湿，又向主人反复要求到房里搭铺；在房里搭铺了，又嫌地板硬、地板凉，要求到房里的床上睡。

用语意义：比喻人心不满足，总是得寸进尺。

艺术与现实意义

本地以前建房的制式，一般是四排（主排扇或叫承重墙）三间（房间）或六排五间的木屋，不论是南北走向还是东西走向，或是其他走向，中间的房子都叫“堂屋”，两边的房间叫“房”。堂屋都不铺地板，也不安装天花板，还有很多不做大门，所以，堂屋里秋冬冷、春夏潮湿；房间里一般既装了地板（木板），也装有天花板，干燥、舒适，也便于保暖。

过去交通不发达，出门办事或走远亲，除了少数富有的人骑马、坐轿外，多数人是走路。天黑了，只要看到哪里有人家，不管是不是旅店，都可去借宿（在不是旅店的人家借宿是不收钱的）。人家答应你在堂屋里借宿比在野外露宿就好多了；到了堂里你却说这道那，讲出许多的理由，让别人答应你到房里搭铺睡觉；在房里搭铺睡觉比在堂屋里强多了，可你又提出更高的要求，硬要到别人房间空着的床上睡，弄脏别人原本清洁的被褥。知足者，能在别人的堂屋搭铺就满足了，不会提更高的要求；能够被允许在房里搭铺就很高兴了，就算看到别人房间的床空着，也不会提出过分的要求。提出要到床上睡，也不是什么出格的事情，也是常见的现象。但也有人动了歪脑筋，认为房主人是单身女人，“想上床”是想上单身女人的床。

本俚语就是通过这种常见的不断提出更高要求的事例，比喻人得寸进尺的不良心态。本俚语虽是对这种心态的批评，但因为本俚语的事例带有诙谐性，特别是上文后面所提到的“歪脑筋”想法，使批评的语气和缓，易为人接受。

语例：小张初中毕业后就业无门，后想到一个远房表舅在一个企业当领导，就由其父母出面要其表舅给他弄到这家企业做临时工。干了几年，小张觉得这个企业效益不错，就要求表舅给他走后门转正。表舅说：“你是进了堂屋想进房，进了房又想上床呀，转正？表舅可没这个能耐了。”

进官屋捡官样，进苗屋捡苗样

词解

官屋、官样：官，旧时称属于政府的或公家的。官屋，此处指有规矩、有教养的人家。官样，指有规矩、有教养人家的行为规范。

苗屋：指行为放荡、不守规矩的家庭。

捡：本是拾取的意思，此处是仿效的意思。

释义

本义：本是婆媳之间闹矛盾时，婆婆责怪媳妇没教养、不懂规矩时，媳妇回应婆婆的话。意即：我嫁进有教养、有规矩的人家，就学着有教养、有规矩；嫁进没有教养、没有规矩的人家，就变得没有教养和规矩。

用语意义：人的操行、品性随环境的不同而有所改变。

艺术与现实意义

《康熙字典》在解释“苗”时，其中有这样的记载：“……又《书·舜典》：窜三苗于三危。《史记·夏本纪》注：《神异经》：西荒中有人焉，面目手足皆人形，而胳下有翼，不能飞，为人饕餮，淫逸无理，名曰苗民。”（见上海辞书出版社 2008 版《康熙字典》第 990 页）饕餮（tāo tiè），比喻凶恶贪婪的人。这里的“苗民”，就是一些不守礼节、不讲道理的怪人。可能正是源于此，所以，苗在本地就有不守常规、横蛮不讲理的意思。

本俚语的艺术在于：用语者表面上没有辱骂对方的语言，但又使对方与自己处在对等的地位，对方再侮辱自己，也就侮辱了他本人。在一定程度上起到了止纷的作用。

本俚语在实际应用中，往往也可将“屋”的范畴引申到“单位”“集体”。

语例：经理为显领导的威严，对刚从外单位转来的小伍无端地警告：“不要把在外单位的不良习气带到本单位来呀！”“经理，不知你听说过这样一句话吗？进官屋捡官样，进苗屋捡苗样，反正跟着领导学嘛。”小伍轻描淡写地说。

绝禾代

词解

绝：jué，断绝，灭绝。

禾：禾苗。

代：世系的辈分。

释义：指没有后代的人。

艺术与现实意义

没有禾苗，就没有谷子，没有谷子，来年就没有种子，稻谷就会灭绝。这是本俚语暗含的一个比喻。

本俚语是一句诅咒人的恶语。展开来意思是：你们家到你这一代就没有后代了（即使现在有后代也会夭折），绝了种了。在现今，“独身主义”可是一句时髦的话，也有一部分人在追赶这样的时髦。

可在20世纪，骂别人没有后代、没有后人上香是最伤人、最恶毒的话，被骂者甚至可以和你拼命。当然，就是在当时，这样的话也不是随便可以骂出口的，随便骂别人是“绝禾代”，你肯定会挨揍，也于心不忍。只有在别人做了你认为是最恶毒的，或使你最伤心的事，才可以用这话骂别人。如果谁做了让你伤心的事，你拿这话诅咒别人，别人也不好回击你；同时，一般骂这话时，很多情况下是不指名道姓的，也没有谁愿意来认账。

本俚语虽是恶毒的咒语，但也有它的积极意义。这就是本俚语的警示作用：为了不让别人骂自己是“绝禾代”，做事一定不可以太缺德。

语例：赵龙三给禾苗洒农药后，把还剩有没用完药水的喷雾器放到张蓝妹的池塘边就另有事去了。没曾想到喷雾器被嬉戏的狗碰翻了，将没用完的农药水全泄漏到张蓝妹塘中，将她喂养的鱼全毒死了。张蓝妹以为是谁故意整她的，就在骂街：“哪个绝禾代，放药将我的鱼药死完呀！……”赵龙三因没钱赔偿也不敢吭声。

看到你个背身是匹岭

词解

背身：背脊，指人的背部。

匹：pǐ，用于马、骡和布卷等的量词。这里是指山峦的数量，一个山峦就叫一匹山或一匹岭。武冈读音pí。

岭：顶上有路可行的山。

释义

本义：看到你的背部我就觉得像一匹待翻越的大山岭一样犯愁——难爬。

用语意义：是说某人为人刁钻、难缠，别人不想和他打交道；与他有关的事务尽量避而远之。

艺术与现实意义

这是一个省略了原因，只点明了结果的半截话。结果部分是一个夸张的比喻：人的背部，特别是搞农业劳动的人背部都有较大的曲度，与丘陵地区的山峦有些相似。但说它是高大的山岭是很大的夸张。

在农村劳动，翻山越岭是常有的事情，但毕竟不是一件容易的事情，尤其是挑着担儿，扛着东西翻山越岭更是苦身汗力的活儿，是人们一提起就犯难的事情。那么，为什么看到这个人的背部就这么犯难呢？实践经验告诉我们，这个人一定是刁钻难缠的人。和刁钻的人打交道，让人觉得就像翻山越岭一样辛苦。这样作比，让人有一种身临其境、大汗淋漓的感觉。翻山越岭难以避免，但能避免的尽量避免，这就是本俚语的"度"。这个"度"说明，被用语对象也不是十恶不赦的大坏人，与其总会有避免不了的交道，但是能够避免的要避免，特别是不要与其交锋。

本俚语意在弦外，而且需要有丰富的生活经验才能理解。

语例：赵千在与王凯合伙做生意中吃了王凯的大亏。两人分别时，王凯还假惺惺地与赵千说再见。赵千毫不掩饰地说："还同你再见，我看到你个背身是匹岭了！"

看牛伢子卖不得牛

词解

看牛：看，kān，照管意。看牛，即放牛，把牛放到草坪或山岗上吃草和树叶，既不要让它丢失，又不能让它损坏别人的庄稼。

伢子：伢，yá。伢子，方言“小孩子”的意思。

释义

本义：放牛的小孩子没有权利把牛卖了。

用语意义：除本义外，常指对某事物有管理权而没有处分权。

艺术与现实意义

稍有一点法理基础的人，透过俚语的语面不难理解：本俚语包含了两个朴素的民事原则：一是处分权基于所有权或委托权；二是处分权人必须是有民事行为能力的人。在南方的丘陵地区，很少有成片的大牧场，常常是山林、耕地互相掺杂；以前养牛主要是为了耕田，没有大量牧牛的牧场，小户人家一般只养一头牛，有的甚至两三户合养一头牛，只有很富有的人家才养两头、三头牛。放牛常常是一人看管一头牛。为了节约劳力和成本，常常又是七八岁以上的未成年伢子负责放牛；很多时候放的牛不是自己家的。看牛伢子之所以没有权利卖牛，是因为既没有基于所有权的处分权，又因他没有相应的民事行为能力接受委托成为受委托的处分权人。这么复杂的民事原则和原理，本俚语简短的八个字给表现出来，浅显易懂。

本俚语也是一个比喻：把对某事物没有处置权比作“看牛伢子卖不得牛”。

语例：老义把木炭挑子放下在路边歇息。一行人问：“这担木炭多少钱?”老义答道：“看牛伢子卖不得牛。”行人知其没有处分权不再多问而离去。

看人不看帽子，看老爷不看轿子

词解

看：kàn，观察并加以判断。

老爷：旧社会对官吏及有权势的人的称呼。

释义

本义：人的地位、贫富，从他戴的帽子就能体现出来；老爷的权势大小，从他乘坐的轿子就能体现出来。

用语意义：随着封建社会被推翻，帽子所代表的等级制已经消亡；随着生产力的不断进步，轿子也退出了历史舞台，该俚语的意义已衍变为从一个人的长相和言谈举止来判断这个人有没有出息了。

艺术与现实意义

旧中国的官吏，官职的大小都能从他们所戴的帽子和乘坐的轿子上体现出来，因为哪一级官员戴什么样的帽子，乘坐什么样的轿子，轿子几个人抬，朝廷都有规定，特别是清朝；如果下一级官员戴了只有上一级官员才能戴的帽子或乘坐了只有上一级官员才能乘坐的轿子叫“僭越”，就会被问罪以致杀头。富贵的人所戴的帽子和乘坐的轿子装饰豪华，过去的人没有现在的人喜欢装酷，没有哪个穷人去戴头饰豪华的帽子，更是坐不起轿子。民国以来，这些帽子、轿子的等级规定没有了，本俚语的本义也就没有实际意义，人们逐渐将本俚语用于通过人的长相和言谈举止来判断一个人有没有出息和前途：认为长得端庄的、机灵的有福气，言谈举止大方自然的人有出息、有前途，反之则没有出息和前途（这是没有科学依据的）。

本俚语在现代用语意义中暗含了一个比喻，即一个人的长相和言谈举止就好像过去老爷的帽子、轿子能体现老爷的官职大小一样，能体现一个人是否有出息和前途。

本俚语也系反语正用，“不看”即是“要看”，但在用语意义变迁后，“不看”还变成实义了，即确实不看帽子和轿子了。但帽子和轿子从广义上说也是人形象的范围，所以，不看帽子看长相，不看轿子看人的风范。

语例：华明的儿子犯错被华明打骂后负气跑出了家，华明正在焦急地寻找。华明遇到小胖，问小胖见过他儿子吗？小胖语讷并有点口吃讲不清，华明心里烦躁即贬损小胖：“看人不看帽子，看老爷不看轿子——你呀没出息的！”

扛着竹竿过城门洞子——直来直去

词解

城门洞子：城门，城墙上所开的供人进出的门。洞，物体中间的穿通的或凹入较深的部分。洞子，洞穴。城门洞子，武冈的城墙开门处很厚，约有八至十米厚，城门高约六米，宽约五米，穿过城墙的门向内的延伸就显得很深，像一个山洞，所以叫城门洞子。

直来直去：直，这里是指前后方向。直来直去，前后方向与路面平行地来或回。

释义

本义：小一点的城门洞子高宽不超过五米，而本地的南竹全长有十多米，有用部分少说也有八九米长，即竹竿长，所以扛着竹竿进出城门，横着不能进出，向上竖着也不能进出，只有水平直着——竹竿与城门洞子的洞壁大致保持平行才能顺利通过。

用语意义：是说人性格直爽，说话、做事不拐弯抹角。

艺术与现实意义

武冈城墙的特色就是厚实，而不算很高，所以城门不能太高大，门槛就显得很深，故而称城门洞子。“城门洞子”是武冈特有的称呼，词典、网上还查不到。扛着十多米长的竹竿进出城门洞子，自然只能直来直去了，竹竿斜的幅度稍大点就可能碰壁。

本俚语以武冈城特有的环境特色下所特有的行为，来比喻人为人性格的直爽，大有一眼即能望穿，不是九曲回肠深不见底的感觉，既形象直观，而且具有动态感。

语例：何以武与何二一起进城，看到一个漂亮的姑娘在唱歌筹钱，何以武给了姑娘五元钱。回到家里，大家聚在一起道白时，何二说：“今天进城，看到有个姑娘在卖唱，以武看到人家姑娘漂亮，就给人家丢了五元。”这本是有点开玩笑的话，不想以武妻子回家后吃无名醋，把以武狠剋了一顿。第二天何以武怪何二不会说话，何二妻子圆场说：“大哥，别生气，何二，你是知道的，扛着竹竿过城门洞子——直来直去，他不会犯想心，但他不是故意惹嫂子生气的……”

开洋荤

词解

洋：外国的或国外来的。

荤：hūn，指鸡鸭鹅猪牛等肉类食品（跟“素”相对）。

释义

本义：长期吃素的人开张吃肉类食品，而且是吃外国进口的肉类食品。

用语意义：是指某人在某方面开张做出某种对他人有好处或友善的行为。意在言其难得。

艺术与现实意义

开荤，本就是指信奉佛教的人解除吃素的戒律或已满吃斋的期限，开始食肉。解除吃素的戒律一般还要举行一个仪式。这里侧重的是解除吃素戒律的意义。信奉佛教的人，开戒吃荤本就是一件难得的事情，开戒时吃的还要是外国进口的肉食，就更加难得。本俚语把一个在某方面长期表现不好的人开张做出好的行为比作佛教徒“开荤”，凸显了行为开端的难得，“荤”前加个“洋”字，更加突出行为的难得性。

语例：黄满娘与其儿媳妇方华一向关系不融洽。今天方华与邻居陆丽一同进城逛街时，竟发欢给其婆婆买了件衣服。其后，陆丽见到黄满娘说：“还说你媳妇不好，我亲眼见她给你买了衣服哩！”“嗯，开洋荤了！”黄满娘掩饰不住自己的高兴说。

客不吃沥壶酒

词解

沥壶酒：沥，lì，液体一滴一滴地落下。武冈读音 lià。沥壶酒，一壶酒快酾完时，里面残留的些许酒。酾尽时有酒一滴一滴往下落的过程，所以叫沥壶酒。

释义：一壶酒酾完时，壶内残留的酒不能酾给客人。

艺术与现实意义

这是本地的习俗，如果将沥壶酒倒给客人是对客人的不尊重，等于变相地说客人吃得饿（因嘴馋将可吃的东西一气吃得一干二净，或因贫穷长期缺吃少穿，见到可吃的东西连粘在器皿上的残渣都要吃了。在当时，“吃得饿”是贫穷的代名词）。为了更好地理解本俚语，说个小故事辅证。20 世纪 70 年代初，有一位姑娘的父亲请媒人给姑娘介绍了个对象，父亲对媒人介绍的男方及其家庭非常满意。可姑娘怎么也看不上那男子，但又不好违拗父亲，于是，姑娘心生一计，向弟弟如此这般地交代了一番。一天，姐姐带着弟弟去男方家做客，男方家里当然很高兴，拿出当时稀有的芝麻糖给姐弟吃。姐弟很快把糖吃了，弟弟当着男方父母的面，端起盛过芝麻糖的盘子将掉在盘子里的芝麻用舌头舔得干干净净。男方母亲忍不住说：“伢子，怎么吃得这么饿，冇吃饱我家还有呀！”弟弟接茬说：“哎呀，我哩还只舔盘子，我姐在家里还舔锅舔瓢的哩！”男方父母听弟弟这么一说，认为这妹子根苗（指遗传素质与教养等）不好，就主动向女方提出解除婚约。这是一个真实的故事。从这个故事我们不难理解，讲别人吃得饿是多么严重的问题，所以，主人酾酒时，要么不将壶里的酒倒尽，要么沥壶酒要倒给自己。当然，随着时代的进步，现在没有人再去计较自己是否吃了沥壶酒，但这个历史的礼俗情节还是不能忘了。同时，特别场合适当运用有利于活跃说话气氛。

语例：几个朋友在一起喝酒，把壶的是一个好酒分子。酒不够喝，而把壶人想占点便宜，酾了一圈（每个人给得很少），壶里剩下较多。“客不吃沥壶酒，是吧？”把壶人就把酒倒到自己杯子里去了。

口剥谷子

词解

谷子：本地指稻谷。

释义

本义：用嘴剥脱稻谷的外壳，使其变成米。

用语意义：是指父母或其他长辈对儿女或其他晚辈，在某方面反复教导，怕其忘记而犯错。

艺术与现实意义

稻谷的外壳粗而有芒，如用嘴剥稻谷壳，连剥几粒，口内的黏膜一定会被磨破，甚至于流血。本俚语暗含了一个间接的比喻：父母或长辈就某方面问题反复和子女或晚辈讲，多讲的后果就是嘴皮会被磨破，就像用嘴剥谷子，多剥几粒嘴唇就会破一样。本俚语是把语面意义的后果作为喻体。

值得注意的是，本俚语中所讲父母或其他长辈反复教导的，都是晚辈容易犯错的内容。本俚语的使用，往往是父母或其他长辈反复告诫过的事情，而子女或其他晚辈仍然违反后对子女或其他晚辈责怪、批评的用语。

本俚语也透露出父母或其他长辈对子女或其他晚辈的用心良苦——重要事项谆谆教导，不惜磨破嘴皮。使用本俚语时，也同时捎带着很大的无奈。

语例：小竣又把同学推到地上摔伤了，同学的母亲问小竣妈要了医药费。小竣妈气得不行，一见小竣就提着小竣的耳朵说："我口剥谷子一样和你讲，不要和同学吵架，不要和同学吵架，你就是不听，你这耳朵是拿来做么子的？"

叩牛栏尖

词解

叩：kòu，敲；打。武冈读音 kōu。

牛栏尖：尖，物体锐利的末端或细小的头儿。牛栏尖，楔形木闩：牛栏中供牛进出的门，不做门框和门板，就在门两侧的门柱上适当的位置安上两到三块能取、上自如的横木枋。为使横木枋不掉落，在木枋的一端加上一端大（楔入横木枋一端木柱用于安横木枋的孔内）、一端小（露在木柱内侧的外部）的木闩，这就是牛栏尖。它可以内外活动，便于横木枋的取与上（木闩拉开，横木枋可向木闩这端更深地插入，木枋就可以取下了，将木闩向内插入，横木枋就被卡住，不能取下）。通俗一点说，应当叫“楔子”。

释义

本义：叩牛栏尖，是指牛被关在栏中无聊时，就用牛角去碰牛栏门柱中露在外侧的牛栏尖使它发出声音以自娱。

用语意义：是指某人虽然读了较多的书，可说话、做事不懂道理，不通人情。

艺术与现实意义

本俚语使用的是比喻的修辞手法。是说这个人在学文化、明事理的教室待了这么多年，为什么说话、做事就这么不懂道理？这个人在教室里读书是不是就像牛被关在牛栏里用角叩击牛栏尖发出声音来自娱，图好玩，而不是学知识、明道理呢？

可比性：教室是方的，牛栏也是方的；教室上课要关门，牛被关在栏里也要“关门”；上课教室里不时传来读书声，牛被关在栏内不时传来牛角对“牛栏尖”的叩击声。

本俚语从人们熟知的现象出发，运用贴切、形象的比喻，以辛辣的讽刺，对那些读书不明理的人进行了尖刻的批评。

语例：明明与玲玲的房屋系前后关系，玲玲家装有线电视，要在明明家屋子上钉两个瓷卡装线经过。明明家不装有线电视，不同意玲玲钉瓷卡。他就一个理：“你装有线电视我管不着，但屋子是我的，不要在我屋子上钉瓷卡。”组长闻讯后，批评明明说：“你号称是个高中毕业生，你在学校是叩牛栏尖的？这么不明事理！你家不装有线电视是实，但你家装了电灯吧？你家的电灯线从别人家经过了吗？”

苦身汗力

词解

苦：使痛苦，使难受。

汗：流汗。

力：体力。

释义：

本义：因辛勤劳动而使身体受苦，因使劲而流汗。

用语意义：是指钱财来之不易，是通过艰辛的劳动，流血流汗得来的。

艺术与现实意义

本俚语用语简洁、含义丰富；用语意义是透过字面的理解而得来的，它不是字面的简单解释。语面使用的是描述性语言，以“力”、以“汗”来表现身体之苦，使“苦”具体形象，使听者有一种身临其境的感觉。

本俚语常常用以教育小孩要爱惜粮食、珍惜钱物。因其描述性的语言表达，稍有体力劳动经历或亲眼见过人们辛勤劳动场景的孩子听后，就会引起心灵共鸣，能起到良好的教育效果。

本俚语间接地体现了武冈人民珍爱劳动成果、勤俭节约的好品质。

语例：妈妈见儿子吃饭时地面掉了很多饭粒，于是语重心长地对儿子说："孩子，饭粒不能随便抛散。粮食是爸爸妈妈苦身汗力种出的，来得不容易!"

裤裆里屙屎同狗打憋

词解

裤裆：kù dāng，两条裤腿相连的地方。

打憋：憋，biē，憋气。打憋，就是"与……怄气"。

释义

本义：因为厌烦狗，不想屙出的屎让狗吃了受益，于是就把屎屙在自己的裤裆里。

用语意义：比喻人心胸狭隘，处事不理智，宁愿自己受损害，也不让别人（一般是自己不喜欢或与自己不合的人）受益。

艺术与现实意义

本俚语用语粗俗，也不文雅，一想象本俚语描述的情景就恶心。可是，就是这样一个让人恶心的俚语，却揭示出了人不理智的丑陋。为了不让自己讨厌的狗吃到屎，竟然将屎屙在裤裆里，不仅弄脏了自己的裤子，自己也非常难受，最重要的是也使自己在众人面前处于非常狼狈的境地。本俚语是一个假设性的比喻：现实中把屎屙在裤裆里的情况时有发生，但原因是为了不让狗吃确实闻所未闻。本俚语是用假设的，人们易于想见和理解的情形来"恶心"某些不理智的行为。现实中这种"裤裆里屙屎同狗打憋"的行为是确实存在的，而且为数不少。

本俚语的喻体是动态的、有行为的全过程，是以事例为喻体的典型句式。

语例：张三和李四合购了一大车西瓜做生意。张三负责在甲地进货，李四负责在乙地销货。货一到乙地，张三和李四因利润的分摊比例发生了争执。李四在电话里对张三说："这西瓜我不卖了，随它坏！"张三："你这不是裤裆里屙屎同狗打憋吗？"

拉屎不同你共茅坑

词解

茅坑：厕所里的粪坑。也是厕所的借代称呼。

释义

本义：就是拉屎也不同你共一个厕所。

用语意义：指"我"与"你"的矛盾到了势不两立的程度。

艺术与现实意义

屎是人们认为最脏的东西。最脏的东西拉在哪里，丢在哪里，与谁的在一起都是一个样，没有必要去计较；既然最脏的东西都不愿意与"你"在一起，就是怕和"你"沾边、和"你"有牵连。可见互相嫌弃、敌视到了水火不容的地步。这是本俚语的侧重意义。当然，在厕所里碰到"你"就更加是不愿意的了。

本俚语用语虽然粗俗，但把两个人的矛盾通过对具体事项的态度，描绘得淋漓尽致。

语例：邻居甲与邻居乙在吵嘴。甲骂得很不近情理。乙最后说："好了，好了，我怕你了还不行吗？我惹你不起，我躲得你起，今后我拉屎不同你共茅坑！"

拉屎打喷嚏——两头亏

词解

喷嚏：pēn tì，由于鼻黏膜受刺激，急剧吸气，然后很快地由鼻孔喷出并发出声音，这种现象叫打喷嚏。

释义

本义：拉屎的同时又打喷嚏，下面出屎，上面鼻子喷出鼻涕，所以两头都亏了。

用语意义：比喻人做某件事情的结果是与这件事有关的两个方面都吃了亏。

艺术与现实意义

下面拉着屎，上面喷着鼻涕，屎是消化结果的残渣，鼻涕是带着菌毒的黏液，迸出了也没什么可惜。俚语取的是这种两头输出的表面形象。以"拉屎打喷嚏"来形容因做某件事情在两个方面都吃了亏，想象的情形虽不雅观，但却是一个直观形象的比喻。又这种情形一般人都有过切身的体验，一提到本俚语就会再现那种难受、尴尬劲。做某件事情，如果费了很大的精力，不仅没有得到好处，反而在相对的两方面都吃了亏，如耗费了精力又白贴了资金，内心的感受肯定是很难受、很尴尬的。正因为这样，本俚语以"拉屎打喷嚏"作比，赋予了俚语的诙谐性。

语例：阿超进了一批电子表想自己零售赚点钱。进了货后因别的原因没时间去卖，就把这批电子表亏了点本转手给了他姑妈的儿子林林。林林卖了两天后，这些表全被工商部门没收了，说是走私表，还要罚款。姑妈气冲冲地对阿超说："你出息了，骗钱居然骗到自己的表兄弟头上来了!"阿超一愣过后说："姑妈，冤枉！我确实不知道这是些走私表，我绝对是亏本转给林林的，我真是拉屎打喷嚏——两头亏啊（亏了钱还被姑妈怪罪)!"

腊泥鳅放生——不知死活

词解

腊：là，冬天（多在腊月）腌制（鱼、肉、鸡、鸭等）后风干或熏干。这里就是"干"的意思。

放生：把捉住的小动物放掉，特指信佛的人把别人捉住的鱼鸟等买来放掉。

不知死活：形容不知利害，贸然从事。

释义

本义：信佛的人拿了已经被风干或熏干的泥鳅去放生，腊泥鳅既不能感觉到生，也不能感觉到死，没有任何意义。

用语意义：是指不知高低、进退，不知利害的人，你给他机会他也不知道利用或不懂得感恩。

艺术与现实意义

放生本是善举，但泥鳅被风干、熏干变腊味后，就失去了生命，同千千万万其他动物失去生命后一样：你是把它千刀万剐，还是吊盐水救护，它都没有感觉。把它千刀万剐的是恶意，但它也不知道去记恨；把它吊盐水救护的是善意，但它也不知道去感恩。所以，人们不必去怜悯它、去给它生的机会，给了也是枉费心机，没有任何意义。现实中，有的人伤害了别人，别人给予宽容和谅解，是希望他改正，但他认为是别人怕他，是别人软弱可欺，于是更加放肆，到了一发不可收拾的境地；有的人犯了错，别人（包括政府）给了他悔过自新的机会，但他不知道珍惜，不撞南墙不回头。这些人，就如同被放生的腊泥鳅，不能分辨善、恶。本俚语是对这些人辛辣的贬斥——人不知好歹，就等于被熏干的腊泥鳅！

语例：伍豹性情暴躁，动不动出手打人。一次把别人打成轻伤，别人起诉要追究他的刑事责任，其父亲出面赔偿别人损失并向别人求情，别人撤回了诉状。伍豹不知悔改，又把另一人打成重伤。其母亲又要其父亲去向别人求情，其父亲说："豹儿呀，是腊泥鳅放生——不知死活的，我没有脸面去向别人求情！"

癞子在嫌癞子丑，癞子死呱打断手

词解

癞子：头上长黄癣的人。

释义：嫁了一个癞头的丈夫，不仅自己不满意，还常常招他人的讥讽，所以，妻子总是嫌自己丈夫丑陋。但当丈夫不幸早逝后，家里事务全仗自己一个人，很多事情做不了或做不顺，这时才想到癞子丈夫的好处，好像癞子丈夫死了，自己的双手被别人打断了一样，做事总不容易。

艺术与现实意义

“瘌子死呱打断手”是一个比喻，就是说瘌子死后，家庭的全部事务都靠自己一双手完成，很多事情瘌子在时不要自己插手的，现在也要自己来完成，可这些事情是自己做不来的；有些做得来的事情，有瘌子帮助则容易多了，现在瘌子去了，就好像自己的手被打断了一样，做不来了。这也间接地说明，瘌子除了长得不好看，其他方面是好的，至少具有勤劳的品质，所以瘌子死后妻子才有被打断手的感觉。

本俚语告诉我们：不光是夫妻，与家庭其他成员相处也是这样，不要老是只盯着别人的缺点，夸大别人的缺点，而应看到别人的优点，不要别人在你身边时总是挑剔人家的毛病，相处不愉快，在别人离你而去后，才发现别人对你的意义，才觉得身边像缺少了什么。珍惜现在，不悔将来。

语例：女儿对母亲说：“昨天送儿子上学，又是被褥，又是米的，累得我一身像骨头散了架似的。要是我那死鬼（指已过世的丈夫）还在嘛我就不要吃这样的亏么。”“瘌子在嫌瘌子丑，瘌子死呱打断手——他在时你不总是嫌他没用么?”母亲以责备的口吻说。

烂船把作烂船扒

词解

把作：“把……当作”的缩写，“当作”的意思。

扒：pá，用手搔、抓、挠。这里是“划”的意思，武冈话把“划船”讲成“扒船”。

释义

本义：人们划着新船处处小心，生怕把船碰坏、刮坏了；如果驾着的是条烂船，则比较随意，碰一下就碰一下，刮一下就刮一下，反正船已烂，不在乎更烂一点，只要不散架翻船就行。

用语意义：比喻人生已犯错，已有污点，别人已对他不看好，就干脆放任自流，不往好的方向努力。

艺术与现实意义

人难免犯错，犯了错，如果有较多的好心人帮助他、理解他、包容他，他就有了改正错误、重新站立的勇气；如果不被包容，受到歧视，他可能会在错误的道路上越走越远。特别是，有些事为之是人本性的要求，但法律和道德却不能容忍，比如性，特别是婚外情。可以这样说，绝大多数的成年人都希望有婚外情，只是因为法律和道德的束缚才不违犯，但一旦有了婚外情的先例，并且受到过分的歧视，他也许会破罐破摔，干脆不在乎人们怎样评价他。这些都是社会上常有的“烂船把作烂船扒”的现象。

本俚语既是一个比喻，也是一种心理概括。

本俚语其实给我们提出了一个社会课题：既然有烂船把作烂船扒的现象，而且这种现象对社会的危害也很严重，那么，怎样防止“烂船把作烂船扒”？总的原则应是，既要批评教育，又不能过分歧视；要采取开导、宽容、帮助的态度去面对，特别是对初犯者。

语例：合议庭对杜某某抢夺案合议时产生了分歧意见，有的主张要判实刑，不判实刑不足以平民愤。审判长如是说：“杜某某抢夺数额较大，且抢夺中还造成受害人伤害，理应严肃惩处，鉴于杜某某系未成年人，本次抢夺又是初犯，如果给他判了实刑，可能给他的人生打击太大，怕他烂船把作烂船扒。再则，监狱里是大杂烩，如果得不到良好的教育，被同监犯人向不好的方向引导，则更会是这样……”

烂夹衣——后（厚）补

词解

夹衣：指棉袄。棉袄由面子、里子及与中间夹着的棉花组成，所以叫夹衣。

补：此处有缝补和补充、补偿的意思。

释义

本义：夹衣如果烂了，缝补时，要先缝补里子布或面子布，然后在中间叠上棉花，再缝补面子布或里子布，补丁同样很厚，所以叫“厚补”。

用语意义：是指因暂时的经济条件限制等的原因，对某人的奖赏、送礼、报酬等自觉少了些，承诺以后补偿。

艺术与现实意义

本俚语既是一个推理性歇后语，也是一个谐音性歇后语。作为推理性歇后语在于：夹衣烂了，必然要缝补，而且和夹衣本身一样，补丁也会很厚；作为谐音性歇后语在于，“后”与“厚”同音，“缝补”的“补”与“补偿”的“补”是同一个字。使用本俚语时，既是用语人的承诺，同时也表现出用语人的谦虚或歉意：歇后语不但是谜面—谜底的形式，往往也是比喻句式，在本俚语中，把已做的事比作“烂夹衣”，是表示这个事没做好，用语者自己也觉得做得不够或有歉意。当然，如果只是客套话，则表示用语者过于谦虚。从这个意义上，本俚语表现了武冈人民为人谦恭的好品质。

语例：外甥考上了大学，舅舅只送了两百元钱的礼金。舅舅觉得不好意思，对外甥说：“舅舅这两年确有困难，钱太少了，不好意思，不过没关系，等舅舅家情况好点后，烂夹衣——后（厚）补……”

烂泥窠里摇桩墩——越摇越深

词解

烂泥窠：窠，kē，鸟兽住的窝。烂泥窠，不是指稀烂的泥坑，稀烂的泥坑是禁不住桩墩的。这是南方农村的一种地质现象，在有些水田里，表面上水平如镜，可会在某个角落有一个不同一般的小地方（一般面积不是很大）：烂泥层很深，泥烂而不稀，而且较黏稠；与烂泥相衔接的是硬土壁，烂泥下的硬土壁呈锅底状，亦即鸟窝或兽窝状，所以叫“烂泥窠”。烂泥窠的烂泥，越到中间越深，有的还很难探到底。这种现象不是固有的，有时好好的稻田，突然就出现了这种“烂泥窠”，牛在犁着田时突然陷下去，要费很大的功夫才能挽救出来，所以也叫“败牛窠”（这里的“败”是“陷”的意思）。

桩墩：zhuāng dūn，木做的墩子，一般较粗，一端呈楔形，被打插在泥土里以固定其他物件。

释义

本义：烂泥坑里的木桩，你想把它拔出来而左右前后摇晃，结果是越摇晃木桩陷在泥里越深。

用语意义：比喻人陷入某种困境，想走出这个困境，由于方法不对，或困境太难、太险恶，结果是越陷越深。

艺术与现实意义

桩墩一般被打得入土较深，要想把它拔出来，如果在一般的泥土里，只要将桩墩前后左右用力摇晃，卡住木桩的土基就会被摇宽松，然后将木桩用点力提出来就可以了；如果在本俚语所说的烂泥窠里，由于这里的烂泥太黏稠，前后左右摇木桩能摇动，可卡住木桩的土基紧紧粘住木桩不会松口，所以怎么提也提不出；再则，在前后左右摇晃的同时，也会给木桩一个稍向下的压力，如果在一般的土壤中这个压力不足以让木桩克服正下方泥土的阻力使木桩下沉，而在烂泥中，这点力就足以让木桩继续下沉，所以越陷越深。

现实中，这种烂泥坑里摇桩墩的现象不在少数。如还较大的赌债，还赌债借不到正常贷款，只有借高利贷还，还了赌债，又要还高利贷，只好去借更多的高利贷，于是欠债越来越多，负担越来越沉，就像烂泥坑里的桩墩，本想挣扎着拔出来，却越陷越深；又如吸毒成瘾，没有其他的经济来源，又要支付昂贵的毒资，只好以贩养吸，毒瘾越来越大，贩毒越来越频繁，既摧残了身体，还难逃法网……

本俚语也是以生活现象说事理，警示我们，做任何事情，特别是不好的事情，一开始就要考虑到后果，如果后果会是烂泥窠里摇桩墩——越摇越深的，则应忌涉入。

语例：太太们在一起道家常，说到某某的儿子既没有工作，却又沾上了毒瘾。李老太说："那就冇得救，人一沾上毒瘾，就是烂泥窠里摇桩墩——越摇越深的！"

烂秀才

词解

烂：这里是不圆满的意思。

秀才：明、清时期对官学（政府办学校）生员的通称，要经过初级考试（古称童子试）合格才具有该资格。

释义

本义：本地把考不上"秀才"资格而又放不下读书人架子的人叫"烂秀才"。

用语意义：是指那些读书不多，却口才好、能说会道、歪点子多的人或指有学问、但就是考试（包括旧式的升级考试和现代的升学考试）过不了关的人。

艺术与现实意义

在旧中国，凡是称得上"秀才"的人都是有学问、受人尊重的人。把那些读书不多却能说会道、遇事有主意的人叫"烂秀才"，是对这些人才能的赞许，但一个"烂"字打头，对其才能的定性又有些贬损，是说其才能没有完全用在正道上。当然，歪点子不等于坏点子，只是规避了某些常规"渠道"，如果专出坏点子，就不值得以"秀才"赞许了。用"烂秀才"比喻那些有学分却不胜考的人，有对其学分和努力的肯定，也有对他们遭遇的同情。

语例：老刘对老张说："你们家老三，在学校的学习成绩好是得到老师和同学的共同肯定的，可他报考大学连续几年都名落孙山，也算是我们这里的'烂秀才'了。"

拦马江人不过渡船——后上船的先上岸

词解

拦马江：武冈小地名，在拦马桥附近。郝水流经拦马桥附近时的一小段被当地人叫作拦马江，也特指这附近的村庄。

释义

本义：拦马江这段江面比较宽，水比较深。江那边的住户多，以前因进出这村庄的江上无桥，全凭渡船摆渡。摆渡的是小木船。小木船摇过江面时，总是船头先靠岸。船一靠岸，行人就马上登船，如果过渡乘船的人多，先上船的要向船尾靠近，后登船的才有站立的位置。登船完毕，艄公要把船掉过头再摆渡，于是，因后上船的站在船头，船靠对岸后，后登船的就要先上岸了。

用语意义：描述或批评办事不按先后顺序的混乱现象。

艺术与现实意义

小木船摆渡到处都一样，船头先靠岸。靠岸后乘船人急于上岸，人先下船等下一趟摆渡开始时再掉头；又插撑杆使船固定的孔也在船头，越靠岸边水越浅，便于插下撑杆固定船只，所以，船只停泊后总是船头靠岸。第二次摆渡时，乘船人仍先从船头登船，先上船的人尽量向船尾靠，以便给后上船的挪出位置，行船时掉转头，到达对岸后自然又是后上船的先下船。但武冈境内本身能称得上河流的水流少，大多只能称小溪，架几根木头抑或在浅水处间或地摆几个大石头便能跨过流水，所以渡船也少。拦马江这里的河面较宽，水也较深，没有渡船无以渡江，又拦马江两岸人多，自然与外地的交往也多；外地人没见过渡船的，觉得这种先登船后上岸的现象很新鲜，于是拿拦马江渡船说事，便产生了本俚语。

先上船的后上岸在摆渡处是正常的，但摆渡处毕竟是少数，凡事分个先来后到这才是常理。在现实中很多人不明事理、不守秩序，凭借自己的霸道或凭借自己的特权都要事事优先，本俚语是对这种现象的批评，指出不按规矩而优先的不正常性。但是，本俚语又不是对这一现象的严厉的批评，毕竟乘渡船的人后上船的先上岸是种客观存在，也不是怎样的离经叛道，所以，本俚语也体现出对这种不正常现象的一定的包容性。故本俚语的运用常常是描述性或自谑性的，不是直接地谴责、批评。

本俚语也是“不字格”歇后语，也是武冈俚语中以生活现象寓事理的用语艺术的表现。

语例：阿旺所要乘坐的班车正在进站，但阿旺还未购上票，于是直接走到排队购票队伍的前头，与排在前头的人及售票员讲清楚缘由后插了队，购票后表示歉意地说：“各位，对不住了，我是‘拦马江人不过渡船——后上船的先上岸’了。”

懒人屎尿多

词解

懒人：懒惰的人。

释义

本义：懒惰的人声称“要拉屎”“要拉尿”的情况多。

用语意义：是指懒惰的人常以“解手”为借口离开劳动现场以逃避短暂时间的劳动。运用本俚语主要就是批评这种现象。

艺术与现实意义

本俚语应产生于20世纪50至70年代。当时的劳动管理不科学，实行“大和拢”的劳动管理，劳动报酬不与劳动效益挂钩，大家一起劳动，劳动一天就记一天的劳动报酬；只要一天都在劳动现场，做多做少没有区别，做得少的最多也是被领导批评了事。所以，那些懒惰的人，就常常以“要拉屎”“要拉尿”为借口离开劳动现场偷闲。因为“要拉屎”“要拉尿”理由正当，虽然领导和同志们也知道其中的缘由，但总不能不准别人拉屎拉尿吧。于是领导和同志们就总结出本俚语来批评这种现象。但本俚语的本义并不只是对找借口偷懒的人的批评，在生理上是有科学道理的：假如勤劳人与懒人相同体质又吃相同相等的食物，勤劳的人做事卖劲，因吃食吸收的水分大都变成了汗水排出体外，小解的次数就少；因吃食吸收的淀粉、蛋白质之类，大都转化成热量在劳动中消耗了，大便次数也会相应减少。

本俚语在用语上虽没有很多的艺术特色，但它是一个时代人们劳动的精神和管理状况的缩影。提醒着我们，劳动管理必须以效益为中心，要打破“大锅饭”，让人们的劳动报酬与劳动效益紧密地结合起来。不要让懒人有“屎尿多”的机会，而要让他们尝到“报酬少”的苦果。

语例：要做晚饭了，妈妈叫小丽到地里砍莙白菜回来晚餐吃。小丽说：“我很想大便了，叫姐姐去呀。”“我知道了，懒人屎尿多！”妈妈不无嗔怪道。

懒尸胴骨

词解

尸：shī，尸体。

胴：dòng，胴体，即屠体。家畜屠宰后的躯干部分（见上海辞书出版社 1977 年 11 月出版的《辞海·语词分册》第 1588 页）。武冈读音 dóng。

骨：gǔ，骨头，这里指人体骨骼。武冈读音 guí。

释义：形容人懒惰，不肯动弹。

艺术与现实意义

一般情况下，“尸体”就包括了肉体和肉体里的骨头，有时候又将它们区别开来，如某人意外遇难，找不到尸体，就说某人尸骨无存。本俚语整体上看使用了互文的修辞手法：尸和骨都是指尸体，“懒”是“尸”的表示状态的修饰语，“胴”是“骨”

的表示状态的修饰语，在这里“懒”与“胴”是近义词——“懒”有不动的意思，“胴”作为尸体也是不动的；俚语中四个字起到了互相注释、互相补充的作用。其次，本俚语中暗含了两个比喻：把人的懒于动弹，比作一具不能动弹的尸体；把人体中充满活力的骨头，比作尸体中已无生命迹象的无机物。

本俚语简短四字，把抽象的“懒”形象成一具躺在地上的死尸，尽到了贬低之能事，对那些不爱劳动的人是一种严厉的批评和谴责。

语例：妈妈喊小月去屋后地里扯两蔸葱回来炒菜当佐料用，她不肯去。不久，妈妈叫小月去隔壁店里买包盐回来，小月也不去，妈妈来气了：“懒尸胴骨，一点事都不肯做！”

郎崽郎崽半个崽，婆娘婆娘半个娘

词解

郎崽：郎，láng，旧时女子称丈夫或情人。崽 zǎi，儿子。郎崽，本地俗称女婿，大部分情况下单称“郎”。

婆娘：本地俗语称妻子。

释义：郎虽不是子，但要对岳父母尽部分儿子一样的孝道；贤惠的妻子要照顾丈夫的起居饮食，付出着母亲对儿子一样的爱心。

艺术与现实意义

旧社会，虽然男尊女卑，重男轻女，女婿和儿子虽然不能相提并论，但女婿也要尊重、孝敬岳父母；如果岳父母家无男儿，女婿要像儿子一样对岳父母尽孝道。当然，岳父母过世后，女婿也有权利和女儿一起继承岳父母家的遗产。所以，女婿算半个儿子。不像现在的法律将女婿和儿子的区别规定得这么大：如果女婿在岳父母生前未尽过赡养义务，就不能继承岳父母的遗产，哪怕是岳父母生前不需要赡养也不能排除。“婆娘婆娘半个娘”，过去由于男尊女卑的封建传统，将妇女羁绊得足不出户，相夫教子就是她们的天职。妻子不仅对儿女备尽关怀，对丈夫的生活起居也是照料得无微不至，贤惠的妻子让丈夫同样感受到了母亲的温暖，这也是妇女母爱的天性使然。所以，婆娘就像半个娘——毕竟没有血缘关系，只能算半个。

本俚语虽起源于封建社会，但它体现了当时家庭关系的和善性，这是值得我们借鉴的。

语例：谭老的女婿一到丈人家来就做这做那，忙个不停，比儿子更体己。邻居们都当面夸赞谭老的女婿。谭老的女婿回说：“郎崽郎崽半个崽，婆娘婆娘半个娘嘛，应该的，应该的。”

雷公老子不打吃饭人

词解

雷公老子：雷公，是指传说中的司雷神。雷公老子，是人们对司雷神的尊称。

吃饭人：是指正在吃饭的人。

释义

本义：雷神不击打正在吃饭的人。

用语意义：本俚语常常用于劝诫做父母的不要打骂正在吃饭而又有犯错行为的小孩子。弦外之音：雷公老子都不打正在吃饭的人，而你却要打正在吃饭的孩子，你比雷公老子还大吗?

艺术与现实意义

为什么正在吃饭的小孩不能打骂?一是因为小孩被打骂后吃不好饭，会影响小孩身体的健康成长——以前物质很不丰富，小孩子除了吃饭，很少有别的零食可吃；二是小孩子手端着饭，被打骂时会散落造成食物的浪费。

一粒饭，一滴汗，粮食是劳动人民血汗的结晶。“雷公老子不打吃饭人”尽管是一个虚构的假设，但它充分体现了人们对粮食的爱惜和对劳动的尊重。

珍惜一切物品，是对自然的珍爱，是对人们劳动的尊重。生产力再发达，节约总是一种高尚的美德!

“雷公老子不打吃饭人”，不是因为“吃饭人”比“雷公”大，而是吃饭是人生的第一件大事，人不吃饭就不能存活。“雷公老子”是不是真的不打正在吃饭的人不得而知，但本俚语的产生和运用，更体现了人们对生命的尊重和对食品的珍爱。

语例：小伟吃饭时不小心打碎了一个调羹，母亲拿着小棍子欲打小伟。爷爷赶忙斥阻道：“雷公老子不打吃饭人，你比雷公老子还大?”

蔂子

词解

蔂：léi，（现已不用）土筐。武冈读音 lēi。本俚语中相当于“砻”。砻，lóng，《现代汉语词典》解释：“去掉稻壳的工具，形状略像磨，多用木料制成。”

释义

本义：本地去掉稻壳的工具。由木、竹篾和黏土制成。结构似磨：分上、下两扇；上、下扇都用木片（槐树木片等）镶嵌成不很深而有序的条纹状牙齿，上、下齿能很好地吻合；上、下扇中心以坚硬质地的木轴连接，木轴固定在下扇，一般穿透下扇，轴只有小部分被上扇衔接；上扇能绕轴转动，也可移开；底部以木架做底座固定于地面；上扇的中心有穿透的竖孔，竖孔上是黏土制成的漏斗形凹陷，以便谷物进入上、下扇的转动摩擦部位，上扇上面还安装有便于推动上扇转动的活动把手。

与磨不同之处：磨的上、下扇全是石质，蔂子的上、下扇以竹篾织筐，筐中间填充黏土（可添加其他利于坚固的材料，如纸浆），上、下牙齿系木片镶嵌在黏土中而成——正因为上下扇似筐装了土，本地才把它叫蔂子，而不叫砻子；上、下扇呈圆台形（磨的上、下扇是圆柱形），下扇呈正圆台形，上扇呈倒圆台形；与下扇底部连接有一个向外上方张开的，截面呈圆弧状的篾笼子，其深度稍超越上、下扇的接合线，以免碾出的米糠外溅；上、下扇的小面直径一般为 2 尺左右（磨扇的直径一般在 1 尺左右）。

去稻壳时，将稻谷倒入上扇较宽的上底面，让稻谷慢慢从竖孔中进入摩擦部位；经过上扇的转动，上、下扇牙齿的互相摩擦，将稻谷的外壳破裂剥落，谷糠一齐滑出落入弧状篾笼子。再以筛、簸等方法，使米与糠分离。

艺术与现实意义

䃔子，是传统的碾米工具。在武冈区域一直使用到 20 世纪 80 年代前后，才逐渐被柴油机带动的碾米机替代而淘汰。至于始于何时无法考究。

䃔子碾米是刚好把稻谷最外层的粗壳剥落，米次外层的较粗的皮基本完整保存。它之所以能做到这样，与它黏土使用的科学性是分不开的：黏土轻重合适，质地较坚硬，通过碾压使谷壳刚好剥落而大体上又不损伤米粒的完整性；如果将黏土换成石头或金属类，那么势必因过重过硬而使米粒变成齑粉（如磨推面粉）。大家知道，米次外层的粗皮中含有丰富的多种维生素及微量元素，有益人们的身体健康。现在懂科学、讲究养生的人，都时兴吃糙米，这才是真正的糙米。

本编知道，不管怎样地时兴糙米，也不会普遍地恢复使用䃔子。本编之所以要将“䃔子”编入俚语，一是它确实是本地的一个特称；二是本人曾经亲自使用过䃔子，对它有忘不了的情结；三是本人在毛泽东、刘少奇的故居好像都没见到䃔子，而作为曾经普遍使用过的、人们生活的基本工具，应当能找到文字记载。

语例：䃔子曾经是人们普遍使用的碾米工具。

捞草进牛栏

词解

捞：lāo，本义为在液体中取物。武冈读音 láo，有随手大弧度抓取的意思。

释义

本义：只要是草，不论多少、好坏都给它抓进牛栏里。

用语意义：比喻人胃口好、食量大，只要是可以吃的食物，不论好差，都能吃很多。

艺术与现实意义

牛是食草动物，大部分的草和树叶它都爱吃，而且食量大，新陈代谢快，可以全天候地啃食鲜草。草对牛的意义除了吃还可以垫栏睡觉。圈牛的栏一般都比较大，可以容纳较多的草；这里还有一个重要原因：草多了，牛吃不完，剩下的草经过牛的踩踏并与其大小便搅混，钩出栏发酵后，是农民种庄稼很好的有机肥料。所以，只要是草，不论多少、好坏都可以往牛栏里投放。

以“捞草进牛栏”来比喻人的胃口好、食量大，虽有夸张，但确实是再形象不过了。一个“捞”字更添动感和夸张，“捞”与“抓”相比，“捞”的幅度大、速度快，更富有动感。本俚语在使用中一般带有贬义，但又不是谩骂性的那种，在熟人之间使用有一定的诙谐性。有时也带有对别人胃口好的羡慕感。

本俚语以行为动作为喻体，给人胃口好的程度以动态感。

语例：甲对乙说："你这孙子，这也不吃，那也不吃，我那孙子呀……"乙接过话茬说："捞草进牛栏，对吧?"

捞到波丝就是蚊

词解

捞：lāo，顺手拉或拿。武冈读音 láo。

波丝：本地语，指蜘蛛及其所织的网。因其网丝所布图形状像"一石击起千层浪"的水波而得名。

蚊：蚊子。武冈农村把苍蝇也叫蚊子。

释义

本义：本要抓蚊子，但未抓到，于是，随手捞了一只蜘蛛就说自己抓到了蚊子。

用语意义：比喻某人办事欠缺认真负责的态度，敷衍塞责，以似是而非的工作结果交差了事。

艺术与现实意义

因为本地农村把苍蝇也归在蚊子之列，而苍蝇在个头大小与腹、尾部形态上与蜘蛛有些相似，所以，如果是对这两样东西接触少的人分不清也是情有可原。这是本俚语产生的基础。但蜘蛛毕竟不是苍蝇，更不是蚊子，不是人们要消灭的对象，拿蜘蛛当蚊子本身就是一个错误；更何况蜘蛛是蚊子和苍蝇的天敌，我们消灭蚊子，更不应该伤害蜘蛛。本俚语把要消灭的"蚊子"的替代品选择了"蜘蛛"，突出了办事人员浑蛋到了极点的程度。

本俚语是讽刺和批评那些办事粗枝大叶或不负责任、敷衍了事的人。本俚语有着很强的现实意义，特别是在我们的刑事侦查工作中，一个犯罪案件发生后，嫌疑对象一般是不确定的，有时有很多人都符合作案的条件特征。如果我们的工作不细心，粗枝大叶或不负责任，敷衍了事，随便抓一个交差了事，就可能让人蒙冤，甚至含冤屈死。冤死的人是无辜的好人，该死的人是坏人，却逍遥法外。这是本俚语批评人、教育人的深刻之处。

本俚语告诫我们，工作要精益求精，不能满足于似是而非的结果。

语例：小张记得队长说了，犯罪嫌疑人的耳后有一个红色的胎记，而眼前这人正符合这个条件，于是小张就把这个人带回了刑侦队。队长一见，气不打一处来："你只记得耳后有胎记，我还讲年龄范围、身高体重等特征，这个人都符合吗？你真是捞到波丝就是蚊！"

老虫口里借猪

词解

老虫：本地方言称老虎为老虫。

释义

本义：老虫叼走了你家猪，肯定是不可能还你的了。

用语意义：比喻某人信用差，常常借了人家的钱物不还。

艺术与现实意义

老虫一般是在野外捕食，但饿得发慌时也会冒险到农舍里叼猪。你不要以为猪是你猪圈里的，“别人”要“拿”走，除了向你买，就得向你借，老虫可从没有“还”的习惯。把不讲信用的人借东西不还与老虫从猪圈里叼猪从不兴还相比，突出了借财物的人信誉差——差得像看见老虎一样可怕，同时也是对不讲信用的人的痛恨和鄙视，因为人们对老虫既害怕又痛恨，同时，老虫再厉害，它也是畜生，是人们鄙夷的对象。

这里有一点值得注意：老虫叼猪是强要、是抢；不讲信用的人借钱、借物，本来也不打算还，其实也属于恶意占有。这是二者的共同之处。

语例：老公告诉老婆，今天老婆的老表阿三在他那里借了三百元钱。老婆抱怨老公：“你借钱给阿三？——那不是老虫口里借猪吗？”

老虫冇吃饱，蚊子又讫了条命

词解

老虫：本地土语，指老虎。

又：在这里是表示转折，有“可是”的意思。

讫：qì，终了、失掉。

释义

本义：拿蚊子去喂老虫，蚊子失去了生命，可老虫却根本没有吃过东西的感觉。

用语意义：是说地位低下且贫困的人，想通过向为富不仁的富豪或黑心的贪官送钱、送礼的方式解决自己的某些问题，是根本不可能的。因为就算把你一生的积蓄全部付出，别人也不会看在眼里、记在心上。

艺术与现实意义

老虫本来也不吃蚊子，这里是假设老虫吃蚊子。大多数人都没有亲眼见过老虫，见过的也是在动物园的笼子里，或是在电影、电视里见过老虫。我们可以想见，老虫要是吃蚊子，它一张嘴，不知要多少只蚊子才能让它的嘴有进了食物的感觉；一个再大的蚊子，落入虎嘴也不够塞它牙缝的。这就形象地告诉我们，如果你是平民百姓，不要去想用送礼的办法求贪腐的高官或黑心的富商给你解决什么问题。这个比喻表面上看似很夸张，其实一点也不夸张，现在社会分配的悬殊就有这么夸张：现在查出一个大贪，金额总是超千万、上亿；一个富豪，一年的利润也是过千万、上亿；一个稍有名气的演员，一次出场费就是几十万……一个小地方的普通公务员，一年的总收入也就三四万，不吃不喝，工作一百年也就三四百万。事实上，就是有一百岁，也工作不了一百年，更做不到不吃不喝。再节俭的人，一年也不过能节余一两万，这对于大贪、大亨来说，确实算不了什么。贫苦的农民就更不用说。

本俚语的出现，揭露了腐败官员和为富不仁大亨的贪婪，也从一个侧面体现了现实社会分配的很不公平。

语例：王妈的儿子被汽车撞伤了，可司机逃逸了。交警答应查找肇事车辆，可一直未查到。王妈对弟弟说，是不是要给交警送点礼。弟弟说：“如果是好官，不送礼他们也会尽力查找；如果是贪官，你去送礼，只怕老虫冇吃饱，蚊子又讫了条命——你那点钱哪够呀！”

老鸹啄柿花——寻到熟的来

词解

老鸹：lǎo · gua，乌鸦。鸹，武冈读音 wà。

啄：zhuó，鸟类用嘴取食物。武冈读音 zà。

柿花：柿子，柿子树的果实，扁圆体形或圆柱体形，橙色或红色，可以吃，系浆果。

寻：这里是挑的意思。

熟：shú，植物的果实等完全长成，也指因常见或常用而知道。武冈读音 xiù。

释义

本义：乌鸦啄食柿子，专挑成熟了的吃。

用语意义：比喻人有困难总是找自己的亲戚朋友寻求帮助。

艺术与现实意义

柿子在成熟前又硬又涩，既难咬，又难吃，所以乌鸦也不吃。乌鸦一般喜欢栖息在人们屋前屋后高大的树木上，不成林的零星的柿子树一般会被百姓栽在屋前屋后，多年的柿子树也较高大；一棵树的柿子，成熟有先后，而乌鸦闲来无事，蹲在大树上或者就是在柿子树上，老盯着满树的柿子，哪一个成熟了，它就啄食哪一个。

本俚语是一个谐音式歇后语，植物果实成熟的“熟”与表示人相互认识的“熟”是同一个字，所以，“熟”在这里是一字双义。另外，本俚语既是歇后语，也是比喻句；老鸹吃柿花，要挑熟的才啃得动，人要求人帮助，也只有熟人或亲戚才会对其有同情心而付诸行动，而且这个熟人或亲戚是曾经或曾经多次帮助过自己的人，这是两者的可比性。

本俚语既是对客观实际的描述，同时也是求助人不好意思和无奈心态的表现，以本俚语开头用以导出要求助的话语。

语例：老成前面修屋借了表哥老三的钱还未还，这两天儿子生病，因无钱就诊，病情越来越严重，求助无门，又只好去找老三："老表，我儿子的病硬是不能拖延了，想不出其他筹钱的办法，只有'老鸹啄柿花——寻到熟的来'了……""哪个屋里没有个难事，没关系的，要多少，只要我有。"老表说。

老和尚不吃狗肉——心里明白

词解

老和尚：是指在寺庙里修行时间长、资历深的和尚，不能纯粹理解为年纪大的和尚。

明白：这里是"知道、清楚"的意思。

释义

本义：老和尚吃了狗肉，他心里明白这是违犯佛教的清规戒律的。

用语意义：是说谁做了违法、违规、违背道德和良心的事，他自己心里最清楚，就像老和尚吃了狗肉一样。

艺术与现实意义

佛教戒律中虽然没有明文规定不吃荤，但头条戒律是不杀生，吃荤就是间接杀生。一个修行多年的佛教徒不可能不懂得这个道理，更何况狗肉是本地佛道相传的“三蜮”（解释见本书“三蜮”条）中的“地蜮”，更是在禁食范围之中。所以，老和尚吃了狗肉，他应当比谁都清楚自己行为的严重性。

本俚语的使用是邻里之间、集体成员之间一种不点名的批评形式。即有人做了损害他人（含用语人自己）或公共利益的事又不敢承认，用语人心里也知道是谁，只是苦于没有证据或照顾其面子，所以只提出但不点名批评，希望做了坏事的人心里要明白。还有一种情况是，一般人也许不知道这样做不对，但被点对象他不可能不知道，即“知法犯法”。

俚语中“不”字，是反语正用，“不吃”实际是吃了。这种反语正用的格式，增加了语言诙谐性和幽默感。本俚语用一种幽默性的语言直译，意思是：老和尚他是不吃狗肉的，只是明知犯戒他还是要吃。

语例：在 20 世纪六七十年代，从甲地低价购进再到乙地加价出售，叫“投机倒把”，是犯法的。老村干部向某却做了这样的事。书记批评他：“普通群众这样做，他不知道政策还可以理解，你是‘老和尚不吃狗肉——心里明白’也这样做?!”

老萝卜菜还要你臭狗屎来浇？

词解

老萝卜菜：萝卜菜，是指萝卜的包括叶柄在内的叶子部分，因人们常将叶子部分晾干做成腌菜或嫩叶子直接炒食，故叫萝卜菜。老萝卜菜，是指老萝卜，因霜打或雪冻后的萝卜，萝卜脑就已腐烂了，空了后，剩下的叶子部分或这些叶子做的腌菜（参见“霜打萝卜坏了脑”条）。这里是比喻生活经验丰富的人。

臭狗屎：狗屎一般都很臭，这里比喻缺乏生活经验却又自以为是、好为人师的人。

浇：本是指把肥料（液体状态的）施在植株上，这里比喻教导或教训他人。

释义

本义：老萝卜菜了哪里还用得着腐烂发臭的狗屎（液态）来浇呢？

用语意义：我（或他）再没有用，也经历了这么多年的生活（总积累了些生活经验），用不着你这个见识粗浅却自以为是的人来教导、教训。

艺术与现实意义

老萝卜菜生长已达到顶点，施再多的肥也没有促进其生长的作用，所以用不着“浇”。

本俚语采用反问句式加强了否定——不要的语气，同时还采用了借喻的修辞手法。以“老萝卜菜”比喻生活经验丰富、见识广博的人（一般系自比）；以“臭狗屎”比喻见识粗浅却又好为人师的人——不臭就不会影响别人，臭才有“好为人师”的表现。这里值得注意的是，“萝卜菜”本是最低档的菜蔬之一，“老萝卜菜”就更加不值钱了，所以，以“老萝卜菜”自比，含义就更加丰富：“我虽然不中用，却阅历了人世沧桑，你说的道理，我比你更懂。”以“臭狗屎”比喻本俚语的受语人，是对受语人的贬低和蔑视。在这里还要说明的是，受语人并不一定不如用语人，有时就是受语人明显比用语人强，但用语人不看好受语人，也用本俚语斥责受语人。

本俚语虽在一定程度上反映出用语人刚愎自用的个性，但同时也是对那些见识粗浅而好为人师的人的严厉批评。

语例：队长正与农技员商量今年如何育种的事宜，一个中学刚毕业的小伙插嘴说，育种的适宜温度是多少，湿度要达到多少，时间要多长，讲得头头是道。队长有些不耐烦了，说：“老萝卜菜还要你臭狗屎来浇？”

老鼠尾巴捶一棒槌，肿起也不凶

词解

尾：wěi，特指马尾上的毛时读 yǐ，武冈读音 mǐ。

棒槌：bàng · chui，捶打用的木棒（多用来洗衣服）。

起：开始之意，这里表示某种状态在进行当中。

凶：“厉害”之意。不凶，这里是指老鼠尾巴肿得不大。

释义

本义：老鼠的尾巴细长、肉少，就算狠狠地打一棒槌，即使发肿，肿得也不大。

用语意义：是说人办某些需要平时用心、努力的事情，平时不重视、到要报呈成果时才狠狠地抓这件事情，就好像老鼠长在末尾的尾巴，细长而无肉，就是狠狠地打一棒槌，也无法肿得很大一样，不会有很好的结果。

艺术与现实意义

尾巴长在动物身体的最末尾，用以比喻平时须用心办理的事务到临报结果的时段很形象。老鼠尾巴又是常见动物中，外形最小、肉质最少的；外形最小，肉质也最少，自然捶一棒槌肿也肿得最小，用以比喻临时抱佛脚的效果微小，也很贴切。

谁也没有真正用棒槌捶了老鼠的尾巴，也不知它能肿得多大。但其肿得不大凡是见过老鼠的人都可想而知的。用“老鼠尾巴捶一棒槌，肿起也不凶”来说那些平时不重视、不努力，临了才想到加油使劲的人，既起到了批评的效果，但又语言生动有趣，被批评者也不会在心里产生大的抵触情绪。与本书收集的俚语“三十夜晚擀年猪”有异曲同工之妙。

这里值得注意的是，棒槌截面的直径一般在 7 厘米左右（槌身长约 30 厘米，柄长约 10 厘米），而老鼠尾巴粗端最大也不超过 1 厘米。这巨大的反差，突出了“捶”的力量——这么大的棒槌就是自然地掉在老鼠尾巴上都不得了，更何况还要用力捶呢？“捶”的力量巨大，而“肿”的收效甚微，反衬出平时努力的重要性。

语例：上小学二年级的小林，读书还没有走上正轨，平时就是好玩，考试的前一天晚上背书背到过了半夜也不肯去睡。妈妈批评他：“去睡了，老鼠尾巴捶一棒槌，肿起也不凶了！”

老一把火

词解

老：（食物）火候大（跟“嫩”相对）。

把：量词，一手抓起来的数量。

释义

本义：是指煮食物时没煮到火候——差一点没煮熟或差一点没炖烂，还需要在灶里加一把柴禾烧烧。

用语意义：是指做某事务虽然条件已成熟或接近成熟可以着手，但再等候一下使条件更成熟或再多创造一些条件，成功的把握性就更大。

艺术与现实意义

武冈过去的农村，煮茶做饭的燃料大多时候是干燥的灌木丛或茅草，煮茶做饭时将这些灌木、茅草用手整理成一小把一小把塞往灶膛里燃烧。“老一把火”或“加一把火”就是往灶里加一小把柴禾。

本俚语一不小心又变成了一种借喻的修辞手法：是把让事务成功的条件更成熟些比喻成煮食物的火候还差一点，加一把火味道就更美、更加可口。把人的形象思维、运动思维、味觉想象充分地调动起来，直到了“老一把火”更有成功把握、让人更加信服的艺术效果。

本俚语体现了武冈人民办事沉稳的优秀品质。

语例：爸爸教儿子钓鱼。爸爸给儿子讲解了钓鱼的基本知识后，儿子夺过父亲手中的钓竿急于实践：看到浮标一抖动就马上提起钓竿结果扑了个空。第二次钓时，浮标一抖动，爸爸马上说："不忙，不忙，老一把火，老一把火，等浮标没下去再提杆。"儿子照做了，果然钓上了鱼。

冷水泡茶——慢慢浓

词解

冷水：指凉开水，不是生水（即未烧沸的水）。

释义

本义：用凉开水浸泡茶叶，一开始是品不出茶味的。时间一长茶味就变浓了，茶叶的清香就飘出来了。

用语意义：一般是新结亲戚之间的客气用语。意即：新结的亲戚，由于本方的能力有限，一开始的交往中，难免有淡薄和不周之处，但以后的交情会像冷水泡茶一样慢慢地深厚起来。

艺术与现实意义

人们在家里的日常生活中，如果没有滚烫的开水，自己是不会去泡茶喝的；如果是知道有客要来，也会早烧好开水；只有临时来客，有时开水不热，出于礼貌也要泡上一杯茶，这样的客人一般也待得不久，客走后，茶也被倒了。正因为这样，有"冷水泡茶——慢慢浓"的生活经历的人不多。

在人际交往中，有的人喜欢热烈，有的人喜欢平常；有的人一开始热烈，久而久之则淡忘了；有的人以平淡开始，通过互相交往了解，交情会越来越深厚。“冷水泡茶——慢慢浓”作为常用的俚语，表达了武冈人民与人交往相处的原则导向：希望人们的交往不要龙头起蛇尾扫，而是要通过交往，不断提升交情的层次，特别是婚姻关系，不要因为一时的热烈而建立，又因一时的冷淡而分离——平平常常才是真。

编者注意到，在其他地方也有与本俚语“谜面”相同的歇后语，但“谜底”不同。如“冷水泡茶——硬充（冲）；无味”，这两条歇后语只注意到冷水泡茶的即时现象和当前效果，而本俚语所反映的是冷水泡茶的渐进性，是对生活的深层次理解和品味。

语例：李某在侄儿结婚时，作为李府的长辈代表与侄儿到侄媳鄢某家迎亲。李某偶尔听到鄢家亲戚有嫌李方礼物微薄的言论。迎亲出门李某作告别辞说：“……鄢、李两家今日正式结为亲戚，两家的交往开始了一个新的里程，希望两家的交情似冷水泡茶——慢慢浓！”

冷呀冷莫动风，穷呀穷就莫帮工

词解

动风：刮风。

帮工：帮助干活。这里是指旧社会的“帮长工”，即长期帮有钱人家干活。

释义：天气寒冷，如果不刮风，人也会好受些；家庭贫穷，如果不用帮工，也就幸福些。

艺术与现实意义

在旧中国，人们的贫富差距也是很悬殊的：富有的，锦衣玉食；贫穷的，衣着单薄，没有能够避风遮雨的住房，一到气温低下的冬天就冻得不行，若是刮起寒风，身子就蜷缩成一团，还会瑟瑟发抖，所以希望不要刮风。过去的帮工，不是指互相应急帮助，而是生活没有着落的人都会被迫去给别人打长工。剩余价值是马克思发现的，而不是马克思的发明，西方资本家压榨工人的剩余价值，中国的地主、富农、土豪劣绅，同样压榨帮工的剩余价值。有钱人发了你一毛钱的工资，不在你身上榨取两毛、三毛钱的油水，他们岂肯罢休。所以帮工是很苦的，尤其是长工。因为用“短工”（即临时工）是忙季，开的工钱少了怕请不到人而误了农时；而长工是走投无路的人，工钱低活儿重也不怕你不干。所以，穷人帮长工是最遭罪的了，都希望不要落到去给别人帮长工的地步。冷加风、穷加帮工类似于雪上加霜。

对了，这里的“帮工”同时下流行的“打工”意义相近。现在的打工仔如果遇到“黑老板”，比过去的“长工”也好不到哪里去。

本俚语现如今是没有使用意义了，但它反映了旧中国劳动人民的苦难。希望新崛起的老板们不是用残酷的手段去扩大贫富差别以显示自身的高贵，而是献点爱心尽力去缩小贫富差别。

语例：熊老爹回忆起过去给地主帮长工的日子，不禁自言自语：“冷呀冷莫动风，穷呀穷就莫帮工——帮工不是人过的生活呀！”

两手打时——说不准

词解

打时：过去有些地方推算某事吉凶的占卜的方法。有的地方叫“一指神通”。具体方法是以拇指按顺时针点击其余四指的相关指节，相关指节分别代表不同的吉凶代码。因其推算的依据是事件发生的月、日、时（例如某人离家出走没按常规时间归屋，家里人焦急，就去找先生“打时”测吉凶。先生就根据出走人出走的月、日和时辰按一定的规则来推算这个人的吉凶），时间，从月推起，最终落在时上；手指，从食指关节开始起点，时落在哪个关节上，就以这个关节所代表的吉凶来定所测事件的吉凶。所以，武冈老百姓把它叫作“打时”。

释义

本义：打时占卜通常是用右手。两手打时，两手掌向上平摊，大拇指点关节时，右手是从右向左点；如果左手也从右向左点，推算的结果自然是不一样的，因为推到时辰时所落到的关节不同，代表的吉凶也有不同。所以，“两手打时”时，就俗定成推算的结果可能是好，也可能同时是坏。

用语意义：比喻对事情发展的结果的好坏难以预料，同时也含有因结果难以预料，要做好两种不同结果出现时，各自的应对准备的意思。

艺术与现实意义

打时测事情发展的吉凶，本是一种迷信的习俗，同一事件，不同的先生推测的结果也可能不一样，同一先生遵循的规则不同，推算出的结果也可能不一样。其现实意义在于寻求心灵的安慰：有先生测算的结果，是吉，可静等吉的结果出现；是凶，因是上天安排如此，太着急也解决不了问题。

在说某事件是“两手打时”时，就表明该事件的结果难定，既要从好的方面想，也要做最坏结果发生的打算，免得到时措手不及。本俚语的出现，在一定程度上表明，人们已走出了迷信的圈子，不要凡事都依赖打时，等待打时测算的吉凶出现，要做好不同情况的应对措施。

语例：哥哥对弟弟说：“你侄儿昨天运了车苹果回来了，你见识广，你看能赚到钱吗?”“这就是两手打时的事哟，苹果不坏，卖得较快，就能赚钱，坏得多了就要赔钱，这就要看他兜售的能力了。”

两手甩腋光

词解

甩：shuǎi，挥动，抡动。

光：一点不剩；全没有了。

释义

本义：（走路）两只手自由地摆动，腋下光光的，什么也没有。

用语意义：是说某人来（或去）做客，什么礼物也没带，或者，去完成某项工作没有带任何必需的工具或材料。

艺术与现实意义

本俚语是一个并列式的描述语：由“两手甩”与“腋光”并列组成；描述的是一个人潇洒走路的姿态——两手自如地摆动，腋下光光，没有任何羁绊。我们知道，人拿稍大一点的东西，一是用手提，二是用肩挑，三是用臂膀夹于腋下。手提着东西，至少有一只手不能自如地甩动；肩挑着东西，手要扶住一头或两头的物件，至少也有一只手不能自如地甩动；腋下夹着东西，至少也有一只手不能自如地甩动。只有什么都没拿，才能“两手甩腋光”。本俚语以描绘潇洒的走路姿态来说明一个人什么东西也没拿，这也是本俚语用语艺术的所在。

另外值得一提的是本俚语的断句法：按照上面解释的意义，本俚语的断句应在“甩”字后稍作停顿，才能体现本俚语的含义，但习惯用语是不作停顿的，停顿了似乎就失去了“原产地”风味。

语例：妻子在较远的地里挖了很多的红薯，一个人拿不了这么多，托人带信要丈夫来接。丈夫两手空空地走来了，妻子很生气，嗔怪丈夫：“是红薯我一个人担不了才叫你来接，你就两手甩腋光地走来了，我是要你来当相公的吗？”

量死虾弓无点血，虾弓死呱满身红

词解

量死：量，liáng，估量的意思。死，表示程度达到极点。量死，表示估量的结果非常肯定。

虾弓：虾子。因虾子的背总是呈弓形而被俗称为“虾弓”。

呱：guā，拟声词。武冈读音 guà，助词，相当于“了”。

释义

本义：这是一个自然现象：本地普通的虾子活着时肉体半透明，一般呈白灰色或黄灰色。一旦把虾子煮死，则通体呈红色（自然死亡的一般变色不明显）。

用语意义：本俚语通常是用在别人对自己或自己的家人有轻视或歧视的表现时说的。潜台词就是要别人不要看不起自己或自己的家人，只要自己或家人争气，最终会活出个人样来。

艺术与现实意义

本俚语以虾子活着时肉体看不见血样而被煮死后通体血红的自然现象，比喻一个有潜在能力的人平时是看不出什么不同之处的，也可能处于贫困潦倒的境地，但只要条件成熟或受到刺激而发奋努力，就会表现出非凡的能力。虾子活着不红，死后红，并不是说人要死后才能看出其能力，而是“谁笑到最后，谁就笑得最甜”的意思。本俚语的使用，充分体现了说话者的自信和不甘比别人差的进取之心。这些用语人，往往在说出这样的话后会督促自己或自己的子女奋发图强。虽然本俚语的产生是基于受歧视后所讲的憋气的话，不同程度体现出用语人妒忌、狭隘的心理，却又发挥着激励人上进的积极作用。

语例：妹妹家里穷，到哥哥家里做客，常受到嫂嫂的冷遇。有一天终于憋不住了，姑嫂因此发生口角。临了，妹妹撂下一句话走了："你不要量死虾弓无点血，虾弓死呱满身红。"

铃信客

词解

铃：用金属制成的响器，外壳常做成圆形或钟形，下端开口，里面放金属丸以振动或碰撞发声。

信：信息。

客：客商。

释义：以前卖各种生活日用杂物的货郎担。

艺术与现实意义

旧中国是以自给自足的自然经济为基础的，人们吃、穿的主要来源是自己生产，但一些日用杂货是自己生产不出的，如缝衣针、塑料或金属扣子、火柴、丝线等。这些就依靠货郎担走村串户地销售。这些货郎为了避免叫唤费神，常常手持一铃铛，一进院落就摇得叮当响。形成习惯了，一听这铃铛声，大家就知道货郎担来了，有需要日用杂货的就赶快去买。以铃铛声发出销售信息，所以叫作"铃信客"。后来这些铃信客嫌铃铛凉手或使用不太方便，就改用了小拨浪鼓（拳头大小的小鼓，有木柄，鼓上吊有玉石或实木制作的小圆珠，摇动鼓，圆珠敲打在鼓面上发出声音），但习惯仍叫“铃信客”。

现在已没有谁呼叫“铃信客”这个名称了，本编收集它，旨在提醒人们不要忘记这样具体形象而有趣的销售史和广告手段；体验过去人们生活的不易，珍惜今天的幸福生活，不要动不动就认为自己到了绝望的地步而轻生犯险。

语例：小兵听到拨浪鼓的声音，赶紧跑去告诉妈妈：“妈妈，妈妈，铃信客来了，快去买针！”

留你在世上踩死草？

词解

留：这里是“使留”的意思。

世上：世界上，社会上。

释义：有些人游手好闲、无所事事，对社会、对家庭毫无贡献，他生活在这个世界上，对世界产生的唯一影响，就是把世界上的部分草踩死了。本俚语是对这些人的严厉批评。

艺术与现实意义

“留你在世上踩死草”，去掉反问语气是一种描述性的用语，也是一种夸张性的用语：任何人在世上的作用都不是用“踩死草”来概括的，这样概括有点过分了。本俚语是就某人对他人和社会的贡献而言的，是说某人对他人和社会不仅没有贡献，反而还有损害——把生态环境中的草踩死了。

本俚语是对那些不爱劳动、终日无所事事的人提出批评时最严厉的用语了，以反问的口吻加强了批评的语气。但它含有复杂的感情色彩，不同的用语环境，体现出来的感情色彩是不同的：如果是父母批评子女，其感情是非常气愤和恨铁不成钢；子女对于父母一般不用本俚语，如用则是忤逆不敬的表现；用于别人时一般系谩骂性用语，主恨，弦外之音是“既然你在世上没有一点作用，你还不如去死了！”。

游手好闲、无所事事的人过去有之，现在这些人的存在有过之而无不及。独生子女普遍，娇生惯养也普遍，游手好闲、无所事事者更多。倒不是要大家继续用本俚语去批评、责骂这些人，是希望人们从本俚语中吸取积极意义，争取不做“留在世上踩死草”的人，特别是父母教育子女要做一个对社会、对家庭更是对自己有用的人。

语例：光宝三十岁了，成天打牌赌博，游手好闲，父母讲了多少次要其找点事做他不听，母亲气极了，对光宝说：“你不要老是成天游手好闲，总要做点有用的事，要不然——留你在世上踩死草呀?!”

龙脚虎眼

词解：略

释义

本义：天龙的脚爪迅速敏捷，老虎的眼睛明亮有神。

用语意义：是指人的身体非常健康（不需要照顾）。

艺术与现实意义

龙最强壮的或最有代表性的不是脚，在这里用语之所以取“龙脚”，是因为传说中龙能腾云驾雾、来去无踪，老百姓认为那都是龙脚的功劳，所以用龙脚来比喻人的腿脚，突出了腿脚的强健。就算在过去，本地老百姓亲眼见到老虎的情况也是很少的，关于虎的情形多半来自传说。本地传说老虎的两只眼睛就像两只灯笼一样（在没有电灯的过去，灯笼是灯中最大和最明亮的了），这是形容老虎眼睛的大和明亮。用虎眼来比喻人眼，突出了人眼的明亮敏锐。

本俚语既有比喻的修辞手法，也使用了借代的修辞手法：说一个人身体健康而以脚和眼睛作代表——人的脚像龙脚一样快走如飞了，眼睛像虎眼一样明亮敏锐了，身体还不健康吗？还有什么事不能做吗？

特别注意：本俚语不是一个单纯赞扬人身体健康的用语，主要含义在于，这个人身体很健康，完全可以自食其力，不需要他人或政府照顾。

语例：阿四拿着报告要村长报批吃“低保”。村长批评阿四：“你龙脚虎眼的，吃什么低保？像你这样的人都吃低保了，那么，那些老弱病残的人谁来照顾？”

笼起舅舅上皂荚树

词解

笼：lóng，笼子，用竹篾、木条、树枝或铁丝等制成的器具，用来养虫鸟或装东西。这里是名词动用，是使手段让虫鸟等入笼的意思，引申为“哄骗”的意思。

皂荚树：荚，jiá。皂荚树，落叶乔木，枝上有刺，羽状复叶，小叶卵形或长圆形，总状花序，开淡黄色的花。结荚果，扁平，褐色，可以用来洗衣物。荚果、刺和树皮都可以入药，是祛痰剂。皂荚树，也叫皂角树。

释义

本义：传说，外甥善于哄骗人，常常能哄骗别人做其不想做的事情，这在本地叫“笼人”。舅舅家前有一棵皂角树，这是一棵长了刺的皂角树，而且刺的方向向上长，人要想爬上去还容易些（因眼睛看得真切，手脚可以选择刺与刺间的空隙攀缘或踩踏），上去后要想下来可就难了（因看不真切下方刺的具体样子，又因刺尖向上，脚很难向下伸出）。一天，外甥到舅舅家来做客，舅舅想看看外甥到底有多大的本事。就指着屋前的那棵皂角树对外甥说：“外甥，都讲你笼人本事大，今天你要是笼起我上了这棵皂角树，就算你本事大！”外甥抓头挠腮，一脸无可奈何的样子，良久，才对舅舅说：“这确实很难做到，要是你先在树上，我要哄你下来，那我可以做到喊你下来你就会下来。”舅舅不信，三爬两爬就爬到了树上对外甥说：“你哄我下来呀！”这时在场的人都哈哈大笑。有人说：“你上了你外甥的当了，还在叫劲！”——这个故事叫作“外甥笼起舅舅上皂角树”。俚语使用中常常把“外甥”二字省略了，就叫“笼起舅舅上皂角树”。

用语意义：用哄骗的办法使别人进入自己设计的圈套。

艺术与现实意义

同一典故引发出两个俚语：本俚语与下条“笼上树”。两者都建立在“笼”的基础上，前者侧重于“笼”的后果——进“笼”受害，后者侧重于“笼”术的高超——能让人相信、动心。

本俚语把受骗进入别人的圈套比作外甥笼起舅舅上皂荚树，比一般的上当受骗意思要进一层，就是进了这个“圈套”想全身而退可不容易，需要受点损伤才走得出这个“圈套”；另外，舅舅和外甥是亲戚，本俚语也常常用在亲戚朋友或熟人之间。

本俚语是对亲戚朋友或熟人之间的欺蒙拐骗行为的批评、谴责。

语例：王双做贩猪生意赚了不少钱。今天他来邀李云与他合伙做贩猪的生意。李云对王双直说：“你是想笼起舅舅上皂荚树吧？我也有所耳闻，这段时间你的生意老亏，想让我与你一起来承担亏损的风险，你也太会打算盘了！”

笼上树

词解

笼：（与前条解释同）。

释义

本义：参见前条“笼起舅舅上皂荚树”的来由。

用语意义：是指将某人，或某样事物向人介绍得非常好，近于神乎其神。

艺术与现实意义

本俚语在本地使用中，通俗易懂，但要从语法上把出处、本义与用语意义联系上，还需要转一道大弯：“外甥”把“舅舅”“笼”上树，是“外甥”的“笼”术高，介绍人将某人或某事物介绍得神乎其神，是其口才好。这两者实际上是一个非严格意义上的比喻。

“笼”本身就有“哄骗”的意思，“外甥笼起舅舅上皂角树”本身就含有认为“外甥”做法不应该的感情色彩在里面，讲别人将某人、某事物介绍得“笼上树”，不是一种纯粹的夸赞，常带有贬义性，其中含有对介绍内容的怀疑和对介绍人的浮夸手法的责备。这两种成分比例的多寡，随着用语环境的不同会有不同的侧重。

语例：小林在外旅游遇到一个卖菜刀的，卖刀人说这刀如何如何好，小林就信了，回家还向母亲炫耀，把卖刀人的话向母亲重复了一遍。可没过多久，小林就告诉母亲菜刀口缺了卷了。母亲打他的当面骨说：“你担回来时，讲起笼上树哎，现在晓得缺了卷了？”

聋子不怕雷

词解

不怕雷：是指不怕雷声大，而不是不怕雷击。

释义

本义：雷声再大，对于聋子来说，他也不会害怕，因为他听不到。

用语意义：是指人对时势不敏感，根据时势不能做的事他却偏做了。

艺术与现实意义

本俚语以聋子听不到雷声来比喻人们对时事反应的迟钝，具体形象，俚语的运用诙谐有趣。这里的时势，有大的时势和小的时势。大的时势，大到国际时势、国内时势；小的时势，可具体到某个股票的涨跌、具体游戏的成败等。大的时势与具体事务的关系往往容易被忽略，但人们往往吃亏就吃在这种不敏感上。比如，某个行业已过鼎盛之势，各项政策已表明对其进行了限制，而你的印象却还停留在鼎盛时期，别人正在抽资转行，而你却去加大投资力度。这便是“聋子不怕雷”的表现之一。

本俚语是一个因果关系的紧缩复句。

语例

1. 小王所购买的股票已呈下跌趋势，该股票的上市公司经营的不景气已见于有关报端，而小王不仅不抛，反而大量买进，结果赔得一败涂地。股友们嘲笑他："谁能跟你比，你是聋子不怕雷呀！"

2. 阿龙搓麻将开杠时补了一个三梭，他也估计到上手可能和三梭，可手里的大和牌已落听，拆哪张也保证不了不"放炮"，只好下狠心打三梭："喏，聋子不怕雷！……"

卵又冇咬断，牙齿印印就咬满呱

词解

卵：luǎn，男子睾丸的俗称。这里借指男性外生殖器。

冇：mǎo，方言，没有。武冈读音 máo。

印印：印子，痕迹。

释义：比喻想让对方（对自己有意见、与自己有矛盾的人）在某方面受负面影响或损失，实施了损、毁或揭发对方不良行为的行为，但由于方法不当或力量有限或准备不充分等原因，不能达到自己预定的目的，却暴露了自己，使对方有了警觉或更加敌视自己，而使自己处于更加不利的境地。

艺术与现实意义

本俚语虽然用语粗俗，但含义深刻，用语艺术性强，且有着现实指导意义。

首先，本俚语是损、毁或揭发实施人的亲友或同盟者对行为实施者的责备用语。之所以用"咬卵"这样带有明显侮辱性的粗俗的词语，是表达"亲友"或"同盟者"对行为实施者失误的严重不满，甚至含有贬损、鄙视的情感。

其次，本俚语中所涉及的损、毁实施者和承受人之间的矛盾一般是未暴露或未公开化的，损、毁实施者的终极目的是要将“卵”“咬断”，“留下牙齿印印”不是目的。“留下牙齿印印”就使双方矛盾公开化，从而使损、毁实施者处于不利的境地。

再次，“牙齿印印”代表损、毁或揭发对方的人留下的“证据”。留下了，就给对方以口实，有利于对方脱离不利处境或反戈一击而置自己于死地。

本俚语虽然用语轻慢、贬损，但基于用语人与被用语人是亲友或同盟者，同时也饱含了用语人对被用语人的同情及恨铁不成钢的感情色彩。

时下正是全国范围内的反腐高潮，有的人或因疾恶如仇，或因与贪官有意见，急于求成，不注意策略和证据的充分、全面就检举、揭发，结果惊动了贪官，提醒了贪官采取反侦查措施，达不到反贪的预期效果，而检举、揭发者却又成了贪官的眼中钉、肉中刺，反处于不利的境况。所以，反贪必须讲究策略，注意全面收集其犯罪证据，不反则已，一反彻底。这是本俚语用语的积极意义。

语例：肖军与单位领导有意见，在反腐的浪潮中，他特别留心打探该领导以权谋私的信息，但其止于道听途说，不注意收集充分的证据就向上检举了。结果是领导没事，自己却被领导找到借口调整岗位到他自己最不愿意去的岗位去了。同情他的同事对他说：“你呀，真是卵又冇咬断，牙齿印印就咬满呱！现在倒好，把自己‘告’到自己最不想去的地方去了。”

乱棍打残老师傅——没有套路

词解

套路：练武之人把武术技巧编成连贯性动作，这一系列连贯性动作就叫作“套路”。

释义

本义：一个练了多年武术的老师傅和一个从没练过武的人比武。没练武的人拿起齐眉棍（练武专用的棍棒）一顿乱打，结果把老师傅打成了重伤。事后有人问老师傅：“你不是练了多年武术的吗，怎么还打不赢一个没练过武的人呢?”老师傅说：“他（指那个没练过武的人）没有按练武的套路来，我怎么应付啊。”

用语意义：比喻人办事不能学以致用，生搬硬套，应付不了不断发展变化的新情况。

艺术与现实意义

武术的套路，是为了方便练武之人平时练习。但一个学有所成的练武之人，一定不会拘泥于武术套路，一定要弄清套路中每一个动作的来由及在实践中的作用；如果只知道把武术套路耍得如何花哨，是没有实际意义的。

作为领导，不要只是在台上作报告时政治口号喊得一路山响，理论讲得一套一套的，更重要的，是要能解决实际的具体的问题。作为办事人员，特别是技术人员，不能死啃书本上的条条框框，更重要的是学以致用，能解决具体的技术难题。

本俚语是对教条主义、本本主义的讽刺。在今天这个知识爆炸的时代，更是具有超强的借鉴意义。

语例：三庙村发生了宗族性械斗事件。报案人称，在现场的人他认识的有张三、李四。所长要小王带几个人先去处理一下。小王带人一到现场，就下令要带张三、李四回派出所，而张三、李四确实没参加械斗。于是激起民愤，两姓人把小王等围困近十个小时。在总结教训时，所长说："你们呀，乱棍打残老师傅——没有套路是不是，报案人说是在现场他认识的只有张三、李四，没有讲为首的是张三、李四，怎么能老按常规，一到现场就带人?"

螺蛳衔泥——只愁不开口

词解

螺蛳：luó · sī，淡水螺的通称，一般个体较小。

开口：张开嘴巴。这里也指张嘴说话。

释义

本义：螺蛳想要把泥土衔在嘴里，一开口就能办到。

用语意义：比喻某人在某方面具有得天独厚或非常便利的条件，想要他在这方面给予你帮助，只要你开口求助，就一定能成。

艺术与现实意义

本地螺蛳多为田螺。田螺都生活在稻田、池塘、水圳等水浅多泥的地方，以摄取泥中、水中的微生物为生。我们看到的田螺，睡在泥中，走在泥上，啃食泥土，所以，田螺想要衔泥张嘴即来。

螺蛳衔泥，本是为了自己，但本俚语的用语意义中却是为了别人。这里的“开口”被本俚语偷换了概念：顺理成章，“开口”应是指螺蛳张嘴衔泥，但用语意义中被暗暗换成了他人开口求助。这与“开口”一词在本地的用语习惯有关。“开口”本是张嘴的标准用语，但本地讲张嘴一般都是说“丫（近音字，原字不知如何写）口”，讲到这个标准的“开口”，一般是指向人借钱、借物或其他求助。

我们知道歇后语多为比喻，本俚语也不例外，是把被求助人在某方面办事容易、方便，比喻成螺蛳衔泥张口即来这么便捷。

语例：王山林的身份证弄丢了，又急于外出打工，不知怎么是好。其侄子告诉他可先办个临时身份证，可王山林说不知怎么才能办到临时身份证。侄子说：“你去找阿六呀，阿六他表叔在派出所是专管户籍的，要他表叔给你搞个临时身份证那还不是螺蛳衔泥——只愁不开口呀！”

罗通扫北

词解

罗通：《说唐》中的将领，《罗通扫北》里的主要人物，系罗成之子。

释义

本义：罗通扫北，本是讲罗通受唐皇之命率军北伐东突厥国的阿史纳王朝的故事。罗通在这一历程中英武勇猛，所向无敌，把所有的敌方残余消灭得干干净净。

用语意义：指处理某项事务干净利落，与该事务有关的一切问题或东西统统被处理或收走了。

艺术与现实意义

本俚语使用的也是借喻的修辞手法。把人们处理问题的干净利落与历史小说故事“罗通扫北”的勇猛、坚决、彻底相比，使俚语产生了动态感，让人的行事风格的磅礴跃然纸上。

语例：张三问李四：“前几天你问我要不要的农垦58稻谷种还有吗？”“没有了，问你后过了两天，我女儿到这里，所剩的稻谷种子罗通扫北全被她拿走了。”

落地生根，无人来争

词解：略

释义

本义：植物的种子落在地上发了芽，生了根，就不可能拾回来，即使拾回来也已不是原来的种子了，争论也改变不了这个事实。

用语意义：比喻人要讲信用，讲定的事就不能反悔。

艺术与现实意义

本俚语的产生来源于牌九，为了防止不必要的争论纠纷，人们规定：牌只要一离手，就是出错了也不准收回改张。就像种子落到地上发了芽生了根一样，不可更改。后来，人们把这个游戏规则延伸到人们的做事和说话中，本俚语常常是承诺人对约定的郑重承诺或对方要求承诺人遵守承诺。

另外，有一种多年生草本植物，羽状叶的边缘有圆齿，圆齿底部容易发芽，芽长大后落地即成一新植物。所以名称叫“落地生根”。这种植物原产自非洲，虽各处都可以栽培，可在本地极少见到，不应是本俚语的来源。但其间接地说明了本俚语的产生更具有客观科学性。

本俚语以极其通俗的事例的全过程为喻体，语言生动，鞭策人们诚实守信，是极具积极意义的俚语之一。特别是现在这样经济飞速发展的时代，人们的经济生活，都要靠合同来约束，重合同、讲信用更加具有特别重要的意义。

语例：甲：“讲好了呀，萝卜三分钱一斤，红薯五分钱一斤呀。”乙：“好，落地生根，无人来争！”

落伙铺

词解

落：luò，停留，留下。

伙铺：过去指供人们外出歇脚吃饭、住宿的店铺，相当于现在的招待所、旅店、宾馆之类。

释义：

本义：是指到伙铺里暂时住宿，不含在伙铺里吃饭等短暂歇脚。

用语意义：除本义外，是说某人在家里住的时间短、少。

艺术与现实意义

过去的伙铺，是人们外出经商、走亲访友以及像谢灵运之流（过去的人没有游山玩水的风气，像谢灵运这样以游山玩水为主业的人在少数）外出旅行歇息、暂居的地方。伙铺不是人们向往的地方，落伙铺，是一种不得已的行为。本俚语常常用于描述或抱怨家庭成员在家里居住的时间少。如果说谁把在家里打住如同落伙铺，那么，一是说这人很忙，很少有时间在家里停留；二是说这人对家庭不负责任，对家人没有感情，宁愿在外漂流也不在家里安居。在第一种情况下，表达出用语人对被陈述人心痛的感情，有时也带有抱怨的情感；而在第二种情况下，则表现的是用语人对被陈述人的不满和责备。

语例：“你男人长年在外做生意，家里有钱，生活过得舒心哩？”姑姑问侄女。“舒心么咯，他一年四季冇几天在家里打住，回来一次，落伙铺一样。”侄女有些抱怨地说。

落壳鬼

词解

落：luò，物体因失去支持而落下来。这里是脱离的意思。

壳：ké，硬的外皮。

释义：是指人生性调皮，常常做出一些不按常规、不负责任、不计后果的事情（但大法不犯）。

艺术与现实意义

壳，对于动物来说，它既是保护也是一种束缚。如乌龟、蜗牛等全身背着厚厚的外壳，这对它们的肉体起到了很好的保护作用，但也因为这厚厚的外壳的负累而行动缓慢。正是基于这个角度，赋予了“落壳”一种脱离束缚、不受规矩管束的意义。“落壳”后面再加“鬼”——我们知道鬼除了阴险、恶毒，还有神通、机灵的一面。本俚语的“鬼”正是取鬼机灵的一面，而非阴险、恶毒的一面，所以，“落壳鬼”调皮而不“捣蛋”，没有横行霸道的恶行和处心积虑的阴险。很大程度上是一个人的个性特点的显现。

本俚语的实际使用，大部分情况下都带有责备的情感，但程度不深；有时使用时带有较复杂的情感，既带有责备的成分，也伴有对被用语人个性喜爱的情感；有时也包含很大成分的赞许。

语例：三爷辈分高，教书先生出身，身份尊贵，在当地没人敢对他说个“不”字。三爷配厨房，后墙占了部分通道也没人反对。二式却不与三爷商谈，正直把三爷的后墙推倒。伯父带着微笑对二式说：“你咯个落壳鬼，你三爷的墙你也敢去推呀?”

落雨背稻草——越背越沉重

词解

背：bēi，用脊背驮。这里是“披”的意思：将稻草扎住一端，这一端放在头顶上或脖颈上，再将另一端散披在身上以遮雨。

沉重：chén zhòng，分量大，程度深。

释义

本义：用稻草披在身上遮雨，时间长了，因雨水浸透了稻草，稻草会变得越来越沉重。

用语意义：比喻举债度日或经营不善，生活或处境变得越来越困难。

艺术与现实意义

过去的农村，把收割稻谷后的稻草看得相当重要，因为稻草是耕牛越冬必不可少的材料——耕牛冬天的食物和保暖主要靠稻草。稻子收割后，稻草一般是放在野外堆成堆垛，避风避雨保管，所以野外到处都能遇到这样的草垛。如在野外突遇大雨，可就近弄些稻草披在身上遮雨。如果雨系短时阵雨，就可避免被雨淋湿；但如果雨大时间长，则稻草被雨水淋透，不仅稻草越来越重，身上同样会被浸湿。

背稻草避雨，不是避雨的根本方法。借债、欠债，是为了解决家庭生活或经营上的临时困难，在过去的岁月里，如果在短时间内不努力还清债，债务就会越来越重，家庭生活就会越来越困难。因为，第一，债是要还利息的，不及时清偿，利息会越来越多；第二，前债未还，生活还将继续，还得继续借债，所以债务会像落雨天背稻草一样，越来越沉重。有的人做生意不懂经营，亏了还不心甘，还要想继续经营来翻本，结果是越亏越多，这也如同落雨背稻草一样。用语习惯，本俚语不用于赌博欠债。

这个俚语表面上只是对生活现象的描述，但它揭示了一个人生哲理：人的生活不能依赖外援（当然包括举债），必须自己努力；有了债务必须尽力清偿，不能被债务拖累。毛泽东同志曾指示说：“我们希望有外援，但是，我们不能依赖它，依赖的力量全在我们自己。”这个哲理，其实也很适合当今的社会。现代人很多不怕欠债，在欠债中暴富，但其实是一些无赖性质的行为，是不正常的。举债能还，才是长治久安、持续发展的轨道！另外，理智经营，不要想发财却反被“发财”所负累。

语例：张三没有经商的经验和才能，却总想着做生意赚大钱，于是不惜用房屋抵押贷款投资做生意。亏了本还不甘心，借高利贷继续他的发财梦，最终被放高利贷者逼得不敢归家。真是“落雨背稻草——越背越沉重”。

落雨背蓑衣——人个有一番

词解

蓑衣：suō yī，用草或棕编制成的、披在身上的防雨用具。武冈区域的蓑衣是用棕编制成：形状大体像衣，有背无襟，肩宽可至两手侧平举时的肘部，背下长至膝窝或稍上，背宽超出身体宽。披戴这样的雨具便于开展农业劳动。

人个：“人人个个”的意思，即每个人。

一番：“一回”“一次”的意思。

释义

本义：落雨了披上蓑衣遮雨，每个人都有这样的经历。

用语意义：本俚语主要用于劝导年轻人在追求婚姻幸福时不要害羞、扭捏，因为这像落雨背蓑衣一样，每个人都会这么做的。也可用于其他类似的情况。

艺术与现实意义

过去武冈的农村，下雨时，遮雨的工具普遍只有斗笠、蓑衣，雨伞只有少数富有的人才有，且撑着雨伞也不便进行生产劳动。一下雨，戴斗笠、背蓑衣就成为人们习以为常的行为。把年轻人追求爱情比作落雨背蓑衣、戴斗笠一样平常，利于年轻人放下害羞和顾虑感，勇敢地去追求婚姻的幸福。现在的青年人谈情说爱真正做到了“落雨背蓑衣——人个有一番”的平凡境地了，再也没有神秘感、神圣感和扭捏感了，这也许也有本俚语的一份功劳。

语例：小君看上了邻村的小雨姑娘，可又不敢向小雨表白。许久后，妈妈看出了他的心事，就鼓励他：“落雨背蓑衣——人个有一番，正常，向她表白吧，就算她拒绝了也不丑。”

麻雀子吃胡豆——尽命来

词解

麻雀子：麻雀，小鸟的一种。头圆，尾短，嘴呈圆锥状，头顶和颈部是栗褐色，背面褐色，杂有黑褐色斑点，尾羽暗褐色，翅膀短小，不能远飞，善于跳跃，啄食谷粒和昆虫。有的地区叫家雀儿或老家贼。

胡豆：即蚕豆，一种植物种子，可食用；形状呈长方体式的流线型体，大小如成人的手指头。

尽：jǐn，这里是“力求达到最大限度”的意思。

释义

本义：麻雀明知道吃下蚕豆困难，即使吃下去了，因其食囊就只有蚕豆大小，也无法消化。因无法消化，它的肛门也无法把蚕豆排出，所以只有死路一条。但它为满足自己的食欲，豁出命还是要去吃蚕豆。

用语意义：比喻某些人为满足自己的欲望，明知是难以办到或不能办的事，却以身犯险；或者表示某些人明知某事有风险有困难但一定要办成的决心。

艺术与现实意义

这是一个推理性的歇后语，但推理的前提条件——麻雀吃蚕豆，是一个假设性的命题。实践中，谁也没见过麻雀吃蚕豆，更不用说看到麻雀吃了蚕豆后死了的事例。但麻雀把嘴完全张开，倒是可以塞进一颗蚕豆的，这为这个假设的前提提供了一种可能性，使这个俚语才具有了亲和力；再怎么假设我们也不能假设到“麻雀吃核桃”“麻雀吃椰子”，因为这太不可思议了，人们是不可能接受这个俚语的。人们知道麻雀如果吞下蚕豆必死无疑，所以用“麻雀子吃胡豆”来形容某些为达目的不择手段的人的贪婪性或冒险精神。然而，事实上，现实中不乏“吃胡豆”的“麻雀子”，多少贪官，他们一卖原则所得就成万上亿，多少奸商，他们偷税漏税、贿赂官员，一桩生意，给国家造成的损失也是成万上亿，但等待他们的结果大多也是进牢房、上断头台。

编者注意到，别的地方也有类似的歇后语，如“麻雀吃蚕豆——咽不下去；享不了这份福”，这些歇后语是顺水推舟，写的是实，而本俚语描的是虚，“谜底”更具有深意。

语例：

1. 仇某某，上面拨下的救灾款也敢贪污，也真是“麻雀子吃胡豆——尽命来”了。

2. 这桩生意稳赚，我一定要做。麻雀子吃胡豆——尽命来，没有本钱我卖屋！

麻雀子高兴打烂蛋——空欢喜

词解

麻雀子：本地对麻雀的昵称（解释详见“麻雀子吃胡豆——尽命来”条）。

释义

本义：麻雀子最高兴的事莫过于自己生下了蛋，因有孕育后代的希望，然而在欢声雀跃时却把自己生下的蛋打烂了。

用语意义：比喻人在成功或意外的收获面前过于高兴或得意忘形而招致不必要的损失或灾祸。

艺术与现实意义

欢喜的原因一下子又在欢喜中消失了，兴奋的心情一下子从抛物线的顶点又落回了“地平线”。其实，麻雀子从生下蛋而高兴到打烂蛋，其心情并不只是从抛物线的顶点回到了平地那么简单，因为打烂蛋对于麻雀子来说等于失子，心情是悲痛的，所以，这个俚语的“谜底”也可以是“乐极生悲”。人类的现实中也是如此，有时是因过分的高兴所失与所得相当，有时是有过之而无不及。本俚语可以根据不同的用语环境使用不同的“谜底”。

语例：

1. 小敏在河边的小路上拾到100元钱非常高兴，急于要交给妈妈，想让妈妈高兴，快速地向妈妈身边跑去。一不小心摔了一跤，钱掉落到河里让水漂走了。妈妈笑着对小敏说：“这就叫麻雀子高兴打烂蛋——空欢喜。”

2. 林老买彩票中了大奖，兴高采烈往家跑，想让老伴分享自己的喜悦，结果在横过马路时被汽车撞死了，真是“麻雀子高兴打烂蛋——乐极生悲”。

麻雀子跟倒鹌鹅飞

词解

麻雀子：解释详见“麻雀子吃胡豆——尽命来”条。

跟倒：跟着。

鹌鹅：本地把大雁叫鹌鹅，因大雁的毛色和体形（除了头）与鹌鹑相似，头与鹅相似。

释义：比喻能力（含财力和社会地位，下同）低下的人与能力强的人被迫或攀比去做同样的、超出自己能力范围的事。常常用作谦辞，有时也带有“不自量力”的贬义。

艺术与现实意义

麻雀子飞得又低又慢，且每一次飞行的距离也很短，而鹌鹅（大雁）是候鸟，常常飞得又高又快，且可长时间处于飞行状态，所以，麻雀子与鹌鹅是不可同日而语的两种鸟类。麻雀子要想跟着鹌鹑飞得又高又快，必须竭尽全力才能勉强跟上一段距离。麻雀子要想一直跟着鹌鹑飞下去，肯定是一种不自量力的举动。

人们在共同的社会生活中，各自的能力是不同的，但有些情况下必须要求这些能力不一的人做相同的事情，这时，能力低下的必须付出最大的努力，如同麻雀子被逼跟着鹌鹑飞。有时，能力低下的人对能力强的人不服气，认为自己不比别人差，能力强的人能办到的事，自己也能办到，办到了，自己使出了吃奶的力气；没办到，别人会耻笑他是麻雀子跟倒鹌鹑飞。

本俚语的本义是不会发生的，之所以把“麻雀子”与“鹌鹑”生硬地拉到一起，是为了突出双方能力的悬殊，以达到夸张的效果。

语例：老七爷家一直以来被大家认为是村子里最穷的人家，现在也开始修新屋了。村上最先盖了楼房的阿刘见了说：“哟，老七爷也盖新房了?”“哎，麻雀子跟倒鹌鹑飞呗!”老七爷半真半假地说。

麻雀子摇枫木树

词解

麻雀子：即麻雀，小鸟，体重一般在100克以下。

摇：摇摆，物体来回地动。这里是晃动物体使其摇摆的意思。

枫木树：枫树。落叶乔木，枝干通常长得很高大。

释义

本义：麻雀子想凭自己的体力晃动枫木树。

用语意义：比喻欲办事人的力量（体力、财力、智慧等）与待办的事所要求的力量相比悬殊。

艺术与现实意义

本地在枫树中间加个“木”字，一般是指成材的大枫树，因为本地的用语习惯，树变成待用的木料时才叫“木”，而树变成待用的木料时一般都是成材的大树。

成材的枫木树小则上百斤、大则上千斤，体重不到二两的麻雀子就是全身化作力量，与成材的枫木树相比，都是可以忽略不计的，所以它不可能去摇动枫木树。

其他的树成材后，很高、很大、很重的也多的是，本俚语之所以选择枫木树说事，有其用语艺术的所在：“枫”，很容易让人与“风”发生联想——若非狂风，“风”在人们的印象中是轻飘飘的；“枫木树”就好像随风飘摆之树，不摇也动，要晃动枫木树何足道哉！有了这种误导，就使本俚语增加了一分诙谐性，使沉重的用语显得有几分轻松感，活跃了语言环境。

本俚语也可在后面加上“——不自量力”而成为歇后语，但这样意思和用语环境就都固定了，而且明显带有贬义。在实际使用中，本俚语既可作客观的描述，也可作自我解嘲或自谦之用，也可以带上贬义作讽刺或斥责别人用。所以，本俚语未归结在“歇后语”的框架下。

语例：族兄对小乔说：“国土局要修办公大楼，当局长的不是你表叔吗？你不晓得去把这个工程承包了？”“想呢我也想，只是麻雀子摇枫木树，摇得动吗？”小乔回应说。

麻畲里绊到豆畲里

词解

麻：本地指苎（zhù）麻。苎麻，多年生草本植物，茎直立，高可达七尺，叶子互生，圆卵形或心脏形，花绿色，雌雄同株，果实聚集呈小球状，深褐色，表面有短茸毛。茎皮纤维洁白有光泽，拉力和耐热力强，是纺织工业的重要原料。

畲：shē，本地指栽种蔬菜、红薯、玉米等的旱地。武冈读音 xiā。

绊：缠绕，牵扯。

释义

本义：苎麻畲里的藤蔓缠绕到豆子畲里去了。

用语意义：比喻两件不相干的事被牵扯到一块去了。

艺术与现实意义

苎麻喜阴，一般种植在山脚林边，豆子喜阳，种植一般应远离山脚林荫，所以，这两种作物的畲里如谁的长了寄生藤蔓（如菟丝子），也缠绕不到对方畲里去——麻畲里绊到豆畲里在这个层面上即不应该。苎麻茎高而直，且无分枝，豆矮而婆娑，枝繁叶茂；苎麻供用不可吃，豆子主要是供人吃食，所以，就是讲有关它们的事也牵扯不到一块去——麻畲里绊到豆畲里在这个层面上也不符合逻辑性。不相干的问题不要放在一块来争论。

本俚语主要用于指出别人提出的问题或争执的问题与本问题

没有关联，或者，要求别人不要把不相干的问题搅在一块说。

语例：村民事纠纷调解委员会刘主任接受蒋大爷的申请，对蒋二宝不肯赡养蒋大爷的纠纷进行调处。调处中，蒋二宝蛮不讲理，刘主任依据法律和情理对蒋二宝进行严厉批评。蒋二宝理屈词穷了，就提出："你能耐，你们村委不是解决矛盾的吗？那好，三年前我和大毛、三宝分家时，承包的责任田、责任地没分公平，你们村上先把我们弟兄家的田、地分公平了再说！""你这是哪儿跟哪儿啊，麻畲里绊到豆畲里！"一旁听群众打抱不平说。

卖砂罐发脚

词解

砂罐：用陶土和砂子混制的小罐，经过烧制后用来煨煮食品和中药（这样食品更香，中药不会与罐壁发生化学反应而保持良好的药性）。制作工艺粗糙，价格便宜。

发脚：是指要别人代替自己跑腿，自己给报酬（也包括无偿的情况）。

释义

本义：自己做卖砂罐的生意，却又不想动步，要别人替自己走村串户把砂罐卖出去。

用语意义：比喻某人个性懒惰、浮漂，办事不务实，本可以自己完成的事情懒于完成，却"二级发包"给他人完成或指使他人替自己完成本应由自己亲自完成的事务。

艺术与现实意义

过去集市与交通均不发达，很多小商品都靠人挑着担走村串户，送货上门。卖砂罐是一个小本买卖，赚利小，如果还要另付报酬要他人代劳去走村串户叫卖，那自己肯定就没什么赚头了。将赚利与否放置不论，卖砂罐是一个非常简单的事情，每个正常的人都能做得了，为讨生计，这么简单的事都不愿亲自去做，那这个人是什么德行就可想而知了。

以“卖砂罐发脚”来比喻某人个性懒惰、浮漂，办事不务实，可谓入木三分。

语例：

1. 妈妈要小丽去拿茶壶，小丽却要弟弟去拿。妈妈批评小丽：“你呀，卖砂罐还要发脚！”

2. 妈妈进了一批柚子要小春去卖，小春却以按计日工资的形式要其表弟去坐台叫卖。妈妈知道后批评小春：“卖砂罐发脚，还能赚钱吗？”

满塘麻蛄叫

词解

麻蛄：蛄，gǔ。麻蛄，本地指青蛙、树蛙、石蛙、土蛙、牛蛙等的总称。

释义

本义：水塘里栖满了各种麻蛄，所有的麻蛄都在杂乱地鸣叫。

用语意义：比喻多人发出杂乱无章的声音，多指小孩子在一起发出的无序的声音。

艺术与现实意义

一个水塘的麻蛄是多样的：有大麻蛄，小麻蛄；有青蛙，有石蛙，有土蛙，塘边的树上也会有树蛙……各种蛙发出声音的音色是不一样的，发出声音的频率和节奏也是不一样的，所以显得很嘈杂。多个小孩子在一起，有男孩，也有女孩；有大点的，也有小点的；有嗓门粗的，也有嗓门尖的……一吵闹起来，即便是一起读书，只要不是齐读，这声音的嘈杂与池塘里满塘的麻蛄发出的声音就好有一比。

本俚语虽然描写的是嘈杂的场面，但它不包括人们打架斗殴的场面。“满塘麻蛄叫”的声音是善意的，用语虽有表达不满的情绪，但又不带厌恶的情感。

语例：清晨，姐弟三人一同来了读书的兴致，都放开嗓子宣读着各自的课文。母亲说：“满塘麻蛄叫呀，你们声音轻点，别把你们父亲吵醒了，他昨夜睡得晚。”

猫咪守着个牛头——想吃却无从下嘴

词解

无从：（做某件事）没有门道或找不到头绪。

下嘴：下，在这里是使用或开始使用的意思。下嘴，就是指开始吃。

释义

本义：猫咪看着一个已被宰杀的牛的头，很想吃牛头上的肉，可是牛头大，肉又少，牛皮又太硬，皮肤都绷得很紧、很滑，而猫的嘴小，张开来放在牛头的哪个部位都使不上劲——不知从什么地方开始吃才能啃动这个牛头。

用语意义：是指人很想办某件事情，但因该事复杂或由于自己能力、财力有限或条件不够，理不清办事的头绪或根本不能启动办该事情的进程，就好像猫咪守着个牛头，很想吃牛肉，却不知道从哪里下嘴才能吃动这个牛头一样。

艺术与现实意义

猫的最爱是鱼，不是牛肉，但当猫咪饥肠辘辘时，尽管牛头上没有多厚的肉，它也是很想啃食的。一个有生活经验的人都知道，当一只饿猫守住一个牛头时，它这里咬一口试试，那里咬一口试试，可都咬不动，它急得绕着牛头不停地转，不停地试咬。人总是有贪心的，特别是有大利可图的事情，总想把它揽到自己手里；知道自己能力有限，却总不愿放弃，就如同饿极的馋猫。本俚语指的就是这些人，对那些明知自己襲不烊就不做期望的人是不适用的。当然，如果牛头被炖得熟透，且又被撕裂了口子，猫就能奈何牛头了。这就是办某事有没有条件的问题。

语例：20 世纪 80 年代末，细佗一个在台湾的叔叔回大陆来探亲，送了细佗一辆摩托车。可细佗高度近视，配了眼镜也矫正不到 0.7 的视力，哪敢骑摩托呀。可细佗总舍不得放弃，摩托在家里放了两年也不作处理。细佗的姑父劝细佗：“你担到辆摩托就是猫咪守着个牛头——想吃却无从下嘴，还是转卖给别人吧，免得摩托在家里放坏了。”

茅厕板板，三日杉木香

词解

日：rì，武冈读音 nì（nì 与 rì 谐音，应是将 rì 音读变了）。

茅厕板板：厕，武冈读音 si。过去农村的厕所，是在小茅屋里安一个很大的木桶，木桶上架两块较厚的木板做蹲位，两块木板之间隔开一定的距离或开一个扁长的孔便于大小便落到桶里，上面的两块木板就叫茅厕板板。桶和板一般都用杉木制作。

三日：是个概数，不是一个实际的数量词，是指开始较短的时间内。

释义

本义：新做的茅厕板板，头几天有杉木的清香气味。

用语意义：比喻人做事凭兴趣、图新鲜，不能持之以恒、有始无终。

艺术与现实意义

以杉木做的任何物件，开始一段时间总会有杉木的清香味，时间长了，这清香就淡了，没有了。作为茅厕板板，因为从一使用就受着屎尿恶臭的熏蒸，这种新鲜的清香，很快就会被臭味所掩盖。所以，以“茅厕板板，三日杉木香”与人做事的恒心相比，更显出某些人做事恒心的短暂。注意到，有些地方也讲“茅厕板板，三日新鲜”，但是新鲜的时间一般都会比有杉木香的时间长些；同时“杉木香”是以嗅觉来说事，比“新鲜”更具体、形象。

语例：小毛本不是个爱惜书本的孩子。这天拿了本新发的课本不小心掉到了地上，他赶忙拾起来，将书用嘴吹了又吹，还让妈妈用纸巾擦。妈妈讽刺小毛："哟，茅厕板板，三日杉木香呀！"

茅屋底下安磉石

词解

茅屋：最简陋的房屋。一般用要求不高的木料构筑支架，屋顶用茅草遮盖，做住房用的再在四周围一些土墙挡风。

磉石：磉，sǎng，房子木架柱子底下的石礅。石，shí，武冈读音 xià。磉石，是过去修木瓦结构的房子时，为防接触地面的木柱受潮、浸水而腐坏，所以在柱子下面安一块较平整、较规则的石头将木柱与地面隔开，这石头就叫磉石。

释义

本义：修建的是低档、简陋的茅屋，却在茅屋的柱子底下安上刻有花纹的磉石。

用语意义：比喻各方面条件很差，而在某一方面或某一点却要求特别高档或特别讲究，以至于显得特别的不协调，也不合适。

艺术与现实意义

磉石，最初的作用是将房屋木柱与地面隔开，以免受地面湿气浸蚀腐坏，只要平整和较规则即可。随着社会的发展，人们对磉石的要求越来越高，其形状就发展成鼓形、方形、鼓形与方形的组合；有钱人家更讲究，还在磉石上雕刻了花纹。本俚语所讲的磉石，是指刻有花纹的磉石。其作用已不只是防止房子木柱浸水受潮，更重要的是体现其美观、气派。精美的磉石是主人富有的表现。

高大的木房安上磉石，显得豪华别致；低矮而简陋的茅屋，安上磉石，显得别扭，怎么看都不顺眼。这一形象的对比，充分说明了和谐的重要性。对于一个整体性的东西，想要好，须努力使各方面都好起来；如达不到，则不能一枝独秀，应有利同沾——与其在茅屋下面安磉石，还不如用安磉石的钱将茅草换成瓦片。

本俚语以“茅屋底下安磉石”作比，是对那些不顾自身条件，超越现实的穷讲究的讽刺和批评。

语例：小三身着补丁叠补丁的衣服，却在手指上戴着一个玉戒指，真是茅屋底下安磉石！

茅 杂

词解

茅：máo，白茅，多年生草本植物，春季先开花，后生叶子，花穗上密生白毛。

杂：zá，混合在一起；掺杂。武冈读音 zà。

释义

本义：指庄稼里杂生了白茅。

用语意义：指不讲礼貌，言语或行为冒犯尊长。

艺术与现实意义

白茅的生长有一个特点：白茅虽然也成片生长，但每一根白茅都是相对独立的，每根之间都有一定的空隙，如果庄稼地里的庄稼很茂盛，杂生的白茅就比较少，它会选择庄稼的空隙处生长。不像其他的草，好丛生，一个蔸儿长出很多根。庄稼里长出白茅，白茅就是杂种，是不按人们的希望和植物之间各占其地的规矩长出来的。所以，讲谁茅杂，就是说他不讲规矩、不守秩序，和庄稼里长出的白茅一样，侵占了他人的领地，冒犯了他人的尊严。本俚语其实也是一个比喻。

值得注意的是，茅杂虽是指晚辈对尊长的冒犯，但一般是指轻微的，而不是指严重的。严重的就不叫茅杂了，而是属于忤逆或大不敬了。

语例：小孙孙突然对爷爷说："爷爷，你吃屁么?"父亲忙制止儿子："茅杂，不讲礼貌!"

冇得下数

词解

冇得：没有。

下数：下，这里指次序或时间在后的。数，shù，数字，数目。下数，下面的，后面的数。下，武冈读音 há。

释义

本义：一列序数到这里完结了，后面再没有数字了。

用语意义：表示某事的成功或某人的前途没有新的希望了。

艺术与现实意义

本俚语使用了借喻的修辞手法，把事情的开始到事情的圆满结束或人生的旅程比喻成一个有序的数列。我们办事情总是有预定的步骤：先做什么，再做什么……最后做什么，这就是一个不定项的数列。等到最后的步骤完成，事情就圆满了。但事情还在办理的中间环节或刚开始，因其他原因不能再进行下面的步骤了，这就是没有下数了。人生的旅程同样是一个不定项的有序数列，只是这个数列不能像办普通事情的步骤的数列那样可以完全预定，人生的变数很多，有时出现了畸数，一时没有办法解决，会给人带来悲观的情绪，认为自己的人生没有生的和新的希望了，没有下数了。

本俚语还有另外一种用语意义，在这种意义上的“冇得下数”，是说某个人做事不讲章法，不遵循正规程序，也包含不守道德规范。就是说，章法、规范如果用数列作比，它应当是一个有序数列，只要不完结，有了上数，必然有下数，但在这里，有上数却没有下数了，就说明已不按章法、规范出牌了。

把事情进展或人生旅程的不顺利与有序数列的中断相比，这也是武冈俚语的一种创新。

语例：建军好不容易承包到一个建筑工程，以为人生将有新的起步。工程正在进行中，一天，他的助手跑来说：“老板，冇得下数，冇得下数，我们承包的这个工程没有经过规划批准，听说规划局正准备下文责令我们停工哩！”

冇名堂

词解

冇得：没有。

名：古代称文字为名（见上海辞书出版社1982年4月出版的《辞海·语词分册》第864页）。

堂：正房，堂屋，厅堂。

释义：因欠缺教养而不懂规矩。

艺术与现实意义

过去，一个家族，把族规写在祠堂里或用其他载体写成文字存放在祠堂里；一个家庭，把家训写在堂屋里或用其他载体写成文字存放在堂屋的神龛上。所以，有名在堂，就是有族规、有家规；冇名堂，就是缺乏教养、不懂规矩。

本俚语的“名堂”与我们现代常用词“名堂”的意义是既有联系又有区别的：现代常用词“名堂”，《现代汉语词典》解释有三种意义：（1）花样、名目等；（2）成就，结果；（3）道理，内容。从这些解释可以看出，二者意义虽有不同，在某种角度上甚至是相反的，但二者还是有很大的联系的，如族规、家规的条目与“花样”“名目”有相同之处；规矩、家训必须有“内容”，而“内容”应当是有“道理”的。

本俚语中的“名堂”与现代汉语中“名堂”的区别在于，前者是一种严肃的纪律、规范，后者则没有前者的严肃性和约束性。俚语的用语意义源自古老的字义解释。这种区别充分体现了武冈区域历史文明悠久、文化底蕴雄厚，俚语渗透着历史的文化气息。

本俚语在使用中，大多数人不知道“名堂”怎么解释，但让人隐约地感到自己的言行有不妥、不符合道德规范而自动收敛。

语例：小三等一群孩子在玩“打仗”。打着，打着，大家就拿队里晒簟里的稻谷互掷，把稻谷甩得到处都是。“冇名堂！”何大伯见了立马喝止。小孩听了，赶忙散去。

冇输呱门前块秧田

词解

输：在较量时失败。此处也有赔损的意思。

门前：自家前面。

秧田：培植水稻秧苗的田。

释义

本义：（多大的事呀？）没有输了自家门前的秧田吧？

用语意义：（失败了）只要没有赔了自家的根本就不要怕。

艺术与现实意义

种水稻没有秧苗是不行的，培植秧苗没有好的秧田全年的稻谷就不会丰产，所以在一定意义上，秧田是农家的根本。说其是根本的另一个原因在于，一户农户的秧田，一定是他家最好的稻田，土质要肥沃，有充分的通风采光的优势，进排水要方便。在过去田地可以买卖的情况下，秧田是农户家最值钱的东西了，所在这层意义上，秧田更是农户家的根本。作为秧田，人们常常把它选在自己房屋的周边，多数选择在自己屋门前，便于施肥和田间管理，也便于防止秧苗被盗窃。

本俚语常常在自己的亲戚朋友受到挫折，或失落气馁时用以劝导和鼓励其振作。“冇输呱门前块秧田”并不只是实指，其重要意义在于其是指人或家的立足之本，也有“留得青山在，不怕没柴烧”的意思在其中，最重要的是人在根本在。本俚语充分体现了武冈人民处事的大气。

语例：九九前不久拿了家里全部的积蓄与朋友去做生意，结果全赔进去了，气得、急得要去跳河。其姑姑开导他：“又冇输呱门前块秧田，至于吗？钱是人挣来的，如果你感到对家人有愧疚，你就振作起来，努力赚钱来弥补。”

棉花匠咯女——冇得弹（谈）场

词解

棉花匠：以弹棉花的工艺制作棉被等的工匠。弹棉花，是以竹弓或木弓（长四五尺）绷上牛筋条做弦，然后以特定的木头制成的棰（形状像手榴弹，但头部较大，腹部呈流线型如金樱子）敲打置于棉花上的弦，让弦将原本致密的棉团弹得蓬松以加强保暖效果，然后按照絮被的尺码和厚薄要求将棉絮整理成型，以便降纱定型。

弹：tán，利用机械使纤维变得松软。

冇得：没有。

场：chǎng，举行或发生一桩事情的处所。

释义

本义：棉花匠的女儿没有弹棉花的场所。

用语意义：是说某人长相或品行很好，或者，某事物品性很好，没有让别人说不是的机会或可能。

艺术与现实意义

本俚语既是谐音式歇后语，也是逻辑推理式歇后语。谐音式，一看语面就清楚，“弹”和“谈”读音相同；之所以说是逻辑推理式应作如下理解：历来工匠手艺，除极少数外，都是家族传承，且是传男（儿子）不传女（女儿）。棉花匠也一样，是传男不传女的手工艺。弹棉花需要一定大小的场所，即要有弹场，既然棉花匠的手艺传男不传女，那么，棉花匠的女儿就不需要也不可能有弹场了，所以说“棉花匠咯女——冇得弹场”。

本歇后语运用谐音和逻辑推理的双重艺术的结合，称赞了人和事物的完美性。同时，一提到“棉花匠咯女”就容易让人联想到棉花匠女儿美丽动人，既引导了人们往美的方面想，也赋予了本俚语诙谐性，具有很高的用语艺术。

语例：有人想将老鄢的女儿介绍给隔壁乡的张伢子，老鄢因对张伢子不了解，只说过几天再答复介绍人。其间，老鄢找到了了解这张伢子的黄老头。黄老头一听来意便说：“这张伢子，我了解，棉花匠咯女——冇得弹（谈）场。”

瞄风水

词解

瞄：注视目标。

风水：fēng · shuǐ，指住宅地、坟地等的地理形势，如地脉、水流的走向、欲用地的朝向等。迷信的人认为风水好坏可以影响其家族、子孙的盛衰吉凶。水，武冈读音 xǔ。

释义

本义：是指运用风水知识或请风水先生给自家选择风水好的宅基地或坟地。

用语意义：是指已婚妇女所生的孩子不是自己和丈夫的，而是自己和其他中意男人的。

艺术与现实意义

本俚语使用借喻的修辞手法。已婚妇女不与自己的丈夫生孩子而去与别的男人生孩子，那原因只有两个：一是自己的丈夫没有生育能力，二是嫌弃自己的丈夫太傻或太丑。没有生育能力生不了后代，太傻、太丑养育的后代不昌盛，这与选择风水好的宅基地、坟地一样，都是为了子孙后代的昌盛，这是“偷男人”与“瞄风水”的可比性。

前述之说，并不是说与比自己丈夫优秀的人生孩子就值得提倡，“瞄风水”正是对这类现象的谴责、批评，主体上，它是带有贬义性的。但有时也用于开玩笑或中性叙述。

本俚语的运用应盛行于“父母之命，媒妁之言”与“婚姻自由”新旧婚姻制度交替时期：“父母之命，媒妁之言”使很多优秀的妇女嫁给了“笨郎”“丑郎”，而婚姻自由的新风尚却荡漾着少妇们的心，“红杏出墙”的现象就多起来，也就有了“瞄风水”的结果。旧中国封建伦理很严，这样“红杏出墙”的现象很少。

用“瞄风水”来指“红杏出墙”所孕育孩子的现象，既体现了群众语言的口语化，又婉转、含蓄，富有文学艺术性。

语例：春凤与丈夫小安带着三岁的儿子在与邻居们聚会道白。一邻居与春凤夫妇开玩笑：“春凤呀，你儿子好像一点也不像小安，你是不是在哪里瞄风水瞄来的呀？”“这话可不能开玩笑吔，孩子不懂，孩子他爹可懂呀。”另一邻居说……

磨洋工

词解

磨：mó，消耗时间；拖延。

洋（佯）：yáng，假装。这里指做做样子。

工：一个工人或农民一个劳动日的工作。

释义：磨洋工，是指出工不出力，装作工作的样子，从形式上度过一个工作日，以图取得一天的“工作”报酬。

艺术与现实意义

这个俚语产生于20世纪集体化年代。当时广大的农村，强调集体化大生产，成年人不论男女、老少，不论技术好坏，实行计时工资，同工同酬（男人与男人同酬，女人与女人同酬）；只有当劳动能力从外表到实际都有明显的差别，劳动报酬才有一定的差别；没有对工作积极、扎实或技术好的人的奖励机制，所以，大部分人，出工不出力，装作做工的模样，企望时间快点过。听到休工的号令，不管做了多少事，反正一天的报酬已记上了。

一个“磨”字，概括了人们当时那种消极怠工的精神面貌，也透露出工作时间难熬的痛苦心态——一个人如果没有进取心，无聊地待在工作岗位上打发时光，是很痛苦的。一个“洋”字，既体现了人们工作的应付性，也体现了人们的无奈——在外面“磨洋工”与在家里休息在效益上也没多大的区别，三天的事一天能做完，如休息两天做一天该多好呀，可制度是这一天你不在工场上站着，就不计报酬，只好站也要去站一天（坐着可不是劳动的姿态）。

本俚语揭露了过去大集体劳动的弊端，但不能说大集体就一定不是好集体，关键是管理要到位、要科学。人多力量大，这是颠扑不破的真理。

语例：生产队里有个富农分子叫“义号重”，体格高大，食量也大，但从事生产劳动总是懒洋洋的，总爱找借口（如请假大小便）离开工地偷闲，如果集体开餐，因他个子高大总能挤在前面。所以人们在批斗他时给他编了一首歌谣：“义号重，吃饭打冲锋，做事磨洋工，屙屎屙尿屙得十二点半钟。”

木匠人家没凳坐

词解

木匠：制造或修理木器、制造和安装房屋的木制构件的工人。

凳：dèng，凳子。这里是对木制的矮凳、方凳、长凳、椅子的统称。

释义

本义：家里有木工师傅，却没有凳子、椅子可坐。

用语意义：是指具有某种技艺的人，本人和家庭却缺少该技艺的产品。弦外之音有该人懒散、不成家（成家，这里是指努力建设好家庭的意思）之意。

艺术与现实意义

木工师傅做凳子、椅子都是信手拈来、小菜一碟的事情，且需要的木料也不多；即便是家里穷，无钱买木材，在外给别人做木工，剩下的边角木料和主人讲一下拿回来做个小矮凳也是可以办到的，但竟然连小矮凳也没有，这不能说是穷，而是懒散，没有付出把家庭建设好的努力。本俚语不是一个假设性的俚语，现实中确有这样的情况。本编就曾见识过这样的人家。本俚语是说木匠人家没“凳”坐，而不是说木匠人家没“房”住，因为当时的现实，木匠人家没房住的现象有且不在少数，这并不是因为不成家，而是贫穷所致，不足为怪。选用了“没凳坐”，旨在突出这种境况的不应该。

本俚语常常被用作自我解嘲，即本来自家应当有的东西，临时却又拿不出来，就使用本俚语表示不好意思。但使用本俚语描述他人时，则有嗤之以鼻的意味。

本俚语虽然语面简单，但却是一个转折关系的复句（紧缩型）。

语例：各位朋友，不好意思，我这豆腐作坊老板，今天却没有豆腐招待客人，真是木匠人家没凳坐了。

拿到你句话，牛都踩不烂

词解

烂：此处为“破”的意思。

释义

本义：把你这句话比作一个物件，用牛来踩它，也踩不破它。

用语意义：别人讲的话虽然粗俗，对自己不利，但却在理，你辩不过他。

艺术与现实意义

话是拿不起的。一个“拿”字开头，就把整个语句变成了比喻句。把别人说的话比作一个东西。这个东西很坚硬，即使让牛这种常见的十分笨重的动物来踩踏它，也不能把它踩烂。这短短的一句俚语，却是比喻套着比喻：首先是把这句话比喻成个东西；其次，是用“牛踩不烂”，比喻这句话逻辑紧密在理，再善辩的人也驳不倒它。

本俚语常常是用语人自认服软的表示，说出这句话就表示用语人同意按对方讲的办。但一般都表现出一种无可奈何的情感。本俚语常常在利益冲突的争执中使用，它的产生和运用，表现了武冈人民重理不重利的好品质。

语例：老张和老王都掉了一只母鸡，所掉的鸡大小和毛色都相同。他们在寻找中，共同发现一只这样的鸡，为这只鸡是谁的争执不下。最后，老王说：“不要争，这只鸡暂交给组长保管。

到黄昏时我们三人（包括组长）一起来，把鸡放到离我们两家差不多远的地方，鸡进谁家的门，鸡就是谁家的。”老张对老王说：“拿到你句话，牛都踩不烂，就按你说的办吧。”

哪块石板底下不藏鱼

词解

石板：扁平且较宽大的石头。石，武冈读音 xià。

不藏鱼：本俚语是一个反问句，不藏鱼，就是表示肯定的“藏有鱼”的意思。

释义

本义：每块石板底下都是可能藏有鱼的（你脑筋怎么就不知转个弯从石板底下去捉鱼呢?）。

用语意义：比喻只要肯干、肯动脑筋，什么地方、什么事情都是可以获利的。也指“动歪脑筋”，以不正当的手段获取利益。

艺术与现实意义

在过去，因为环境污染少，人们对鱼类滥捕少，在江河里到处都可见鱼的身影，就是在浅水中，也有小鱼在穿梭。到了夏天，天热时，这些小鱼儿就喜欢躲藏在石板底下乘凉。稍有经验的人把手伸进石板底下都能捉到鱼儿。这是本俚语产生的基础。

本俚语是一个感情色彩褒贬兼备的俚语，其用语目的有二：一是责怪他人（一般是指近亲属）懒于想办法挣钱；二是责怪他人（范围同前）办事刻板，死守原则，不善生灰色之财。俚语中的鱼是用以比喻钱财。用语意义以第二种居多。在这种用语意义下，应作如下理解：石板底下的鱼，是不见天的鱼，用以比喻不显露之财。人要捉到石板底下的鱼，势必把手伸进石板狭窄曲折的地方，用以比喻采取非常规的手段。不但比喻形象，也属于动态式、进行式的用语，反映的是一个过程。

非法获利故不可取，但在不违法的前提下，开动脑筋找窍门致富是正当的。现在使用本俚语更应赋予其新意：石板底下的鱼，是潜在的财富；捉出石板底下的鱼，是动脑筋、想办法，挖掘潜在的财富。

语例

1. 妻子：大家都是当干部，别人的房子好大一座地竖起。哪块石板底下不藏鱼，你连去哪里弄分外水钱都找不到？

2. 现在哪块石板底下不藏鱼？只要你肯干、肯动脑筋，干什么也能弄回钱啊！

㷱不烊

词解

㷱：nái，热也。武冈读音 nài。

烊：yáng，熔化；溶化。在武冈也指蔬菜经爆炒失去部分水分后变柔软了的状况。

释义

本义：是指因本身热量不够，不能使别的物体熔化、溶化或不能使菜蔬等失去水分后变柔软。

用语意义：比喻自己能力有限，不能把别人托付的事情办好。

艺术与现实意义

钢条多么坚硬，直挺挺，稍大一点，你就是使出吃奶的力气也掰不弯，但如果你把它放在烈火中一烧，你要它变成什么形状就可以把它变成什么形状；冰也很坚硬的，一旦把它加热融化成水，它就“柔情无限”；一片长长的、生机勃勃的蔬菜叶子，把它放到热水里一烫，就变得像一根煮胀了的面条。这就是“烫得烊”。把自己能力有限比作热量不够，把办不好别人托付的事比作不能使别的物体熔化、溶化或变软。直观形象，用语生动活泼，不像同义语“奈不何”“办不了”等用语这样呆板。

本俚语把能力的有限以“㸆不烊”的现象来描绘，赋予了本俚语动态感。

语例：老陆：“老伍，请你帮个忙，把我的户口转为城镇户口好吗?”老伍：“㸆不烊。”

奈冬瓜不何寻到葫芦出气

词解

奈：nài，奈何，对付。

葫芦：hú · lu，一年生攀缘草本。果实像两个球连在一起，表面光滑，可做器皿，也供观赏。

出气：把心里的怨愤发泄出来。

释义：

本义：对付不了冬瓜，把怨气发泄在葫芦身上。

用语意义：比喻奈何不了比自己强势的人，便把怨愤发泄在比自己弱势的人身上。

艺术与现实意义

把强势的人比作冬瓜，把弱势的人比作葫芦，本俚语包含了两个比喻。之所以把强势的人比作冬瓜，是因为冬瓜是常见瓜类中个儿最大又不容易捏拿之物；之所以把弱势的人比作葫芦，是因为葫芦是常见瓜类中个儿较小，又容易捏拿（两个球形相连之处有一个较细小的部位，一般可以用手捏住）的东西。这样比喻另一个理由就是，冬瓜是实心的，皮厚没有眼，无孔出不了气；葫芦常常被人掏空肚腹，加工制成装酒、水的器皿，有口，可以出气。

本俚语牵涉到一个逻辑问题：欲奈何冬瓜，肯定是与冬瓜有解不开的纠结，但葫芦除了弱小易捏拿外，是无辜的，为何要寻到它发泄怨愤呢？逻辑就是因为葫芦弱小。在现实中，这样不讲道理的现象是很多的：挨了父母的责骂——可能是无辜的——因奈父母不何，无处泄愤，弟弟妹妹稍有招惹——在平时是没有关系的——就会把满腔的怨气发泄在弟弟妹妹身上；受了上级的气，奈上级不何，就借故去训斥下级；受强势的人的欺侮，奈别人不何，借故把怨气发泄在弱势的人身上。如此等等，都是本俚语描述的对象。

本俚语使用的比喻形象、贴切，使欺软怕硬的人性有了直观感，是对欺软怕硬的人性的批评与贬斥。

语例：今天领班组长挨了老板的训，老板说其监督不力，他这个组的产品质量上不去。回到组里，组长要业务能力较强的小王与他一起去检查产品质量。小王因手中正在加工的产品还有一点点没完成行动慢了点，就被组长一顿臭骂。事后，有同事劝慰小王："组长是受了老板的气，奈冬瓜不何寻到葫芦出气。组长也不容易，你就担待着点，不跟他计较，啊？"

难　会

词解

难：nán，不容易。

会：huì，俚语读音 huán。遇见的意思。

释义：对别人的帮助表示感谢。难会，与"谢谢"的意思近似。

艺术与现实意义

本俚语应起源于城步苗族自治县，因为城步口音中"会（huì）"常念成"huán"，而武冈没有这种读音。但"难会（huán）"，作为口头致谢语也在武冈通行。

"难会"，本是一个形容词，字面直译就是"你这样的好人很难遇到"。作为口头致谢语却是动词的性质，其使用的表现形式常常是"难会你""难会了""难会，难会"等。其实是以赞许致谢的一种形式。

"难会"作为致谢语，其意思近似于"谢谢"，但又不同于"谢谢"：人们在用语习惯上是别人以行为帮助了自己，表示感谢时用"难会"，当接受了别人的财物馈赠后则用"道谢"（见前"道谢"条）致谢；而"谢谢"则在这两种情况下皆可使用。

语例：小弟弟提着一大篮子红苕过河，显得很艰难。一男子见状，急忙跑过去帮小弟弟送到河的对岸。小弟弟对着转身就走的男子大声说：“大哥哥，难会你！”

男怕入错行，女怕嫁错郎

词解

男：男人。

女：女人。

行：háng，行业。

郎：旧时女子对丈夫或情人的爱称。

释义：男人怕加入不好的行业，女人怕嫁了不好的丈夫。

艺术与现实意义

在旧中国，除了农耕，其他的行业不是你想加入就能加入的：其他的行业都有其独特的技术性，你要加入某个行业中去，首先得拜师学艺，而为了行业保护，别人也不轻易收徒；当学徒了，不跟随师父学艺兼无偿帮工多年也出不了师，所以，你加入了哪个行业后，想换个行业很难，一般会终生从事该行业工作。但是，行业是有差别的，有的行业赚钱轻松，如金银加工业；有的行业辛苦又不赚钱，如砖瓦匠。所以，当你选错了行业（含无奈地选择——像目前考大学报志愿一样），就会辛苦一辈子、贫穷一辈子。

旧中国女子没有独立的人格，没有独立的生活能力，得依靠丈夫穿衣吃饭，且女子的婚姻讲究“从一而终”“嫁鸡随鸡，嫁狗随狗，嫁个木砣砣端着走”，即便丈夫很年轻就死了也不得再嫁。妇女在这种桎梏下生存就很苦了，要是媒人害人，给你牵线嫁个傻瓜，嫁个“暴君”或嫁个“花心汉”，女子的一生就更加难熬了。

本俚语从语句结构上看是一并列结构的复句，但实际使用中往往侧重于“男怕入错行”，有点打比方的味道在里面，即“男怕入错行”就像“女怕嫁错郎”一样。男怕入错行，在使用中，这“行”不仅仅是指正儿八经的职业行业，也包括邪门歪道的勾当。本俚语后来的用语意义旨在警告青年男子不要失足走上邪门歪道，走上邪门歪道，就像女子嫁错郎一样，害了自己一生。

本俚语在今天其本义虽已不适用，因为现在改行、改嫁都是很容易的事情，但它强调人生在关键时刻要慎重选择的道理，无论在什么时候都是具有普遍的指导意义的。武冈俚语中，还有一句与之相对应的是“搭坏伙只有一回，讨（娶）坏婆娘是一世”。这是从男人的角度出发，强调了婚姻选择的重要性。

语例：林妈说：“萌萌这孩子，学识好，能力强，可惜从事野外勘探工作，长年累月在外跑，辛苦!”“这就叫‘男怕入错行，女怕嫁错郎’呀!”李奶奶搭腔说。

男子汉眼观四向、耳听八方

词解

男子汉：本就是“男人”的意思，但根据用语习惯，在本俚语中是“有作为的男人”的意思。

四向：东、南、西、北四个方向。

八方：东、南、西、北加东南、东北、西南、西北，共八个方向。

释义

本义：有作为的男人，眼睛看着四面八方的事物，耳朵听着四面八方的声音。

用语意义：激励男人要善于观察和关心周围的事物。

艺术与现实意义

唐朝著名的文学家、教育家、政治家韩愈说："君子性非异也，善假于物矣。"意思是说，能干的人并不是有什么天才，只不过是善于利用周围的事物罢了。经常观察、关心、分析自己周围的事物，才能明白道理，知道自己该干什么、不该干什么；才能把握住每一个对自己有利的机会，避开每一个可能对自己不利的遭遇。

这是一句成就男人的俚语：本地民俗，每一个男人都以自己能配得上"男子汉"称号而自豪，而"男子汉"是应"眼观四向，耳听八方"的，促使男人们走出"孤陋寡闻"的境地，去观察和关心自己周围的事物，在观察中长见识，在关注中长才干。

本俚语中"眼观四向"与"耳听八方"是互文的修辞手法：四向包括八方，八方自然包括四向。

语例：父亲对儿子说："你也快成年了，不要成天一个黄花闺女一样，躲在绣房里，要出去走走、看看、听听，男子汉要眼观四向、耳听八方嘛!"

男子讲话将军箭，女子讲话刮屎篾

词解

将军箭：将军，指武功高强的将领。箭，古代兵器，长约二三尺的细杆装上尖头（一般为金属的），杆的末端附有羽毛，搭在弓上发射。将军箭，是指将军打仗和习武时，开弓射出的箭。

刮屎篾：刮屎，屙屎后揩屁眼。篾，竹片。刮屎篾，竹器加工后剩余的废弃篾片，过去人们用来大便后刮屁眼。

释义：男子汉讲出的话，就像将军开弓射出的箭镞一样，不能收回，不能反悔；妇女讲出的话，就像刮屎篾一样不值钱，可以反反复复。一句话，男子汉讲话落地有声，不能像妇女那样讲话反复无常。

艺术与现实意义

先讲一个生活常识：在20世纪80年代以前，特别是农村，不大讲究生活质量，特别是拉屎揩屁股这样不便当众讲出口的小事情，更不入人们日常生活改善的议程。讲究一点的用纸，不论什么纸都行，稍硬点的纸（如报纸、本子的封面）用手搓揉一下使它变软点就行；有的用草，稻草、野草都行；最常见的是篾片。这是篾工师傅将竹子取了可编竹篾器具的有用篾片剩余的质地较差的篾片，这种篾片经济、好用，又相对干净。篾片刮屁股，刮了一下如觉得没干净，可稍挪动篾片的前后位置反复地刮。

过去的军队打仗，除了短兵相接，就是弓箭互射。开弓没有回头箭，当然，现在的枪炮、导弹更加没有“回头箭”了。本俚语正是这种特殊的生活条件、生活环境的产物。

本来士兵的弓箭同样是开弓没有回头箭的，但是，本俚语以“将军”说话，旨在体现男子汉那种说一不二的英雄气魄，激励着男子汉们讲信用，说话算话；也激励着男子汉们做事要有主见、有原则，认准的理就要坚持到底，不能反复无常。反复无常的是小人，是拉尿过不了犁壁的妇孺。

本俚语在突出男子汉说一不二的气魄的同时，却贬损了妇女同胞。请妇女同胞不要生气，历史形成的俚语，必然有它的历史局限性：旧中国的历史是男尊女卑的历史，妇女在日常口语中得不到应有的尊重也就见怪不怪了。同时，因为前述原因，女子大门不出、二门不迈，女子念不起书，也不准女子念较多的书——女子无才便是德，所以，事实上妇女的见识不及男子，讲的话相对男子来说在理的少；再则，在一个家庭，在一个家族，都是男子说了算，即便女子说得有道理，如男子不赞同，也算不了数(除非是母亲、祖母对儿子、孙子讲的话)。

但不管怎么样，本俚语的精髓是“男子汉讲话要算话”，不论是过去、现在，还是将来，都是正确的，是具有积极意义的。

语例：松之鼓动外甥跟他一起去做生意，想让外甥出去历练历练。外甥当初有顾虑，松之说：“去哩，亏了算我的哩。”结果两人各亏了几千元。真的要给外甥垫几千元时，松之有些舍不得了。母亲对松之说：“男子讲话将军箭，女子讲话刮屎篾，更何况是给自己的外甥代赔钱，说话要算话！”

脑袋里装的是豆腐渣

词解

脑袋：脑壳。这里指头部除脑髓以外的部分。

豆腐渣：打豆腐过程中，豆腐滤出豆浆后剩余的部分叫豆腐渣。

释义

本义：脑筋这样不开窍，难道（你）脑袋里装的不是脑髓而是豆腐渣？

用语意义：脑袋里装的是豆腐渣了，还能思考问题吗？本俚语用于批评那些办事不动脑筋，把事情办砸了的人。

艺术与现实意义

本地传统所种的豆子是青豆，青豆去皮后打豆腐，余下的豆腐渣雪白雪白的，与脑髓有可比之处。豆腐渣，在人们传统意识中是所有像脑髓的东西中最没有用的，一般都是用来喂养脑袋笨的猪，如人要是吃豆腐渣就说明这人生活已非常苦了。说谁的脑袋里装的是豆腐渣，是说这人愚笨，是对这人极大的贬低。

本俚语一般的使用场合是反问的口气。反问中扣入比喻，把不动脑筋的人的大脑比作豆腐渣。

语例：丈夫进城被人用“钱变钱”的把戏骗去了500元，妻子听说后很生气，用手指戳着丈夫的脑袋责骂道：“钱要是能变钱，谁还去做事，不都去学钱变钱的办法了？你呀，你呀，不动脑筋想想，难道你脑袋里装的是豆腐渣？”

你家有金银，隔壁有斗秤

词解

金银：这里除金、银本身外，也泛指财富。

隔壁：gé bì，左右相毗连的屋子或人家。这里指相毗连的邻居。

斗秤：斗，dǒu，量粮食等的器具，方形或鼓形，容量为一斗（10 升）。秤，chèng，测定物体重量的器具，有杆秤、地秤、案秤、弹簧秤等，这里是指以前家用的杆秤。斗秤，这里是名词动用，是用斗和秤量多少和称轻重的意思。

释义

本义：你家有财富，邻居们也有斗和秤的概念，能估量出你家财富有几斤几斗。

用语意义：有钱财不要嚣张，人们知道你家财富的多少和来路。本俚语多针对有不义之财的人家使用。

艺术与现实意义

这里牵系到一个历史知识：在古代很长一段时间，人们是以金银作为流通的货币，没有铜板和纸币。金银货币的基本单位是两，小到钱、分（1 两 = 10 钱 = 100 分），大者用锭（金锭、银锭，锭有五两、十两、五十两之分），再大者用升、用斗（1 斗 = 10 升）。用秤称用斗量的一般是散银、碎银而非锭银。

在过去，特别是农村，邻里关系比较融洽，经常互访交往，聚在一起聊天道白，对彼此的家境，包括彼此的亲戚朋友的情况都了如指掌，不像现在的"小区"邻居，天天见面却谁也不认识谁。但邻居们关系再好，别人家的金银财宝，也不可能由你用你家的斗和秤去量去称，之所以说"隔壁有斗秤"，是指心灵的斗秤，是用"有斗秤"借指对"你家"财富的多少"我"心中有数；既然你不能拿斗拿秤去称量人家的财富，而你又知道人家金银财宝的多少，那只有一个原因，就是对别人家财富的来路了如指掌。这是本俚语暗含的意思，实际是本俚语的侧重用意。这里就有一个潜规则，使用本俚语时，就意味着被用语人家的财宝来路有些不正道。如果是正道的，本俚语就没有它的用语意义了。

既然"隔壁"知道"你家"不义之财的来路，那么，"你"就不要在邻居面前炫耀。这是本俚语的警示作用所在。本俚语警示不要发不义之财，不义之财再多也不光彩（不敢示众）。

语例：尹细细钻政府管理的漏洞，倒买倒卖、以次充好、偷税漏税发财了。财大气粗，在乡邻面前盛气凌人。一天和邻居发生口角，邻居说："你有么咯雄咯？你家有金银，隔壁有斗秤，你家咯钱是些什么钱别人还不知道？"

你娘爷要你读书，你就捉个麻蛄阉猪

词解

娘爷：爷，武冈话读 yá 时，是父亲的意思，读 yē 时，是祖父的意思。娘爷，指父母。

麻蛄：解释见本书"打死麻蛄"条。

阉猪：阉，读 yān，武冈读音 xiàn，阉割。阉猪，是指把母猪（一般在第一次发情后）的卵巢阉割掉。

释义

本义：你父母要你用功读书（主要指课外时间），你不用功读书，却跑到外面来捉麻蛄玩耍，将麻蛄的肚子划开说是阉猪。

用语意义：是指某些人青少年时代有学习的机会不努力，贪玩耍，走向社会才知道书到用时方恨少；很常见的字不认识，很常见的文书不会写，简单的加减乘除常出错，于是别人就用本俚语戏谑他。

用语意义是俚语语面的弦外之音。

艺术与现实意义

20 世纪 80 年代以前，农村的小学、中学都是半日制，叫“半耕半读”。小学生们自由玩耍的时间多，当时的孩子们又不像如今的孩子们这样有许多游乐场所和玩具，有时找不到感兴趣的玩乐项目时，就学着兽医阉割母猪的样子，捉一个或几个麻蛄，用削铅笔的小刀将麻蛄的腹部划开个口子，把麻蛄腹腔里能够弄出体外的内脏弄出体外，然后，就像兽医割母猪卵巢一样，把麻蛄体内一些估计不会伤及麻蛄性命的东西（一般是脂肪）割出来，再把已弄出来的内脏弄进去。有的人还用针线将伤口缝起来（有一小部分麻蛄不会死，大部分都会死去）。这便是“捉个麻蛄阉猪”。

本俚语虽是土话土语，但饱含了人生的经验和教训。它告诫人们，有学习的机会时要努力学习，不要贪恋玩耍和自在。本俚语和“少壮不努力，老大徒伤悲”有异曲同工之妙，但本俚语的教育意义和作用，不像所提及诗句这样严肃悲壮，它是在诙谐的气氛中起到启迪人和教育人的作用。

语例：韦老汉卖了几条鱼，卖得 136 元。买鱼人要韦老汉开个发票，老汉是文盲不会写，就喊来他高中毕业的侄子。侄子却不会写大写的“壹”字，老汉叹息说：“你娘爷要你读书，你就捉个麻蛄阉猪，枉称是高中毕业生了！”

你新咯冇得我旧咯好，我旧咯用得放毫光

词解

咯：gē，助词，武冈方言中与“的”同。

放毫光：是指东西放出耀眼的光亮。毫，读 háo，本指细长而尖的毛。这里是说光芒像毫一样扎眼。

释义：同样的东西，你新买的没有我用旧了的好，为什么呢？因为我的旧东西由于长期使用，表面因摩擦和风化已变得光滑发亮，这是新东西没有的。

艺术与现实意义

这本是一句自我解嘲的话：本俚语产生在生产力不发达、物质比较匮乏的年代，就是在改革开放之前亦是如此。当时人们对家里的东西都非常爱惜，生怕损坏了没钱购买。比如哪个孩子不小心打烂一个碗、一个杯子，那准会挨父母的打骂。只有少数钱稍多的人家（当时的有钱人也只是钱稍多，不像现在这么贫富悬殊）一年才能买一两样新的东西。没有钱买新东西的人家，但又要讲面子，于是就产生了本俚语。弦外之音是，我家不是没有钱买新东西，而是因为我家的旧东西用得毫光闪亮，比你的新东西好用。当时不尚旧，古玩不值钱，使用本俚语多少带点阿 Q 精神。

现在时尚古玩，提倡节约资源，本俚语已不再仅仅是自我解

嘲的阿 Q 精神的表现了，对很多东西而言，是一句名副其实的名言了。旧东西（除易腐坏、过时的产品外）流传下去，有着丰富的文化蕴含和人文脉气。很多东西在你手里用久了，你会觉得越用越漂亮、越用越如意，你会对它产生一种难舍难分的感觉。传到后代手里，也因其饱含沧桑，倍加珍惜，这便是人文脉气，是你读懂了它。

一切东西来自大自然，但大自然也是“自私”的，你向它索要得太多，它要求你的回报也会很多，包括提前结束人类的生命。向大自然索要越多，生态环境被破坏就越多，人类就越来越会像恐龙一样，整体灭亡就指日可待了。

倡导节约，珍惜自然，不要以本俚语为耻，要以本俚语为荣。

本俚语是因果关系的复句，果在前，因在后。

语例：肖二毛家又买回新电视了。肖二毛不无夸耀地对邻居阳三三说：“你们家的电视质量真好，记得是同我家第一台电视一齐买的，我们家的已换了三台了。”阳三三知道肖二毛是在奚落自己，却又不好翻脸，也只好回说：“你新咯冇得我旧咯好，我旧咯用得放毫光。”

你只莫出来拉夜屎

词解

只莫：只有、不要的意思，表示不要怎么样是唯一的选择。

拉夜屎：拉，lā，本地方言，指排泄（大、小便）。夜，武冈读音 yā。拉夜屎，就是指晚上到外面拉屎。

释义

本义：你晚上不要到外面来拉屎（出来拉夜屎就会受到别人的报复）。

用语意义：警告别人办事不要太黑、太狠毒，办事太黑、太狠毒的人若外出拉夜屎，别人总会趁机报复他。

艺术与现实意义

本俚语被省略的后半部分的意义大体上是固定的，但因其是一个假设句式，不符合“谜面”加“谜底”的格式，不能归纳在“歇后语”中。其用语意义是俚语语面的弦外之音。

在过去的农村，每家每户的厕所（过去叫“茅厕”）不像现在都在房子里面，因需要大小便培菜，不能用化粪池，比较臭，一般都安置在户外。夜间小便都用尿桶放在房里（讲究的人家白天拿出去），大便则要到户外的茅厕里去。

本俚语警告别人晚上不要出来拉夜屎，连这样晚上到户外屙夜屎的偶然机会（由于夜间户外解手不方便，一般人夜间是不出来大便的，除非闹肚子）都不放过，可见用语者对被用语人已恨之入骨，同时也说明被用语人坏事干尽，连晚上出来拉夜屎这很偶然的机会，也会有人伺机报复。

本俚语虽是情节严重的威胁性用语，但对那些做坏事的人也有一定的震慑作用，有利于民风的淳朴。

语例：二宝子总是损人为乐，他认为只有这样才能体现他的聪明。有一天他正在和一些狐朋狗友夸大话，他怎样怎样把哪个哪个损了，刚好被他大伯听到了。大伯规劝道：“二宝子，那损人的事你少做些哩，要不然，你只莫出来拉夜屎，别人会锯（割的意思）脚筋的！”

你走你的阳关道，我过我的独木桥

词解

阳关道：原指古代经过阳关（在今甘肃敦煌市西南）通向西域的大道，后来泛指通行便利的大路，比喻有光明前途的道路。

独木桥：一根木头搭成的桥，比喻艰难的途径。

释义

本义：你走的虽然是阳关大道，前途光明，我也不羡慕；我走的虽然是独木桥，前路艰险，但我也要走到底。

用语意义：朋友、亲戚、合作伙伴闹意见后，分手时所讲的决裂的话，表示决裂的决心。

艺术与现实意义

网上有资料显示，现在尚存的“阳关道”遗迹宽处可达30余米，可见，阳关道在当时是怎样的一条康庄大道；而独木桥是一根木头所搭成的桥，一根木头再大，直径也大不过一米，而且独木桥常常是架在地势艰险的山涧之上——如果不是地势艰险就会架宽一点的桥了，正是因为地势艰险不便操作，才就地取材找一段较大的木头倒下去架在上面勉强能过就行，所以脚踏面也仍保持圆弧状，在上面通行也很凶险。

亲戚、朋友或合作伙伴因矛盾而分手，各自的前途也不一定会有“阳关道”与“独木桥”这样大的差别，之所以夸大各自前途的差别，一是一种假设，不是实际描述；最主要的是为了表明自己要与对方分手的决心：就是说，分手后哪怕你的前景非常好，而我的前景非常糟糕，我也不会向你示好，要求恢复友好或合作伙伴关系。

语例：朋友甲对朋友乙说："我们以前是很好的朋友，不要因为几句话就闹成对头。""就是几句话呀？就是这几句话体现你看不起我！今后，你走你的阳关道，我过我的独木桥！"朋友乙气冲冲地说。

年过十五，各找门路

词解

门路：指达到个人目的的途径。

释义

本义：一家人过年团聚，过了元宵节就应散去，各自去寻找自己的生财之道或生活之路了。

用语意义：本俚语的应用意义在于提示大家：亲人团聚是短暂的，不能沉湎于团聚，每个人年初都应做好各自的计划和打算。

艺术与现实意义

"年过十五"是一个历史的习俗了，过去的人们生活水平低，生活要求不高，自然生活压力也不大，生活节奏也慢，同时，他们更注重亲情的培养，所以，过年是大家欢欣鼓舞的事情，一家人红红火火地团聚，不闹了元宵不会离家。现在人们生活水平大大提高，生活节奏加快，同时生活压力也加大，许许多多的家庭不再有“年过十五”的温馨了。

本俚语主要是用于子女已成年的大家庭。它既体现了大家庭的亲情——团聚，又体现了家庭成员间彼此的独立性——各找门路。但侧重于“各找门路”，因团聚是“年过十五”，是有时间限制的，是短暂的。

“各找门路”在当今也是人们适用的生活原则，现在很少有大家庭的年要过到正月十五，常常相聚的时间只有几天；有的迫于生计，过年也不能回家团聚。但本俚语所体现的大家庭的生活原则还应当发扬光大：现在因为独生子女多的原因，大部分父母及祖父母将子女或孙子孙女视若掌上明珠，呵护备至，很多甚至成年后都在父母的羽翼下生活，不注意培养小孩的独立性，以致出现了“啃老族”。今天重温这个俚语，意义在于要注意培养孩子的独立生活能力和精神，不要让其变成“啃老族”，不要让我们带着对儿女担心的遗憾离开人世。

语例：正月初六晚，餐桌上，老父亲说：“老话说，年过十五，各找门路。现在时势变了，不到十五，你们就要各找门路去了，明天大家就要奔赴各自的岗位，在此祝大家顺畅、平安——干杯！”

念般若经

词解

念：niàn，诵读。

般若经：般，bō。若，rě。般若经，是大乘佛教空宗的主要经典，也是大乘佛教中形成最早的一类经典，由般若部类的众多经典而成。在本俚语中，主要是指和尚每天都要反复诵读的佛经。若，武冈读音 luō。

释义

本义：诵读《般若经》。

用语意义：就某方面或某问题针对某人（主要是小孩），经常教育或提出警告。

艺术与现实意义

般若经是佛教的重要经典，信佛之人每天必须诵读，旨在不忘教义，并指导自己的行动，使自己的行为符合佛学规范。对人（主要是小孩）就某方面反复强调、反复教育，是因为特定的人在某方面或在某问题上容易犯错误，目的是让人不犯这方面的错误。

本俚语使用的是借喻的修辞手法：把自己对某人就某方面的反复教育、警告，比作和尚每天都要诵读重要的经书一样。本俚语往往是某人在某方面犯了错后，用以训斥该人用，往往与“一样”连用。

本俚语也是以生活现象寓事理的范例。

语例：“我每天念般若经一样地同你讲，不要多事，不要多事，你还是把别人弄成重伤！现在好了，看你拿什么给人家出医药费！”母亲教训儿子说。

念消斋经

词解

消：消化（食物）。

斋：zhāi，指信仰道教、佛教等宗教的人所吃的素食。

经：指道教、佛教等的经文。

释义

本义：和尚、道士等吃饭前要诵读一会儿经文（这是修行的需要，并非为了消化斋食）。

用语意义：是规劝他人（主要是大人对小孩说）要做点事，不要饱食终日而无所事事。

艺术与现实意义

本俚语主要盛行于20世纪80年代之前，是父母要小孩适当从事点劳动的常用语。意即：你吃了饭也要做点事，像和尚、道士那样，念点经以消化斋食。

本俚语把和尚、道士诵读经文理解成是为了消化所吃下的斋食，本是对道教、佛教的曲解，也是对和尚、道士诵经修行的贬损。但该俚语也反映了时代的变迁，人们宗教观念的淡化：一是有很大一部分诵经者，不是怀着虔诚的心，而是把诵经作为苟且度日的工具；二是人们不再迷信，敢于轻薄流于形式的念经诵佛，不再把道、佛教视若神明。

本俚语现在使用除了它固有的教育意义，也有它的养生意义，即适当劳动，有益身心健康。

语例：你不要老是无所事事，要寻点事做，吃了饭，总要念点消斋经呀！

娘肚里有十个崽，崽肚里没有一边娘

词解

肚里：心里。过去的人不懂科学，认为人思考问题是肚子里的事。

崽：本是指儿子，但本俚语中，同样也包括女儿。本地娘在表示对女儿怜爱、疼爱的时候也将女儿唤作“崽”。

一边：这里是指整体的一半。

释义

本义：娘肚里有十个崽，是说十个崽都在娘的心里有地位，娘总是牵挂着每个崽。崽肚里没有一边娘，是说娘在崽心里没有应有的地位，崽对娘牵挂得少。

用语意义：成年儿女对父母的牵挂总不及父母对儿女的关爱。

艺术与现实意义

本俚语把儿女对父母关爱与父母对儿女关爱的差距用1/2比10的数字比来形容，显得具体、形象，一目了然。当然，这些数都不是准确的数值，只是概数而言。通常娘没有十个崽，如娘确有十个崽，用机械的数据比例来分，崽心里自然没有“一边”娘了。只是说娘不管生下多少个儿女（也有超过十个的情况），娘都牵挂着每个儿女，而儿女，特别是儿女多时，很多时候，你推我，我推他，谁也没有全心全意地去侍奉父母。再孝顺的儿女，对父母的关心，怎么也不可能超越父母在儿女小时候对儿女关爱的细心周到。

时下，随着经济的发展，经济观念占据了人们的心性。父母对子女之爱也在悄悄地发生变化，就拿法院的离婚案件来说吧，过去夫妻离婚，对未成年子女的抚养权争得死去活来；而现在，很多时候夫妻互相推脱，谁也不愿负直接抚育之责。本俚语的产生和运用，虽然旨在批评儿女对父母孝敬欠佳，但从侧面颂扬了伟大的母爱。它的运用，也会在一定程度上唤醒伟大的母爱。

语例：母亲生病无钱治疗，亲戚来看望说：“你几个崽女在外面打工，就没有哪个弄到钱寄些钱回来给你治病呀？”“他们也不容易，我没告诉他们。”母亲说。亲戚：“唉，真是娘肚里有十个崽，崽肚里没有一边娘呀！娘没病，也要寄些钱给娘备用呀。”

娘子家不和搭帮唆舌婆
夫妻家不和搭帮婊子婆

词解

娘子家：本地方言，本指父母子女（含媳妇、女婿），这里偏指婆媳。

搭帮：dā bāng，方言，托福；依靠；多亏。

唆舌婆：唆，suō，唆使。唆舌婆，指喜欢搬弄是非、挑拨离间的人。

夫妻家：本地方言，指夫妻。

婊子婆：婊子，妓女。这里是指女性“第三者”。

释义：婆媳之间不和好，是因为有人从中搬弄是非、挑拨离间；夫妻之间不和好，是因为有“第三者插足”。

艺术与现实意义

本俚语有个正语反用的特点："搭帮"，从前面的词解我们也可以知道，它是一个褒义词，但在本俚语中它不带有褒奖的色彩，而是带有责怪、痛恨的色彩。这里用"搭帮"，夹带着用语者一种受欺侮而无可奈何的情感——本应用贬低、痛恨的词语，因奈"唆舌婆""婊子婆"不何，所以只好用"奉迎"的词语。

本俚语体现了当时时代的两个方面的特点。第一，有一部分这样的人，尤其是女人，见不得别人家，特别是婆媳之间和睦相处，总要在中间挑拨些是非：将婆婆避开媳妇说媳妇不是的话，或媳妇避开婆婆说婆婆不是的话，以"关心"别人的口吻，添油加醋地转述给媳妇或婆婆，以达到挑起婆媳矛盾的目的。同时也反映了，在旧中国，婆媳总是难以坦诚相待，婆媳矛盾总是一个永恒的话题。当然，也有从善意出发，无意中挑起矛盾的情况，但这些一是少数，二不在"唆舌婆"之列。第二，当时的婚姻关系中，女方是没有更多的选择权的，所以俚语中只有"婊子婆"而没有"偷情公"。丈夫有"第三者"，妻子只能忍气吞声，有恨有怨，也只能指向"第三者"。

语例：婆婆朱老六与媳妇王小丫又闹矛盾了。原因是别人告诉小丫，婆婆说小丫又拿了东西到娘家去了。婆婆了解小丫发脾气的原因后，转而将骂人的矛头指向别人了："娘子家不和搭帮唆舌婆，夫妻家不和搭帮婊子婆哩！咯些吃呱屎咯，我在哪里讲了我媳妇顾娘家了？……"

捏着鼻子吃冲菜

词解

冲菜：冲，读 chòng，指气味浓烈刺鼻。冲菜，将芥菜砍下晾蔫，然后切碎清炒，其味脆而香味浓烈刺鼻，很多人受不了这气味而打喷嚏。

释义

本义：把鼻子捏住，然后吃冲菜，以防打喷嚏。

用语意义：比喻因为自己的某些不妥，受了别人的气却不好吭声。

艺术与现实意义

捏着鼻子吃冲菜，并不是等于冲菜就不冲了，只是强忍住难受而不表现出来罢了。把受别人的气比作吃冲菜时的浓烈刺鼻的气味，直观、形象；把因自身的某些不妥受了别人的气而不好吭声，比作捏着鼻子吃冲菜——受到气味的强烈刺激必须打喷嚏而捏着鼻子强忍住，那种难受、狼狈、窝囊的样子活灵活现。

本俚语以行为的全过程为喻体，把心里的感受以味的感受来体现，使人身临其境，体验真切。

语例：戚某与 A 领导曾为工作上的事吵过架。戚某这次要提升，担心考察时 A 领导提反对意见，就提着烟酒去了 A 领导家，想请求 A 领导不提反对意见。结果 A 领导以清高自居，将戚某训斥了一顿。戚某真是捏着鼻子吃冲菜了。

宁肯多吃，不可抛散

词解

宁肯：nìng kěn，宁可，表示比较两方面的利害得失后选取的一面（往往跟上文的“与其”或下文的“也不”相呼应）。

抛散：抛，扔。散，sàn，由聚集而分离。抛散，丢弃、散落。

释义

本义：如果要把吃剩的东西拿去丢弃了或任它散落在地上，那宁可多吃些，哪怕是让胃感到有点饱胀不适。

用语意义：强调珍爱食品、反对浪费。

艺术与现实意义

在20世纪80年代以前的武冈，和全国各地一样，生产力水平落后，物质贫乏，吃不饱、穿不暖的现象普遍存在，特别是农村。没有食物，人的生命就难以维持，所以，人们对食品则更加珍惜。当时的“多吃”也不是像现在讲的硬撑，是从节约的原则出发，刚有饱的感觉。如果要让剩下的食品抛散，还是宁愿多吃些。

现在若还用本俚语来机械地要求人们“宁肯多吃，不可抛散”，显然已不合时宜。虽然我们不提倡过饱的饮食，但本俚语所体现的武冈人民勤俭节约、珍爱食物的良好品质应当得到继承和发扬，所以反转过来再吃不了也不能“抛散”。折中一点说，应当是“不可多吃，更不可抛散”。

语例：儿子欲把没吃完的饭倒到垃圾篓里去，父亲忙夺过儿子手中的碗，将剩下的饭吃掉说：“宁肯多吃，不可抛散！”

宁肯三更离娘，不可五更离床

词解

更：gēng，旧时把一夜分成五更，每更大约两小时。三更，约23:00到第二天1:00之间。五更，约4:00到5:00之间。

离床：起床，不再睡觉。

释义：

本义：（小孩子）宁可半夜三更不在母亲身边，（所有人）也不可以五更就起床不睡觉。

用语意义：说明五更时分的瞌睡对人非常重要。

艺术与现实意义

本俚语既然以“离娘”说事，自然是针对小孩的了，因为对大人来说，不论是三更还是五更，离不离开母亲都没多大关系了。医学专家们通过对小儿睡眠的研究，得出如下结论：小儿夜间的睡眠分为深睡和浅睡，深睡一般在这样两个时段：一开始入睡的三个小时左右，一般在21—24时；第二深睡段一般在第二天5—7时。深睡期对于小孩的成长非常重要，如果深睡期睡眠不好，不仅会影响小孩身体的正常发育，也会影响小孩的智力发展。小孩在半夜三更脱离母亲的呵护是可怜的，想想就叫人心痛，但只要不是天气很冷或是醒过来发现母亲不在身边而折腾哭泣，一般也没多大问题。所以，五更时分的睡眠不好比小孩子三更时分离开母亲，脱离母亲的呵护更难受。

五更的睡眠，不仅对小孩非常重要，对成年人也很重要。一般的成年人睡晚一点没多大关系，若在早上五点以前起了床，也可能一天都会显得精神不佳；长期如此，也可能患心脑血管等疾病，严重影响身体健康。本俚语本是针对小孩子而言，但在使用中常常是指成年人。这其实也是一个比喻：人，不论是小孩还是大人，五更离床不睡觉与小孩（特别是婴儿）三更离娘一样难受。

本俚语的现实意义在于强调正常睡眠时间内的睡眠非常重要，不可轻视。

语例："为赶早上六点的车，四点钟就起了床赶路了。车上打了一路的瞌睡好像还是没睡醒，不知怎么了。"甲说。乙："要不怎么叫作'宁肯三更离娘，不可五更离床'呢？"

宁肯在外面坐死草，不肯回家生烦恼

词解

坐死草：是指在草皮上席地而坐，坐到草因长久被压迫而死亡。这是一种夸张的说法，形容坐的时间久。

释义：宁愿在外面的草地上长久地坐着（聊天），也不愿意回到家里因烦琐家务劳动或家庭关系不和睦而产生烦恼。

艺术与现实意义

本俚语产生的历史背景系大集体劳动。20世纪50年代后期至80年代初期，农村实行“人民公社”大集体管理。人们的生产劳动以生产小队为单位，大家统一出工、统一休工，在同一地点劳动。劳动中有说有笑，劳动场景是美好和快乐的。只是由于管理上的不完善，劳动效率低下。下工后，有一部分人不愿意马上回家，而愿意三个四个在草坪上席地而坐天南地北地闲聊开心。这部分人分几种情况，一部分人确实是“闲人”，家里有人做家务，回家后只管吃现成的，但要是早早地回到家里又可能被家里人指派做其他的事；一部分人是因为家庭关系不和谐，或夫妻关系不和谐，或婆媳关系不和谐，回家面对这些相处不和谐的人自然烦恼了；还有一部分人是儿女多，家务劳动重，回到家里即有做不完的事，难得偷一下闲。本俚语将许多复杂的情况高度概括，且准确生动。

了解了本俚语产生的时代背景，我们就能从这个俚语中既感受到集体相处的快乐和野外的芳香，同时也让我们感觉到一丝隐约的忧伤：本俚语产生的时代虽然也是新中国，但当时的新中国刚从“封建”中走来，封建思想、封建习俗残余繁多，婚姻主体上还是“父母之命，媒妁之言”，情投意合者少，所以相处不和谐的夫妻也较多；婆婆压制媳妇、媳妇不满婆婆仍是一个难以挥之即去的阴影。其实劳动繁重，但只要是有收获的，累点也是快乐的，最让人不恋家的就是家人相处不和谐的情况。

现在集体劳动的场景依旧，且规模更大了，但工作紧张了，人际关系紧张了，融洽的闲聊场景难再重现；家庭关系不和谐的少了，所以，本俚语也就失去了用语意义。

语例：王二妹近日心情不好，休工了，邀了几个同伴继续聊天，队长问："休工了，你们还舍不得回家？"二妹说："宁肯在外面坐死草，不肯回家生烦恼。"

宁愿死呱个鱼，不可臭呱塘水

词解

呱：guā，过去式语气助词，义同"了"。

臭：chòu，秽恶的气味。

释义

本义：鱼塘里有一个鱼染上了病，就要把这个鱼捞起来丢掉。死了这个鱼没关系，不要让一塘水被这个鱼所携带的病菌弄坏了。

用语意义：一个家族或一个团队，如果有一个人做了坏事，那么，就要对这个人进行严厉的惩罚，哪怕是这个人因此而离去也没关系，就是不要让这个人所干的事坏了这个家族或团队的名声。

艺术与现实意义

一条鱼生病了，如果继续让其在鱼塘里，也可能会自愈，但也可能会死亡；鱼死亡了，尸体在水中会腐烂发臭，整个池塘也就有臭味了；如果鱼患的是传染病，则整塘鱼大部分都会死亡，要是尸体全都腐烂发臭了，整个池塘就臭不可闻了。这里还牵涉到一个生活常识，鱼如果生病了，大部分都是传染病。如果一条鱼染上病后马上将其处置掉，死了的只有它一个，也不会让鱼塘全被污染了。对于鱼，这样处置，无疑是明智的选择，但用本俚语本义的处置选择来对待人，则未免有残酷之嫌。

本俚语最早的出处应来自旧社会封建家族对家族成员伤风败俗事件的处置。比如家族内有成员，特别是女性有婚外情，就将该成员沉塘——将有伤风败俗行径的成员处死了，外人只夸赞这个家族，特别是族长治理家族严厉有方，而没有人更多地去议论这个家族出了伤风败俗的成员了，这就是死了一个“鱼”，就保住了这“塘”“水”不发臭了。

本俚语在今天同样具有积极的用语意义，只是不要机械地去理解字面意义罢了：一个家庭（或家族）、一个团队、一个单位都是应当有集体荣誉的，集体荣誉应不容个别人玷污；如果出现损害集体荣誉的行为应当给予严厉的批评或处罚来维护集体荣誉。只是家庭、团队、单位没有剥夺成员生命健康权和人身自由权的权力，如果需要对成员限制人身自由或应剥夺其生命健康权，可以交由司法部门依法处置。

语例：王康是王董事长的侄儿。人事科长向王董汇报说，王康纪律散漫，想来就来，想回就回，有事从不按规定请假，近半年来已无故旷工累计超过四十天，可王康技术好，除名了又有些不舍。王董指示：“按规章予以除名处理，宁愿死呱个鱼，不可臭呱塘水。”

牛吃禾来鸡吃谷，别人的儿子你享福

词解

禾：禾苗，本俚语中指水稻的植株。

来：语气助词，没有实际意义。

谷：本俚语中指稻谷，即禾的果实。

享福：享受幸福。这里是指因晚辈的孝顺和能力而享受到幸福。

释义：本俚语是说继母享着继子女的福。意思是说，继子女不是你生的，你却享着他们作为晚辈孝顺你的福分，而他们的亲生母亲却没有这份福气。就好像禾是牛背犁帮着人种出来的，它就是犯规也只能吃点禾苗，禾收割后吃点干枯的稻草，而鸡对禾的生长没有半点功劳，却还吃着禾成熟的果实——谷。

艺术与现实意义

过去农民种水稻，要依靠牛使大劲背犁、背耙把水田整理好(现在这些工作可以用机器代替)，水稻才能在水田中很好地生长。牛对禾苗的生长和水稻果实的成熟是有极大贡献的，但牛偶尔吃几口禾的嫩苗，是违规的，要受到人的责罚；水稻成熟了，稻谷被人收了，将干枯的稻草作为牛过冬的饲料。而鸡不吃禾苗和稻草，等到稻谷成熟时，它可以偷食禾苗上的稻谷，最可气的是，人总是拿着稻谷喂鸡，却很少拿稻谷喂牛。在旧中国，做后妈的，一般思想比较狭隘，对丈夫前妻的子女——继子女与自己亲生的子女相比，总是另眼相看，不会一样对待。有的后妈对继子女甚至有严重的虐待行为。继子女成人后，出于礼教和对父亲的尊重，一般会在继母面前尽做子女的义务。这是本俚语产生的背景。当然也有很多继母能善待继子女。这里有必要说明的是，旧中国也有做继父的，但继父一般要挑起家庭的主梁，尽管他对继子女不像对自己亲生的子女那样尽心尽力，但对未成年的继子女都尽过抚养之主责。

现在的法律明确规定了只有对继子女尽过抚育之责的继父母在年老体弱时，继子女才对继父母有赡养的义务，避免了过去那种不合理的现象。

这个俚语现在已没有多大的现实意义，但它反映了一个时代的继父母子女状况。在此最值得一提的是，从前面背景的分析可以看出，比喻形象、贴切是本俚语最大的艺术特点；细细咀嚼本俚语，还能体会出带有一定哀叹的情感。这充分体现了武冈人民的语言艺术。

语例：几个老妇人在道家常。蔡某说：“我那孝刚（继子），小时候我哩对他冇怎么尽心，但他对我呢还好。”匡某说：“你呀，你是——牛吃禾来鸡吃谷，别人的儿子你享福，哪个能和你比哟。”

牛大擦只虱不死

词解

擦：摩擦。这里指牛靠在树上、墙上、大石头上蹭擦被虱子叮咬的地方。

虱：shī，虱子，昆虫，灰白色、浅黄色或灰黑色，有短毛，头小，没有翅膀，腹部大，卵白色，椭圆形。常寄生在人和猪、牛等身体上，吸食血液，能传染斑症伤寒和回归热等疾病。虱，武冈读音 sé。

释义

本义：牛虽然力气很大，但它却擦不死身上的一只小小的虱子。

用语意义：是说人办事不能只凭蛮劲，还要依靠智慧，讲究方法。有时也用于说某人虽长得高大，却没有多大力气。

艺术与现实意义

人们在说谁力气大时常用“力大如牛”形容，可见牛的力气之大。一只牛虱子，大不过一粒米，牛拿它却没有办法。为什么呢？主要是方法不当：牛在树枝、砖墙或大石头上摩擦被虱子叮咬的地方，如虱子被摩个正着，因牛的虱子皮较厚较硬，而牛皮又有一定的弹性，不容易被擦伤，它会被挪到旁边去，最多是被挪落掉在地上，对它没有损伤；如果虱子没有被摩个正着，因它小，就从空隙里躲过去了，也不会受到伤害。如果牛将虱子置于坚硬的板面上，用自己蹄子的凸出部位去踩踏，那再大的虱子也会粉身碎骨（当然这是不可能的）。人捉虱子不就是这样吗？把虱子置于坚硬的板面上，用指甲一摁，虱子顷刻破腹而死。

本俚语从最常见的现象说事寓理，强调了智慧和技巧的重要性。这个结论是人们通过追究为什么“牛大擦只虱不死”而得出的。本俚语用语简朴而又诙谐、形象。

本俚语也是一个比喻句：把人个头大而不能干比作牛虽个大力大，却擦不死一只个头与自己相比可以忽略不计的小虱子。

语例

1. 李大汉又高又大，食量也很大。有人因此当着李大汉母亲的面夸李大汉，母亲苦笑着说：“只晓得吃，冇晓得做咯——牛大擦只虱不死，冇得用咯！”

2. 张大妈对李大妈说：“你那孙子才十四五岁就长得和他爹一样高大了，真不错！”“高大有什么用啊，牛大擦只虱不死，看到他这高这大，没点力气的。”李大妈说。

牛角会到钻子

词解

牛角：牛的犄角，贴近头部一端粗，向上的末端尖细，很硬。

会到：遇到，碰上。

钻子：钻，zuàn。钻子，打眼用的工具，一端粗钝，一端尖锐。常以金属制造并带有柄，以便使用。

释义：比喻对立的双方旗鼓相当，都很硬气、很厉害、很难缠，矛盾不容易解决。

艺术与现实意义

牛之所以牛（固执、骄傲、霸气），是因为它头上长有坚硬而尖锐的角，遇到对手，埋着头，扬着角，谁也不怕；钻子，一般是金属的，比牛角更硬、更尖，但牛角因为“牛”，所以它也不会服软。这两样一碰撞，那肯定只有鱼死网破了。把旗鼓相当而又很“牛”的人相争执比喻成“牛角会到钻子”，形象而又有动感，似乎听到了双方碰撞的声音。双方争执问题解决的难度就可想而知了。

语例：高正铁是一个强悍而不讲道理的人，喜欢滋事，乡邻都不敢惹他。今天他招惹了一个外地人，谁知这个外地人是因打架斗殴“几进宫”的人，这下真是牛角会到钻子了。

牛栏里关猫咪

词解

牛栏：关牛的圈子或简易小屋。

猫咪：是对猫的昵称。

释义

本义：把猫关在牛栏里。

用语意义：比喻对人的承诺圆滑、空洞，没有具体可行性，不需要承担任何具体责任。

艺术与现实意义

牛栏或牛圈一般都是用木柱和木棒简易搭建，木柱竖着，木棒横着平行固定在木柱上，木棒的间隙很宽（只要牛不能从该间隙里出来就行）。把猫关在牛栏里是无论如何都关不住的，猫除了地面和顶面，无论从哪个方向都是可以进出自由。

此俚语是用来比喻那些讲话圆滑、不肯承担具体责任、不愿意办实事的人，对别人或下属讲一些非常原则性的、放之四海而皆准的，但没有具体内容和实际意义的话；而他自己看似在这个原则范围的限制之中，但就好像牛栏里关的猫咪，他随时随地都可以从这个“牛栏”里脱身出来。此俚语富有立体感和动态感，其结果不用言语表达就能想象出来。

话语的空洞是静态的，“牛栏里关猫咪”，关住也是静态的，但事实上，一看到本俚语，我们头脑里想得更多的是猫咪在牛栏里蹿进跳出的自由情景，说话者不受其话语约束的实质跃然纸上。形象的比喻，把那些官腔十足的领导和待人不诚恳的亲友、邻里揭露无遗。

本俚语也不失为一个典型的动态性的比喻句式。

语例：领导作报告后，群众在议论。有人说，今天领导的话讲得好哩。有人反驳说，讲得好？都是一些牛栏里关猫咪的话，你看他的话哪一点能落到实处？

牛皮不是吹的，火车不是推的

词解

吹牛皮：说大话叫吹牛皮。

释义

本义：牛皮用人的气力去吹（使其膨大）是吹不起来的，火车用人力去推（使其快速行驶）是做不到的。

用语意义：是说用语人所承诺或所介绍的某事物（含其所说的）不是浮夸的，是确确实实的，或是有实际能力办到的。带自诩性。

艺术与现实意义

本俚语是一句由“吹牛皮”衍生而来的与其相对的自我夸耀的俏皮话：一是用语人自己承诺或者渲染的事物已成为事实——其实现带有一定的偶然性，用本俚语夸耀自己有本事或自己看事物的眼光不错；二是用语人其实也知道自己所承诺或所渲染的事物是实现不了的而以本俚语虚夸，但其与诈骗不同，在这种情况下，其实听他说话的人也知道用语人所承诺的或所渲染的事物是实现不了的，之所以听他夸夸其谈，只不过是打趣活跃气氛而已。

语例

1.“老三，去年你说今年的房价要跌，现在还果真跌了。”老三：“牛皮不是吹的，火车不是推的，我老三看定的事还能有假?”

2. 老陆：“老三，你真能搞到火车皮运货?”

老三：“那是，牛皮不是吹的，火车不是推的!”

旁人对老三说：“还不是吹的哩，只怕是牛皮都被你吹破了呢!”

牛牵马不行

词解

牵：以缰绳套住牛、羊、马等牲畜的嘴部或鼻子，牵拉缰绳，让牲畜跟着自己走。

行：xíng，走路。武冈读音 héng。

释义

本义：牛去牵拉马，让马跟着牛走，马是不会跟着牛走的。

用语意义：本俚语用牛牵不走马的自然事实比喻人的团体内部不团结，心不往一处想，劲不往一处使，你要往东，他就要往西，不能统一步调，办不成事情。

艺术与现实意义

虽然牛和马都吃草，都是脊椎动物、哺乳动物，都是人类用以协助耕作的动物，但毕竟不是一个家族的，是两类绝不合群的动物，它们的生活习性、“劳动”方式也各不一样，更谈不上什么“志同道合”了，所以，成语有“风马牛不相及”之说。以“牛牵马不行”比喻团队内部的不协调，不能形成合力，其原因直观形象地显露出来了。

物以类聚，人以群分。人，虽然都要吃饭，但饭的概念不完全一样，理想、政见、目的、利益就更不完全一样了。有了这个俚语的警示，我们在今后的团体组合中，必须考虑各人目的、志向和利益等有无共同之处，避免“牛牵马不行”现象发生。

另外，事实上，牛是不会也不知道去牵拉马的，这也是一个假设性的比喻。

语例：他们这些人，有的为名，有的为利，没有哪个是为大家共同的利益着想的，牛牵马不行，办不了什么大事。

牛屎狗屎弄坏田，石头拉屎千年肥

词解

弄坏田：把田弄脏了。

石头拉屎：拉，ē，本是指排泄大小便。石头拉屎，这里是指石头风化后形成的土壤。石，武冈读音 xià。

释义

本义：本地相传有一尊神叫“小生娘娘”。“小生娘娘”若眷顾你家，你家就会常常发一些意外之财；你若得罪了“小生娘娘”，你家财产就会无端地遭受损失。又因为她很容易生气，只要稍微供奉不周，她就会怪罪你。很多人家因怕供奉不周，不请这尊神。一户人家请了这尊神。有几天因事务忙供奉不周，“小生娘娘”生气了，夜里往这家人屋门前的田里搬满了石头。这家主人发现后，知道是怎么一回事，稍一考虑即心生一计，他强装笑容说：“哎，好，好呀！正是牛屎狗屎弄坏田，石头拉屎千年肥呀！”“小生娘娘”一听气极了：原想破坏他的田，这倒反而成全他了。第二天晚上，“小生娘娘”就把石头全搬掉，往这田里搬了一田的牛屎、狗屎。这可把这家主人乐坏了，上好的有机肥料呀！

用语意义：本俚语常常被人们用以讽刺那些怠于给庄稼施肥的懒汉。有时也用于自嘲。

艺术与现实意义

本俚语出自一个地方神话传说。本是智斗“小生娘娘”的反语，其实这话是具有科学意义的：第一，牛屎、狗屎虽是有机肥料，但首先要经过长时间的发酵后方能为庄稼吸收，否则会因发酵产生的热量致庄稼死亡或使庄稼生长更缓慢；其次，此类肥料就是经过发酵也不宜过多，过多也会造成庄稼死亡或促成庄稼疯长（苗势好而不挂果），达不到应有的效果。第三，“石头拉屎千年肥”并非只是一句笑话：如果往地里机械地搬一些石头，就近期而言，肯定不利于农作物的生长。但我们发现，若在石山上那些石头缝里的泥土上种上庄稼，虽然土层浅，只要不因干旱而死亡，庄稼就会长得格外粗壮、茂盛，这是因为石头风化后形成的土壤土质疏松并含有大量庄稼生长所需要的微量元素。

本俚语之所以流行，并不是因为它的辩证哲理，而是俚语神话传说的出处和本俚语反语正说、正语反说的幽默性使话语环境充满生动、活泼的气氛。

语例：母亲对儿子说："你看别人地里的庄稼总是长得绿油油的，你地里的东西总是黄蔫蔫的，你也抽些时间去拾些牛屎、狗屎给地里施施基肥！""妈，您没听说牛屎狗屎弄坏田，石头拉屎千年肥吗？明天我就去叫拖拉机运些石头放到地里去。"儿子逗趣地说。

挪水鸭婆

词解

挪：nuó，搓挪（见上海辞书出版社2008年8月出版的《康熙字典》第378页），指小幅度地移动。

鸭婆：母鸭。

释义

本义：左右摇摆着身子，在水中慢慢浮动的母鸭。

用语意义：比喻某人身子胖，性格疲沓，行动缓慢，集体活动中老是拖在后头。

艺术与现实意义

挪，搓挪；搓，摩擦，来回揉摸。挪水，是指在水面上比较艰难地移动。有农村生活经验的人都知道，不是所有母鸭都叫鸭婆，鸭婆是指成熟了的、能产蛋的母鸭。此时的鸭婆一般都长得身宽体胖，在陆地上走路就身子一步一摇的，没有鸭公和仔鸭迅捷；在水中游泳，身子也是左摇右摆，行进缓慢，总是拖在鸭群的后边，更显出憨皮之态。

本俚语把那些体形较胖、性格憨皮、行动缓慢之人比作“挪水鸭婆”，是动态的比喻，形象生动。虽带有一定的贬义，但因为鸭婆形象的可爱，在批评的前提下，又有一种亲昵感，所以，本俚语虽是批评用语，却又不伤害用语人和被用语人之间的感情。这也是武冈俚语用语温和、委婉的具体体现。

语例：几妯娌相约去旅游，大家都准备妥当正要登车出发，却发现胖嫂还未到。二嫂冲着屋里大叫：“挪水鸭婆，快点呀！”

女子吃饭粒粒数，男子吃饭如刀斧

词解

吃饭粒粒数：是形容吃饭细嚼慢咽，并非真的去数饭的粒数。

吃饭如刀斧：是形容吃饭狼吞虎咽，像刀斧劈树枝、木头一样猛烈而快捷。

释义

本义：女人吃饭要细嚼慢咽，像数饭的粒数一样；男子汉吃饭速度要快，要像砍柴、劈木一样，大刀阔斧。

用语意义：本俚语主要是用于要求男女青少年在吃饭时也要注意树立自己的形象、风格。

艺术与现实意义

本俚语由两个分句组成，每一分句都有一个比喻。这两个比喻一个形容慢（把吃饭慢比作数饭粒），一个形容快，都非常形象、夸张并形成鲜明的前后对比。旧中国男人和女人的区别在这个俚语中也略见一斑：旧中国要求女人的形象是贤淑，举止要文雅，不得粗鲁，所以吃饭的样子也要文静才显得有教养；男人要有气魄、有担当，不能婆婆妈妈，所以吃饭迅捷，不能因吃饭耽搁很多的时间。

“女子吃饭粒粒数”，在旧社会本是对妇女的行为自由的限制，但在今天却符合了饮食习惯的卫生要求。“男子吃饭如刀斧”，看起来“酷”，却不符合现代饮食习惯的卫生要求。这种男子汉气魄不值得提倡，还是细嚼慢咽的好。

语例：奶奶对正在漫不经心吃饭的孙子说：“伢子，你这样吃饭哪像个男子汉。人都说，女子吃饭粒粒数，男子吃饭如刀斧，你这样吃饭倒像个姑娘了。快一点。”

女子无夫身无主，男子无妻不成家

词解

身：自己，本身。

主：一家之长，权力或财物的所有者。

成家：（男子）结婚。这里指创立和维持家业。

释义：女人没有丈夫就没有名分、没有依靠；男人没有妻子就难以创立和维持家业，有个家也找不到温馨的感觉。

艺术与现实意义

一个“主”字，反映了旧中国妇女的社会地位：过去的中国，男人是天，女人是地，男尊女卑，女人是男人的附庸。所谓“在家从父，出嫁从夫，夫死从子”，妻子对丈夫只有绝对地服从，男人可以休妻，但妻子不可以休夫，就是丈夫死了，也只能跟从子女生活，没有子女也不能再嫁人，只能孤独终老。俚语“嫁鸡随鸡，嫁狗随狗，嫁个木坨坨端起走”，也说明妻子对自己的丈夫毫无选择的余地，全凭“父母之命，媒妁之言”碰运气。妇女没有独立的人格和社会地位，嫁到丈夫家，自己的称呼前就要冠以夫家的姓氏，如张王氏、刘李氏，在夫家的族谱上都没有自己正式的名字。

出于上述原因，“主”字在这里是一个含义丰富的字眼，它包含有丈夫和妻子的主仆地位关系，也包含妻子因有了丈夫而有了正式的名分，也包含了妻子的终生有了依靠，也包括了妻子有了丈夫的撑腰、支持不受他人欺侮，也包括自己难处理的事务有丈夫拿主意，有了见解。

本俚语虽然主体上是反映历史的沉积，但也体现了男女有别的客观事实：相对来说女子没有男子的体魄和豪气，女子与男子结婚弥补了这方面的不足，生活更觉安全可靠；由于男子的粗犷，往往不善精打细算和操持家务，所谓“外面有个抓钱手，屋里有个聚宝盆”，就是说丈夫的打拼加妻子的操持，家才更加美好。另外，家有父母必须有子女才算完整，男子没有女子结合生儿育女，家就不算完美。

语例：张嫂：“我那龟儿子，打了这么多年工，工资又还算高，问他要钱给他买房他却说没有钱。你说气人不气人?”

达婶：“‘女子无夫身无主，男子无妻不成家’呀，你赶快给你儿子找个媳妇吧。”

屁眼上搽猪血

词解

屁眼：本指肛门，在本俚语中指女性外阴（因直接说出女性外阴名称不雅，所以以“屁眼”借代）。

搽：chá，用粉末、油类等涂抹。

释义

本义：以前男女初婚，男人很看重女人是否是处女。而由于当时人们生理知识的缺乏，判别是否是处女的标准就是初夜是否“见红（处女膜初破所出的血）”。有的女人已结过一次婚，或有的女人在娘家不守规矩，婚前与他人有过不正当的男女关系，又想冒充处女，在结婚的“初夜”事先准备些生猪血，在和丈夫第一次交欢后即将猪血涂在下阴，以示“见红”了（初婚男子因没有经验，容易被蒙混过关）。

用语意义：是指以次品、假货经过精心粉饰、包装冒充正品、真货或故作正经。

艺术与现实意义

本俚语也符合歇后语的格式，但因其“谜底”的用语环境不同而有所不同，不便以固定的格式将其固定，故不给其以歇后语对待。

本俚语用语粗鄙，时代背景封建，最初的用意是说妻子假充黄花闺女“哄男人家（男人家，是本地对自己丈夫的俗称）”，但用语简短、含义丰富，随着运用的发展，其未尽之意可续为“哄男人家”“冒充黄花闺女”“假充正派”“充正宗货”等。

本俚语用语诙谐、生动，既能达到对以次充好、以假乱真、故作姿态等不良现象批评谴责的用语目的，又不使气氛过于严肃。

本俚语亦体现了意在话外的用语艺术。

语例：二吊开经销店，常常用名牌香烟盒装自制香烟卖。总是向人推销说，自己的香烟和别人的一样的牌子、一样的包装，却比别人的便宜多少钱一盒。知道内情的人就对二吊说：“二吊，你不要自卖自夸了，你的烟是‘屁眼上搽猪血’的吧?”

便宜豆腐不爽口

词解

便宜：pián · yi，这里指价值低或受赠没花钱。

爽口：是指食物味道好，口感舒服。

释义

本义：价格便宜或不用钱买的豆腐就觉得不好吃。

用语意义：是说人占了便宜不仅不领情，反而产生“便宜无好货”的嫌弃之意。

艺术与现实意义

本俚语揭示的是人们尚贵贱贱的一种普遍心态。就本俚语本义而言，俚语产生的年代，都不把豆腐当一回事，都认为豆腐没有营养，是不值钱的东西，有这样一句俚语可以佐证：“豆腐不补，全靠㷊（烫的意思）肚。”这是本俚语产生的时代背景。如果别人送你几块豆腐，而这时你不是特别想吃豆腐，你就会觉得这豆腐食之无味，特别是当你自己或家里人烹调得不好时，这种感觉更加明显。有时还要说出一些不近情理的话：“不好吃的豆腐，难怪不要钱！”在南方，干竹笋到处都有，即使买也要不了几个钱，你吃着就是那么个味儿。当这干竹笋从北方转一圈回来，加上了“玉兰片”的美称，你花多些钱买回来，就觉得味道比自己做的干竹笋好多了。农村里娶媳妇，如果是花很多彩礼才娶回来的，就会觉得媳妇高贵，下嫁不容易，不敢得罪；如果遇到开通人家，不要彩礼就把媳妇娶回来了，年深日久夫妻产生矛盾时，有时就觉得媳妇贱，夫妻吵嘴时还拿来上口，说媳妇是不值钱的东西。人们的这种心态说是“尚贵贱贱”既拗口，也不好懂，不如就叫“便宜豆腐不爽口”通俗而生动。

本俚语也是一个比喻句式：把得了便宜不领情比作“便宜豆腐不爽口”。

语例：小云与丈夫吵架后跑回娘家，告诉父母丈夫骂她贱，结婚时嫁妆都没有。小云父亲真是气不过，跑去与女婿论理：“我家小云是没有嫁妆，但我们问你要过彩礼吗？你怕真是便宜豆腐不爽口！……”

婆娘家，拉尿过不得犁壁

词解

婆娘家：武冈方言，指妇女。

犁壁：壁，读 bì，武冈读音 biá，与“家”押韵。犁壁，用犁犁地时，犁头翻转来的土块，呈三棱状，上尖下宽边缘呈圆弧；因这些土块一块紧接一块，排成一行一行的，都向一边倒，每一行土块的一面显得直立而光滑，像矮矮的墙壁一样而得名。犁壁高六七寸。

释义：妇女蹲下拉尿，尿柱超越不过几寸高的犁壁。借以比喻妇女见识短浅，能力低下，办不了大事。

艺术与现实意义

本俚语应产生于中国千百年的封建制度已被推翻，妇女已得到初步解放，开始参与社会活动时期。因为千百年来妇女受压迫，从不参与社会活动，妇女的聪明才智得不到展示发挥，封建制度被推翻后，妇女虽开始参政议事，但仍然受到男人们的歧视。本俚语从妇女拉尿的生理特点出发，借题发挥，虽是用了借喻的修辞手法，表达也深厚、含蓄，但它是对妇女露骨的歧视。本俚语与“婆娘家，头发长见识短”相比较，后俚语侧重于知识、见解，本俚语则侧重于办事能力。

随着时代的进步，本俚语已被历史淘汰，失去了“用语意义”，但它反映了妇女生活状况的一个特殊时代，具有记忆的意义，同时在开玩笑的场合偶尔使用，其诙谐性也具有活跃气氛的效应。

语例：兰云今天到市场买东西，因算错数，多付了别人 2 元钱，后悔死了。回来说给丈夫听，丈夫取笑她：“婆娘家，拉尿过不得犁壁。”

婆娘家，头发长见识短

词解

婆娘家：本地对已婚妇女的通称。家，武冈读音gā。

见识：见闻，知识。这里侧重指生活经验和对事物的理解、判断及见解。

短：这里是“缺少”的意思。

释义：妇女们虽然头发长得长长的，可是见识少，对事物缺乏理解、判断和处理的能力。

艺术与现实意义

在封建桎梏下的中国妇女，连足都被裹得只有三四寸长，野外行走则弱不禁风，所以长期大门不出，二门不迈；家里的大小事务男人说了算，自然是见识短，遇事没有主见，更谈不上去把事务处理好了。

本俚语一“长”一“短”，把妇女的生理特性与妇女们因性别歧视而产生的见识局限性拉在一起，形成了鲜明的对比，可以说在很大程度上是旧中国妇女的从形到神，在人们意识中的一个缩影，充分体现了旧中国对妇女的歧视和妇女所受的封建压迫。

本俚语也许在封建的旧中国已经产生，而盛行应是在封建制度被推翻后到改革开放前，因为在旧中国，妇女没有任何政治地位，在家相夫教子，不参与社交，更谈不上参与政事，不存在有没有见识的争议问题。自妇女解放后，开始参与社会活动时，男人们基于顽固的封建意识及少数的个人目的排斥女性参与社会事务时，则常用此俚语歧视女性，否认其社会见解。现今，由于女性广泛地参与到社会建设的各个领域和行业，并与男人们一样做出了不可磨灭的贡献，已基本实现男女平等，除了调侃，再没有谁会以本俚语作为歧视和排斥女性的用语了。所以，本俚语具有明显的时代局限性。但本俚语在一个重要方面体现了过去的社会状况，有人们长久记忆或了解的必要。

语例：在小森填报高考志愿的问题上，家庭成员发生了分歧：爷爷想要孙子报人民大学经济管理专业，小森的父亲对爷爷说："可小森他妈妈想要小森学会计。""婆娘家，头发长见识短，他妈妈懂个什么！"小森爷爷有点恼怒地说……

婆婆喂孙，边喂边吞

词解

婆婆：这里指祖母。

吞：tūn，不嚼或不细嚼，整个儿地或成块地咽下去。

释义：奶奶喂孙子的食物，一边喂孙子，一边吞食给孙子吃的食物。

艺术与现实意义

"婆婆"在本地方言中，本是指曾祖母或丈夫的母亲。本俚语解释为祖母是以妇女称丈夫的母亲转换称呼而来，即"妇女"称的"婆婆"，"妇女"的孩子叫奶奶；"婆婆"喂媳妇的孩子，就是喂自己的孙子。

本俚语一个“吞”字，反映了一个食物匮乏的时代。旧中国太遥远，新中国也有过一段物质匮乏的时期，在这段时间里，大多数家庭，特别是农村，有点好吃的，首先让给小孩子，因小孩正在长身体，尽量让他们多补充点营养；老人又尽量让给年轻的，因为年轻人负担重。这样进老人肚里的好东西就少之又少。其中又有一点值得注意：中国千百年来婆媳矛盾总是难以调和的，大多数家庭，不是婆婆折腾媳妇，就是媳妇折腾婆婆，所以，婆媳不和、媳妇霸道的，在这样食物奇缺的年代，有些媳妇克扣着婆婆的食物。但小孩吃食物要喂，媳妇自己又事务多抽不出这时间，所以只好让婆婆喂孙。婆婆见了好吃的食物又忍不住要咬上一口，但又怕媳妇看见挨骂，所以常常不嚼就把食物吞下去（因嘴嚼动怕媳妇发现）。有这么一个传说，说是婆婆受媳妇之托拿着一个圆圆的粑粑在喂孙子。喂时媳妇不在身边，婆婆就先把粑粑咬了一小口，孙子见了就大哭。婆婆就想劝孙子不哭。婆婆“灵机一动”将粑粑中间咬了一大口，让粑粑两边露出尖角，对孙子说：“噢，宝宝是要个丫杈哟。”孙子哭闹得更凶了。婆婆吃了一口两口，食欲更难忍了，干脆再咬掉一边丫杈说：“噢，宝宝是要一只角哟。”孙子还哭，婆婆干脆把另一只角也塞进自己嘴里了。这虽说是传说，但确实是可能发生的事实，也可能确有其事。

现在说这些，年轻人会觉得是天方夜谭，但这确实是一段不可否认的历史。本编收集这句俚语，旨在使后代知道有过这段历史，并避免让其重演。

语例：媛媛刚下班就接过母亲给宝宝特别煮的粥喂宝宝。因耽误了吃中餐肚子饿了，一边用调羹舀着粥喂宝宝，一边“喂”自己，小宝宝也调皮，就用小手去抓媛媛手中的调羹。母亲见状，风趣地对媛媛说：“哟，你也上演了个‘婆婆喂孙，边喂边吞’呀！”

菩萨冇塑起先塑起条卵

词解

菩萨：泛指佛和某些神。

塑：塑造，即用石膏或泥土等塑成人物形象。

卵：此指男性外生殖器。

释义：指某件（重大或难办的）事情在未做之前先造出了声势或作了过分的承诺，结果这件事情又没办成功——出了丑。

艺术与现实意义

中国传统，塑造菩萨，无论是男性菩萨，还是女性菩萨，都不塑外生殖器，认为塑外生殖器不雅观，是对菩萨的亵渎，是丑事。菩萨塑就了也不塑条卵，如果菩萨还没开始塑，就先把菩萨的卵塑了，这个雕塑师一定会被羞得无地自容。办事传统的作风，没有十足的把握不向外张扬；难办的事，办成了再对外公开。一个人做大事、难事，在办事之前就把自己要办大事、难事的声势造出去或者夸下海口，结果因为自己的能力有限或自己的懒惰，该事情又没办成，其难堪不亚于菩萨未塑时先把菩萨的外生殖器塑出来，丢人现眼，令人无地自容。

本俚语常用来批评和斥责那些爱虚荣、好夸海口的人，体现了武冈人民求真务实、谦虚内敛的作风和精神。

本俚语也是一个行为动态性比喻。

语例：年初，张福来在与乡亲们聚会时曾夸下海口，说年底要给每个乡亲一个不低于500元的红包。结果张福来的生意经营不善亏损，年底无法兑现年初的承诺。父亲批评张福来："菩萨冇塑起先塑起条卵，现在好了，羞于见人吧？做人呀，要实实在在的，没办到的事不要先讲出去，免得实现不了丢人现眼！"

七眼眉毛动

词解

七眼：眼，小孔。七眼，指人头面上眼、耳、鼻、口七眼。

释义

本义：眼、耳、鼻、口加眉毛都能动。

用语意义：形容某人机灵，处理事情办法多。

艺术与现实意义

七眼中的眼、口，正常人都是会动的，耳、鼻（除了擤鼻涕）能动的就很少。耳、鼻能动的人面部的肌肉神经一定很丰富，表情一定不呆滞；眉毛也是会动的，但是痴呆人的眉毛是不会动的或很少动的。眉毛动是智慧的象征，古语有云："眉头一皱，计上心来。"毛泽东主席也曾说过："俗话说：'眉头一皱，计上心来。'就是说多想出智慧。"

本俚语通过对人形态的细微描述，把一个机智、灵活的形象印入我们脑海。本俚语一般用于年长者对年轻人的赞许，不仅显示了年轻人的机智、灵活，同时也表达了说话人喜爱的情感。

语例：有人将小曾介绍给了胡妹的女儿当对象，胡妹想了解小曾的人品，就来到与小曾同住一个村的表兄家，向表兄了解小曾的情况。一提到小曾，表兄说："小曾啊，七眼眉毛动的，是个好小伙……"

七月半，看牛伢子傍田圹

词解

七月半：指农历的七月中旬，并不仅指七月十五日。

看牛：放牛。

伢子：小孩子。

傍：bàng，依傍，靠近。

田圹：圹，kuàng，本地方言义同坎，指田野中自然形成的或人工修筑的像台阶形状的东西。田圹，上下田块位置高低相差较大的田埂形成的坎。这样的坎，有的高过人的头顶。

释义：农历七月中旬，天气转凉了，若是再下些毛毛雨，在野外放牛的小孩子，因觉得寒冷而躲到较高的田圹下避风遮雨。

艺术与现实意义

本俚语首先是一个时令性俚语：每年农历七月半已到了秋天的处暑前后，天气自然转凉了。本编经历过的七月半，也曾放牛傍了田圹，穿着较厚的罩衣罩裤（外衣裤），因为空心（指罩衣裤内没有内衣——因生活困难），在野外已不足以抵挡飕飕的凉风了，特别是在飘着毛毛细雨的天气里。现在全球气温变暖，就是到了深秋也没有多大的寒意。

其次，本俚语描绘了一幅淡墨山水画：灰蒙蒙的天空下，凉风吹着微微摇摆的柴草、树木。几头牛爬在小山坡上啃着因为天气原因显得有些发暗的树叶、草皮。几个孩子戴着斗笠，披着蓑衣靠在较高的田圹下避着风雨，目光穿过斗笠边缘竹篾编织（工艺留小六边形孔）及稀疏棕毛留下的小空隙注视着较远处的牛，时而说说笑笑……

本俚语虽从侧面反映了当时农村的孩子没有今天的孩子幸福——小小年纪必须要参加力所能及的劳动，但这幅淡墨山水画所描绘的情景却又是现今身心俱疲的孩子们所向往的——没有家长、老师的时刻管束，轻松自在，不知道什么是精神压力。

语例：老李对老许说：“毕竟是立秋了，天气凉爽多了。”“七月半，看牛伢子傍田圹，还说哩，这点凉快算什么呀？你忘了小时候我们一起放牛傍田圹的情形了？”

骑牛会亲家

词解

会：huì，遇见。

亲家：qìng · jia，这里指儿子的丈人或女儿的公爹。家，武冈读音 gā。

释义

本义：本俚语的完整句子是“骑马冇会到亲家，骑牛会到亲家”，人们常常简称“骑牛会亲家”。本意是：骑着马——风光的时候没有遇上亲家，骑着牛——窝囊的时候偏偏遇上了亲家。

用语意义：自己风光、体面的时候，希望被某人或某些人看见，这人或这些人却偏偏看不见；当自己窝囊、难堪的时候，希望不要被某人或某些人看见，这人或这些人却偏偏看见了。或者，自己一贯表现不错的时候，上级或领导却不来考察你；当你偶尔有错或做得不够好的时候，上级或领导却来检查你了。

艺术与现实意义

在机动车发明和流行前，人们的交通主要靠步行和骑马。在中国古代，在马未得到普遍使用的时候，骑牛也是很常见的——不是有老子骑牛西去的传说吗？但在马得到普遍使用后，骑牛就显得寒酸、窝囊，因为骑马速度快，人舒服且显得威武。就是在马得到普遍使用后，我国南方的马匹也是稀少的，只有富有的家庭才养得起马，贫寒的家庭是养不起马的。在中国古代，妇女一般是不出门的，只有男人能够经常在外面走，所以，在外面邂逅的常常是亲家，而不是亲家母。过去的婚姻讲究门当户对，亲家是骑马的，你不能是骑牛的。骑着马邂逅亲家，当然体面、大方；而骑着牛邂逅亲家，当然就显得寒酸、窝囊。但人们的生活中，往往就是有这样乖张的情形：你骑着马想邂逅亲家却不能邂逅，你骑着牛时，心里祷告着千万不要遇上亲家，可偏偏就遇上了。以“骑牛会亲家”来比喻人运气不佳，好的方面不为人所知，不足之处总被他人尽收眼底，既比喻恰当，又有较浓的诙谐性。

本俚语是一个以事喻事的比方句式。

语例：老林文化功底好、业务水平高，制作的法律文书那是没的说。可这次法律文书质量抽检，却偏偏把他一个因打印人员疏忽而把固定格式中交代上诉权利内容部分误删了的判决书抽到，可真是骑牛会亲家了。

乞　赏

词解

乞：乞求。

赏：赏赐或奖赏。

释义：是指别人向有关人士通风报信以求得到赏赐或亲近。

艺术与现实意义

我们在电影、电视剧中常常见到叛徒、“二狗子”向“皇军”告密，以求得到“皇军”的奖赏或赏识。这也是本俚语所指的“乞赏”之例。过去有些没有骨气的人向地主豪绅报告他人对地主豪绅不利的行为、语言信息，以求弄几个零用钱，也属“乞赏”的范围。但本俚语所指的情节没有这样严重，常常为小孩子处理相互之间的关系所用。与甲好的小孩听到或看到乙讲了对甲不利的话或做了对甲不利的小事，这个小孩就赶忙去告诉甲。乙察觉后，就会挖苦这个小孩“去乞赏了”。有时大人之间在相同的环境下，也会使用本俚语。

人们的习俗中，告密乞赏的人，是“叛徒”“二狗子”之类的人，是品德、地位低劣的人，让人瞧不起的人，所以，说谁乞赏，是对这人的贬低。有时也能阻止这人“告密”的行为，因为动机已被识破了，从面子上他也不愿意被别人瞧不起呀。

语例：小云和小风说，扬扬吝啬，以后有什么好吃的不给扬扬吃。这话恰好被从他们身边路过的扬扬的好朋友军军听到了。

小云即对军军没好气地说："快去了，快去了，快去扬扬那里乞赏哩！"

起　酥

词解

起：开始。

酥：sū，古代把酥油叫酥。

释义：指人开始显摆、耍阔，（吃穿）要求高了。

艺术与现实意义

酥油是高档的食品作料，尤其是在南方少牛奶、羊奶的地方显得更加珍贵，糕点一加酥油，味道就更加酥香可口，穷人是吃不起的，谁家的食品经常加酥油，就是富裕人家、高档人家。有一种食品调味油就叫起酥油，其功能如前所述。所以，谁要是在吃食上开始讲究味美，穿着上讲究漂亮、档次，就是"起酥"了。

但本俚语的用语意义不在于夸赞或描述别人生活变富了、变好了，而常在于批评和责备别人在吃、穿等方面挑剔，即本身并不很富有，却这也嫌差、那也嫌差。本俚语虽含批评、责备的意思但并不是严厉的那种，用语气氛较平和。

语例：外孙小时候最爱吃外婆做的红薯糯米粑粑了。外孙到外地读了几年书回来，外婆做了红薯糯米粑粑他却不爱吃了。外婆笑着对外孙说："起酥了，红薯糯米粑粑不爱吃了。"

起　通

词解

起：开始。

通：没有阻碍，通达。

释义：是指某人或其家庭走运了，发达了——发财了，或者自己当官了、子女有出息了。

艺术与现实意义

本俚语用语简洁、含义丰富。这是一个提示性的俚语，其表达的主要内容是通过提示性字面补充的："起通"之本义就是"开始通达"，而"发财"了、"当官"了、"有出息"了，是人们通过"开始通达"的提示推断补充出来的——在过去人们的观念中，人通达了，只有两个方面的内容，一是发财，二是自己当官了或子女有出息了。

"走运"，也可推断理解为发财了、当官了，但"起通"与"走运"是有区别的：人平平常常、平平安安地生活，没有大的病痛和挫折，或者没有遭遇有可能遭遇的灾祸也可说是"走运"，而"起通"则表示人生道路有较大的起色，是说以前贫困、卑微，转而比较富有或声名大振。

"起通"与"起酥"都有由贫到富的状况，但"起酥"是一种主观态势，而"起通"则是一种客观的评述。

语例：德方的姑奶奶嫁得远，过去家里穷，所以自德方的曾祖父母过世后，十几年来都没有来走动过。一天，族兄弟们在一起道白，有人提到好多年不见姑奶奶了，不知过得好不好。有知情者立马说："姑奶奶现在可起通了，她有两个孙子念了大学当了干部了！"

千尽无异

词解

千：千在这里不是实数，是比喻很多。

尽：jìn，全部用出。

异：异议、非议。这里是指没有二心。

释义：（是指某人对另一人的友好或爱护）各方面尽心尽力，没有二心。

艺术与现实意义

俚语，是一种约定俗成的语言，很多时候不讲究句式的完整和语法的规范。本俚语是一个词组式的省略句型：省略了句子的其他成分，只留下了补语。像这样的俚语由于用语习惯，一经讲出，人们就知道它的完整意思，把俚语字面上没有体现的语言成分在大脑里自动补充完整。在实际用语中很多人会不自觉地根据用语环境把省略的成分在口头上补充出来；有时根据用语环境不作补充，人们也能听懂它的意思。这样用语简洁，没有文化的人也容易记忆、理解和运用，使日常用语丰富多彩、生动有趣。

语例

1. 前几天杨方12岁的养子离家出走了。有人议论是杨方对养子不好，要不怎么会离家出走。邻居李云站出来说，“天地良心，人家杨方对养子可是千尽无异的，我可用人格担保！”

2. 前几天杨方12岁的养子离家出走了。邻居张刚、熊妹子、李云等在一起分析杨方养子出走的原因。熊妹子说：“是不是杨方对养子不好？”“千尽无异，冇得说的！”李云说。

千年铁树也开花

词解

铁树：常绿灌木，叶聚生在茎的顶端，披针状椭圆形，花淡红色或紫色。产于热带地方。供观赏。苏铁原产热带，不常开花，移植北方后，往往多年才开一次花。

释义

本义：铁树虽然难以开花，但经过千百年，它也会开花的。

用语意义：有些事情虽然难办，但只要坚持，总会成功的，或看似难以实现的愿望，经过长期的努力终于实现了。

艺术与现实意义

开花，是草木成熟的表现。铁树本来生长就慢，按照正常情况，一长成熟就开花，看到铁树开花也是不容易的事情，更何况铁树成熟了也不常开花，所以，要看到铁树开花是件稀有的事情，需要信心和坚持。但是，铁树总有开花的时候，只要有信心，能坚持，就一定能看到它开花的结果。所以，用“千年铁树也开花”比喻再难办的事情由于坚持不懈，终于取得成功，或者看似渺茫的希望，通过不懈的努力终于看到了成果。

“千年铁树也开花”，体现的是一种自信和坚忍不拔的精神，同时也带有艰辛付出终有回报的喜悦。它的使用，也是对那些浅尝辄止或对那些嘲笑坚持不懈者及看不起自己（或家人）的人的批评，有时带有扬眉吐气的感情色彩。

语例：王小山考大学，连考三年都没上录取线。很多人劝王小山及其父母作罢，但王小山和其母亲就是不信邪，坚持再复读迎考。第五年终于考上了重点本科。当邮递员把录取通知书递给王小山时，王小山高兴得发狂，举着录取通知书满院子跑，边跑边喊：“千年铁树也开花啰！千年铁树也开花啰……”

千日砍柴一夜烧

词解

千日：并非实指，是长时间或长期的意思。

砍柴：是指用柴刀到山上或野外将灌木、杂草等砍回，晒干（晾干）以作备炊燃料（也包括拿斧锯砍伐乔木作柴烧）。

释义

本义：本俚语应源于青瓦的传统烧制工艺。青瓦的传统烧制法，是瓦坯入窑后，要用砍伐乔木劈成的条块状或较大的灌木主干的柴禾烧三天三夜（根据具体情况略有加减），再进行技术处理后出窑为成品。要让柴火使窑温达到1000多摄氏度的高温，需要准备大量的柴禾。很多家庭式的窑口并不是流水作业，砍柴、制坯、装窑、烧制等就那么几个人。如果靠一两个人砍柴备用的话，虽说千日有些夸张，但没有三五个月是不成的。烧窑时，人们往往选择在夜间开始，因为夏天白天太热，在烧窑时间略有加减情况下可减少白天作业的时间；冬天夜间太冷，夜间煤窑可驱寒，在烧窑时间略有加减的情况下，可让夜间作业的时间适当长些。所以把这个“烧”的时间夸张为“一夜烧”。也有的说，是长期砍柴储备燃料，但由于一时大意失火，一夜之间，长时间辛苦劳作的成果化为灰烬。这一说法似乎理由不足：谁无缘无故地要长期砍柴储备不用，平时不用煮茶做饭吗？再则，失火就一定会在晚上吗？

用语意义：俚语本来的用语意义应是“长时间的艰辛付出，是为了某一关键时刻的需要”，但在长期的运用中，用语意义也逐渐发生了变迁：是说人生须处处谨慎小心，一旦有了重大过错，很可能前功尽弃。

艺术与现实意义

本俚语运用的是比喻的修辞手法。千日砍柴，比喻的是长期的积累，积累财富，积累德行，积累名望。一夜烧，肯定不是正常地生火取暖或炊事，因为千日所砍之柴，一夜是烧不完的，只可能是失火后的猛烈燃烧。以此比喻一时不慎所造成的巨大损失。本俚语是对人们生活经验的形象概括：经商的人，长期追逐利润，积累财富，一旦重大投资失误，很短的时间内就会从百万富翁变成穷光蛋；家庭虽然殷实，一旦不慎失错（如摔伤致残致瘫、失错给他人造成重大损失须赔偿等），殷实富裕的家庭就可能败落；长期谨慎处世为人获得的好名声，一时冲动做出失德之事，就可能威信扫地；贪官长期处心积虑，非法敛财，一旦丑行败露，一夜之间，不仅钱财没了，官威名声没了，还可能身陷囹圄或走上断头台。如此等等，就像一把火一夜之间烧光了千日所砍之柴。

本俚语通过形象的比喻，警示我们做人要谨慎，不能大意，不能狂妄、放纵。

语例：丘八砣在位贪腐，现在好了，身陷囹圄，钱没了，官没了，名声没了，真是中了那句老话：“千日砍柴一夜烧呀！”

牵牛相斗

词解

斗：这里指牛与牛进行角斗。

释义

本义：两头好斗的牛本不在一起，有好事者，将两头好斗的牛牵到一起来了，于是产生了两头牛的角斗。

用语意义：用以比喻那些居心叵测的人，在没有矛盾的人之间制造矛盾，让别人相互争斗，以达到自己不可告人的目的。

艺术与现实意义

奸臣总在皇帝面前说忠臣的坏话，又在忠臣面前讲皇上对忠臣如何不信任，于是挑起了皇帝和忠臣的矛盾，矛盾的结果是忠臣被革职查办，奸臣得到了升迁或安插亲信的机会。单位里，也有挑唆领导和同事、同事与同事关系而从中渔利的人。邻里之间，为拉帮结派，挑唆别人关系的也大有人在。用牵牛相斗比喻这些人的行为，把复杂的行为简单化、直观化，但其危害性也直观地反映出来了：牛相斗的结果或者是两败俱伤，或者是一头牛被另一头牛致伤或致残，甚至一头牛被另一头牛致死。用“牵牛相斗”批评和劝阻这些挑唆者，能起到一语中的的功效。

本俚语以行为的全过程作比来诠释某些人的不良品性。

语例：同志之间、朋友之间要坦诚相待，有什么意见和想法，都应当开诚布公，不要暗地里挑唆别人的关系，牵牛相斗！

牵着不走，打着倒退

词解：

牵：qiān，拉（牲口），这里指牵牛。

释义

本义：是指牛犯浑时，你牵着它向前走，哪怕鼻子被牵拉它的绳子磨出血来，它也能强忍着剧痛一动不动；你烦了打它，它干脆向后退。

用语意义：比喻某人个性犟，当他的观点与你或大家不一致时，你规劝他，他不听；你强迫他，他会与你对着干，会离你的期望更远。

艺术与现实意义

对于个性强的人，有很多的词语可以形容，如“固执己见”“顽固不化”“倔强”“茅坑里的石头”等，这些词语形容的程度也很深，“茅坑里的石头”也还很形象，但都不及本俚语：它不仅比喻有深度、生动形象，更重要的是，本俚语是一个动态式的描写，把个性的“硬”进行式地、具体式地描绘出来了，给人以深刻的印象。

语例：“老王，你去劝劝老梨参加我们的合伙吧。”老王：“老梨呀，牵着不走，打着倒退，他不来，谁劝得动？”

掮缸子

词解

掮：qián，把东西放在肩上搬运。

缸子：盛东西的器物，底小口大，腹呈圆弧状，用陶瓷、搪瓷、玻璃等炼制而成。

释义

本义：把缸子放在肩膀上搬运。

用语意义：是指人情往来中，须做人情时，既没有现钱封礼金，也没有合适的物品可赠送，于是就在做人情的礼帖（红包）中的签子上写上礼金多少元而不放现金，在现金数后面的括号内注明“后补”二字。这就叫掮缸子。

艺术与现实意义

本俚语其实也是一个比喻，不含钱物的礼帖与缸子的可比之处：缸子外形大，里面空；不含钱物的礼帖，数字大，实际为零。缸子掮在肩上招摇过市尽人皆知，不含钱物的礼帖当众告知不算是欺骗。

一解释本俚语的意思，现在的年轻人一定会觉得好笑和不可思议：第一，莫说见过，听都没听说过，还有做人情打赊账的，有这么穷吗？第二，没有钱就不要去做人情呀，这是现在人的处事方式。现代人与人交往也较现实，没有钱谁稀罕你做人情呀，礼金封少了都不高兴，还可能不约你吃饭。过去的人，特别是农村，亲戚、邻里之间注重交往情谊，谁家有红白喜事，不论礼金多少，你来了就是看得起东道主，不来就是不给面子，所以武冈才有“轻重是个礼，长短是根棍”的俚语，又有“人到礼到（即不封礼金、不送礼物也是来表示祝贺的）”之说。

本俚语现在的人不仅不用，就是听说了的都少，自然是一个有着很强时代局限性的俚语了。但在20世纪六七十年代的农村，是一个确实存在的事实，而且当时邻里之间做的百客人情，礼金都只有4~8角钱不等，封2元、5元的就是大人情了。有人不免要问，几角钱不能去借吗？难，当时的经济相当落后，一时之间还真难借到，经济条件好的家庭也不会有很多的钱，有结余的钱也不敢轻易借出。这便是当时的现实。本编之所以要收集这个生僻而又没有现实意义的俚语，旨在告诉后来人有这么一段困窘的历史，提醒经历过的人不要忘记这段历史，绝对不能让它重演！

语例：红三的老表上四十宴客。红三见了老表，讲几句客套话后，把一个礼帖给老表说：“钱呢我是写了起两块，但我是掮缸子来的哟，有钱时我就给你呀。”“冒事，冒事，来了就好，来了就好！请屋里坐，请屋里坐！”老表礼让着说。

前世冤家两个佬

词解

前世：迷信传说人有前生、今生、来生，前世，即前生，前一辈子。

冤家：①仇人；②称似恨而实爱、给自己带来苦恼而又舍不得的人。

两个佬：佬，lǎo，人的代称，常指成年男子［见上海辞书出版社 1982 年 4 月出版的《辞海》语词分册第 210 页］。两个佬，武冈方言，指夫妻。

释义：两人结为夫妻却又经常磕磕碰碰，是上天把前世的一对冤家错误地配成今生的一对夫妻。

艺术与现实意义

本俚语的重点在于如何理解“冤家”一词，词典中有前述两种解释，在本俚语中，“冤家”一词这两种意义兼而有之：第一，旧社会和新社会前期，男女婚姻总体上是“父母之命，媒妁之言”，情投意合者少。以前有种说法叫“先结婚后恋爱”，其实也很不全面，因为结婚后感情融洽到称得上“爱”的少，大部分是“迁就”“包容”，而达到苟合。而且在这一过程中，是以女方忍让为主，女方是弱者，只好想象：“也许，我与他前生就是一对冤家，上天派错了对，把我们结为夫妻，是要惩罚我们，只有忍受以待来世”，于是夫妻关系维持了下去。第二，两人性格合不来，经常有拌嘴或让对方伤心的行为，但却又彼此眷恋，若要离弃却又不舍，因为彼此都具有好的品质，重情重义。所以，本俚语中“冤家”替代了“姻缘”。这一替代，深刻地反映了当时的婚姻现实。

现在，科学进步了，人们的文化水平提高了，人们不再相信人有前生、来世，也不相信姻缘前世天注定，所以，本俚语也失去了用语意义。

语例：朋友对小兰说：“你与你丈夫经常吵闹，却又没有谁提出要分手，也真中了那句老话：‘前世冤家两个佬’。”

荞麦畲里打死人

词解

畲：shē，词典解释：焚烧田地里的草木，用草木灰做肥料的耕作方法。这样耕种的田地叫畲田。武冈读音 xiā，泛指除水田以外种植农作物的成块（面积不很大）旱地。荞麦畲里，即种有荞麦的地里。

释义

本义：相传，20世纪五六十年代，一个农民的儿子考上了城里的学校（中学、大学之类）。读了两年书之后，穿得体体面面回到家里度假。其时，其父亲正在地里劳动，他跑去与父亲相见。寒暄几句后，儿子指着旁边地里正开着小白花的红秆子作物，用不太标准的普通话问父亲：“这，红梗梗开白花是什么呢？”“你这个鬼崽子！”父亲看到儿子的穿着就不顺眼，听到儿子说话的腔调就不顺耳，再听到儿子这么一问就气不打一处来——你才出去几天，讲着不洋不土的话，之前自己亲自耕种过的东西居然说不认识！——扬起锄头就要打儿子。儿子吓得撒腿就跑，边跑边喊："救命呀，荞麦畲里打死人了！""现在你晓得是荞麦畲里打死人了？"父亲气愤地说。

用语意义：本俚语借以上典故用以讽刺、批评那些"土气"未脱，就惺惺作态装"洋气"、高贵的人。

艺术与现实意义

一句呼救语，托出一个令人哭笑不得的故事。呼救语"荞麦畲里打死人了"说明，呼救人是知道"红梗梗开白花"是荞麦的，但为什么之前要假装不认识，洒着"洋气"问是什么呢？无非是想表明："我"现在已经不是一个土老百姓了，你看我穿着体面，还能讲官话（本地老百姓之前将普通话叫官话），如果我还认识这些农作物，就不能显示出我的高贵了，在父亲面前也要一样呀。

短短的一句呼救语，把一个虚伪、虚荣、鄙视体力劳动者的愚昧的灵魂剥了个精光。但本俚语又把揭露和批评置于诙谐、嘲弄的气氛之中，充分体现了武冈人民的幽默艺术。

语例：小方大学毕业已经参加工作了，节假日还常回家帮父母干干农活。一天，父亲要小方去地里割红薯藤，小方不解地问："咱们家又没有养猪，割红薯藤干什么？"父亲有些生气地说："你也要'荞麦畲里打死人了'吧？你不知道现在是插栽红薯的季节吗？"

亲不亲，萝卜八分钱一斤

词解

亲不亲：不，“不”字的前后叠用相同的名词，表示不在乎或不相干（常常在前面加“什么”）。亲，这里指亲戚。亲不亲，不管你是亲戚还是不是亲戚。

萝卜：luó · bo，一年或二年生草本植物，叶子羽状分裂，花白色或淡紫色。主根肥大，圆柱形或球形，皮的颜色因品种而异，是普通蔬菜之一。这里是指主根。

释义

本义：不管你是亲戚，还是不是亲戚，到我这里买萝卜都要八分钱一斤。

用语意义：商品买卖不讲亲情。

艺术与现实意义

本俚语应产生于20世纪80年代初：因为萝卜在本地都是非常普通的蔬菜，家家户户都有，且数量也多；20世纪80年代前，萝卜就是在城里卖也只要1~2分钱一斤，农村里互相之间，不存在买卖，谁到谁家吃一两个萝卜，从不说要钱的问题，就是不相识的过路人口渴了，随便到哪个的地里拔一两个萝卜生吃，也没有人会责备他们；到20世纪80年代初，随着商品经济的兴起，人们的商品意识加强，萝卜才成为有利可图的商品，非亲戚之间，萝卜白吃白拿的现象已不复存在，不付钱就拿不到别人家的萝卜了，就是亲戚也不好意思白拿；萝卜八分钱一斤符合 20 世纪 80 年代初期的物价情况。

本俚语从萝卜在认识的人之间可以白吃白拿到不仅要给钱，而且不论亲疏都是一个价格，都要八分钱一斤的具体的价值变化，深刻反映了一个时代的变革：中国的经济已从自然经济过渡到了商品经济；人际关系已从纯朴的情感交流为主的关系，变成了商品买卖为主的利益关系；人们经济上越来越富裕了，人情关系却越来越淡漠了。

语例：老东今天在亲戚开的电器店里买了一台电视机回来了。邻居问老东："你的电视机是从亲戚店子里买的应当便宜些吧？""亲不亲，萝卜八分钱一斤，亲戚只要不把假冒伪劣产品卖给我，我就烧高香了。"老东回答说。

亲家母

词解

亲家：亲，qìng。亲家，两家儿女相婚配的亲戚关系。

释义

本义：亲家母，指儿子的丈母娘或女儿的婆婆。

用语意义：是指两个闹了意见而互相无语言交流的女人。

艺术与现实意义

过去，封建的婚姻家庭关系，女儿一出嫁，就是婆家的人，女儿就只有侍奉婆婆的份，与自己的亲生娘反倒没有多大的权利义务关系；又因为媳妇不是自己亲生，一般婆婆又处处刁难媳妇，媳妇做得不顺婆婆的心，不仅媳妇自己倒霉，婆婆还要责怪媳妇娘家教养不好。正因为这样，媳妇的娘总是对女儿的婆婆耿耿于怀，这一对女人总是难以相处得和睦。所以，民间即以“亲家母”来借指闹了意见的两个女人。值得注意的是，这种“亲家母”的关系，并非生死冤家，只是互相之间怄气，不理会而已。

本俚语说的虽是两个女人不和睦的关系，但却是封建婚姻在一个侧面的缩影。当然，就是当时也并非每一对“亲家母”关系都这么糟糕，婆婆和媳妇相处得好的也很多，但“亲家母”相处不和谐是一种普遍现象。现在这种“亲家母”的关系已经淡出，人们在日常生活中也很少用到本俚语。小编之所以要收集本俚语，旨在提醒大家记住和批判历史沉积，建立新型的和谐的人际关系。

语例：姗姗生了儿子待“三朝”客，丁丽的丈夫来做客吃饭。一些女人即笑话丁丽丈夫：“男不打朝，女不进庙，哪有男子汉来作‘三朝’客的，你家丽丽呢？”“丽丽与姗姗成了亲家母的也。”有人旁边解释说。

亲戚不行不亲

词解

行：xíng，走。这里是交往的意思。表示“走”的意思时，武冈读音 héng。

亲：qīn，关系近，感情好。

释义：亲戚如果不经常交往，感情就不融洽，就没有亲切感。

艺术与现实意义

本俚语中有两个“亲”字，前一个是表示有血缘、婚姻关系的“亲”，后一个是表示这种亲戚关系是否融洽的“亲”；前一个“亲”是名词，后一个“亲”是形容词。

亲戚是因血缘关系或婚姻关系所结成的群体。这个群体的关系是客观存在的，但亲戚之间的关系是否密切并不因这种客观存在而必然。亲戚之间交往密切的，相互之间就有友好感、亲近感。有时血缘关系或婚姻关系很近的亲戚，因各种原因很少交往、联系，关系就越来越疏远，反倒不及关系较远但平时交往密切的亲戚的关系好，这是一个公认的事实。

本俚语的产生和运用，旨在促进亲戚之间的交往、沟通，使互相之间的关系友好、亲密，从而构建和谐社会。

本俚语是一个语面简洁的假设关系的紧缩复句。

语例：凡凡与明明是姑舅关系的表亲，因两家相距跨省，交通不便，所以很少来往。昨天，凡凡突然来访，明明高兴坏了。今天，凡凡说要告辞，明明万分不舍。临别时明明说：“凡凡，现在交通方便了，我们两家要多走动，亲戚不行不亲，啊？”

亲戚，亲戚，碾得深滴

词解

碾：niǎn，此处指用碾子碾压东西，使其变碎或变平。本地方言有“坑害”的意思。

滴：dī，此处为量词，与“点”同。

释义

本义：是指亲戚之间在利益纠葛面前，有时心计更深，对你的损害更大。

用语意义：提醒人们，亲戚之中也可能有坏人，不要因为是亲戚而放松警惕，否则会深受其害。

艺术与现实意义

这里的碾子是使东西变碎变烂的碾子，而非使东西或地面变平整的碾子。使东西变烂、变碎的碾子是加害方，被碾烂、碾碎的东西是受害方；碾子碾压得越深，被碾的东西受害就越惨；而且，同被碾子碾压，碾得深一点或浅一点，在表面上又还难以分辨，所以，这个“碾”（即坑害）是暗地里的，不是明目张胆的。这就是本俚语中“碾”的艺术。

我们不能普遍地讲，亲戚之间就一定互相坑害。但亲戚之间相坑害的事实不乏其例。有些人利用亲戚的友好、信任，让自己的亲戚代自己受过或让亲戚掉入陷阱而自己获利。尤其是现代的传销，更是亲戚拉亲戚下水，亲戚陷亲戚于万劫不复之地。

牢记本俚语，在可能有危险和陷阱的事情面前，不要因自己的善良而上自己亲戚的当，被自己的亲戚所坑害。

语例：黄二佗被他老表拉去搞传销，结果被搞得倾家荡产，真是“亲戚，亲戚，碾得深滴”。

亲兄弟明算账

词解

明：明白，清楚。

算账：计算账目。

释义

本义：同胞兄弟，若有财物往来（非人情交往的）也必须算得清楚明白。

用语意义：同胞兄弟之间有财物往来都要算得清清楚楚，更何况其他亲戚朋友或普通熟人之间呢？

艺术与现实意义

物质利益是人生活的基础，不论是过去还是现在，或是将来，所以，人们对物质利益的分配或财物交往都很敏感，如有不公或不合理，互相之间很容易耿耿于怀，亲兄弟也是如此。兄弟之间产生财物往来，如果不当面算清，虽然碍于兄弟情面不公然翻脸，也可能因为误解或互相猜疑而产生心理隔阂，久而久之会伤了兄弟情分。没有兄弟情分的人在一起更加是这样。这虽说不上是真理，可也是千百年的经验总结。鉴于前述原因和事实，人们总结出本俚语，作为人与人交往的法则之一。人与人之间的钱财往来是可以用数字结算清楚的，结算清楚了，彼此之间在这一回或这一方面就避免了猜疑和隔阂。

亲朋之间发生钱财往来，末了有人客套说“不必结算了，亲友之间何必这样十分九寸”时，另一方引用本俚语作为坚持结算清楚的理由。这就是本俚语的积极意义。

语例：海海与表弟细细一起做西瓜生意。赚到的钱有时归海海收取，有时归细细收取，到生意结束，各自收取的利润多少不相上下。一天海海约细细结账，细细说：“算了吧，我们兄弟俩是哪个跟哪个呀！”海海说：“还是算算好，亲兄弟明算账嘛！”

勤脱勤着胜如吃药

词解

勤：qín，这里是次数多、经常的意思。

着：zhuó，穿（衣）。

胜：此处原意义是“比另一个优越”。

释义

本义：根据天气的冷热变化经常增减衣服，预防疾病的发生，这比生病后吃药好得多。

用语意义：提醒人们要注意，不要因为懒于衣服的穿、脱使自身因过冷或过热而招致病痛。

艺术与现实意义

这是一个关于疾病预防的俚语。很多的疾病都是由于受冷、受热或冷热无常所引起，典型的如感冒、中暑、关节炎等，按照中医理论，人体器官功能的阴虚、阳虚，也同天气的冷暖有关。本俚语强调一个“勤”，“勤脱勤着”就是强调添减衣服的及时性，不能懒惰：天冷，怕麻烦而强忍住；天热了，出汗了也强憋住。这样很容易引发不必要的疾病，或人体机能的阴阳失衡。

语例：父亲："孩子，你额头上都出汗了，快去脱了一件较厚的衣服，等不热了再穿上。俗话说，勤脱勤着胜如吃药。"

青蛙吃萤火虫——肚里亮

词解：略

释义

本义：青蛙没有牙齿，吃食都是吞食，没有咀嚼，萤火虫被吞到青蛙肚里短时间内不会死亡，所以还能闪光；而青蛙肚皮薄，且肉系半透明体，若是发生在夜晚，自然在外面能看到萤火虫闪烁的光亮。

用语意义：此俚语是用来批评那些做了坏事还不认账的人。意思是，自己做过的坏事，自己心里比谁都清楚，不要别人讲出点对（具体细节和证据）来。

艺术与现实意义

如今是法治社会，说谁有过错或犯罪，都得有证据，这对于好人不受冤枉起到了保障作用。可是现在的有过错或犯罪的人，他们缺乏的正是这种"青蛙吃萤火虫"的自身透亮精神，即使他们"吃"下去的是透亮的"萤火虫"，他们也会让自己的肚皮变黑，让光亮透不出来。在法治的前提下，怎样使人们做到讲诚信、有担当，"吃"了"萤火虫"能心里亮，是当今一个很大、很难的社会课题。

本俚语与“人贵有自知之明”是同义语，要求人要诚实、有担当，对自己的不良行为要勇于承认、敢于负责。但“人贵有自知之明”内涵广些，除了自己做了什么坏事自己清楚外，还包括自己的能力、自己的秉性自己也应当清楚，本俚语的含义则只有前者，不包括对自己能力、秉性的认知；与“人贵有自知之明”相比，本俚语生动有趣，更富有生活气息。

语例：圆圆家的牛因没管好吃了方方家的菜，水水将此事告诉了方方。方方去责问圆圆，圆圆说：“你有什么证据证明你家的菜是我家的牛吃了的?”方方说：“青蛙吃萤火虫——肚里亮，还要别人讲出点对来呀!”

轻样懒汉

词解

轻样：轻，负载小。轻样，轻浮，不务实的样子。

懒汉：懒惰的人（指男人）。

释义：轻样懒汉，是指人穿着打扮入时，行为举止轻浮，不像一个肯做实事的人，而像一个好逸恶劳的懒汉。

艺术与现实意义

本俚语系一个描述性的俚语。一个“轻样”，就像一幅淡墨水彩画，把一个华而不实的形象，轻轻地落于纸上。然后，再以人们再熟识不过而又深恶痛绝的“懒汉”作补充，把一个活脱脱的过着寄生生活的公子哥形象展现在你面前。“轻样懒汉”与“懒汉”不同，后者重在不肯劳动，但对生活没有过高的要求，前者则不仅不肯做事，同时生活上要求入时，更是人们批评的对象。

语例：暑假时，弟弟从大城市的大学回到家里。父母莳田打禾忙得不可开交，可弟弟西装革履这里看看，那里瞧瞧，不思给父母帮帮忙。哥哥忍不住批评弟弟：“父母为送你念书，背都累驼了，你成天一副轻样懒汉的样子，就不能帮帮忙?”

轻重是个礼，长短是根棍

词解

轻重：是指礼物或礼金的多少。

礼：礼节，表示尊敬、祝颂、哀悼之类的各种习惯采用的礼仪形式。

释义：亲戚、朋友或邻里家有红白喜事（白喜事是指有人过世），只要你去参加了表示祝贺或哀悼，不在乎礼物或礼金的多与少，礼物、礼金多也只是个礼节，礼物、礼金少同样是一个礼节，就好比棍子的长短，长的也只是一根棍子，短的也同样叫棍子。

艺术与现实意义

你家里有红白喜事，亲戚、朋友和邻里来祝贺或哀悼，是对你的尊重或友好的表现，不能在乎人家礼物、礼金的多少。礼数到了，人与人的情谊也就有了具体的表现。所以，这一习俗，体现了武冈人民在人与人的交往中，重情谊而不重金钱的良好风气。当然，武冈还有一句俚语叫“人情是把锯，你来我去”，意思是你家有红白喜事，我来祝贺或哀悼，我家有红白喜事，你也来祝贺或哀悼；同时，一般情况下，你带的礼物、礼金多，我带的礼物、礼金也相应地多，你带的礼物、礼金少，我带的礼物、礼金也相应地少，但并不强调相等。这一俚语，也是对本条俚语的补充和诠释。

语例：李江如五十岁生日，表弟龚小刚来祝贺，并谦虚地说：“表弟我能力有限，仅表祝贺（意即礼金少）。”李江如说：“轻重是个礼，长短是根棍，你太客气了。”

穷人是条龙一觉睡得日头红
富人是只狗清早起来满山走

词解

是：联系两种事物，表明两者同一或者后者说明前者事物的种类。在这里是“像”的意思。

觉：jiào，睡眠，也指从睡着到睡醒。

日头红：太阳刚出山时由于水蒸气的折射作用呈红色，日头红，是指太阳出山以后。

清早：清晨，天开始发亮。

释义

本义：穷人就像一条自由自在的龙，不受烦心事的打搅，晚上睡觉，一觉就可睡到太阳出山以后；富人一心想着发财，要劳心劳力，常常天麻麻亮就要起来像狗一样地东奔西忙。

用语意义：穷人虽穷，却乐得清闲；富人虽富，却总要操心忙碌。

艺术与现实意义

传说，龙有水龙、旱龙、火龙、睡龙等之分，本俚语所说的龙应属于睡龙。睡龙乐得清闲，无忧无虑。人们乐享清闲，所以才有“睡龙”之说。

过去农村养的狗不像现在养的宠物狗，主人喂食少，主要靠狗自己到野外觅食。晚上要替主人守屋，天一亮就要山上、田野到处跑，寻找可食之物——动物的死尸、人们在野外所拉的野屎、丢下的骨头等。过去农村里说，狗就是“贱骨头”（好动且总不生病）。

本俚语是“穷人”自我解嘲的用语，把自己比作龙，是自我抬举，其实，就算是条龙也是条懒龙；把富人比作狗，除了有“为财奔波”的可比之处外，主要还是穷人特意贬低富人之用语。本俚语虽然贬损了富人，但它也从侧面说明了一个历史事实：过去富人的财富大多包含着辛劳；穷人之所以穷，懒惰也是其中的重要原因，这是其一。其二，本俚语也是人的生活观念的体现：想要多占有财物的人，就得多操劳，以占有财物之乐来冲刷劳碌之苦；喜欢清闲的人就不要想有很多的财富，各得其所。从这个角度说，贫穷与富有也没有荣辱之分，只是各人的生活逻辑不同罢了。

语例：几个邻居在一起道白，一会儿谈到致富上来了，甲说哪个哪个富裕，乙说某某某某也发财。张满娘不高兴说这些，插话说：“穷人是条龙一觉睡得日头红，富人是只狗清早起来满山走。我们穷，我们乐得清闲，让他们发财去！”

求人不如求己，跌一勾不如自己爬起

词解

跌一勾：跌，读 diē，摔倒。勾，gōu，弯曲；俚语中指人摔倒后身体与站立相比都弯曲了，义同“跤”。跌一勾，即摔一跤。

释义：有什么困难与其去求别人帮助，还不如自己努力去克服，就好像你跌倒了，与其盼望别人来扶你起来，还不如自己强忍痛苦爬起来一样。

艺术与现实意义

人之常情，人们有了困难，总是希望别人来帮自己解决；有些困难是自己通过努力或想其他办法可以解决的，但首先想到的也可能是求人帮助，好像有困难求人帮助不丢面子。而一个正常的人走路如果摔倒了，是一件丢人的事情，一般情况下，摔倒者只想尽量不让人看见出丑，自己赶忙爬起来。只有跌得非常重，受了重伤，自己确实爬不起来时，才希望别人来帮助。

本俚语把这两种现象拉在一起，把“求人不如求己”比作“跌一勾不如自己爬起”，是激励人们自强自立，要自己努力去克服在生活和工作中遇到的困难，不要老是把希望寄托在别人身上。本俚语代表着武冈百姓的自强精神，不论是过去、现在还是将来，都是民族文化进行曲的一个强劲节拍！

语例：“你表叔有的是钱，你这点困难去找你表叔呀。”

"唉，求人不如求己，跌一勾不如自己爬起，还是我自己想想办法吧。"

去化龙桥担

词解

化龙桥：桥名兼小地名。桥在武冈城内柳山路与戴家园路交接处，横跨在赧水河上。桥身较宽，上修小寺，供奉着弥勒佛。来这里烧香拜佛者，一年四季，络绎不绝。

担：拿的意思。

释义：俚语"去化龙桥担"，是表示被用语人所要求的钱或物没有，或没有理由给付。

艺术与现实意义

本俚语是要求给付钱物的人的要求超出给付人的能力或给付人认为没有理由给付所要求的钱、物，给付人（或第三人）对要求给付人表示不满（或表示要求给付对第三人的要求不可能实现）所应答之语。

从语词解释中我们知道，化龙桥除了便于行人通行，主要是烧香拜佛之所，其上富有的是冥钱和焚烧冥钱后的灰烬（这灰烬也是冥钱的代表物），而冥钱只有死人才能享用。叫人到"化龙桥去担"，一表示所要的东西没有或有也不给，二也是对用语对象的斥责和侮辱。在第一种情况下的用语，是用语人赖皮的表现；在第二种情况下的用语，是用语人认为对方的要求没有理由，所以虽带有侮辱人格的糟粕，却是铿锵有力的贬斥。

语例：龙在强 10 岁的儿子在一高土坎上放牛，不小心被自家的牛挤下了高坎，摔跌在黄双旱田中的一块石头上。头部受伤，用了几百元钱的医疗费。这天，龙在强要黄双赔他儿子的医疗费。黄双问其理由时，龙说："你家田里是种庄稼的，不是种石头的对吗？"黄说："对呀。""那你家田里怎么会有石头？要是你家田里没有石头，我儿子就不会跌伤。""我田里怎么会有石头，我也不知道呀，我也不想我田里有石头呀！""反正我不管，我儿子在你田里跌伤，我就要问你要钱！""那你只有到化龙桥去担！"黄双说完就气呼呼地走了。

人背时，卵生疮

词解

背时：bèi shí，倒霉，不走运。

卵：本地方言，指男性外生殖器。

疮：chuāng，通常称皮肤上或黏膜上发生溃烂的疾病。

释义：男人要是倒霉了，就连外生殖器上也长了溃烂流脓的疮。形容人倒霉到了极点。

艺术与现实意义

男性生殖器是很少生疮的，既然连这上面都生了疮，可见这个人倒霉到了极点，这是其一；卵上长了疮了，拉尿这样的基本生活行为都不方便，这是倒霉至极的表现之二；其三，卵上生疮了，夫妻生活也过不成了，这也许是本俚语产生的重要原因。

在谈到人生目的时，有很多男人这样粗俗地概括："上为嘴巴，下为屌巴。"本俚语也从侧面说明了在过去的年代里，人们生活追求简单，性在人们的生活中占据了非常重要的位置——人致命的疾病多种多样，而唯独以致命性不很强的"卵生疮"作为男人人生中最倒霉的标志。随着科技的进步、时代的发展，人们生活追求的层面越来越多、越来越高，性已不再是男女感情生活的唯一。

本俚语虽用语粗俗，但反映一个历史时期，两性生活占据了男人生活的重要位置，具有历史考究意义。

语例：一场突如其来的疾病夺去了方良云妻子的生命，方良云难过得好一段时间闷闷不乐。有朋友对其开玩笑说："良云，你还真中了那句话'人背时，卵生疮'了。"

人不出门身不贵

词解

出门：这里是指离家远行。

贵：这里有两种含义，一是被评价高，二是有地位。

释义

本义：人如果不到外面去历练、闯荡，就不能提高自己的身价。

用语意义：本俚语一般是用于鼓励他人要勇于外出历练、闯荡。

艺术与现实意义

本俚语产生的年代不详，但至少可以肯定地说，皇帝还在位的时候就已经流传开了。本俚语虽然历史悠久，但含有浓厚的解放思想、改革开放的因子。

在自产自销的自然经济社会里，农村的百姓只要有一分薄地，就能养家糊口，没有土地的就近帮工也可以勉强度日。之所以鼓励出门原因有二：一是外出经营生意，发家致富，提高自家的社会地位；二是即使不能发家致富，也可长见识——在过去的农村里如果哪家有什么难解的问题，都要去问那些出过远门的人，请他们拿主意，因为他们有见识。

本俚语的产生和使用，说明武冈区域的人们思维发散，有发展的眼光。

本俚语语面虽只几个字，却是一假设关系的复句（紧缩复句）。

语例：母亲："儿子，趁现在你父亲身体还好，家里的事他还能照应，你到外面去闯闯。人不出门身不贵，出去长长见识也好嘛！"

人不可貌相，海水不可斗量

词解

貌相：相，此处读 xiàng，外貌。貌，也是外形、长相的意思，但在这里是名词动用，是观察事物外表，判断其优劣的意思。貌相，即根据人的长相来推断他的能力、前程等。

斗量：斗，dǒu，量粮食等的器具，一斗等于 1000ml × 10。量，测量。斗量，是"以斗量"的意思。

释义：人的长相只是人格的一个很小的组成部分，所以我们不能凭一个人的长相来推断这个人的好坏及能力和前程，就好像无穷无尽的海水，不能用小小的斗来衡量一样。

艺术与现实意义

在过去的人们看来，海水无穷无尽，斗在日常生活中的量具中虽已算是大的——过去人们日常的量具为升或半升的量筒（常以竹子做成）——可用斗去量海水怎么也量不完呀！人，具体到每一个个体，它不只是一简单的名词，它不仅包括人的长相，还包括人的个性、人的品质、人的能力等，所以长相，只是"人"的一个组成部分。传说孔子丑陋，却是一代圣人，其儒家学说流传了两千多年；牛顿生相丑陋，却是全世界知名的科学家。一提到孔子，人们就称他为孔圣人，谁也不说孔子是大丑人；一提到牛顿，人们马上想到万有引力定律，没有谁叫丑牛顿。所以，本俚语把长相之对"人"与斗之对海水相比，长相的作用是何等渺小。本俚语的广泛使用，说明武冈地区的人民，对人的能力、品质、个性的重视，而不落以貌取人的窠臼。

编者注意到，本俚语并非武冈地区所特有，已有书籍将其收入成语范畴，但只把前半部分纳入成语，而后半部分只在解释中提到。而本地区一向是前后部分连用。用上后部分，使长相与人格的比数量化、渺小化，淡化了人们过去那种以貌取人的观念。所以，在这里还是将其归入武冈俚语。

语例：几位老人闲谈，正在议论哪位后生更有出息。有人提出方六，马上就有人反对，说方六人又矮又丑能有多大出息。提议的老人说：“人不可貌相，海水不可斗量呀，老弟。这人心地好，有读才哩。”

人情急如火，不怕你当鼎锅

词解

人情：这里指礼节应酬等习俗。即节日、生日及其他红白喜事互相送礼的习俗。

当：dàng，典当。

鼎锅：家里煮饭做菜用的锅和鼎。

释义

本义：亲戚、朋友家有红白喜事了，因该亲友以前给自己的红白喜事送过礼的，有来无往非礼也，必须也要去送礼；这事不能欠，不能拖延，没有钱，就是把自家煮饭做菜用的锅典当了，也不能少了这份礼。

用语意义：说明人情来往的重要性和急迫性。

艺术与现实意义

本地习俗，谁家有喜事如果没人送礼祝贺，是很没面子的事，以后会让人瞧不起；到谁家去送礼，既是人情来往的必须，更是给受礼的人家争面子、撑门楣。所以，亲友家有喜事了，困难再大也要克服困难送礼祝贺。

本俚语其实也是一种夸张的说法，没有谁真正卖了自家煮饭做菜的鼎锅去送人情，只是说明送人情的必要性而已。现实中，如果哪位亲戚朋友确实很穷，无钱进行人情交往，有大红喜事的亲朋，就不会将这个消息告诉他。但这样又有可能被这亲戚责怪，有看不起该亲戚之嫌，所以很多人采取这种方法来减轻穷亲戚们人情交往的负担：穷亲戚的礼物或礼金照收不误，待亲朋做客完了，主人会以回赠的方式把礼物或礼金变相地还给他们。

本俚语虽是说明人情来往的急切性，但同时也体现了武冈人民重情义、重礼节的好品德。

语例：潘细妹要卖些豆子给王六。王六问："你家豆子不多怎么还要卖呀?"潘细妹说是有个亲戚大寿没钱送人情。王六说："怪不得。真是人情急如火，不怕你当鼎锅呀。"

人情物礼

词解

人情：交情，友谊。

礼：礼节、仪式。

释义：是指人与人之间的礼尚往来。

艺术与现实意义

人与人之间的交情、友谊，常常以礼物的形式表现出来。人与人之间的关系的种类无非亲戚、邻里、朋友、同事。但是，并不是有这些关系就有情谊，即使是亲戚，有些甚至不认识，何谈情谊？所以，情谊是在互相交往中形成的：你有困难，我给予帮助，是情谊；你有喜事，我来庆贺，是情谊；你有痛苦，我来安慰，是情谊。这些情谊往往是以物质形式表现出来的。有困难给予帮助，有时是互相的，但很多情况下不会有“互相”；喜事庆贺，一般都是互相的，但不一定是对等的：富有的人到较穷的亲戚家所带的礼物可贵重些、多些；较困难的亲戚到较富有的亲戚家，礼物可淡薄些，相互不会介意，只要代表的心意到了就行。对于喜庆互贺，现在很多人认为庸俗，其实不然，庆贺所带的礼物、礼金，最初应是基于受庆贺人无力款待来贺宾客而起源，继而传承下来。后来多少有点变味了——确有庸俗化趋向，但是，没有这种“庸俗”的礼尚往来，亲朋邻里的关系就会淡化。武冈还有一句俚语叫“亲戚不行（交往）不亲”，也是这个道理。所以，“物礼”是人们保持亲密关系（人情）的重要形式，不能把它与庸俗画等号。

本俚语看似一个词组，而且不是在对话的环境中不能独立运用，但其强调了“物礼”是“人情”的表现形式，其实是“人情以物礼形式表现出来”完整句子的紧缩。

语例：有位亲戚大寿，父母没有空，要小江带着礼物去代为祝贺，小江贪玩，老大不乐意。妈妈说：“人生在世，是些这样的人情物礼，要去哩！”

人情是把锯，你来我去

词解

人情：指礼节应酬等习俗。

锯：jù，分断木料、石料、钢材等的工具，主要部分是具有许多尖齿的薄钢片。这里是指使用中的锯。

释义：人情的礼尚往来，就好比正在锯木料、石料等的锯片，一会儿被拉过去，一会儿被拉过来。

艺术与现实意义

在过去的农村中，一提到锯，都是指手拉木工锯。木工锯常常是条状的带利齿的钢片固定在一个简易的木架上，这样利于操作。锯小料时，常常是一个人操作，将锯片（齿朝下）在木料上来回地拉动使木料断开；锯大的木料时，使用的锯比较大，比较长，常常是两个人同时操作：你拉时我就送（手不用力拉，随对面用力的方向适当用力将锯片推过去），我拉时你就送，这样协调的动作，使锯片在木料中来回地拉动，以达到将木料锯开的目的。本俚语就是将这个两人拉锯的动作与人们人情往来的情形作比，准确、生动、形象，强调了人情往来的互动性。人情往来，以礼品为形式，是人们感情的交流；感情的交流是相互的，“单相思”是不成立的。

本俚语是一个完整的比喻句式，在武冈俚语中是为数较少的句式之一。

说明：本俚语并非强调绝对的对等。就是在两人拉锯中，两人所用的力也不是绝对对等的，力气大的人在推拉锯中气力可适当使大点，以让对方省点气力。同样，在人情往来中，讲究的是礼尚往来，而不是礼金、礼物的对等性，当然，经济条件差不多的双方比较注重礼物、礼金的对等。

语例：老涅六十大寿，其朋友老牛做了一个数额很大的人情。帮其管人情登记的兄弟对老涅说：“老牛真大方！”老涅说：“人情是把锯，你来我去，以后他家办喜事，我去做人情，数额也不能太小呀。”

人是生成咯，菩萨是雕就咯

词解

生成咯：指生下来就定了型的、改变不了的。

就：确定的意思。

咯：读音 gē，武冈方言中的语气助词，如同“的”。

释义

本义：人的长相是生下来就定了型的、改变不了的，这如同菩萨最初雕成是什么样子，传承下来就不能改变一样。

用语意义：本俚语通常用在有生理缺陷或长相丑的人被别人取笑、嘲弄时，自己或他人批评取笑、嘲弄者。弦外之音为：既然人的长相和生理缺陷是生成的、不能改变的，就不能拿人家的长相和生理缺陷开玩笑。

艺术与现实意义

我们知道，菩萨不是生成的，都是人根据某尊菩萨所代表的神的传说用石头或木头雕塑而成的；菩萨的形象千奇百怪：有的美丽，有的丑陋；有的慈祥，有的凶恶；有的伟岸，有的矮小，形形色色，不一而足。菩萨的形象虽是人雕塑的，但是每尊菩萨的形象一经最初雕塑者雕塑定型，就传承下来，即使是丑陋得令人生厌、凶恶得叫人害怕，也不能随便改变。

本俚语，“人是生成咯”是本体，“菩萨是雕就咯”是喻体。

应当说人产生在前，而菩萨产生在后，人比菩萨经典、普遍，不应当把人的长相比作菩萨的雕像，而应当把菩萨的雕像比作人的长相才是。但是，人太普遍、平凡，而菩萨神圣、伟大——既然神圣、伟大的菩萨都有丑陋的、凶恶的，那么人生相丑陋、有缺陷又有什么奇怪的呢？正是这种对菩萨的崇拜的心理效应，每当被取笑者、被嘲弄者或第三人说出这句俚语时，还真能起到止笑的作用，取笑者、嘲弄者一般也不好意思再说。

现在有了化妆技术和美容技术，但化妆技术、美容技术再好，总会留下刀工斧凿的痕迹，尤其是给认识的人留下虚伪的印象。所以，还是以本来面目示人好，至少给人留下一片真情。菩萨的形象都有凶恶、丑陋的，人只要心灵是美好的，生得丑点又有什么关系呢？更何况，丑陋的人美容得再好，生下的孩子对长相因子的遗传，总是掩饰不住自己的丑陋的。人还是应当以真实面目示人。

语例：小春生下来上嘴唇缺失，同伴们都追着他叫“缺子”，邻居婶子制止小春的同伴们说：“人是生成咯，菩萨是雕就咯，叫人家缺子做什么！”

弱　门

词解

弱：能力差，势力小。

门：旧时指封建家族或家族的一支，现在指一般的家庭。

释义：指势单力薄的姓氏或家庭。

艺术与现实意义

本俚语是农村陋习的产物，一个村落或一个院子中，哪一姓氏的人口少，或无钱无势，其他姓氏的人就藐视或欺侮这个姓氏的人，这个姓氏的人就得忍气吞声地做人；在同一个姓氏中，如果你家里男丁少，或男丁没有别人家的强势，这个家庭的人就要夹着尾巴做人。这种现象，旧社会较严重，新社会也未得到消除，即便是相当文明的现代，农村这种陋习还是有残余。这些势单力薄的姓氏或家庭就把自己叫作“弱门”，在此基础上，常常教育自己的人克制忍让，不要和别人起冲突。现在社会发展的方向是青壮年都外出打工，挣了钱在外地或城镇购置房产安家落户，这就是现在时兴的“城镇化”，人们群杂而居，因姓氏势力强弱或家庭人口多寡而产生的矛盾，日渐淡出，但“弱门”这一个特别名称记录了历史的一个细小的截面。

语例：今天小条和小雄吵架了，小雄未占到便宜，便威胁小条说他要回去告诉他的哥哥们来打小条。小条把此事告诉了妈妈。妈妈伤心地对小条说：“条条，你没有哥哥姐姐，我们是弱门，我们奈别人不何，以后不要去和别人吵架啊？——听话！”

撒尿不朝你一方

词解

撒尿：sā niào，排泄尿。

朝：cháo，面对着。

释义

本义：屙尿不朝你这一个方向。

用语意义："我"与"你"的矛盾到了势不两立的地步，"我"再不会与"你"有瓜葛。

艺术与现实意义

撒尿就是为了排出体内垃圾，至于朝哪一个方向，根本就没有任何意义。就是这样没有任何意义的行为也不朝"你"那个方向，可见"我"对"你"的矛盾之尖锐，记恨之深刻。

同时，撒尿朝不朝"你"这个方向，是"我"的主动行为，也体现了该用语者的自负、自信，因为只有"我"有充分的把握不依赖、乞求"你"，才敢对"你"说出这么绝情的话。

但认为这样的话语是"绝对的真理"，是缺乏辩证性的，是不科学的。因为随着时间的推移、情势的变迁，过去的敌人也许会成为今后的朋友，昔日的仇家，也许在子孙后代的生活里会成为亲家。

语例：两兄弟闹矛盾相骂了。兄："……你以为你的崽女都上过大学，我就要求你呀？不会！我撒尿不朝你一方！"

三个买不到，三个卖不脱

词解

三个：指三个人。三个是一个概数，不是一个确定的数量词，是几个或部分的意思。

卖不脱：卖不出去。

释义

本义：（同样的东西）有些人想买却买不到，有些人想卖却卖不出去。

用语意义：同样的东西，对于不同的群体而言需求是不一样的。

艺术与现实意义

本俚语省略了主语“同样的东西”。它与其他句子省略的主语不同，它既不“承前省”，也不是“蒙后省”，这个主语是通过对俚语词面的分析才能得出的结论：卖的、买的必然是东西；如果“买不到”与“卖不脱”的是不同的东西，本俚语前后就没有逻辑联系，也就没有了本俚语存在的价值。本俚语的用语意义与前条一样，在俚语词面上没有直接体现，不同的是，本俚语的用语意义是基于生活经验通过分析而得出的结论。

本俚语描述的现象是说，同样的东西，在这里遍地都是，每个人都可就地取材，用不着去购买或者很少有购买的；而在那里却是稀缺物，拿着钱也没处买；或者，同样的东西，在这里不被人赏识，而在那里却很受欢迎。这就是商业贩运的前提条件：正因为同样的东西在这里“三个买不到”，在那里“三个卖不脱”，于是就有人动脑筋，把“卖不脱”地方的东西低价收购贩到“买不到”的地方提价出售，这样就产生了商业和商业利润。

语例：向军到王老爹家来玩，闲谈中谈到他前些天拿了些冬瓜到市场卖没卖脱。王老爹忽然记起自己开饭店的亲戚想要买冬瓜没买成，于是把这一信息告诉了向军，并说：“这东西呀，还真是三个买不到，三个卖不脱。”

三个同你好，三个同我好

词解

三个：解释与前条同。

好：友好。

释义

本义：有几个人与你交好，也会有人与我交好。

用语意义：用于告诫人们不要在背后讲别人的坏话或做损害别人利益的事情，说了、做了是瞒不了的，会有人告知的。

艺术与现实意义

本俚语的用语意义和本义及语条字面没有直接关联，其用语意义是在实用中通过使用人附加其他的话语形成的。这说明武冈人民的语言表达艺术是多种多样的。

本俚语为一句极其朴素、直观的语言，却说明了一个深刻的道理：每个人都有自己的朋友，不要认为你不喜欢的人就没有朋友；你的朋友，很可能同时就是别人的朋友——“三个同你好”的人中，也许就有“三个同我好”的人；你的朋友在你为人不地道时也可能离开你而成为别人的朋友。二三层意思是本俚语的侧重意义。所以本俚语的用语意义在于告诫人们不要在背后说别人的不是或做出损害别人利益的事情，是劝人与人为善。它与俚语“要想人莫知，除非己莫为”有异曲同工之妙。

本俚语表现了人际关系的复杂性，但也隐含正义感：如果做不地道的事情，就可能遭受朋友的揭发和背弃。

语例：阿大对黄细说："你以为你背着我做的那些事我不知道？三个同你好，三个同我好，也有人告诉我的。为人最好别做亏心事！"

三个真把式，当不得一个假戏子

词解

把式：这里是指会武术的人。

戏子：古时称职业的戏曲演员。在本俚语中是指经常扮武打角色的演员。

释义

本义：三个把式的武打功夫合起来还不如一个经常演武打戏的演员，原因是把式功夫学成后不经常操练，而武打演员是经常操练着的。

用语意义：旨在强调技术（含武术）经常操练的重要性。

艺术与现实意义

本俚语中的"真"与"假"不是直接修饰"把式"与"戏子"的，而是说，戏子的功夫相对把式来说，它不能算正宗的武功，所以，把式的功夫是正宗的，是"真"；戏子的功夫再好也不能算把式，是"假"。

在过去的农村，人们的生活压力没有现在的人这样大，农闲季节长。人们一闲着没事，就拜拜师父学学武术以强身健体，特别是男人们。学武术时间长，有了一定功底的人也称把式，并不是说功夫要何等了得的人才叫把式。而这些把式，一到农忙就没有谁去练拳脚了，或者因年龄大了或没有兴趣了，就长时间不去练习，关节就僵硬了，哪有戏子那般灵巧。所以即便是过招，有时两三个这样的把式也是奈何不了一个戏子的。这是本俚语产生的背景。讲述这个背景，在于提示本俚语的现实意义：不论是过去还是现在，技艺是要经常操练的，不操练就会荒废；脑子是要经常学习、思考的，不经常学习、思考就会萎缩；身体运动是要持之以恒的，不持之以恒就会僵硬，就会生病。

语例：“老先生，阿旺是您的徒弟，现在您老的字就没有阿旺的写得好了。”老先生：“我好久都没摸笔了，阿旺经常写哩，所谓‘三个真把式，当不得一个假戏子’嘛，自然，自然。”

三脚猫

词解

三脚猫：是指残缺了一条腿的猫。

释义：指好动且行踪没有规律可循的人。

艺术与现实意义

猫本有四条腿，失去一条腿之后，它身体的平衡能力就差了很多。猫本身就是一种好动的动物，躺着、睡着不是它的强项。但失了一条腿后，它只要处于站立的姿势，除了腿要支撑，还要另外用劲来保持身体的平衡，久了就会觉得很吃力，所以，它只有一跳一跳地走个不停。过去它走个不停，主要是为了逮老鼠或嬉戏，现在它走个不停，除为了保持身体的平衡，就没有较强的目的性，行踪也就不大有规律可循了。所以用它比喻那些好动而行踪难定的人，既形象贴切，又增加了语言的趣味性。

本俚语虽是揭人之短，但因为猫是可爱的小动物，叫人听后也不觉得受贬损，用语有很大的含蓄性。

语例：“组长呢?”“他呀，三脚猫！一下这里，一下那里，家里就是他下榻的伙铺，谁知道他哪里去了。”组长夫人答道。

三脚猫的功夫

词解

功夫：本领，造诣。

释义：是指人的本领或技艺不精，半桶水而已。

艺术与现实意义

关于猫的功夫的传说：因猫生性敏捷，行动迅速，扑腾、撕咬无不精湛，所以，原本笨拙的老虎要拜猫为师学功夫。老虎很快学会了奔跑、扑腾、撕咬等功夫。老虎自以为很有本事了，今后再叫小不点的猫为师父很丢脸，于是想吃掉猫。老虎要以学会的猫的功夫来吃掉猫，这当然是易如反掌的事情，幸好猫留了一手爬树的功夫没教老虎。当老虎露出凶残本性追杀猫时，猫迅速地爬到树顶端去了，老虎只能“望树兴叹”。所以，在人们的心目中，猫是师父，老虎是徒弟，猫是有功夫的。

然而，猫的功夫再好，原来是四条腿的，现在只有三条腿了，其身体平衡能力就会受到很大的影响。装装样子、摆摆架势还可以，一旦实战，不仅跑路的速度会变慢，且只要受到对手袭击，很容易被掀翻倒地，爬树也困难了。

本俚语运用的是借喻的修辞手法，把那些学艺不精的人比作残缺了一条腿的三脚猫，比喻直观、恰当。

“三脚猫的功夫”虽然不精不深，但猫毕竟是机灵的动物，又是老虎的师父，听起来也不叫人难以接受，也是一种含蓄的贬损。

前条“三脚猫”是描述猫因身体缺陷而被迫跳个不停的特点，以比喻某人好走动，难以在家久待的个性；“三脚猫的功夫”是说猫因身体的缺陷而导致自身应有本能变差，用以比喻某人应学到的本领没有学精。

本俚语常常被用作自谦。

语例：学校里教高年级的老师缺乏，校长要原来教初小的伍老师教毕业班的语文。伍老师对校长说：“我这三脚猫的功夫能胜任吗?”“学校相信你!”校长鼓励说。

三句好话当不得一马棒

词解

三句：数量词，并非实指，是多句话语的意思。

好话：有益的话，赞扬的话，也包括规劝和请求的话。

马棒：是蒙古族的放牧兼防身、打猎于一体的多用途木质工具。长40厘米左右，截面直径4厘米左右。

释义

本义：反复说好话，不如马棒打一下。

用语意义：是说规劝某人做某事或不做某事，与其好声好气地反复规劝，还不如动粗（包括其他逼其就范的方法）的效果好。

艺术与现实意义

首先，本俚语并不是放之四海而皆准的真理，实际使用中也是针对个别人的，不是针对谁都可以使用本俚语。现实中确实存在这样的人，你要劝他做某事或不做某事，特别是牵涉到有损他个人利益的事情时，哪怕你说破嘴皮子，哪怕你说得口吐莲花现，他就是不上你的道，只有采取强硬措施，他才会按你说的办。就比如法院法律文书的执行，有的人有执行能力，他就是不按法律文书确定的义务办，只有查封、扣押了他更多的财物，或者将他上了“黑名单”，他焦急了，就会履行法律文书确定的义务了。

其次，本俚语常常被用在小孩子头上，有的小孩子个性顽皮，你要他做什么他偏不做，你不准做什么，他偏要做，父母动粗（指打人等）了，他才服帖。现在颁布的妇女儿童权益保障法和反家庭暴力法，提倡文明教育，不准对小孩虐待式地动粗。但是，对小孩适当地硬性教育也是必要的，只要出发点好并注意限度，因为小孩的理解力和社会阅历有限，很多不准做的原因，就是你能讲得透彻，他也是无法理解和接受，或者，教育者想不出适当的表达方式来让小孩接受，而小孩的不良行为又必须马上制止。当然，大部分小孩是很听父母或祖父母的话，就是不理解也能照办，是用不着“马棒”的。

再次，马棒是一种攻击性很强的器具，一般是作震慑之用，特别是对小孩子用不着马棒，俚语采用“马棒”说事，是强调了动粗的强度。“三”代表多，“一”代表少，一多一少形成鲜明的对比，突出了欺软怕硬的人性弱点。

语例：小刚爬上围墙，想从围墙这头走到那头去，爸爸担心会摔着，大声叫小刚快下来。小刚不听继续在试走。妈妈拿着一根竹枝（农村用以惩罚犯错的小孩）走来，小刚才乖乖地下来了。爸爸责备小刚：“三句好话当不得一马棒！”

三人不可传道

词解

三人：是个概数，不是仅指三人，是指三人或三人以上。

传道：本指宣扬、传授某一学派的学说或某一宗教的教义。这里是指向别人讲述技术秘密、重要的生活经验等。

释义

本义：是指在三个人以上的场合不讲述自己的技术秘密、重要的生活经验等。

用语意义：本俚语的重点落在技术秘密方面，是一个普遍遵循的独家技术的传授原则。

艺术与现实意义

在过去的中国，虽然没有专利法，但为了保护家族的利益，独家技术秘方都是祖传，祖传还是传男不传女，很多的秘方还是单传（有几个儿子时，核心技术只教给其中一人）。就连习武人传授武术，最终能得师父真传的也只有一两个人。本俚语是对历来技术传授原则的既简单又通俗的概括。

现在各国虽然都有专利法调节技术传授的事宜，在适当的利益条件下可以转让专利，而且不允许专利技术长期不实施。但并不是见人就可以传授技术，本俚语还是适用的。而且由于重要的生活经验不是专利法调整的范围，所以本俚语体现的原则比专利法保护的范围更广泛。

本俚语虽只寥寥数字，却是一个因果关系的复句（紧缩型）。

语例：小芳、小丽正在讲女孩间的悄悄话，小胖看到了就问她们在讲什么，小芳回答："三人不可传道，不许打听！"

三日不打起灰烬

词解

起："发生"之意。这里是沉积的意思。

烬：jìn，烧东西后的剩余。灰烬，即灰尘。

释义

本义：三日不打起灰烬，本是指过去寺庙或道观里的和尚、尼姑或道士做法事时所敲打的木鱼，经常敲打则光滑干净，过得三天以上不敲打，上面就会布满灰尘。

用语意义：是过去大人责骂小孩子的话语，是指小孩子顽皮，要经常打骂管教，过得几天不管教，就吵闹得翻了天。"三日不打起灰烬"中的"打"不是纯指打人，包括管理、教育。

艺术与现实意义

在过去的农村，大人在小孩不听话、做错事时喜欢“敲棱角糖”，即把手指弯曲让中指和食指的第二指关节凸起，敲小孩子头上，很痛。但一般大人会注意力度，让小孩有痛的感觉即可。敲得重时，头会发出声响，与敲打木鱼的声音近似。所以，把敲打管教小孩子比作敲木鱼也很形象。

和尚、尼姑敲打木鱼，不是为了惩罚木鱼，是酝酿、制造气氛并提示僧众不忘修行。大人敲打小孩脑壳或对小孩管教，不只是为了惩罚小孩，也是为了小孩的脑袋不“起灰烬”（有不好的念头)，有利于小孩端正品行，积极向上。

本俚语现在使用也是具有积极意义的，但“打”不能机械地理解为打人，而应是管理教育。“三日不打起灰烬”的俚语也警示我们，做父母的对小孩不能疏于管教，疏于管教，孩子就会走向歧途，特别是现在青少年犯罪率不断攀升的社会环境下。

语例：我那儿子呀，太顽皮，过得几天不管他呀准犯错，真是三日不打起灰烬啦！

三日不烂，四日不臭

词解

烂：腐烂。

臭：chòu，（气味）难闻。指腐烂发臭。

释义

本义：指某些东西可以放置较长时间不会腐烂发臭。

用语意义：指某问题可以缓办，时间拖长点不会有不良后果，也指某问题不会被遗忘或就此了结。

艺术与现实意义

本俚语与下一俚语使用了同样的数量词，其用语艺术基本相同。但“不烂”“不臭”的介入，使“三”“四”连用失去了紧凑性，而流露出疲软的感觉来——不烂不臭就不用焦急呗。但值得注意的是：一、本俚语中的数量词同样是使人望而生畏的，因为它体现了用语人对俚语所指事情的淡漠，并透露出用语者及相关人员办事拖拉的作风。二、本俚语有时的用语意义也指触犯了某些原则问题暂时没有得到处罚，但对于原则问题的规定长期有效，随时都有可能被提起追究。这关键在于执法者：执法者懒于管理时，也可以视而不见；执法者认为意义重大了，就可能严肃处罚。也体现了执法上的疲软和任意性。

语例

1. 大姐邀二弟、三弟去郊游，三弟说要在家打扫房间卫生。大姐说：“房间卫生嘛改日搞，三日不烂，四日不臭的。难得同时有空，先去郊游。”

2. 弟弟将粮田做宅基地修了房子，他劝哥哥也在自己的责任田里修新房。哥哥说怕政府处罚，弟弟说：“没关系的，我修了不是没受到处罚吗？”哥说：“政府的事三日不烂，四日不臭的，你就能说政府不处罚你了？到时候有你好受的。”

三日不了，四日不休

词解

日：rì，指一天的时间。武冈读音 nì。

了：liǎo，结束。

休：停止。

释义

本义：（纠缠、辱骂）三日不结束，四日不停止。

用语意义：是指人泼皮，招惹不得，一招惹就会和你无休止地纠缠下去。

艺术与现实意义

本俚语使用了具体的数量词，但又不是确切的数量，只是个概数而已，是形容时间较长。“三”“四”连用显得节奏紧凑而又朗朗上口，同时不仅体现了时间的长而且也体现了时间的连续性，使人听了这些数字犯难感油然而生。如果谁配得上这句俚语，那你切记不要去招惹他。

语例：兰妹对胖婶说，她昨日和红辣椒相骂，嗓子都嘶哑了。胖婶说：“你去招惹她呀？红辣椒是什么人？她三日不了，四日不休的，有你的好果子吃。”

三日冇吃饭，还充个卖米汉

词解

三日：非实指，是指三天左右。

充：冒充、充当。

卖米汉：有米卖的男子汉（后来也包括妇女）。

释义：两三天都没有米煮饭吃了，但在外面还要冒充个有米卖的人。也指没有钱但在外表气度上不要逊于有钱人。

艺术与现实意义

特别说明：卖米汉不是指现在这些卖米的商人。在改革开放以前的中国，特别是集体化时期，粮食归国家统购统销，专门卖米的商人是没有的，有也是不合法的。农村的普通农民一般是没有大米出卖的，就算状况稍好一点的人家，大米有节余的也是不多的，同时，略有节余的大米一般被用来养家禽家畜。比较富有的人家（当时的农村是指家庭劳动力多的人家）才有吃不完的大米拿到城镇的集市上私下买卖。所以，“卖米汉”就是富人的代称。

“三日冇吃饭”，不是因为赌气不吃饭或讲本事——能忍受饥饿——不吃饭，而是因为贫穷没有饭吃。之所以还要“充个卖米汉”一般应是两个原因：一是穷讲志气，不愿意在看不起自己的人面前唱穷；二是虚荣心作祟，在别人面前讲自己没饭吃很没面子，怕别人瞧不起，所以，三天都冇吃饭了，还讲自己家里有米可卖。但不管是哪种原因，都体现了人的自尊心。但这种自尊心是有缺憾的：只是“充”有，而没体现如何去改变没有的状况。现在本俚语所体现的本义是不存在了，但人的虚荣心依然是存在的。今日之所以重提此俚语，重要的是要对这种纯粹的虚荣心的批判。如果要讲志气，就要致力于改变自己贫穷的状况。

语例：小妹气嘟嘟地对妈妈说：“这次捐款修桥，王山是老板有钱也只捐三千元，我哥是个没有钱的打工仔也去捐了三千元！”“你还不知道你哥呀，你哥是个‘三日冇吃饭，还充个卖米汉’的主。”母亲平淡地说。

三十夜间撺年猪

词解

三十夜间：指除夕夜晚。夜间，yè jiān，武冈读音 yā gā。

撺：cuān，赶办。武冈读音 cuàn。

释义

本义：要杀猪过年了，可猪还没长大长肥，于是在前一天晚上（三十夜间）给猪通宵地喂食，希望猪一夜之间长得够大够肥。

用语意义：比喻人办事，事前不做充分准备，等到临要结果时，加班加点，想在极短时间内达到预定目标。这往往是不可能如愿的。

艺术与现实意义

杀猪过年，是过去南方农村的习俗。以前养猪没有人工制造的饲料，更不必说什么激素了。养一头猪从猪崽到可宰杀的肥猪，至少要半年时间，一般要七八个月，过年猪往往要喂养一个对年（即一整年）。过年猪最迟也会在大年三十宰杀，大年初一是没有谁宰杀家畜、家禽的——不吉利。

三十夜间擀年猪，从字面本身来说，就是一个不应该发生的事例；即便发生了也是一个收益甚微的事情。本俚语与“平时不烧香，临时抱佛脚”的成语有相同之点，但又有较大的区别：“临时抱佛脚”，如佛动了恻隐之心也许会有作用，但把一头猪崽一夜之间养成一头肥猪或使很瘦弱的猪变得膘肥体壮是不可能的。所以，本俚语对那些“擀年猪”者，更具有鞭挞和讽刺的作用。

一个“擀”字，使本俚语的本体和喻体都动态化了。

用语考究：查了较多的字典、词典，没有找到读音为“yā”而表示夜晚的字，姑且以“夜”代之，本地部分抚冲人在说到“间”字时，带有“gā”音。

语例：小莲平时读书不认真，到期末考试的前一天晚上却背课文、背公式夜深不睡，母亲批评：“三十夜间擀年猪了！”

三十夜间不放通引——又讫呱一个

词解

三十夜间：夜，yè，武冈读音 yā。间，jiān，武冈读音 gā。三十夜间，指农历十二月的最后一天，月大有 30 日的就是腊月三十夜晚，月小只有 29 日的，就指腊月廿九夜晚。

通引：本地指爆竹中的大爆竹。因小爆竹（鞭炮）的引线

（导火索）是被轧得与爆竹连在一起的，拿着引线就连爆竹一起拿起了。而大爆竹，引线和爆竹是分离的（大爆竹威力大，这样存放比较安全），在大爆竹上端留有一个小孔备插引线用，到要放大爆竹时再将引线插入小孔内——引线一插直接通到火药上，所以本地形象地把这种大爆竹叫作“通引”。

讫：qì，（事情）完结。

释义

本义：大年三十夜晚放通引送旧年迎新春，“嘣”，又有一个通引化作了灰尘，待放的大爆竹又少了一个。

用语意义：指人或物或事逐一减少，除针对事外，用于人或物时，均带有惋惜之意。

艺术与现实意义

要理解本俚语之妙，还必须了解这样一个风俗和传说：过去本地放通引只有两种情况：一是死了人或祭奠神灵、祖先，二是大年三十夜晚送旧迎新。大年三十和大年初一均有口禁：不论大人小孩均不得讲不吉利的话，更不许说与死有关的话。传说，大年三十傍晚，一个爷爷高兴地带着小孙子一起燃放通引以示庆祝。放了几个通引后，待放的通引越来越少，小孙子心里有所不舍，待爷爷再放响一个后，小孙子不无惋惜地说：“好！爷爷，又讫呱一个。”爷爷听后很不高兴，因为本地习俗把说谁死了都避讳说成“讫呱了”，说“又讫呱一个”不是犯了忌讳吗？爷爷为制止孙子继续这样说，就对孙子瞪着眼睛示意孙子说错话了。谁知孙子见状即说：“哎呀，爷爷的眼睛翻呱白了！”这还了得，“眼睛翻呱白”是人临死前的表现，爷爷气得不得不动手打孙子了……

有了这个典故，本俚语的用语就不干瘪之味了，就使本俚语的用语气氛变得风趣生动。因为在本地大家都知道这个有趣的典故，一说本俚语就回味其来历，心情变得兴奋开朗了。自然，在说到谁去世时使用本俚语，心情可开朗不起来，本俚语就是一个表示惋惜的用语。但它又不像讲很多哀悼的用语那样烦琐和凝重，除了因其本身是一个典故的概括，也因其本身就带有一定的诙谐性。这也是武冈俚语用语委婉的一面。

本俚语中的“不”字，是正语反用，“不放”就是“要放”“应放”“正在放”。这种反语正用的格式，是武冈人民的独创，增加了语言诙谐性和幽默感。

本俚语用一种幽默性的语言直译，意思是：“三十夜间呢冇放通引的，只是爷爷放响一个，孙子就说‘又讫呱一个’，惹得爷爷老不高兴。”——你说没有吧，接着说出典型的个案，你还能否认吗？

本俚语是以“不”字格式开头的正语反说的歇后语，是武冈区域人们用语的独创（简称“‘不字格’歇后语”）。

语例：南南与庆庆一同到外地贩架子猪回来转卖。南南今天扛的架子猪一到农贸市场就被人买去，一连卖了好几头了，心里非常高兴。回来的路上碰到庆庆扛着架子猪去农贸市场，南南乐滋滋地对庆庆说“我哩不瞒你，‘三十夜间不放通引，又讫呱一个’了。”

三　蜮

词解

蜮：yù，《五行传》曰：蜮如鳖，三足，生于南越。一名射影。在水中，人在岸上，影见于水中，投人影则杀之，故曰射。

或谓含沙射人，入皮肌，其疮如疥。服虔云，遍身濩濩或或［濩（hù）濩或或，散布意。——编者注］，故为灾（见上海辞书出版社 2008 年 8 月第 1 版《康熙字典》第 1060 页）。

释义

本地讲某东西“有蜮”，即是说这东西（通常指不洁之物）会使人的生命健康受到伤害（包括死亡）或使仙家、道人原有的“法力”减退甚至丧失。

三蜮，指天蜮、地蜮、水蜮。在饮食上与之对应的分别为：鸽子肉、狗肉、团鱼（鳖）肉。

艺术与现实意义

人预测命运，推算“八字”中的八字，是指人出生的年、月、日、时分别对应的天干、地支纪时法中的八个字，如丁酉（年）、戊申（月）、乙未（日）、辛未（时）。“八字”不仅包括了人的前途、财运、婚姻、父母子女情况，也包括寿命长短和健康状况。根据你所报的八字，若推算出你的身体将会带残疾，“八字”先生会告诫你，不要吃鸽子、团鱼、狗肉，因为这些东西有蜮，会加快你可能会有的残疾的到来；若禁食此“三蜮”，残疾则有可能避免。

禁食这“三蜮”，虽说有迷信的色彩，但也不全是迷信。因为有资料显示，鸽子、团鱼、狗肉等高蛋白肉食，会诱发人体的抽搐现象产生，特别是小孩子。“八字”先生也可能是根据你的生辰八字推算出你身体会有某项缺陷，而“三蜮”将诱发这些缺陷的产生或加重这种疾患的程度。虽然这种推算的科学依据不足，但受到这种告诫的人，对于“三蜮”之类的高蛋白食物，还是少食为佳。

在我们目前的生活中，很多不能用科学解释的问题都以“迷信”二字以蔽之，但其中很多问题如果认真去研究也许会得到科学的解答。期待出现这类学者专家。

语例：奶奶告诉快成年的孙子说："你八字中带残疾，到外面去要禁倒鸽子、团鱼、狗肉三蜮莫吃哩，听见没？"

杉树尖尖圞呱顶

词解

杉树尖尖：是指杉树靠近顶端较小、较嫩的部分。因其常呈圆锥形状，故叫"尖尖"。

圞呱顶：圞，luán，团圞，圆貌。呱，"了"的意思。圞呱顶，即顶部长圆了。

释义

本义：杉树的顶部长圆了，树干就不再增高。

用语意义：指人的生长、能力、前途等某方面或诸方面达到了顶峰，没有发展的余地。用语中一般是指人的前途。

艺术与现实意义

杉树若处在生长发育期，其树冠常常是呈圆锥状的。因为枝杈的生长没有主干长得快，新长的主干又要马上生枝杈，新长的枝杈没有以前长的枝杈散得宽，新长的散得窄得多，所以呈圆锥形；当杉树的树干不再长高时，一段时间内，树的枝杈还在生长，新长的枝杈逐渐长得与老枝杈差不多但又略短些，于是，树顶就渐渐地长圞了。杉树圞顶后树干的高度及大小因所处地势环境不同而各不相同：有的所处地势的土层肥厚，杉树长圞顶后，整株树就高大挺拔；有的所处地势的土层浅薄或土壤贫瘠，长圆顶后仍然很小很矮。人成年后个子高矮、能力强弱、前途大小也和杉树一样，因各人生活、工作的经历、状况不相同而不同。本俚语以树喻人，形象生动而且贴切。

本俚语的使用，常常夹带着用语人对用语对象失望或轻蔑的情感。

语例：老黄和老阳在道家常。老黄说："老张呢好，他还有个崽在乡政府当领导。""副乡长，杉树尖尖圞呱顶的了，也不会有多大的出息了。"老阳说。

釃酒问把壶，拿钱问经手

词解

釃：sāi，又读 shī，斟（酒）。

问：向（某方面或某人）索要。

把壶：掌握酒壶负责斟酒的人。

经手：经过，亲手（处理）。

释义：你应当得钱，但你要搞清楚是谁欠你的钱或是谁亲手经办这笔钱，你就问谁要，这就好比你酒杯里没有酒了要把杯里釃满酒，你只能问那个掌握酒壶负责釃酒的人要酒。

艺术与现实意义

本俚语中，"拿钱问经手"是本体，"釃酒问把壶"是喻体，按一般的用语规矩应当是本体在前、喻体在后，但本俚语中是喻体在前、本体在后，一是因为用语习惯，二是为了突出"拿钱问经手”，三是在语音上顺口些，倒转来读似乎有些拗口。

过去酒席上的规矩，把壶酾酒是种主体资格：一是东道主自己，二是东道主委托的人负责。这一是因为主人对客人客气，尽自己的义务；其二不是谁愿意酾就可以酾的，如客人夺壶酾酒，是对主人的不尊重，所以酒席上的把壶是特定的。同样，给钱的主体也是特定的，不是有钱的人就有给付他人金钱的义务。给钱、酾酒具有很强的可比性，且这样一比，道理浅显易懂，也生动有趣。

本俚语是现代民事诉讼原则的雏形，即要有适格的“被告”，不能是照道理你应当得钱就不管三七二十一，谁有钱你就问谁要。本俚语在使用中也不局限于要钱给钱之事，也用于其他事务问责对象是否合理准确。

语例：老汪挑着一担小麦路过张三家时欲将小麦寄放在张三家临时去办一下其他的事情。不巧张三家里没人，老汪就把小麦放在张三家屋檐下并同张三的邻居说，他是张三的朋友，小麦在这里暂放，并请邻居负责临时看管一下，张三回来后要张三把小麦保管好。不料小麦在张三回来前被盗，老汪要张三赔他的小麦。张三说：“酾酒问把壶，拿钱问经手，我接呱你的小麦吗？”

山麻雀子

词解

山麻雀子：武冈土语，即山雀，是体形较麻雀纤细的食虫鸟类。常见于平原、丘陵、盆地等，多喜欢在山林中生活，种类较多。本地山雀，羽毛花色与麻雀近似，喜鸣叫和跳跃。雀，武冈读音 qiào。

释义：除本义外，作为俚语的“山麻雀子”，是针对人的性格特点而使用的。说谁是“山麻雀子”，是说这人个小机灵、爱说爱动。有时也指人只好夸嘴而不务实。

艺术与现实意义

“山麻雀子”作为俚语，是一个情感色彩较丰富的用语。用对小孩时，说谁是“山麻雀子”，一般都带有对该小孩喜爱之情，或含有对其机灵的赞扬之情，当然，有时大人说话，小孩插嘴太多，大人用责备的口气说其是“山麻雀子”，则是嫌其多嘴的批评用语。而针对大人，说谁是“山麻雀子”时，则绝非喜爱、赞扬之情感，是说这人生性话语多、干实事少，有厌烦之情感。

本俚语虽只是一个简短的名词，却也是借喻修辞手法的运用。

语例

1. 小山山放学了，一进家门就叫道：“爷爷，我回来了！”爷爷高兴地从书房来到客厅，抱起小山山说：“哟哟，爷爷的山麻雀子回来啰！”

2. 在提拔人选的推荐会上，有人提名推荐小凡，但立刻有人反对：“这个小凡呀，山麻雀子一只，嘴上叫得多，落到实处的少。”

山收夜不休

词解

收：shōu，这里是指把外面的东西拿到里面，亦即收纳的意思。

夜：yè，夜晚。武冈读音 yā。

休：休息。这里是指回家休息。

释义

本义：夜晚，野兽、虫鸟都归了山林，而这人，夜不归宿。言外之意是这人还不如野兽、虫鸟懂得白天黑夜的更替。

用语意义：此俚语常用于表达对某家庭成员常深夜不归的不满或对这种现象的描述。

艺术与现实意义

在武冈方言中，“收”与“休”是同音字，都念“xiū”，在普通话中，“收”与“休”是谐音字，两字的音节押韵；“休”本可用其他字替代，如用“归”，其意义更准确，但就没有“收”与“休”的音节韵律美。

当时“夜不休”的基本都是男人，女人如“夜不休”，就会被乡邻的唾沫星子淹死。男人“夜不休”的原因，主要是在外喝酒交友，打牌玩乐，也有少数赌博、找情妇的。这些都是不正常的行为，所以往往引起妻子的不满。

这个俚语产生的时代，应当是民国之后、改革开放之前，因为民国之前，普遍的社会现象，妇女是男人的附庸，丈夫要怎么样就怎么样，妻子没有发言权，对丈夫不敢有不满的言语，更谈不上把不满变成俚语。改革开放后，不论男女，“夜不休”已是常事。现在，由于社会的进步和经济的发展，夜生活已成为一种时尚，深夜不归已是常态。本俚语在现实中已没有新的意义，但本俚语是一个时代的夜生活的缩影。

特别说明：“山收”的，除“本义”解释中所包含的东西，当然也包括死人，但当包括死人时，本俚语的使用就属于诅咒了，不应是家人之间责备的用语，所以，本俚语的常用义不应包含这层意思。

语例：凌晨2点，丈夫乘着酒性推开房门："老婆，我回来了！""你这个山收夜不休的！这个时候才回来，还要高声大叫，吵别人的瞌睡！"妻子嗔怪道。

上剥皮树

词解

剥皮树：树被剥了皮。

释义

本义：未被砍倒的树，去了枝杈、剥了皮，他也能爬上去。

用语意义：是指小孩子很调皮，也很有些顽皮的技能和胆量。

艺术与现实意义

树在被砍倒后，做建筑或家具之前，都要把枝杈去掉，把树皮剥掉，因为树皮质地疏松，容易腐烂。这是普通的剥皮树。俚语中的剥皮树是假设的：树还没有被砍倒，就把枝杈去掉，树皮剥掉——这样难度很大，也没有意义，谁也不会这样去做。上树本就是一件难度较大的事，特别是对于成年人和老人。不去枝杈，不剥皮，努力爬上没有枝杈的一段主干，到了有枝杈的地方就容易多了，特别是对于小孩子。如果鲜活的树在未砍倒时就把枝杈去掉，把树皮剥掉，树干上就会粘满树分泌的汁液，树干会变得滑溜滑溜的，要爬上去就难以想象。小孩子三爬两爬爬上树干，然后在枝杈之间攀来吊去，本身就是一个调皮的形象；现在这树没有了枝杈，连树皮都刚剥了，树上面光溜溜的、滑溜溜的，他也能爬上去，可见这孩子有多淘气。

“上剥皮树”，是一个描述性的用语，也是一个情感丰富的俚语。主旨是责备某小孩淘气、顽皮，其实也包含着喜爱和赞许的情感：一个连剥皮树都能上的孩子有本事，没有本事怎么爬得上去呢？一个连剥皮树都能上的孩子，要是在普通的树上，还不像猴子一样在枝杈上跳来蹿去的，那多可爱呀！所以，像这样的责备用语，既能制止孩子当下的调皮行为，孩子也能感受到用语人没有恶意，是喜欢他的。于是孩子乐于接受，没有反感。

“上剥皮树”不是实指，是指顽皮孩子超越一般孩子的淘气行为。

语例：二叔的房子拆旧翻修，砖墙拆到一半时，工人吃饭休息去了。小山子好奇，爬上墙头去玩。二叔见状即喊：“嗯，上剥皮树了！”小山子赶快下来了。

上路馅

词解

上路：走上路程，动身。也借指人走向死亡。

馅：xiàn，面食、点心里包的糖、豆沙或细碎的肉、菜等。这里指较好的食物（馅都比包它的皮食质地要好或味道可口，所以有“较好”的含义）。

释义：指人临死前吃的较好的食物。大部分用语有诅咒别人的色彩。

艺术与现实意义

传说，人死亡（不论是老死、病死，还是其他非正常死亡）前，如果吃过食物，那么，这个人转世投胎的来生衣禄好，有吃、有穿、有用；如果没有吃过食物，就算是个饿死鬼，转世投胎的来生就会受穷。所以，本地习俗，发现亲朋、熟人，甚至是不认识的人将要死亡时，必须马上找到一些食物塞进将死之人的嘴里，不论其能否咽得下，以祝其来生钱财富足。基于这种理念，所以生重病的人如感觉自己将死时也要求吃点自己喜欢吃的，寻短见（指自尽）的人，寻短见前也要吃餐好食物，被判死刑的人在行刑前都被允许好好吃一顿。这就叫“吃上路馅”。

本俚语的来龙去脉首先体现了人与人之间的关心友爱，在人临死前不忘以行动给予最美好的祝福；其次，也体现传统执法的人道。但本俚语在日常使用中，常常被用作诅咒语，责骂他人吃东西吃得独——不考虑别人饿不饿，要不要分吃一点——或吃了不该自己吃的食物。然而，这虽是诅咒的用语，但诅咒也有促使人学会关心别人，不要只考虑自己的感受和需要的作用。

本俚语也是一个具有浓厚时代局限性的俚语，因为只有在过去缺吃少穿的岁月里，人们才用本俚语去诅咒别人吃东西；现在物产丰富，谁爱吃多少吃多少，除了珍稀的物品，谁吃得再多也亏不了其他人的份。

语例：妻子早餐留下一些饭菜，准备上午挖地肚子饿时回来吃，免得重新煮饭费很长时间而自己会饿得难受。不料外出搞副业的丈夫中午回来了，因饿得难受便把妻子留下的饭菜一扫而光。妻子下午很晚才回来，本以为马上有饭菜充饥，发现饭菜被丈夫吃得一口不留，气得不行，随口对丈夫骂道：“你吃上路馅吗，吃得这样独，不给我留一口子饭呀！”

扫浮油

词解

扫：sǎo，武冈读音 sào（武冈方言不区分 sǎo 与 sào）。本是指用笤帚、扫帚除去尘土、垃圾等，这里是捞取的意思。

浮油：浮，fú，武冈读音 páo。浮油，指浮在汤水表面的油。

释义

本义：20 世纪 60 年代末到 80 年代初，人们的生活水平普遍低下，特别是广大农村，人们吃荤菜的机会很少，煮蔬菜也少食油。人们为了既要节约食油，又要有好的口感，发明了一种放浮油的方法：炒菜、煮汤都要到起锅时才放点油。这样炒的蔬菜因油全粘在菜表面较老方法炒的口感要细腻，汤菜则油浮在汤水表面，看上去油腻腻的，其实只是薄薄的一层油浮在表面，汤水里并没有溶进油分子。后来人们发现了这个秘密后，去外做客时，如果主人家上了汤菜，就抢先用调羹在汤水表面轻轻地捞一圈，让更多的浮油进入调羹，这样能吃到的油就多一些。这就叫作“扫浮油”。

说明：如果饭菜油（即脂肪）少，吃下的饭菜就很容易被消化，很快就会感到肚子饿，特别是从事体力劳动的人；如果吃下的油多，食物在胃里待的时间就长些，不容易觉得饥饿。

用语意义：是指占别人的便宜或在不违法的前提下得到不需要付款的东西。如较穷的人到较富有的亲戚家做客，拿去的礼物少，除在亲戚家吃了好吃的外，回家时亲戚还要回赠他一个比所送礼物更值钱的礼包（一般是物品，不是现在的红包）。这也叫作“扫浮油”。又如在别人已经收获了花生的地里进行第二次过细的刨挖，收获了较多的第一次挖收时落下的花生，也叫作“扫浮油”。

艺术与现实意义

俚语本身使用了借喻的修辞手法，把占别人便宜等比作“扫浮油”，形象、生动，而且贴切。在现实中运用有其独到的特色。

更重要的是，记住“扫浮油”这个俚语及其来历，就等于记住了一小段不堪回首的历史。这段历史虽然短暂，在历史的长河中只不过是一朵小小的浪花，但它留给人们的教训是深刻的：发展生产力，满足人们不断增长的物质文化的需要才是硬道理；任何政治、任何运动都不能代替生产力的发展。

“扫浮油”虽有占别人便宜的意思，但它与贪图小利占别人便宜是有区别的，它的前提是别人愿意或没人有意见；在愿意的前提下时，有亲戚朋友间互相帮衬的情分在里面，从一个侧面也体现了纯朴的人情温暖。

语例：舅舅今年做生意发财了。小霖去给舅舅祝寿，舅舅一高兴，给了小霖一个2000元钱的红包。回到家里，小霖高兴地拿出红包给妈妈看，妈妈说：“好，舅舅发财了，你到舅舅家‘扫浮油’了。”

少来逗人欺，老来逗人嫌
中年半截有几年？

词解

少：shào，年纪轻，跟“老”相对。

逗：dòu，招引。

中年半截：截，jié，量词，段。中年半截，指人生中身强力壮的时间段。

释义

本义：人的一生中，一般要经历少年（含幼年、青年）、中年和老年。少年因势单力薄，招人欺侮；老年因体弱多病，招人嫌恶，少有人愿意和你在一起；但是，身强力壮的中年时段又有多少年呢？

用语意义：人一生中身强力壮的时段没有多少年，所以，我们不要欺侮弱小、嫌恶老人。

艺术与现实意义

人生中少年时代，少知、弱力、无权、无势，很容易招惹别人的欺侮；到了老年，一般都体弱多病、形容不整，虽可能有一定财产和势力，可别人也包括自己的后代很大程度上都不愿意与你接触、亲近。但是，这些招人欺、招人嫌的阶段，只要你不是短命鬼，你就必然要经历。本俚语由三个分句组成，前二分句是两个表示确认的陈述句，第三个分句是一个反问句。反问句以发人深省的反问，提醒人们来反思人的一生：大部分时间都处在年少可欺和年老可嫌的阶段，身强力壮的时光不是很长，从而令身强力壮者设身处地地同情少年、老年，不欺侮他们，不嫌恶他们；少年们也知道自己将要变成老年，会和现在的爷爷、奶奶辈一样不招人喜欢，从而不嫌恶老人。

本俚语表面看就是一个很普通的反问句，没有尖刻的贬义词语，也不是批评和谴责的口气，但发人深省的反问，起到的却是令人反思、令人自我批评的效果。

语例：不算宽的道路上。

一青年男子挑着担儿快速行走。前面，一老妪拄杖缓行。

青年男子："老东西，快躲开！"

老妪："伢子，你莫雄哩！'少来逗人欺，老来逗人嫌，中年半截有几年'哟?"

蛇大窟窿大

词解

窟窿：kū · long，指洞穴。

大：dà，武冈读音 dái。

释义

本义：蛇大，供它栖息的洞穴也就相应增大。

用语意义：比喻人的收益增多，他的开销也会相应增加。

艺术与现实意义

本俚语通常是在甲羡慕乙钱多、条件好而对丙（一般是乙的亲人）夸奖乙时，丙回应甲时说的话。其作用有二：一是表示谦虚——没什么大不了的；二也是在向甲说明乙的钱进得多、出得多，没有多少节余，以防甲开口向乙借钱。用意委婉，但比喻直观形象，易为别人接受。

这种用语，看似有些小气（吝啬意），但很有积极意义：它引导人们，要自立、自强，不要把希望寄托在他人身上；同时，要求人们相互理解，确确实实，钱多的人开销也大，并不会有许多富余的钱等着去帮助别人。

这里需要特别说明"窟窿"二字，在俚语的表面上，"窟窿"就是洞穴的意思，但蛇的洞穴也可叫蛇窝，之所以不说成"蛇大窝大”，是因为“窟窿”另外一个意义是比喻亏空，在这里有一语双关的作用。

语例：“阿婶，你哩好哟，你儿子这么多钱……”阿婶：“也有么子，蛇大窟窿大。”

伸脚蹬到爷，缩腿顶到娘

词解

蹬：dēng，把腿和脚向脚底的方向用力。

爷：本地方言指父亲。武冈读音 yá。

缩腿：把腿脚前上方弯曲收拢。

释义

本义：过去，父母把宝贝儿子（通常是只有一个儿子的父母）看得很重，长得很高很大了还和父母一床睡觉。因与母亲睡一头，他把腿脚一伸，就蹬到另一头的父亲；把腿脚一缩回，膝盖就顶碰了同枕而睡的娘。

用语意义：是说因自己的特殊处境处理某些事情很棘手，无论怎样处理都要得罪与自己有密切关系的人。

艺术与现实意义

本俚语所适用的典型实例是矛盾的双方都是你的重要亲戚或朋友，而双方又要求你处理或处理这个矛盾是你的职责范围。你支持其中一方，另一方无论有理无理都会对你有意见，你被夹在中间不知所措。用“伸脚蹬到爷，缩腿顶到娘”来形容你的尴尬境地确实再恰当不过了，你尴尬是因为你与双方太亲近。长大了的儿子想不“伸脚蹬到爷，缩腿顶到娘”，唯一的办法，就是离开父母单独睡；处理双方都是亲友的矛盾，想不左右为难，就只有不成为矛盾纠纷的处理者。正因为人们在日常生活中常常会遇到这样尴尬的事情，所以法律才规定了回避的制度。回避制度的创立，不只是从公正起见，也是为了该回避的人不处于尴尬的境地。

本俚语的用语意义是语面意义的弦外之音，通过思考而得出的事理。

语例：阳法官对庭长说，他要求回避审理中的刘某与张某的土地使用权侵权纠纷案。庭长问他为什么在开始时不提出回避，他说是在庭审开始时才发现原、被告都是自己同学的父母。庭长说既然这样了是不是可先行组织调解，调解不成再说。阳法官说：“原告有理，可被告也是故旧，我好驳被告的面子吗？我真是伸脚蹬到爷、缩腿顶到娘，我怎么好主持调解呀？”

生不进牢房，死不入地狱

词解

牢房：监狱里监禁犯人的房间。

地狱：某些宗教指人死后灵魂受苦的地方（跟“天堂”相对）。

释义

本义：人，生前身体不能被关入牢房，死后灵魂不能被打下地狱。

用语意义：本俚语体现的是人的荣辱观，以进牢房、下地狱为耻辱。

艺术与现实意义

本俚语浅显易懂，荣辱感强烈，但要做到却也不是一件容易的事情。要做到“生不进牢房”，必须时时遵纪守法，克制自己的欲念、邪念、歹念；要想死不下地狱，在生必须多行善事，不生恶念，不做恶事，注重道德修行。现在虽然提倡不要歧视刑满释放人员，但毕竟有过在监狱被改造的经历，不是一段光荣的回忆。在从前一段很长的时间内，世风日下，群众对刑满释放人员产生敬畏：第一，认为他们都是些有本事的人；第二，他们是亡命之徒，不可得罪，担心其报复。这样在很长一段时间内，许多刑满释放人员不以为耻，反以为荣，与人纷争中，动不动就亮出“刑满释放犯”的身份，竟然也吓倒许多人。这使许多人的是非观念造成了混乱。重提和普遍使用本俚语是十分必要的，它能纠正人们荣辱观的偏差，鞭策人们注重操行，一心向善，积极上进。

语例：小刚的母亲因与一邻里口角，被邻里打了。小刚拿起菜刀就要去“报仇”，被其叔父拉住。小刚说：“怕什么，不就是坐牢呗！”叔父劝道：“傻瓜，生不进牢房，死不入地狱，坐牢的话是可以随便讲的？你妈的事，政府会公正处理的。”

生不贤，死不嫌，死呱埋在灶门前

词解

贤：xián，这里是指人有德行。

嫌：xián，嫌弃。

呱：guā，拟声词。武冈读音 guà，助词，相当于“了”。

释义

本义：在生不愿意与人接洽，不做好事，不愿意帮助别人，死后就没有人愿意帮你的子孙后代出殡安葬你，你就不要挑剔墓地，等着你的子孙把你埋在自家的灶门前吧。

用语意义：就是强调人生在世要与人为善，不要摆出一副万世不求人的架势。

艺术与现实意义

本俚语产生的背景：过去及现在很多地方，人去世后不是火化，而是采用很大的棺椁殓尸土葬。人的尸体加棺椁很重，而且坟场一般都在山坡上，所以需要很多人帮忙抬柩；同时还要款待大量前来吊唁的宾客，需要更多前来帮忙的人。按过去农村的习俗，建房、殡葬等大事，亲戚邻里之间都是无偿互相帮忙的，只要款待饭菜，不须支付工资。另外，过去农村的房屋，住房一般是装了天楼、地楼的（房子空间的上下都镶有木板以防风防湿），只有厨房不装地板。所以，如果你在生不与人为善，不愿意帮助别人，那么在你死后别人也不来帮忙安葬你，仅凭你的子孙，如果不是很多的话，是不可能将你正常安葬的。你的子孙只好在厨房灶前灶后的土地上挖个孔穴将你掩埋了——你可不要嫌弃呀。

本俚语是实在的因、假设的果：死了埋在灶门前的情况是没有出现过的（说明以前的人还没有“不贤”到极点，还是接洽了一定的人缘），这只是一种可能、一种假设。以这种可能性相警示，目的在于告诫人们在生与人为善，多做好事，多帮助别人。

本俚语中“贤”和“嫌”读音一致，但意思迥异，而又使用得恰到好处；“贤”“嫌”与“前”押韵，短短的一句话中有三字押韵，整个俚语充满着谐音美，让人在美的语音中受到教育。

语例：邻居修屋请老亚去帮忙，老亚有点不乐意，其妻劝告他："哪个修屋、葬坟不要别人帮忙呀？难道你想'生不贤，死不嫌，死呱埋在灶门前'？"

生脚的板凳，生毛的蓑衣

词解

脚：在这里"脚"同"足"。

板凳：用木头做成的一种凳子，多为四足支撑夹长形木板而成，没有靠背。

蓑衣：蓑，suō。蓑衣，用草或棕制成的、披在身上的防雨用具（详见本书"落雨背蓑衣——人个有一番"条）。

释义

本义：生脚的除了板凳，生毛的除了蓑衣，其他的什么都吃。

用语意义：是说人食欲好，能吃的都爱吃。

艺术与现实意义

过去本地的农村都较贫穷，一般人家很少有椅子，以板凳居多，但最重要的是，板凳只是家中"生脚"的器具中的一个代表，因为家中除了板凳，有足的器具至少还有床和柜子。作为精粹性的俚语，它使用的是代指而不是罗列。蓑衣（本地都用棕制成）的"袖口""下摆"都有许多供流水用的棕毛，故说"生毛的"。"生毛的蓑衣"也是一个代指，不是罗列。说得完整一点，应是“生足的板凳之类，生毛的蓑衣之类”。

本俚语比较其完整的释义，省略了很多的内容，初听显得“突兀”，没头没脑的，但正是这样的约定俗成，使语言交流达到了精练而含义丰富的境地。

本俚语就是在“代指”的基础上，其表达也欠周密，因为家庭的陈设中除了这些“生脚”“生毛”的，也还有很多其他不能吃的东西，但这种约定俗成的用语，增加了语言环境的生动性和幽默性。

语例：晌午时分，姑父在城里遇见了侄子。侄子一定要在酒店里请姑父吃中餐。侄子问姑父爱吃什么菜，姑父说：“我呀，生脚的板凳，生毛的蓑衣，你随便点，你爱吃的我也爱吃。”

生经古怪

词解

生经：生，生疏。经，经典。生经，经典上从没有过记载的。

古怪：跟一般情况不同，使人觉得诧异；从来未有，生疏罕见的。

释义：从来没有听说过的使人诧异的事物或问题。

艺术与现实意义

武冈俚语一向以用语通俗易懂为特色，但本俚语例外，用语文雅、深奥，如果要逐字逐词地讲清楚，没喝点墨水还办不到。但只要一提到这个俚语，不管是读了书的还是没有读过书的，都能朦胧地感觉到它的大概意思。因为，人们从“面生”“面熟”这些日常用语中，能理解到“生”的大概意思，从“和尚念经”“天经地义”等用语中，能知道“经”的大概含义。“古怪”是通俗用语。本俚语的产生和广泛使用，说明了武冈人民文化底蕴的深厚。

本俚语一般用于责备小孩子提出一些不能达到的要求或不一般的想法和问题。当小孩子提出不一般的想法和问题，使用本俚语时，责备的情感是次要的，更多的是内心的赞许。

语例

1. 冬天里，小毛对妈妈说他要吃桃子（以前的冬天里是没有桃子的），妈妈责怪小毛：“生经古怪，这么冷的天哪来的桃子！”

2. 小毛对妈妈说人要像鸟一样飞得起就好了。“生经古怪，就你的脑子会想问题！”妈妈一边说一边用手指怜爱地戳了一下小毛的小脑袋。

生怕掉匹叶子砸烂脑壳

词解

生怕：非常害怕。

匹：片。

脑壳：脑袋。

释义

本义：非常害怕从树上掉落的叶子砸伤自己的脑袋。

用语意义：形容人谨小慎微、胆小怕事。

艺术与现实意义

一片树叶本身质量小、比重轻，在自然下落过程中还会受到空气的阻力，落到人的头上怎么也不会造成伤害的。对于这种不可能发生伤害的情况怎么还会有人怕呢？事实上只要不是患了恐惧症是没有谁害怕树上掉下的叶子砸伤脑袋的，这是一种夸张的比喻手法。但现实生活中，谨小慎微、胆小怕事的人是多如牛毛的。这些人要分两种情况分析：一是牵涉到的事是他本人的事，他“生怕掉匹叶子砸烂脑壳”，这确实说明他胆小，但胆小的原因是无知，没有见识，看不到问题的症结所在，所以怕这怕那；其二，如果牵涉到的事不是自己的事，有的时候，与其说是这人胆小怕事，还不如说这人是极端自私、没有担当。生怕为他人之事损害了自己些许利益，就是为他人的事让自己的脑袋被树上掉下的树叶碰一下也不愿意。所以，本俚语既是描述，也含有批评责备的情感。

语例：小松被外姓人无理打伤，有人提出去找本姓在县政府工作的二杰为小松主持公道。有人反对说：“快莫去找他了，他呀，是‘生怕掉匹叶子砸烂脑壳’的主，帮不了什么忙！”

师公郎中不可自用

词解

师公：男巫师。

郎中：方言，指中草药医生。

释义

本义：师公为自己及自家人驱邪、郎中为自己及自家人治病不灵验。

用语意义：泛指自己的"法宝"用于自己或自己的家人总是收不到应有的效果。

艺术与现实意义

师公驱邪，本是迷信的、唯心的说法。如果说有效果的话，主要是心理作用：被师公施法的人认为师公法力高强，邪祟已被驱除，精神状态好转，病痛即减轻或消除；如果是师公自己或家人"中邪"了，自己或家人便知道师公的鬼把戏，知道自己或自己的家人法力不是很高强甚至没有法力，所以就达不到"驱邪"的效果。郎中自己或自己的家人病了，心情较紧张，判病、用药的顾虑就多了：判病，往这方面想也像，往那方面想也像，对于到底以什么病症为主象犹豫不决；在用药上，往往对某种病疗效显著的药物，其他方面的副作用也大，郎中在用这些药时会谨小慎微，不像给别人用药那样大胆果断，所以疗效不显著。当然，这郎中是对医理不很精通的人——农村的郎中，很精通医理的是不多的，有的甚至是一知半解，混点养家糊口的钱罢了。

同样，很多老师面对学生教育有方，培养出很多优秀的学生，但对自己的子女就束手无策，自己养育的却是笨孩子甚至是坏孩子；很多行政官员在外治理有方，而面对自己的家人却无可奈何，自己的子女违法乱纪者多。如此等等都是"师公郎中不可自用"的效应。

本俚语是对这种现象的概括和描述，但也提醒人们思考：怎样才能做到师公郎中也可自用——这就是精通业务、通晓大道。

语例："陈老师书教得那么好，年年被评上优秀老师，他儿子怎么就这么差劲，连个高中都考不上呢?”邻居老王对邻居阿刘说。“这就叫‘师公郎中不可自用’啊。”阿刘回答。

石狮子不开口

词解

石狮子：石头雕刻的狮子。石，武冈读音 xià。

释义：比喻某人（主要是小孩）不善交际、不爱说话。

艺术与现实意义

我们知道，石头雕刻的狮子一般都是张开嘴的，而且嘴里还衔着绣球，所以，本俚语中的“不开口”不能机械地理解为没有把嘴张开，而应理解为不发出声音。

只要知道本俚语是一个借喻句式，其含义就很好理解。本俚语之所以值得欣赏，意义在于其比喻的形象。比较有社会阅历的人就知道，现在的孩子像石狮子一样难开口说话的很少很少了——如果有就可能患上自闭症了，过去这样的孩子就比较多见；在过去的孩子中，比较单瘦的孩子比较爱说话，也容易与人交往，而那些比较壮实、显得憨厚的孩子不善与人交往，也不爱说话，大人鼓励也鼓励不起来，就像个石狮子一样，厚重地杵在那里，没有一点情感的表现。所以，以石狮子作比，也是比较形象的。

语例：老向逗同事小彭的儿子小同：“小同，小同，叫爷爷……叫爷爷呀!”“石狮子不开口，没出息的。”小彭回应说。

十二月冇被盖，天天好娶亲

词解

十二月：是指农历十二月，是一年中最冷的时期。这里的“十二月”也不是实指，而是指冬天寒冷的一段时期。

天天：每天。

好：hǎo，便于，适宜。

娶亲：指男子结婚，也指男子到女方家迎娶妻子。

释义：隆冬虽然是一年中最寒冷的时期，很多穷人家床上都没有被子可盖，可每天都是娶妻结婚的好日子。

艺术与现实意义

提到这个俚语，现在的年轻人听来觉得简直就是不可思议的事情，但在旧中国，即便是新中国的前期，很多人家床上没有被子或没有一床像样的被子，这是一个不可否认的事实，编者儿童时代就目睹过这样的情形。但为什么又说是“天天好娶亲”呢？原因有三：第一，每年一开春，人们忙于耕种，没有时间操办结婚的事宜。当时耕种技术落后，农作物产量不高，且地租、税收又多，需要不停地劳作才能养家糊口，只有到了寒冷的冬天，宜种的作物很少，才有时间和精力来操办婚事。第二，一年的辛劳，成果的积累是否有结余，到了冬天才能体现，也才有适当的财力来操办婚事。特别是女方，按习俗男女结婚时女方要尽力多给女儿办些嫁妆——一是父母对女儿的情感的付出，二是嫁妆多女儿在婆家才有应有的地位。第三，作为女方的嫁妆，被褥是不可缺少的要件，男方没被盖，结婚后接过女方的嫁妆就有被盖了。

本俚语所反映的时代背景虽然已一去不复返了，现在也很少有人使用，但读懂本俚语，既能了解到旧中国百姓的贫苦，也能了解到旧中国的一些婚俗。

语例：在一个大雪天，一上午就有三支结婚接亲的队伍从张阿婆家门前经过。张阿婆说："天气咯样冷，怎会有这多结婚的?""你真是老糊涂了，你没听说'十二月冇被盖，天天好娶亲'吗?"老伴说。

十处打锣九处在场

词解

打锣：是敲锣打鼓的代称，不是仅指打锣。

在场：亲身在事情发生、进行的现场。这里也包括参与在事情之中。

释义

本义：凡是热闹的场面（多指不该发生的），（这个人）总是出现在现场或参与其中。

用语意义：是说某人喜欢惹事或好管闲事看热闹，发生对他人（也包括自己）或公众不利的事情，他准在现场。

艺术与现实意义

本俚语中的"十"和"九"都不是实指，而是概指："十"

代表“所有”，“九”代表绝大多数。另外，本俚语还隐藏了一个词，即“唱戏”。“十处打锣”，打锣干什么？唱戏呀。过去唱戏前都要敲打很久的锣鼓，一是招揽观众，二是演戏人化妆期间不使现场冷清。当然，殡葬喜事也打锣，官员出巡也打锣，为什么说隐藏的就是“唱戏”呢？这与“唱戏”的贬义用法有关：当别人将要闹矛盾了，或别人的事情进入危难关头时，一些幸灾乐祸的人便要说：“这下好了，有好戏唱了”或“有好戏看了”。所以，“十处打锣，九处在场”中的打锣，是指发生了不该发生的热闹场面，如闹纠纷。

发生这样的“热闹场面”，这个人总在现场，不是幸灾乐祸看热闹，就是好管闲事参与其中推波助澜，有时甚至是事端的当事人。从历来的用语环境看，都是用语人怀着对“这人”不满或抱怨的情感，“这人”为了化解矛盾而在现场的情况不在此列。所以，本俚语是对“这人”的批评和谴责。

语例：隔壁二婶又来向柱子妈告状了，说柱子又参加了和别人打架。妈问柱子：“你又和别人打架了？”“我没有打，我只是帮着虎子他们追细细。”柱子有些委屈地说。“你呀你，总是十处打锣九处在场！”母亲提着柱子的耳朵说。

十分九寸

词解

分、寸：市制长度单位。1尺=10寸，1寸=10分。

释义：把事情做得太满，或过于计较。

艺术与现实意义

尺是常用的基本市制长度单位，如果某样东西用尺子一尺一尺地量刚好是整数，就是圆满的象征，也是没有余地的象征。10分加9寸刚好是1尺，就是说没有左右的余地。

10分加9寸刚好是1尺，本应是好事，如用来说明某人的办事态度，应当是严肃认真，值得赞许。但本俚语在现实应用中，刚好相反，是说某人办事过于认真，不给亲朋、熟人面子，或与亲朋、熟人之间发生经济往来时斤斤计较，让别人占不到一丝便宜。

本俚语以长度单位的整数凑合来比喻人做事的认真，不给人面子或过于计较，把本属感情色彩的东西与没有感情色彩的数据运算作比，刻画了被用语人古板或严肃认真的形象。这是本俚语的艺术所在。

语例：会计老杨在代生产队向农户收购红薯养猪。有几个与老杨是一大家族的农户，要求老杨的秤称平些，以虚增红薯的重量（如果经验老到，一百斤可多出三五斤），老杨拒绝了。这几个农户抱怨说："没见过你这么死心眼的，一大家子人做事何必这样十分九寸？"

屎胀到屁眼尖尖上了才去挖茅坑

词解

屁眼尖尖：土话，指肛门最外端。

茅坑：粪坑。

释义

本义：屎已胀到忍不住的时候，才想到要去挖茅坑建厕所（显然是来不及了）。

用语意义：比喻做事没有计划，没有准备，临时搞得手忙脚乱还做不成功或做不圆满。或比喻人性格憨皮，事情不到非做不可时不去做。

艺术与现实意义

本俚语使用了借喻的修辞手法，比喻的形象把本俚语所强调的急迫性和预备性的矛盾以动态的方式表现出来了：如果你注意观察了牛拉屎的过程都知道，牛拉屎将要拉出时，牛的屁眼都会被牛粪胀得尖尖的，然后，牛粪才会离开肛门。本俚语用"屁眼尖尖"，就是对这个过程的形象描述。这一描述体现了"拉"的急迫性，这是本俚语的一个方面。"茅坑"，这里不只是指装屎尿的粪坑，它是一种简易厕所的代称。以前农村中最简易的厕所，就是在地上挖一土坑（大小以使用人数的多少而估计确定），把坑底、坑边硒紧或用三合泥（泥巴、沙子、石灰）涂抹，然后在其上架一个简易的小棚子，盖上茅草即成。这种厕所虽然简单，但毕竟要一两天的工夫。这一"急"一"缓"的对比，把人办事无计划、无准备而又"急于求成"的不恰当性揭示得淋漓尽致。

本俚语是一个夸张的比喻，也是一个假设性的比喻，本义的事情是肯定不会发生的，但在人们的日常生活中，这样的情况不少见，很多工作平时不重视，等到上面一来检查，就忙于应付，有的甚至弄虚作假。本俚语就是对这种情况的讽刺和批评。

语例：岳父问小林："前几天我要你查的资料查到了吗？"小林："我马上去给您查，马上去给您查。""这么多天了，还没去查呀？"岳父有点不高兴。"他呀，总是要屎胀到屁眼尖尖上了才去挖茅坑的！"小林妻子不满地说。

是粒胡椒不辣汤

词解

辣汤：这是个使动结构，是使汤辣的意思。

释义

本义：胡椒虽然很辣，但只一粒胡椒，因颗粒太小，辣素量太少了，所以不能使锅里的汤变辣。

用语意义：比喻办事投入的资金太少力量太小，达不到预期目的，或比喻所给的食品太少，不能解决饥渴问题。

艺术与现实意义

一提到要放胡椒的汤，我们对汤的量总会有个基本概念，那应当不是一碗吧，应当是小半锅、半锅或一锅。一粒胡椒与所要放胡椒的汤相比，其量相差之悬殊，到了可以忽略不计的地步，所以，这粒胡椒质量再好、再辣，它也起不到使汤变辣的应有效果。这个形象的比喻，除了体现数量的落差外，对被比喻成“胡椒”的人或事也有轻慢之意。另外，本俚语暗藏了一个假设：“是粒胡椒”——如果你投入的，给予的太少，就是再精再好，比如胡椒的辣一样厉害，也起不到应有的作用。

语例

1. 办这么大一个农场，政府就给这点钱？是粒胡椒也不辣汤呀！

2. 习惯了中药治病的钟老，一天医生给他一包西药，嘱其一天只吃一粒。钟老大惑不解："一天吃这么一小粒？是粒胡椒不辣汤啊，能管用吗？"

是为得这蔸萝卜才踩死这蔸菜

词解

为得：为了。

蔸：dōu，量词，相当于"棵""株""丛"。

释义

本义：为了要取得或栽培这蔸萝卜，才把它旁边这蔸菜踩死了。

用语意义：为了完成某项事务而使其他事务受到损失。言外之意，完成某项事务后的受益人应对相关的损失负相应的责任。

艺术与现实意义

人民公社时期，土地、山林都是集体所有，农户只留有少量的"自留地"种菜。集体的土地主要是种粮食，一般不种蔬菜(城市郊区的蔬菜场除外)。农户们要吃菜主要靠少量的"自留地"。人们为在有限的"自留地"上产更多的蔬菜，常常见缝插针，在植株较高大作物的空隙间同时栽种一些植株矮小、对阳光要求不高的作物。如在萝卜的植株间播种一些菠菜之类的小株蔬菜。所以就会出现本俚语所说的情况：在栽培萝卜或拔萝卜时，常常一不小心就会踩坏萝卜旁边的小株蔬菜；就算小心翼翼，踩坏一两株小蔬菜也在所难免。但值得注意的是，一般情况下应当是“这蔸萝卜”大，“这蔸菜”小，价值是悬殊的，不可能为得“这蔸萝卜”而去踩死价值更高的“这蔸菜”。但说的只是这个理，现实中有时发生的可与此比拟的事例中，也可能“菜”比“萝卜”更贵。

本俚语用日常生产中为了萝卜而不可避免踩死小菜的事例作比，来说明完成某项事务后的受益人应对完成中所造成的难以避免的损失负责，恰当合理，易于为人所接受。

语例：张三被王五请去为他家修新屋做小工。在挑着砖块上楼时，由于架板断裂摔下跌伤，摔下时所挑的砖块下落时又砸伤了另一个正在做小工的小胖。王五付了张三的医疗费，却不同意支付小胖的医疗费，说是应由张三支付。张三找到王五说：“你怎么能不付小胖的医疗费呢，有什么理由要我付呢？没错，是我挑的砖块砸伤了小胖，可我‘是为得这蔸萝卜才踩死这蔸菜’呀！不为你修屋我挑砖上架？不为你修屋，小胖在架旁做小工？”

手板心里煎个鸡蛋把乞你吃呱

词解

手板心：手板，本地方言，即手掌。心，中间。手板心，即手掌中心。

把乞：乞，qì，给予（见上海辞书出版社1977年11月出版的《辞海》语词分册第176页）。把乞，即把给。

释义

本义：如果你能……我就用手掌心当锅子煎个鸡蛋给你

吃了。

用语意义：是量度别人办不了某事。

艺术与现实意义

本俚语实际是一个假设复句后一分句的假设结果，假设的前提要根据不同的语言环境来确定，来补充。

首先，手掌心当锅子煎鸡蛋是不可能的事件，这就意味着与本俚语有关的，别人想办的事情也是不可能实现的。其次，煎鸡蛋给人吃，是对人的奖赏；亲手做奖品，是受奖人的荣耀，更何况人家是舍得手掌不要当锅子使给你煎出来的鸡蛋，这应当是最高奖赏了。正是这种不可能的至高无上的奖赏，给了受语人想办的事情不可能办到的莫大的讽刺。再次，用手板心煎鸡蛋，本身就是玩笑话，也增强了本俚语的诙谐感，活跃了用语气氛。

值得说明的是，本俚语所肯定别人办不成的事情，并不完全是绝对不可能办到的事情，主要是指根据受语人的能力和条件难以办到的事情；有时候是受语人想办而下不了决心，或者怕苦怕累不愿意开端，用语人使用本俚语其实是使用激将法，激励别人去办有意义的事情。

语例：小四一心想考个名牌大学，可学习又怕吃苦。今天他和老三讲他不考上名牌大学不去读。这话给大哥听到了，大哥借势对小四说：“小四，你要是能考上名牌大学，大哥我就手板心里煎个鸡蛋把乞你吃呱！”“大哥，你别气我，我倒要看看你的手板心怎样煎出鸡蛋来！”小四生气地说。

手端豆腐

词解

端：duān，平举拿着。这里是“双手捧着（豆腐）”的意思。

释义

本义：双手端着豆腐，腾不出手来（反击）。

用语意义：用语人认为应当反击，而受语人没有反击，用语人责备受语人。

艺术与现实意义

本俚语一般是用于父母因自己的未成年子女在外受到欺侮，而自己的子女过于懦弱不敢反击，只有回家向父母“诉苦”的份时，基于气愤而责问自己的子女。

本俚语看似父母怂恿自己的儿女逞能行凶，其实不然，这要看使用的场合。如果自己的子女本来不是弱门（弱者），只是对手过于强大而不敢反击时，是子女明智的选择，不能怂恿他们去逞能行凶，以免影响小孩今后的人格品质；但如果是自己小孩过于懦弱，则本俚语的适当使用，可以培养小孩的勇敢精神。

本俚语是反问句中包含借喻的修辞手法。双手捧着豆腐，手是不敢随便动的，因为一松手，豆腐就可能掉到地上碰烂或在手上就震烂了。把小孩的懦弱比作人双手端着豆腐，那种战战兢兢的状态就跃然纸上了。

语例：小苗儿生性懦弱，在学校里老受同学的欺侮。今天，他又告诉母亲，某某某又打了他。母亲很气愤，对儿子说：“别人老是打你，你手端豆腐吗？你不知道还手吗？”

耍得花来冇钵载

词解

耍：shuǎ，玩弄、戏弄。

来：诗歌、熟语、叫卖声里用作衬字，没有实际意义。

钵：bō，陶制器具，形状像盆而小，用来盛饭、菜、茶水等。这里指做盆景的花钵、花盆。

释义

本义：玩弄的花草过多，都没有这么多的花盆、花钵来承载了。

用语意义：是说某人清闲得无聊。

艺术与现实意义

现在种花赏花是一种高雅的行为，为众多的人所推崇，也为社会所提倡。在过去的年代里，种花赏花被视为一种闲得无聊的行为，绝大部分的人都在为温饱问题而奔命，只有很少一部分人才有闲情逸致去种花赏花。并且种花赏花不仅不为社会推崇，反而受到社会歧视。因此，本俚语既具描述性，也具批评性。说谁“耍得花来冇钵载”，就是说这人非常清闲，清闲得无聊而去种花赏花，也是对这人的斥责和批评，有批评此人不务正业的意思。

语例：要吃晚饭了，小牛还在外玩得足不沾地。妈妈好不容易将其叫回："你呀，整天耍得花来冇钵载，你也去做点事。炒菜没盐了，我正煮着饭走不开，你快去买包盐回来！"

双义话

词解

双义：含有两个意义。

释义：俚语双义话是言在此（与"此"相关的）而意在彼的话语。

艺术与现实意义

"双义话"，从字面及字面意义上来看，貌似修辞中的"双关语"，但它与"双关语"是有很大的区别的：首先，"双关语"是一种修辞手法，而"双义话"虽也是俚语中的一种用语方法，但它没有被纳入修辞范围。其次，"双关语"含"谐音双关"和"语义双关"，暗藏的意思都与用语的相关字面、语音有密切的联系，而俚语"双义话"中暗含的另一种意思，常常是与字面没有关系的，有时甚至是相反的，是所说事情的反面。比如，甲明知乙学习成绩差，当乙考试后，甲还故意对乙说："听说，你这次考试考得蛮好呀！"这便是"双义话"。

双义话在运用中有两个目的：一是出于不良心态，说双义话讽刺别人、奚落别人；二是诱导别人诉说不顺或失败的经过和原因，以达到关心别人或自己从中吸取经验教训的目的。从关心的目的出发讲双义话，带有诙谐性，具有活跃语言气氛的功效。

语例：张皓听说老表王三这次贩运苹果亏了本。张皓见王三后问道："小三，听说你这次贩苹果赚了蛮厚呀？""老表呀，你就莫讲双义话了。"王三接着讲起了他贩运亏本的经过和原因。

霜打萝卜——坏了脑

词解

霜打萝卜：是指霜降落在萝卜植株上使萝卜受冷冻。

脑：指萝卜的块茎。萝卜由叶、茎、根组成。脑是指萝卜中拿来食用的茎块，因为它的分量最大，又是人的主要食用部分，认为是最重要的，所以称之为"脑"。

释义

本义：一个注意观察的农村人都知道，萝卜（原来的本地萝卜，现在的变种萝卜就很少见到这种现象了）在被霜冻后，受损害最大的是萝卜的茎块：只要霜冻不是十分严重，萝卜叶在霜打后只是稍蔫，霜融后仍然生机勃勃；萝卜块就不同了，从外观上粗看似乎也没什么变化，但其实它是从里面坏起，向外面扩展。常常可见，萝卜块外表不见坏，一旦拔出来就发现萝卜的心已腐烂变空了。所以叫作"霜打萝卜——坏了脑"。

用语意义：比喻一个家庭、一个单位，如果坏人多、坏事多，是因为他们的带头人变坏了。

艺术与现实意义

一个家庭，如果父亲吃喝嫖赌五毒俱全，要求子女不变坏，难；一个单位，如果领导自私自利，假公济私，要求属下不违法乱纪，也不可能。

语例：黄大婶、张大娘和几个姐妹在道家常。张大娘："你们说，这王六的两个儿子怎么都小偷小摸呀？"黄大婶："霜打萝卜——坏了脑呗，王六年轻时不是也有小偷小摸行为？……"

水过呱三丘田了

词解

水：shuǐ，武冈读音 xǔ。

呱：guā，拟声词。武冈读音 guà，助词，相当于"了"。

丘：qiū，古代田地的区划。这里是田地区划的单位，块的意思。

田：这里指种水稻的水田。

释义

本义：种水稻必须要有水，没有水，禾苗就会干死。以前没有自来水、抽水机等，天旱的情况下（天不旱，水就没有这么紧要了），如果你稻田里的水被放出，已下流三丘田之远，这些被放出的水无法收回，若上面又没有水的来源，那这丘田的禾苗必枯死无疑，没有解救的办法。

用语意义：本俚语以"水过呱三丘田了"作比，比喻人们办事坐失良机或发现问题不及时补救，以致造成无法挽回的后果。

艺术与现实意义

水流到下一丘田，还可以用木制水车（短距离内可将下面的水转到上面来）或盆子、桶子将大部分水车转来或舀转来；流到下面第二丘田，如果下面第一丘田不是很宽，也可以用前述方法将部分水挽回；但到了第三丘田以下，水车够不着，盆、桶舀距离远，且天旱情况下，水流过三丘田后就被土地、禾苗吸收得差不多了，所以不可挽回。可见俚语中数量用“三丘”不是随便说的。值得说明的是，“三丘”也是个概数，是指水经过的田块多，不一定是实指。

前人用劳动、生活的经验作比，说明做事情掌握时机的重要性。道理的托出发于形象的比喻，可让人在想象中意识到问题的紧迫性、严重性。

本俚语以水过三丘田的全过程对为时已晚做出了诠释，是一个动态的比喻。

语例：张某：“坏了，坏了，小王前几天出门时讲要我们去给他的花浇水的，这事我给忘了。这几天这么大的太阳，花肯定干死了。”张某妻子：“等到你记起呢，水都过呱三丘田了！——我已经去给它浇了水了。”

水佬倌

词解

水：在这里是“洋气”的意思。

佬：lǎo，成年的男子（含轻视意）。

倌：guān，本指农村中专管饲养某些家畜的人员。

释义

本义：20 世纪七八十年代，城里的年轻男子时兴一种装束：

裤脚（裤腿下端）二寸五，衣裳罩屁股。即裤腿很小，裤子将自己的腿和臀部绷得紧紧的，腿和臀部的轮廓全都显露出来了；衣服前短后长，将臀部罩住了。而赶时髦穿这种装束的人，大都又是那些调皮、不愿吃苦的人。老百姓认为这种装束有淫邪感，穿这装束的人不务正业，所以很反感，形象地把这些人叫“水佬倌”。

用语意义：水佬倌，当时是游手好闲，不务正业的人的代名词，是对这种人的歧视和蔑称。

艺术与现实意义

水也是江河湖海的总称，曾几何时，老百姓将从海外进口的东西都冠一个“洋”字，如“洋油”“洋布”“洋伞”等。后来只要有人穿着时髦的衣着或拿着时髦的物件，人们就把他叫“洋气”。再后来武冈的老百姓就用一个“水”字替代了“洋气”，如有人穿着时髦，就说这人“水哩”，某人拿出一个外国进口货，也说“水哩”，所以这就赋予“水”“洋气”的意思（目前的字典、词典上还没有这种解释）。“佬”字是对成年男子轻蔑性的称呼，在这里也正是取的这种意义。“倌”，是指农村中专管饲养某些家畜的人员，而这些人员为了工作的方便，穿着上往往把裤管口、衣袖口扎紧。从古装戏马夫的装束上也可略见一斑。所以，“水佬倌”是一个非常形象的特称。

现在人们的着装，什么古怪的、开放的都有，“水佬倌”的装束与如今人相比已是小巫见大巫了，这个俚语已经很少有人用到，但它从一个侧面反映了一个时代、一个区域，人们的意识形态的状况。

语例：张老汉对李大爷说：“现在我家的小山，已经不是从前的小山啰，蓄着小胡子，穿着花衬衣，扎着紧裤腿，一个典型的水佬倌样子，真是气死我了！”

死鸡崽子养岩鹰

词解

鸡崽子：指小鸡。

岩鹰：老鹰，鹫的一种，属猛禽，吃蛇、鼠及鸡鸭等禽类，因喜欢居住在高山岩壁上而得名。经常到附近的院落里捕食百姓所养的鸡鸭等。

释义

本义：将死了的小鸡喂岩鹰，小鸡必然被岩鹰吃了。

用语意义：本俚语是本地劝阻亲人参加赌博或受他人利用参与收益渺茫的投资时的用语。是说普通人去参加赌博或受他人利用参与收益渺茫的投资就好像拿着死鸡去喂岩鹰——必然会被吃掉一样，投注、投资必定是有去无回的。侧重于参与赌博的情况。

艺术与现实意义

本俚语采用的是借喻的修辞手法：把普通参赌人或受人利用的投资人投注、投资比作死鸡崽子，把赌场老板、赌棍和为达到个人目的鼓动他人做亏本投资的人比作凶狠的岩鹰。之所以选用“死鸡崽子”说事，是强调亏损的必然性：岩鹰抓大鸡，大鸡还有逃脱的可能性；岩鹰抓小鸡，小鸡的逃脱几率比大鸡小多了，更何况是死鸡崽子，被岩鹰抓去就铁定了。

平时三朋四友偶尔聚在一起赌着玩儿，虽也不好，但谁输谁赢没有定数，而参加赌场的赌博，十赌九诈，很容易落入那些专业赌棍设下的套。不论是古代还是现代，都如此。“死鸡崽子养岩鹰”形象地揭示了赌场的黑暗和赌博的危害性。

语例：你去参加他们的赌博呀，你有好大的家底输，你不要去死鸡崽子养岩鹰了！

四脚不落地

词解

脚：指足。武冈话“脚”“足”不分。

不落地：不沾地。指不停地走动，足在地上没有停留的时间。

释义：是说人很忙、很累，腿足总是处在不停走动的状态。

艺术与现实意义

人有四肢，却没有四脚，只有兽畜类动物才有四脚。本俚语也采用了借喻的修辞手法，把忙碌的人比喻成奔跑不停的兽畜。这听起来似乎有损被比喻人的人格，但本俚语不是把人比作兽，而是把人的忙碌劲比作兽类动物的奔跑状态。这样，不仅反映了人的忙碌状态，还把忙碌的人的精神面貌也形象地体现出来了。“脚不落地”，不可能是实写，是一种夸张的手法。另外，本俚语也可理解为一种假设，即这个人即使有四只脚也会奔忙得四只脚都不沾地，更何况这人只有两只脚，其奔忙程度就可想而知了。本俚语虽然语面简要，却有着很高的修辞艺术性。

选择“四脚”使本俚语带有感情色彩：在亲朋之间使用时，常为责备、埋怨的口吻，透过责备、埋怨是一种关心；用以描述他人时，则多少带有一些贬损的色彩。

语例：蒋正云当村长后，工作积极，常常为村上的事情忙得半夜不归。妻子埋怨说：“为村上的事你跑得四脚不落地，看这个家你还要不要?”

四两膏药各有各咯熬法

词解

膏药：指中、草药外用、内服的熬炼的胶状药品，如外用风湿止痛膏、内服的阿胶等。

咯：gē，拟声词。本地方言为判断助词，如同“的”。

熬：áo，指为了提取有效成分或去掉所含水分、杂质，把东西放在容器里久煮。

释义

本义：要制成四两相同的膏药，不同的人有不同的熬炼方法。

用语意义：要达到相同的目的，一般会有多种途径；不同的人可能采用的途径有所不同。

艺术与现实意义

“四两膏药”中的“四两”并非实指，在本地用语中，常常以“四两”表示事务的渺小或轻薄。如本地老百姓在相互吵架中常说“我舍得四两命不要，与你拼了”之类的话。人们熬少量的膏药，其具体操作方法是可以有不同的：火源可以不同，熬的钵罐或其他器皿可以不同，温控和时间也可以不同，自然效果也不会完全一样。本俚语用“四两膏药”借代所述指之事，有藐视所述指之事的情感，意即“此事小菜一碟，你这样能办到，我那样也能办到”。

本俚语的产生和广泛使用，也反映了武冈人民思维的发散性，办事不拘泥于固定的模式。事实上，在如今的改革开放的浪潮中，武冈人民也是激流勇进的。

语例：张三花了很多的钱财和精力，才在远处学来了红薯酿酒的技术。他的酒厂开业不久，就听说邻村的李四也开了个红薯酿酒厂。张三跑去问李四：“你怎么也学会了红薯酿酒呀？”李四自豪地说：“这有什么稀奇的呀，四两膏药各有各咯熬法嘛！”

塘里咯鱼还放到江里去呀？

词解

塘：táng，水池。这里指山塘水库。其作用除蓄水浇灌外，主要用于养鱼。

江：指河流。在本地的概念中，也包括较大的溪流。俚语读音 gāng。

释义

本义：塘里的鱼是自己养的，尽管它活蹦乱跳到处窜，但它总归在鱼塘里，仍是自己的，可一旦把它放到江河里，它就随波逐流，奔向远方，不再属于自己，所以，塘里的鱼不能放到江里去。

用语意义：有好处应先尽自己人，不能先给别人。

艺术与现实意义

本俚语本是以反问句表示肯定的句式，即塘里的鱼不能放到江河里去。但是，在实际使用中它又不是一个完全的反问句，也有疑问和质问的成分在里面：本俚语的受语对象一般是有某种权力的人，他可以决定某好处给谁，用语人与受语人一般都是沾亲带故；当受语人没有按用语人期盼的意愿决定时，用语人使用本俚语时表示气愤和质问；当受语人尚未做出决定，用语人用以劝说受语人满足自己的期盼时，用此俚语则除了反问表示肯定外，又兼有疑问的语气——你真的准备把塘里的鱼放到江里去？

本俚语不仅是一个反问句式，同时，全句使用了借喻的修辞手法："塘里的鱼"，比喻自家可以得的利益；"放到江里去"，表示利益的流失。整句话不带用语人要表达的意思的半个字，这就是武冈俚语用语婉转的艺术。

本俚语语面简单、含义丰富委婉，充分体现了武冈区域人文的悠久与深厚。

语例：机械厂要在村里招一个工人，条件是高中毕业、人品好。一听到此消息，堂弟就来找当村支书的堂兄，希望他推荐自己的儿子。书记说这事要村委集体商量，不是他一个人能做主。堂弟赶紧说："难道你要把塘里咯鱼还放到江里去呀？"

塘中无鱼虾也贵

词解

塘：词典解释为“水池”。但农村老百姓所讲的塘，面积较大，蓄水较深，主要是用于蓄水灌溉农田，也兼养鱼。

释义

本义：过去，老百姓的水塘每到年底前后要干塘一次：一是捉鱼过年或出售卖个好价钱；二是清淤，把塘底的淤泥清出，以保持水塘的蓄水容积；同时，塘底淤泥腐殖质含量高，均匀地倒到水田、旱地，是农作物生长的好肥土。如果年情好，每年干塘能捉到很多鱼。这时，虾子就没有人打捞了（因为当时人们还没认识到虾子的营养价值）。如果年情不好——鱼发瘟、天太旱水塘缺水等，到干塘时，就很少有鱼。没有鱼了，当然虾子也就显得贵重了，大家争相捕捞。

用语意义：比喻一个地方如果没有好的东西或优秀的人才，那么，档次低的东西和能力不怎么强的人就显得弥足珍贵了。

艺术与现实意义

虾子和鱼，无论是个头还是当时的价格都是无法相比的，没有鱼，虾子才有人要，有了鱼，虾子是没有人要的。所以，让虾子贵重了，那是一种多么无奈的情形。

本俚语用于对那些本事不怎么样，却因为多方面的原因而得势的人的讽刺。现在，这句俚语好像已不合时宜：第一，因为现在的虾子的价格比鱼都贵很多了；第二，人都说，溜须拍马、走后门也是一种本事了——很多没有本事的人溜须拍马倒是在行。即便有“鱼”，这些“虾子”也比“鱼”更珍贵。

语例：老王说：“张三？那个讲话都结巴的张三也当乡长了？真是塘中无鱼虾也贵呀！”“这你就不懂了，现在的虾子比鱼贵多了。”老张不无揶揄地说。

抬杠子

词解

杠子：杠，gàng。杠子，较粗的棍子（棒子）。

释义

本义：两人用较粗的棒子把重物抬起来。

用语意义：比喻两人（也包括两人以上）为某事或某问题（含购物竞价）发生争执，互相比高下并有志在必得的架势。

艺术与现实意义

用杠子抬过重物的人都知道：用杠子抬重物，一般重物是悬在杠子的中央的，如果高人与矮人共抬，矮人受的重力要大，高人受的重力较小；如果以两人一样高为前提，则悬挂的重物离谁近些，谁受的重力就大些；重物离谁远些，谁受的重力就相对小些。如果一同抬重物的人没有包容心，都惜力如金，那么，抬之前或抬之中，就会就各自所站的地势高低或重物离各自的远近争论不休。这便是本俚语产生的基础。以这样的生活现象来比喻因某事务争执的双方，使其直接性和执拗性跃然纸上。同时，本俚语也很具形象、贴切性：因共同的“重物”负担发生争执，必分出个高低（含地势的）、长短（杠子上重物与各自肩膀的距离）。一般表现为抬高或压低价格及优惠条件。

语例：老聂和老牛同在市场上买猪崽，都看中了同一头青花猪崽。老聂出价100元，老牛出价105元。老聂对老牛说：“你故意要跟我抬杠子是吗？”“不是，不是，是这头小猪太爱人（逗人喜爱之意）了。”老牛说。

抬轿子

词解

轿子：jiào · zi，旧时的交通工具：方形，用竹子或木头制成，外面套着帷子，中间坐人；两边各有一根杆子，供人扛抬用。一般由人抬着走，有时也用骡马驮着走。

释义

本义：别人坐在轿子里，你与他人一起把坐在轿子里的人送到他要去的地方。

用语意义：是指通过宣传、吹捧或按别人旨意办事，使别人得到升迁或提高声誉。

艺术与现实意义

旧时老爷、太太、公子少爷、千金小姐出行才坐轿子，抬轿子的都是穷苦人，且都是比较固定的职业。老爷、太太、少爷、小姐坐在轿上高人一等；抬来抬去，老爷变成了老太爷，太太变成了老夫人，少爷变成了老爷，小姐变成了太太，都升级了，而抬轿的人依然是轿夫，生活在社会底层。当官的老爷出行也坐轿，抬轿的是衙役——也是比较固定的职业。官老爷坐在轿上高人一等；抬来抬去，官老爷升官了，抬轿的衙役仍然是轿夫。俚语“抬轿子”的用语意义，正是这一社会现象的比喻意义，抬轿子的人在这抬轿的过程中除了正当的报酬是没获利的人——当然，不同的主子所给的报酬会有所差别。如果“抬轿”的人因被抬的人的升迁而得到相应的升迁，或获得较大的利益，则不叫“抬轿子”，而是“鸡犬升天”或互相利用了。所以在本俚语中，抬轿子的人多少带有被愚弄或被利用的感情色彩在其中。

本俚语常用于描述“抬轿子”的人，或“抬轿子”的人用以自嘲。

语例：“小张，你跟刘书记跟得那么紧，现在他高升了，不带你走呀?”“快莫讲了，这几年是白给他抬轿子了。”小张回应同事老李说。

抬毛尸

词解

抬：两人或两人以上共同用手或肩膀搬东西。

毛尸：指未被加工处理的动物尸体。如猪被杀前或被杀后未刮毛剖腹处理内脏之整个身体。

释义

本义：是指称猪、羊等牲畜的体重。因这些牲畜个头都比较大、比较重须两人或两人以上将其抬起才能称出体重，所以叫抬毛尸。

用语意义：比喻某人的权力或管理职能被架空，没有行使权力或管理职能之实；或者，指被别人估量死了你的能力和胆识，谅你不敢或办不了某些事情。

艺术与现实意义

本俚语的产生应源于本地杀猪宰羊。本地养猪、养羊，平时只看着它们一天天地长大，是没有谁要去称它们的体重的；一旦要称它们的体重，就意味着它们要被出卖或被宰杀。被出卖，则这猪、羊在这里的体重就在被称时打止了；被杀，则其一生的体重到此为止了。这便是胆量和能力被别人估量死了。这被称的猪、羊再重、再能奔跑，被抬离地面后有再大的劲或再多的本事都使不出来了。这便是能力、职能被别人架空了。本俚语使用的也是借喻的修辞手法，通过比喻，把日常生活中常见的现象上升到普通的事理之中，而且形象生动但又给人以沉重的感觉。

本俚语在实际使用中常常在“抬”字后面加“了”或“呱”。

语例：邻居们在一起道白，谈到谢某某在某局当局长，有人说：“他这个局长是被他的副职抬了毛尸的，他要干什么事还要先经过他的副职点头的……”

绹倒牛寻牛

词解

绹倒牛：绹，táo，绳索。这里是名词用作动词，是用绳索拴住的意思。倒，在这里是副词“着”的意思。绚倒牛，就是用绳索将牛拴在固定的物体上。

释义

本义：自己把牛用绳索拴在树木或其他固定的物体上，之后，以为自己的牛不见了，又到处去寻找。

用语意义：是指某些人有些时候，刚刚收捡了的东西，甚至是摆在身边或握在手里的东西，以为不见了，到处寻找的现象。

艺术与现实意义

这里要先介绍一个常识：南方农村的牛一般为耕牛，一户一头，放养也是单独放养，不像草原上的牛是成群结队地放养。南方放牛，一般在牛快成年时，即要用较粗的编织蓑衣的针在牛两鼻孔之间的软骨隔膜上刺一个孔（约筷子头大小），再用短木棍或短绳索做一个栓子横着固定在所刺小孔上。然后，再在这个栓子的左端套上（活套）较长的绳索。这样人牵拉着绳索，想要牛往哪里走，就把牛往哪里牵引，牛怕鼻子生痛，只好跟着人走。把绳索拴在某个固定的物体上，牛就没办法跑开。

我们常常会发现这样的情况，比如我们要在某一个版面中寻找某一个字，这个字实际已从你的眼睛底下过了甚至是过了几次，而你却没有注意到自己要找的这个字。有时候把手表取下用右手握着。过了一定时间，一看左腕上没了表，急得不行，四下寻找，良久才醒悟过来，白急了一场。这一现象，在心理学上叫“注意的返回抑制”，是一种常见的心理行为，但一般为较小的目标。“绚倒牛寻牛”其实也是这种心理现象的夸张性概括，并不全是“健忘”的问题。这种现象虽说常见，但不能说是一种良好的心理状态，而且老年人易犯的几率大些。

本俚语以“牛”为注意目标来概括这一心理现象，有两方面的突出艺术：一、牛是我们日常生活中最大的注意目标之一（被忽视的可能性很少，或者说几乎为零），但它却被忽视了，其不可能性反衬出这种现象的非正常性；二、以最大的目标在人的视野中被抑制、忽视的不可能，增加了本俚语的幽默感。当然，把牛拴住后，牛不在自己的视野范围也属此例，但确实是记性差的问题了。

语例：黄大爷到山上砍了一担柴，把柴刀插在捆好的柴里，只露出刀柄。挑着柴回家的途中因疲倦而在路旁歇息。看到有人扛着一捆柴，手里拿着柴刀从身边走过，突然说："坏了，我的柴刀忘了拿了！"即要往回走，路过的人一指刀柄："喏，那不是你的柴刀吗？绹倒牛寻牛！"

讨得三年米，官都不想当

词解

讨米：讨，乞讨。讨米，也是乞讨的意思，因为以前经济不发达，一般人家除了米和饭菜也没有其他多余的东西施舍给乞丐，所以乞丐又被叫作"讨米的"。

释义

本义：一个人如果当了三年以上的乞丐就习惯于乞讨的生活，就是叫他去当官也懒得去了。

用语意义：用以说明人性的懒惰和生活习惯的难以改变。

艺术与现实意义

在过去，人们之所以不愿去当乞丐，是因为：第一，乞丐不可能拥有较多的财产。第二，乞丐不体面，不受人尊重，遭人白眼。再苦再累也不去当乞丐，首要的原因是拉不下这个脸，但一旦被迫当了乞丐，“脸面”已经丢开了，却发现乞丐有乞丐的好处：首先有吃，差一点的衣服也有穿，不需要拼死拼活地劳动；其次，自在安逸，谁也不会来打搅你；再次，与世无争，虽免不了遭人白眼，但谁也不会和一个乞丐过意不去。这时候，你要他去当官，既要劳心费力，又要点头哈腰，还要与人钩心斗角，太费事了，他当然不想去了。当然，有野心的人除外。

如今的乞丐就更好当了，既不要蓬头垢面，又可以娶妻生子；别人施舍的都是钞票，放在口袋里也不碍事，多了还可以办卡；底层劳动者每吃餐饭都要精打细算，乞丐还可以坐在馆子里吃大餐；白猫黑猫，捉到老鼠就是好猫，现今的乞丐们就是那抓“老鼠”的“猫”，谁也不会有羞愧感。要叫这些乞丐来当普通的公务员，怕是谁也不愿意了。

本俚语通过对社会不“健康”现象的描述，揭示了人的懒惰的本性。做惯了小偷和骗子的人，你给他辆小车跑“的士”，他也是不乐意的。

语例：聊友甲：“我那龟儿子，关了放，放了关，那小偷小摸的习惯就怎么也改不掉！”“习惯了。你没听说‘讨得三年米，官都不想当’的俚语吗？更何况不是人人都知道他是小偷，比乞丐还要体面些呢。”聊友乙说。

讨得媳妇嫁不得女

词解

讨：娶。

媳妇：指儿子的妻子。

释义

本义：只愿意娶媳妇，不愿意嫁女。

用语意义：指某人只想占便宜，吃不得亏。

艺术与现实意义

娶媳妇是家里添了人口，嫁女是家里少了人口。按旧社会的习俗，女儿在娘家未出嫁时，是娘家的组成人员，当女儿嫁到男方家时，就是男方家的组成人员，与娘家只是亲戚关系；死亡后，只在男方家的神龛祖先牌位里有女人的身分，而且要冠以男方的姓氏，在娘家的神龛祖先牌位上却没有女人的名分。所以，讨媳妇是占便宜的事，而嫁女是吃亏的事——自己劳心费力养大的女儿却成了别人家的人。

本俚语运用了借喻的修辞手法，把只想占便宜不愿吃亏的现象比作"讨得媳妇嫁不得女"，通俗易懂，将有些人那种自私的心态描写得淋漓尽致。本俚语的产生和使用，是对那些自私自利的行为的批评，但又具有诙谐性，不像"自私自利"这样的贬义词生硬、严肃，被批评的人易于接受。

本俚语的本义现在已不合时宜了，现在的女儿不管嫁到哪里，都是父母的心肝宝贝，除了女儿、女婿自己的家外，女儿一直是父母的家族成员；再过一些时间，用本俚语去形容只想占便宜不愿吃亏的现象，人们就会感到费解了。从这种意义上说，本俚语是一个具有时代局限性的俚语。

语例：这是一个滴水贵如油的夏天，一连四十多天没下雨了。老贵的稻田干得开了白坼，好不容易从上端的水圳里放了点水下来，但水必须要经过高敏的稻田。老贵找高敏商量：水从高敏田里过，先把高敏的田灌满，再灌自己的田。可高敏提出，水经过他的田会把他田里的肥料带到老贵田里去了，还要老贵补点肥料。老刘看不下去了，就对高敏说：“你也真是讨得媳妇嫁不得女，这么干旱的天气，你跑了（流失的意思）点肥料，可你得了一田水，你也没亏呀!”

天本地分

词解

本：本位，自己方面的。

分：fèn，职责和权利的限度。

释义：是说某人本分、老实可靠，不会损人利己。

艺术与现实意义

安于所处的地位和环境；完成本职工作，不超越工作职权叫“本分”。“天本地分”，基本意思就是“本分”。之所以用“天”“地”作修饰语，是因为天地客观存在、真实可靠，且与“天公地道”中的“天”“地”一样加强了语气，强调了人本分的程度，也有此人之本分天地可鉴的意思——如要用此人，听了这样的评价大可放心。作为俚语的“天本地分”，侧重意思在于（这个人）不占他人便宜，不损公肥私。

本俚语将“天地”“本分”连在一起而又分拆使用，是一种互文的修辞手法，“天”和“地”互为补充，“本”和“分”互为补充，共同表述出人性格老实憨厚。

语例：汪风应招到公社粮站当职工，县粮食局的领导到汪风原在的生产队做政审调查。当问到汪风平时是否有小偷小摸的不良行为时，队长说："天本地分，汪风不会损人利己、损公肥私。"

天不生无乐之人

词解

天：上天，迷信的人指自然界的主宰者。

生：生存。这里是动词的被动用法，是"使……生存"的意思。

乐：lè，快乐。这里指值得快乐的事情。

释义

本义：上天不会让毫无快乐的人生存。

用语意义：是说每个生存着的人，生活中必然有他生活的乐趣。

艺术与现实意义

人是一种需要精神寄托的动物，他们不会像被圈养的动物那样，只要吃饱睡好就别无所求，无论什么时候会以何种方式被宰都无所谓。富人有富人值得快乐的地方，如他们认为自己比别人过得优越，可以奴役别人、欺侮别人等；穷人有穷人的快乐，如他们过得坦然、开心，不像富人那样处心积虑地考虑如何挣钱，不用战战兢兢地防火防盗等。鲁迅笔下的孔乙己，在常人看来，他处处受冷落，受嘲笑，受人欺侮，把他切萝卜一样地拉去砍头还要他自己画了圆圈，照理是一个再可怜不过的人了，可是，他运用自己的精神胜利法，硬是在快乐中度过了他的一生：就是要被砍头了，他也只是想也许人生有时候是要这样的，临死也没有过悲伤。叫花子也有叫花子的快乐，举一个实例就很能说明问题：在我们邻村有个叫花子——这已是20世纪的事了，每天只要举着打狗棍，拿着自己的讨饭碗，讨得一日两餐维持生命就满足。据他的邻居们说，他每天睡到上午九、十点钟（去过农村的都知道早餐常在九时左右）从自己的稻草窝里钻出来，伸伸懒腰说："哎，去看看哪个崽媳妇给我煮熟早饭么嗟。"人家施舍给了他饭菜吃了，反转来倒成了他的儿子媳妇了，他倒好，还成了别人的爹了。这虽然是虚无的，但每餐的饭菜不用自己做就能进口是实际的，这也是他的乐趣呀。

人生活在世上，如果毫无乐趣可言，那他肯定会抑郁而死，或自寻短见。你看，当下不是因为社会生活的压力大，很多知识分子都觉得了无生趣自杀吗？

语例：老四与妻子逛街，看到一个乞丐衣不遮体，在地上捡烂苹果吃。妻子怀着复杂的心情说："人活到这个样子了，还不如去死了。""不要这么想，天不生无乐之人，他自然也有他的快乐之处。"老四说。

天地良心

词解

天地：天和地。这里指天上和地下的神明。

良心：指对是非的内心的正确认识，特别是跟自己的行为有关的。

释义：良心天地神明可鉴，用以表白自己没有说假话或做了损害他人利益的事。

艺术与现实意义

“天”与“地”本身是两个地理概念，但老百姓在讲到“天”与“地”时，常常是指天上的各路神仙和地上地下的神灵。“天地良心”实际就是“良心天地可鉴”的简称。在老百姓的心目中，神明是最公正、最灵验、最神通广大的，任何事，哪怕是内心的想法，神明都会知道，邪恶的事与想法都会受到神灵的惩罚。所以，在表白自己说的是真的或没做坏事（也包括担保相关的人没做坏事）时，搬出天地神明，强调了“表白”的实诚性。

本俚语的产生与运用，从一个角度反映了武冈百姓的纯朴。现在天地神明是没有人相信了，但希望重温本俚语，促进善良、公正、正义之心长存。

语例：王三妹放在堂屋桌子上的银手镯不见了，而有人当时看到刘满婆到了王三妹家。刘满婆说她没见过王三妹的手镯，大家都不相信。刘满婆一脸委屈和无奈，声嘶力竭地对大家说：“天地良心，我确实没拿过王三妹的银手镯呀！”

天干莫望云头雨，饿死莫望郎和女

词解

天干：干，gān，指没有水分或水分少。天干，武冈方言，指天久旱无雨。

望：这里是盼望、希望的意思。武冈读音 māng，是抬头顾盼的意思。

云头：看起来成团成堆的云。

郎：武冈方言把女婿叫“郎”。

释义：大旱的天气，尽管天空中时常有成团成堆的云，但很少有雨下，有时稀稀散散地洒下几滴雨，灰尘都不能被打湿；郎和女，就同这种云一样，说来都是自己的后代，要依赖他们养老靠不住。

艺术与现实意义

有生活经验的人都知道，久旱的天气并不每天都是万里无云，很多时候天上堆满了一团一团的云朵，没有经验的人都以为要下雨了，可它就是下不了雨；偶尔飘下几滴，连地面的灰尘都不能打湿。在旧社会里，按照封建习俗，女儿一结婚，就是婆家的人。女儿对父母没有天经地义的扶助之责，父母过世也不能继承父母的遗产（除非没有兄弟）。在现在的老式家先神龛上还能看到这方面的遗迹：女性先祖的名称就只有姓没有名，在丈夫的名分下写“某（姓）氏”。而且那时的婚姻讲究门当户对，娘家穷，婆家照样穷；到娘家快饿死的时候，婆家也好不到哪里去。这时候，首先女儿没有能力顾及娘家；其次，婆家也不允许媳妇较多地顾及娘家。所以郎女对于娘家，就好像久旱的“云头”，只是表面的“希望”，得不到实际的利益。

本俚语本是一个比喻句式，用语形象并饱含生活经验的总结和酸楚，具有较高的艺术性。但因为现在时代不同了，男女都一样，不仅立法上确定了女儿与儿子相对于父母有相同的权利义务，最重要的是随着计划生育政策的推行，独生子女普遍存在，促进了女儿和儿子相对于父母权利义务事实上的平等。所以，本俚语不论从形式上还是从实际上都已成为过去，没有再使用的余地。之所以收集在册，是因为它在父母子女关系上反映了过去时代的特点。

语例：父亲重病，儿子得信就赶回来了，女儿应当也得到信了，可不知什么原因久久不回。母亲一时情绪低落，叹息道："天干莫望云头雨，饿死莫望郎和女，还是儿子好！"

天高不为高，人心最是高

词解

人心：这里指人的欲望。

是：表判断，这里是"确实"的意思。

释义

本义：相传山里有一对夫妻以大米酿酒为生。酒出售，酒糟用以养猪。夫妻起早贪黑，勤俭持家；卖的酒好，从不掺假使诈，且价格便宜。吕洞宾多次经过这对夫妻的酒坊，认为这对夫妻勤劳、与人为善，想免除他们的操劳之苦，于是启动仙术，把他们家取水的泉水井用食指一指，井里就经常冒出酒来，且比他们酿的酒更香。从此，夫妻不但不用起早贪黑地劳动，在家坐着就有钱进，而且因是神仙吕洞宾点化的酒，来这里买酒的人就更多了。过了几年，吕洞宾又经过这里，问及夫妻俩的生意情况。夫妻俩说，井水变成酒好是好，可就是没有酒糟喂猪了，要求吕洞宾再给他们使一个变酒糟的仙术。吕洞宾想，这夫妻也太不知好歹，虽然想要些酒糟喂猪也不过分，但如果让他们的欲望这样继续发展下去，就不知道他们将干出什么来，还是让他们回到原来的状况保持勤劳善良吧。于是，用手把井一指，井里冒出的又变成了水，并用手指在井旁的石头上写下了如下诗句：天高不为高，人心最是高；井水当酒卖，还嫌猪无糟。

用语意义：是指人的欲望是无止境的。

艺术与现实意义

本俚语出自一个神话传说，要正确地理解本俚语，必须知道这个神话传说。这个传说，其本意在批评酿酒夫妇的不知足，但也揭示了一个普遍的道理：人的欲望是无止境的，好了还想更好；但是，就是好的欲望，也不能是无止境的，每个人要懂得适可而止。在这里有两层意思：一是好的欲望都得到满足的时候，就可能生出坏的意念，即所谓温饱生淫意。吕洞宾正是基于这种考虑，才将冒酒的井恢复了原状。二是好得过度了，会给自己带来不利，即所谓“物极必反”。酿酒的夫妇正是在好的情况下忘乎所以，才提出了过分的要求，招致自己又回到了原处。

语例：妹妹运气好，打了几年工发财了。她首先想到的是姐姐家很困难，所以一回到老家就来到了姐姐家。一进姐姐家的门，就给姐姐 20000 元。谁知姐姐、姐夫想要侵吞她身上所有的钱，夜里趁妹妹熟睡之机，将妹妹杀害分尸了。破案后，乡亲们都叹息：“天高不为高，人心最是高，妹妹弄了钱给 20000 元已很不错了，还要对自己的妹妹谋财害命！”

天上打死人，地上要解交

词解

交：这里是指人打架时交织在一起。

释义

本义：天上的人打起架，要打死人了，地上的人也要想办法将他们劝开。

用语意义：本俚语弦外之音：天上打死人，地上都要解交了，更何况是地上的人相骂吵架了呢？

发现他人相骂打架都应当劝解，平息他们的纷争。

艺术与现实意义

首先要注意，“天上打死”的是“人”不是“神”；这个“天上”，不是神话传说的九重天，不是神宫宝殿。说“天上”“地上”是强调其远而已，人们常把最远最远的距离形容为“天远地远”。其次，这个“天上”“地上”，不只是说其距离远，最重要的是说“打架人”和“劝架人”关系疏远或毫不相干。你想呀，打架人和看架人，双方都不是神仙，一个在天上，一个在地上，能有什么关系呀。这就是本俚语的精髓所在：天上人打架了，与其天远地远的地上人都要想办法“解交”了，那么，地上的人（自然包括身边的人）——即使不是现行的近亲，可说不定几百年前、几千年前，打架人和看架人就是一家人，是同一个祖宗哩，看架人你还有理由不去劝解打架人吗？

本俚语常常是在劝架人受到他人（含打架参与人）非难时，向非难人说明理由或批评非难人的用语，有时也作希望别人去“解交”的用语。体现了武冈人民以和为贵、与人为善的优秀品德。

语例：张三妹的丈夫抓着张三妹的头发打她，阳十娘前去解救张三妹。张三妹丈夫不耐烦地对阳十娘说：“我们夫妻打架，关你什么事？”“耶，你一个大老爷们好不晓事。老话讲得好呢，天上打死人，地上要解交，你们夫妻打架，我这个隔壁邻居能不管吗？”阳十娘说。

天上的事晓得一半，地上的事你全知

词解

晓得：知道。

你：俚语里指受语人。

释义：是说某人信息灵通、神通广大，什么事情都知道、都懂。含戏谑和讽刺色彩。

艺术与现实意义

地上的事虽然全知道了，但天上的事还只知道一半，所以本俚语的受语对象还有一个特别称谓叫“半仙”——如是仙人的话天上的事也全知道了。在社会上有不少这样的人，自命不凡，认为自己什么事情都比别人要清楚、要了解；不懂他也要装懂，你提头他好像就知尾，总还讲在别人前头去了，尽管很多时候讲得牛头不对马嘴，或者是把你的话重复一下他也要讲是他晓得。这种性格的人一般不讨人喜欢，但别人又不好当面责备他或揭穿他，只好讽刺地说：“你什么都晓得，你怕是个神仙吔！”这些人往往自我打趣地说：“神仙冇是咯，半仙子（子，表判断的语气助词）。”讽刺他的人也会接着回说：“是哩，天上的事晓得一半，地上的事你全知。”这应当是本俚语的出处。

从这俚语的出处，我们就能感觉到本俚语的用语带有讽刺性，有批评人“不懂装懂”的成分在其中。但本俚语的语面是抬高受语人，有欲贬先扬的艺术效果，使受语人既知道用语人的终极意思，又不被伤面子。所以，本俚语的用语具有诙谐性，活跃了用语环境。另外需要说明的是，本俚语的受语人，因为其自命不凡的个性，也促使他好打听各类事务，知道得确实也较一般人多，这也是个客观事实。

语例：一群人闲来聊天，老向说："今天东站车轧死人，你们听说了吗?"王二嫂马上接茬说："晓得，晓得!""你当真是天上的事晓得一半，地上的事你全知呀！晓得你也听人家讲讲。"王二哥很想听老向把事情的来龙去脉讲一下，他担心王二嫂这样一插话后老向不接着讲了，于是赶忙打断王二嫂的插话。

天上放下来收五谷咯

词解

放：在这里是派遣的意思，同时兼有贬谪的意思。

五谷：本指稻、黍、稷、麦、豆。这里指一切可食用的农作物。

释义

本义：五谷本是上天对人类的恩赐。"天上放下来收五谷咯"，是说某个人是上天派下来把五谷收走的魔君。

用语意义：本俚语是对那些好吃懒做的人的严厉批评。

艺术与现实意义

本俚语其实是一句骂人的话，一般是长辈对晚辈进行责骂的用语。如果上天真要某尊或某路神仙到凡间来负责收走五谷，对上天来说他或他们是被贬谪的使者，但对人类来说，他或他们就是魔鬼。所以，在说谁是“天上放下来收五谷咯”时，绝对不是称赞他们是神仙，而是咒骂他们是坑害人类的魔鬼。在以前，只要长辈喊晚辈做事，多喊几次不动时，就可能受到长辈这样的斥骂。而现在，长辈们对未成年的只吃不做的晚辈们却视若神明，好像这些“小祖宗”真是上天放下来收五谷的使者，从不会责骂他或他们是“天上放下来收五谷咯（‘魔鬼’）”。等这些“小祖宗”长大成人后好吃懒做，盗窃、抢劫、坑蒙拐骗时，才意识到自己对他们小时过于娇惯的过错。这部分人才是真正的天上放下来收五谷的魔鬼！

语例：小憨嘴馋且食量大，不时缠着妈妈要东西吃。一天，妈妈要小憨把堂屋的地扫一下，叫了几次却不见小憨行动。妈妈火了骂小憨道：“你是天上放下来收五谷咯？喊你做一丁点事都叫不动呀！”

天上落雨地上流，小两口吵架不记仇

词解：略

释义

本义：小两口闹闹矛盾，吵吵架是很正常的事情，就好像天上落下的雨水要在地上流淌一样的自然。

用语意义：本俚语用于劝慰吵架后的年轻夫妻，不要因为吵了架而长期怄气闹别扭，吵完就了，还得和和美美过日子。

艺术与现实意义

本俚语应产生于新社会（即1949年以后），因旧社会对妇女要求三从四德，妻子对丈夫只有言听计从的份，没有吵架的资格。新社会的婚姻刚走出封建婚姻的牢笼，但阴影依然存在：大部分的适婚青年男女，不是自由恋爱，还是以媒人介绍为主，所以，很多夫妻的关系仍不融洽。年轻夫妻都有一个性格、爱好、习惯的磨合过程，吵架在所难免。大部分的夫妻通过磨合，互相包容，才能恩爱到老。这是该俚语产生的背景。

众所周知，夫妻一吵架，一般情况下，都是妻子吃亏些，当时男尊女卑的旧思想还浓厚，所以把雨比作是天（尊者）发的气，地（卑者）照样要承受，并让它流向远方（忘记）；与此相应，丈夫心情不好发脾气了，向妻子发泄，妻子也要像地一样承受、忘却，不能耿耿于怀。

本俚语原本还是带有较浓厚的封建色彩，但多少年来劝慰了多少夫妻，化解了多少夫妻矛盾，其功不可没。当今，时兴自由恋爱，结婚自由，离婚自由，但尽管如此，夫妻之间矛盾还是在所难免，这也是很自然的现象，我们总不能一有矛盾就离婚吧，所以，只要去掉男尊女卑的糟粕，把“天上落雨地上流”只理解为一种自然现象，天也不尊，地也不贱，本俚语仍不失为劝慰夫妻互相宽容的经典语例。

语例：小黄与小李小两口为琐事吵架后，小李一气跑回娘家。邻居杨大妈跑来热心地劝小李：“栈里碗盏有相磕，哪个夫妻之间不闹点矛盾什么的，天上落雨地上流，小两口吵架不记仇嘛，互相包涵一点就好了……”

天天待客不穷，夜夜做贼不富

词解

待客：指以酒席招待客人。客人既包括亲戚也包括朋友。

做贼：当小偷，偷别人的东西。

释义

本义：天天以酒席招待客人，（主人家）也不会因此而贫穷；夜夜当小偷去偷别人的东西，（小偷家）也不会因此而富有。

用语意义：劝诫人们经常做有利于他人的事，自己不会吃亏，总是干损害他人的事，自己也得不到大的好处。

艺术与现实意义

“天天待客不穷，夜夜做贼不富”，这不只是一句话，也是一个实在的社会现象。透过这个社会现象，我们应当明白一个道理：天天待客，证明你亲戚朋友多，同时也说明你对亲戚朋友很友好，这样，当你有困难时，他们就会出手相助；你有拿不定的主意，他们会给你合理的建议；特别是对于做生意的人，在与亲朋交往中，会有意无意中获得许多有益的信息，促成你生意常盈利，所以天天待客不穷。过去的人不像现在的人，家里有很多的现金或存款。富有的人富有，主体上也是以实物来体现，所以小偷不可能偷到大把大把的现金。而偷到的物品，又不敢公开露面，或放在家里积存（这样会被人发现挨打或被报官），只能偷一点用了吃了再去偷；即便有存余，也不敢露富（因为过去邻里之间对各家的情况都很了解，不像现在的人住同一个单元同一层的房子也互相不认识)，所以，夜夜做贼也不会富。最重要的是，做贼者常在惊恐不安中生活，更不可能有富人的气魄。

本俚语现在可不大适用了，虽然天天待客不穷依然成立，但夜夜做贼的就未必不富了。因为人们的荣辱观变了：首先观念风气不正，有钱就是大爷，不管你的钱是如何来的——腐败来的，偷盗来的，卖淫来的，抑或抢劫来的，只要不落入法网，普通百姓（含邻居)，谁也管不着，谁也懒得管——非法收益者都可以显摆、放肆，偷盗者也不以为耻了；其次，人们富裕多了，可供偷盗的财产也多了；再次，偷盗的手段也越来越科技化了，偷盗的收益也越来越高了。本编收集本俚语，目的之一，在于欲从一个侧面唤醒人们正确的荣辱观。

语例：阿婆的老母鸡被人偷了。她怀疑是隔壁的王二偷的，就对着王二家骂开了：“天天待客不穷，夜夜做贼不富！偷了我的鸡你屋里也富不起，吃呱我的鸡，要屙痢的……”

天阴难黑

词解

天阴：是指阴雨天，不包括一时的乌云遮住了太阳。

黑：指白天结束，黑夜来临。

释义

本义：阴雨天，白天黑夜的界限不很分明，感觉光线很暗了，过了很久还是这个样子。

用语意义：用以比喻人境遇不好、心情不好或焦急等待办理某重大事情时，日子难熬，时间难熬。换而言之，心情急切或境遇不好时，越想快点过去的时间，越是难以结束。

艺术与现实意义

过去的普通百姓，没有时钟，没有手表，更没有电视、电脑和手机，一天的早晚，全凭人对阳光的感觉，普通意义上的断了阳光就是天黑。阴雨天，就是上午光线也只这么好，到了下午天色就显得更暗淡了。比如说，时令天黑是晚上 7 点，若是阴雨天，到了下午 4 点多天空的光线就很暗，如果没有时钟观念，就以为天要黑了，可是过了许久，天空还是这个样子：说亮不亮，说黑不黑。这就是天阴难黑的本来意义。若是冬天的阴雨天，感觉如此，因为冬天寒冷，过去的人不像现在的人这么幸福，没有很多、很好的取暖材料和设备，只想天快点黑了好到被窝里御寒，可天色黑了黑了又还没黑。如果是贫穷的人，境遇状况不好的人，感觉更是如此。

人的心情好，日子就容易过，一下子就是一天，一下子就是一天；如果心情不好，就会觉得日子难熬。同时，人的心情与天气也是有很大关系的，天气晴朗，天高云淡，心胸开阔；天气阴沉，特别是连日阴雨，就算没有烦心事，也会觉得心头压抑，只希望明天会放晴，可今天的阴雨天，看着要黑了，要黑了，就是还不黑。

本俚语通过对“天阴难黑”自然现象的描述，表达的是人的心情和感受。

语例：女儿的预产期在暑假，刘老师讲好要女儿不要请月嫂，由她亲自去照顾女儿坐月子。可上边说放暑假要推迟几天，这几天刘老师真是度日如年。同事王老师对刘老师说：“怎么样，天阴难黑吧？”

天有眼睛

词解

天：迷信的人指自然界的主宰者——玉皇大帝（或上帝），也包括在天上的各路神明。

有眼睛：指能看得见。

释义：天上的玉皇大帝及各路神明能看清（人间善恶，会惩罚那些作恶多端的人）。

艺术与现实意义

这是一句发人深省式的俚语，要靠听话的人自己不断地追问和根据生活经验自我回答才能理解其全部的含义：天有眼睛干什么？——当然是看；看什么？——看人间善恶；看人间善恶干什么？——希望上天惩罚恶人。

“天有眼睛”本是一中性的用语，也可以把它的省略内容理解为要上天对好人有好报，但本俚语一般用于用语人受了不白之冤无从洗清或受人欺侮而无处伸张正义的情况下，呼天抢地式地呼号，把希望寄托于上天神明。这虽然是弱势群体的歇斯底里，但也体现了老百姓心中世间自有公理在的坚强信念。

语例：不知是谁在使用农药时不慎将农药泄漏到江居兰承包的鱼塘里，将塘里已可上市销售的鱼全部毒死了。江居兰询问了好多人，都没人认账，也没得到相关线索。这可是江居兰全家一年的希望，全泡汤了。“天，天有眼睛呀……”江居兰悲痛欲绝地呼号。

田坝凼里的鲫鱼——瞟眼看人

词解

田坝凼：南方农村的水田，上边田里的水放到下边田里去时，一般在上田与下田共有的田埂上挖开一道小口子，而且比较固定。由于水的长期冲刷，下田靠下水口处被冲出小窟窿，俗称田坝凼。

鲫鱼：鲫，jì。鲫鱼，身体侧扁，头部尖，中部高，尾部较窄，眼睛生在头部两侧，生活在淡水中，是常见的食用鱼。

瞟眼：瞟，piǎo，斜着眼睛看。瞟眼，即从侧边看，不正视。

释义

本义：田坝凼里的鲫鱼眼睛从侧边看人（不正视）。

用语意义：那些歧视别人，看不起别人的人，就如同田坝凼里的鲫鱼侧眼看人，本身也是没有见识的人。

艺术与现实意义

以前农村的稻田里，没有大量使用化肥和农药，水田里除了茂盛的农作物外，还有大量的小鱼，鲫鱼是其中的一种。鱼都喜欢哗哗下流的水，特别是溅着很多水花下流的水，因为这样的水带着许多新鲜的氧气。田坝凼里下流的水正符合这个特点，特别是下着雨或新雨后。鲫鱼也与其他鱼一样喜欢戏这样的流水，所以常常几条几条地聚集在田坝凼里。

本俚语之所以选择田坝凼里的鲫鱼作比，理由有三：第一，鲫鱼的两眼分别长在身体的两侧，不能正眼视物、视人，与那些看不起人，不正视别人的人在形态有可比之处；第二，田坝凼范围狭小，是田坝凼里的鲫鱼见识浅薄，心胸狭小的拟人化比喻，有“井底之蛙”的意思；第三，田坝凼里的鲫鱼，随时都可能被人捞走成为他人盘中餐，在这样自身岌岌可危的情况下，还敢不“正视”别人，也包含有说其不知死活的情感在里面，是对那些不正视别人，看不起别人的人的贬斥。就好像是说：你自己就是一尾田坝凼的鲫鱼，没有见识、自身难保的角色，还敢不拿正眼看人？

语例：邻里们在一起议论读书伢子的事情，有人提到小钏决心要复读考大学的问题。其叔叔不以为然地说：“他？读书成绩差得打鬼的，还想考大学？”这话刚好被小钏娘听见了，小钏娘没好气地对小钏叔叔说：“你不要田坝凼里的鲫鱼——瞟眼看人呢！我小钏又不傻，只要认真努力怎么就考不起大学了？”

铁板钉钉——稳靠

词解

钉钉：dìng dīng，前一个“钉”是动词，是把钉子捶打到别的物体中去，后一个“钉”是名词，即钉子。

稳靠：可靠，不会动摇，可以信赖。

释义

本义：铁板上面钉上的钉子，既稳固，又坚韧，不会掉落，也难以拔出，所以牢靠。

用语意义：比喻某人忠诚又办事可靠或某件事的出现及成败已成定数，不会变化。

艺术与现实意义

钉子一般是钉在木板上、土墙上、砖墙上，很少有在铁板上钉钉子的。铁板与木板、土墙、砖墙相比，其坚硬程度自不必说；能钉在铁板上的钉子，肯定也不是普通的钉子，必须是坚硬无比。钉在木板上、墙上的钉子用大一点的力，就可以摇动、拔出，而铁板上钉的钉子，只要钉进去了，要想摇动它，不是超乎寻常的力量，几乎不可能，这就给人一种硬气和稳固的氛围，增强了人的信赖感。

本俚语既是歇后语，也是比喻句，把事物的可靠比作铁板上钉的钉子那样稳固，值得信赖。

编者注意到别的地方也有“谜面”相同的歇后语，但其“谜底”的侧重不同。如有些书籍收集有“铁板钉钢钉——硬到家”，其强调的是“硬”，而本俚语强调的是“稳”，是可靠性。“稳靠”才是本歇后语“谜面”的实质，如果只是“硬”，那么“铁板一块”“铁球一个”就都能说明这个问题了，何须再“钉钉子”呢。

语例：三舅听说外甥女小玲考上大学了，心里高兴，但又对消息是否确凿有些担心，因前几年与小玲母亲闹了些矛盾不好直接去问，就去问村支书。支书说：“铁板钉钉——稳靠，录取通知书是我转给她的。”

铁锁锁君子

词解

铁：“铁”在这里有双重意义，一是指金属铁本身，二是比喻坚固或坚定不移。

锁：(1) 安在门、箱子、抽屉等的开合处或铁链的环孔中，使人不能随便打开的金属器具。(2) 用锁使门、箱子、抽屉等关住或使铁链拴住。

君子：古代指地位高的人，后来指人格高的人。

释义：再坚固的锁，也只能锁住财物不让君子顺去；（若是小人来盗窃，则是再坚固的锁也是锁不住的——意在弦外）。

艺术与现实意义

锁，锁住财物只是一种制度，无论是把财物锁在门内，还是锁在柜子里、箱子里或是抽屉里，只是表示该财物有主，别人不得拿走。因为，无论是铁锁、铜锁还是金锁，是机械锁还是电子锁，其坚固程度和复杂程度都是有限的，盗贼如果决心要窃取你的财物，再坚固的锁都有工具砸开，再复杂的锁都能破解。锁是人制出来的，人的智力是不断发展的，小偷的智力也是不断发展，而且他们靠偷盗为生，对锁的研究会比常人更关注。

此处的“君子”不是指品德非常高尚、很有社会地位和影响的人，而是一个相对的概念，是指守规矩的人、遵纪守法的人。

本俚语中“小人”和“君子”是一对相对的概念，一提到

“君子”自然就想到了“小人”；财物相对“君子”是被锁住了，那么相对“小人”是不是“锁”得住呢？需要我们凭生活经验来判断，来补充——补充的结果是财物对“小人”来说，是锁不住的。

其实本俚语也揭示了一个深刻的社会哲理：法律、政策、规章保障人们的权益就像是铁锁锁财物，遵守的是“君子”，对“小人”是不起作用的；锁要起到锁的作用，重要的还是要防范和对“小人”的惩罚；法律、政策、规章再好，也是要有严格的执行机制来保障，要让“小人”动辄得咎，法律、政策、规章才能发挥应有的作用。

语例：老父老母已过世，子女在外成家立业，现夫妻双双外出。妻子担心说：“我们家的门锁不是防盗锁，不怕被人撬么？”“铁锁锁君子，小偷硬是要来撬了，防盗锁照样能撬开。不用担心。”丈夫说。

挑水寻错了码头

词解

码头：本指在江河沿岸及港湾内供停船装卸货物和上下乘客的建筑。武冈区域也指江边、溪边、塘边便于人们取水、洗衣、洗菜上下所砌的石坎。

释义

本义：以前环境污染少，山村的小江、小河的水都较纯净，人们的卫生要求也没现在这么高，所以常常到小江、小河取水饮用。但从卫生起见，取水的码头与洗衣、洗菜的码头是有别的：洗衣、洗菜不能走到挑水的码头去，以免弄脏饮用水源。

用语意义：比喻人办事找错了地方或对象，也用来比喻人撒气找错了对象。

艺术与现实意义

办甲事有办甲事的地方或机关，办乙事有办乙事的地方或机关，这是社会分工和进步的要求。办甲事跑到办乙事的地方或机关，是注定办不成的。同样，是甲招惹了你，你去找乙撒气，也是不对的。本俚语与前面的“吃屎冇寻到茅厕桶”是近义语，但本俚语用语文明、平和，比方形象，易为受批评的人接受。

语例

1. 雷某来到派出所说，他妻子患重病了，确实没钱治疗，请求解决点资金。工作人员说：“同志，你挑水寻错码头了。这样的事不归我们管，你去找民政局吧。”

2. 张满娘听说有人讲她偷摘了王大嫂家的茄子，她认为这话肯定是刘细妹想诽谤她说的，就去找刘细妹理论。在场的黄婶对张满娘说：“张满娘，你只怕是挑水寻错了码头，我敢保证讲你偷摘王大嫂家茄子的不是刘细妹。”

桐木树钉钉子——只图钉得进

词解

桐木树：桐木树应当包括泡桐树、油桐树和梧桐树。本地讲桐木树，通常是指泡桐和油桐（本地很少有梧桐树）。

钉：dìng，把钉（dīng）子锤打进别的东西里。

图：贪图，意图。

释义

本义：桐木树木质松软，钉钉子轻轻一锤就能钉进很深；既然容易钉，就钉深些吧。

用语意义：是指摊派义务时，容易被说服接受任务的人往往被反复多次摊派。本俚语是对这种现象的抵触和批评。

艺术与现实意义

人们要在屋内的墙壁（含木壁、砖壁、土壁，木壁还包括支撑房屋的木柱）钉钉子以备挂其他物件时，如壁坚硬难以钉入时，钉子就会被钉得较浅，如果壁质疏松，钉子容易被打入，钉子往往会被打进很深（打浅了就可能一挂东西钉子就掉落了），如果木壁是泡桐木的，很可能一用劲就把整个钉子全部打进去了，要发挥钉子挂物的作用还得将它拔出来些。这也是人性欺软怕硬弱点的具体表现。人们在摊派任务或领导在安排工作时，也是如此，那些容易接受任务的人总是被多派或派些难以完成的任务，而那些调皮的被派的任务总是少些或轻松些。那些被多派或总是被分难完成任务的人，心里窝火了，就以本俚语抵触和批评摊派者或领导。

本俚语的使用体现了人们的公平、正义感。

语例：被抽调修水库，虽然与其他社员一样都会被记工分有报酬，但修水库的工作要辛苦得多，而且要背井离乡。张云立已被连续抽调修了两个冬天的水库了，今年队长还想要他去，他觉得不公平，脱口回应道："队长，你怕也是'桐木树钉钉子——只图钉得进'，我都去了两年了，比我年轻的多的是，他们就去不得呀？"

头发卡个人不死，做出一番恶人心

词解

卡：qiǎ，夹在中间，不能活动，如鱼刺卡在嗓子里。武冈读音 kǎ。

番：fān，回，次。

恶人：恶毒的坏人。

释义

本义：投一根头发到别人的食物里，虽然头发细微、柔滑，别人吃了卡不死，但投头发的人起了一回害人的心思。

用语意义：做损害别人的事情，即使危害结果再小，但是害人的心不可小觑，因它也体现了有加害别人的不良用心。

艺术与现实意义

曾经在本地农村有一种不正确的传说，说是人吃下头发，头发就会把人的肠子缠起来不能消化东西，人就会死。本俚语产生应是该传说之后，人们懂得一些人的生理知识——吃下少量头发不能将人的肠子缠绕使人不能消化食物——的基础上产生的。在这样的前提下，还是有少部分人信奉原来的传说，也确有个别人采用这样的办法想害人，特别是针对与自己有意见、有仇恨的人。投入的头发虽小，而起坏了害人的心事大，害人的心就是恶人的心，所以，才有“头发卡个人不死，做出一番恶人心”。

本俚语是一个以小见大、判断一个人的道德品质的俚语。现在它的本义现象是不会存在了，但它包含的道理还在教育和警示着人们：注意品德修养，要从细微处着手，不要因恶小而为之；他人道德品质的好坏，也可从他人细微表象中加以判断。本俚语也说明，武冈区域的人们对人的品德修养要求是严格的。

语例：王满婆提了一篮子糍粑放在路边，然后到路边的小圳里洗手去了。龙大挑着担草木灰从篮子旁过，不小心掉了点灰在糍粑里。因龙大与王满婆曾经是相骂过的，所以，王满婆认为龙大是故意的，就对着龙大远去的身影骂道："你个不得好死的，把人家的糍粑里故意放些灰呀——你'头发卡个人不死，做出一番恶人心'哩，你个天杀的！"

土财主不吃炒豆子
——只准骑马，不准坐轿

词解

土财主：土，本地的，地方性的；不合潮流，不开通。土财主：本地的，靠土地盘剥、节俭甚至抠门聚集起财富的有钱人。

释义

本义：相传有个土财主，在掌家（即作一家之主）前因考秀才混了一些当地的朋友，这些朋友虽不入流，但也是文人墨客之列，好串门交际。有一年，这些朋友都邀土财主吃了饭，喝了酒，土财主也讲究礼尚往来，不能只吃别人的，也要邀别人到家里来聚聚呀。土财主作儿子时花老子的钱不心痛，可自己当家后觉得钱财确实来之不易，格外珍惜。土财主邀了朋友后就犯难了：都是文人，饭不好意思多吃，酒也不好意思喝得乱性，且都出于自产自销，应该不要多少钱；可是这菜就不好说，一不小心可就要花好多钱。怎么办呢？想来想去……有了，炒豆子也是最好的下酒菜呀——可炒豆子也是钱呀，不能让朋友多吃呀！土财主思考良久，突然一拍脑门：有了！第二天中午，朋友们都到齐了准备开餐，桌上除了两个蔬菜，就是一碗炒豆子。给各位的杯子斟满酒后，土财主带头把筷子叉向豆子碗时发话了："敝处交通不便，今天是只准骑马，不准坐轿呀！"来的都是文人，当然懂得这话含义了：只能竖着筷子一粒豆子一粒豆子地夹取（一次只能取一粒），不能把筷子斜着或横着去碗里挑（这样一次可取多粒）……

用语意义：使用本俚语是说某人抠门、吝啬或者表示自己招待不周。

艺术与现实意义

如果作为歇后语，本俚语"土财主吃炒豆子"的"谜面"，可能会有好几个"谜底"，如"一粒一粒来""大把大把地吃"等。本俚语的"谜底"虽也有"一粒一粒来"的意思，但"谜底"是唯一的，且来源于典故，与"谜面"没有必然的联系，"谐音"或"推理"都难得到这样的"谜底"，所以，它不是普通的歇后语，而是"不字格"歇后语的用语艺术。

本俚语的"谜底"其实是一个非常形象的比喻：人骑马把两腿分开，夹在马的背上，就像一双叉开的筷子，而马就是被夹的豆子；过去坐轿，坐轿人上轿时，轿夫把轿子向前倾斜，以便坐轿人跨过轿杠进入轿内，再把轿子扶正。这一过程就像一双筷子微斜着插入豆子碗内，挑着豆子时再将筷子举平移入饭碗内或口内。同时"轿"与"撬"（qiào，把木棒、刀、锥等插入缝中或孔中，用力扳或压另一头）谐音。

本俚语的典故就是一个很有趣的故事，用本俚语去说别人抠门、吝啬或自己待客不周的自我解嘲，也就使用语环境变得生动有趣了。

语例：有几个朋友不经预约就来到小孙家，小孙家地处偏僻，一时买不到较好的菜，所以，除了蔬菜，只好把家中所剩不多的腊肉煮了待客。菜上桌时，小孙说："对不住了，今天在我这里也要'土财主不吃炒豆子——只准骑马，不准坐轿'了。"

退步的茅厕

词解

退步：这里不是"进步"的反义词，是指为不使自己为难而从某事务中抽身出来。

茅厕：过去的厕所，构造简陋，既没有化粪池，也不密闭，其内较臭。

释义

本义：退步的台阶。

用语意义：是指某人为不使自己为难而从某事务中退出来的理由或落脚的地方。含贬义。

艺术与现实意义

人想从已介入的使自己进退两难的事务中抽身出来，不能说走就走，总得要有个理由，或者退出来后总得要有个安身的地方。本俚语是在被别人当成退步的台阶后，认为自己受到轻慢或被别人利用了，对"退步"人表示不满的用语。这本来有"退步的台阶”就能够表示这层意思了，而且也比较贴切，本俚语之所以把“台阶”改成了“茅厕”，是用语人以自贬来表示不满和愤慨：茅厕，特别是路边的茅厕，是谁都可以进去大小便的，而且不需要与主人家打招呼。把自己比作茅厕实际是反话，是斥责被用语人不把自己或与自己相关的事务当回事。

语例：生产队安排小松外出搞副业为生产队增收。小松答应后又反悔了，于是找到队长说，他不能外出，要在家照顾生病的父亲。小松的父亲半身不遂在床，但小松是不孝之子，从不侍候父亲的。父亲知道后训斥小松：“你把我当退步的茅厕了？你什么时候侍候过我了？”

脱呱裤子打屁

词解

呱：读音 guā，副词，作用及意义与“了”同。

释义

本义：把裤子全部脱掉再放屁。

用语意义：比喻把可以或应当由自己完成的比较烦琐或有一定风险的事务，全部交由他人去完成，不给自己留下半点麻烦。

艺术与现实意义

穿着裤子打屁，屁的臭气就在自己身上部分残留；而脱呱裤子打屁，屁的臭气就全部释放出去，自己身上不会沾上一点臭味。

本俚语以事例为喻体，虽然用词不文雅，但比喻形象，通俗易懂。其所描述的情况与现今委托合同、加工承揽合同和批发等商业行为相似：这些商业行为都是把自己可以办理的事务交由他人办理，自己只管接收成果和支付或收取相关费用。这样为自己省去了麻烦和可能承担的风险，并为自己办理其他事务赢得了时间。有时也用来批评某人狡诈，把有麻烦和风险的事交给别人去办，自己落得安静、清闲。

语例：老林与老管合伙从甲地进了一批服装到乙地卖。卖了两天后，觉得自己零售很费时间，于是老林提出：“干脆脱呱裤子打屁——以较低的价格批发给别人去卖吧。”

托坪人不捡狗屎——佬佬喝起

词解

托坪：武冈小地名。

捡：拾的意思。

佬佬：佬，lǎo，成年的男子。佬佬，年龄较大的男子的自称。

喝：这里特指喝酒。

释义

本义：过去种田没有现在这么多的化肥，主要是靠养猪、养牛等产生的厩肥。因为当时养狗的多，且不圈养，狗在野外屙的屎也较多，人们抽空闲时间给它拾回来，经过发酵也是上好的基肥。正因为这样，空闲时间在野外捡狗屎的人也多，一次捡到很多的情况少。相传一个托坪男子起了个大早去捡狗屎，那天早上他运气很好，捡到了很多的狗屎。在回家的路途中，路人看到他捡到这么多狗屎都很羡慕，有人对他赞叹："哎呀，今天你捡了这么多（狗屎）！"这个托坪人得意地说："嘿嘿，今天佬佬喝起！""喝起"，本是说有喜事或发了小财高兴时要喝酒（当时人们的生活都很清苦，只有有喜事或发财了才"喝起"），可是在这种语言环境中说"喝起"免不了让人误解或有语言空子可钻，即"佬佬""喝"狗屎了。于是，本俚语就这样作为笑话传开了。

用语意义：在与本义类似的情况下自谑或互谑。

艺术与现实意义

本区域因典故而流传的俚语，适当地运用活跃相处的气氛，使我们的语言交流多了一份幽默和诙谐。别的俚语讲究的是艺术，本俚语讲究的是失误：人在激动的时候（包括愤怒和高兴）容易出现失误，使自己受到贬损。本俚语是在高兴的时候忘乎所以，出现了思维不严密的疏漏，让人钻了空子，成了他人笑柄。如果多得的是其他财物，说"佬佬喝起"很能体现当时高兴的劲儿，可现在多得的是狗屎——虽说也是财物，说"佬佬喝起"就难免让人产生误解或让人钻了语言空子。所以，运用这些俚语时，在取乐之余，我们还要想到这层教训——愤怒时不要冲动，高兴时不要忘乎所以，始终保持清醒的头脑。

本俚语是"不字格"歇后语，用幽默性语言直译，意思是：托坪人哩冇捡狗屎的，只是狗屎捡得多了还说是"佬佬喝起"。

语例：老陈挑了一担大粪去浇菜，不小心摔了一跤，弄得满身是大粪。被老三撞见，老三一边帮老陈收拾，一边和老陈开玩笑："你今天还真是'托坪人不捡狗屎——佬佬喝起'了。"

托坪人不捡狗屎——亲家，亲家，你来起

词解

见前条

释义

本义：过去种田没有现在这么多的化肥，主要是靠养猪、养牛等产生的厩肥。因为当时养狗的多，且不圈养，狗在野外屙的屎也较多，人们抽空闲时间给它拾回来，经过发酵也是上好的基肥。正因为这样，空闲时间在野外捡狗屎的人也多，一次能捡到的狗屎也不多。相传一个托坪男子天还未亮就去野外捡狗屎。来到一个十字路口，发现交岔口有一蔸狗屎，正准备用拾粪的钩子去钩，却发现从不同的方向也有钩子同时伸来。两人出于礼让又都同时把钩子收了回去。两人定睛互看时，却发现对方是自己的儿女亲家。托坪男子笑嘻嘻地说："亲家，亲家，你来起！"对方也说："亲家，你来起！"两人这样互相礼让了好一阵都没有结论。结果被第三者听去了，被传为笑话。之所以被传为笑话，是因为本地有一个习俗：亲戚朋友一桌吃饭时有敬菜让菜的习惯，要把好吃的菜让给对方时，一方用筷子点菜碗中好吃的菜恭敬地对对方说："您（或你）来起！"互让狗屎与互让好吃的菜用同样的语言，是不是成为笑料了呢？

用语意义：在与本义类似的情况下戏谑性用语。

艺术与现实意义

清晨捡狗屎邂逅亲家自然高兴；在共同遇到都需要的东西时，只顾互相礼让，因为礼让菜肴常见，礼让狗屎实属罕见，也不去考虑用怎样的语言合适，于是把餐桌上礼让菜肴的客套话运用到礼让狗屎上来了，给众人留下了笑柄。是一种顾此失彼的、高兴时思维不缜密的失误。

本俚语是前一条俚语的另一个版本，都是茶余饭后的笑料，但这样的笑料在取乐之余也提醒我们：不论是处在高兴状态，还是愤怒的状态，处事、说话都要保持缜密思维的习惯，避免疏忽的错误。

本俚语用幽默性语言直译，意思是：托坪人呢不捡狗屎的，只是两亲家在岔路口共同发现一蔸狗屎还互相谦让说："亲家，亲家，你来起！"

语例：乔老五家和乔小小家共十口人，十抽一调民工，队长安排他们两家推出一人去当民工修水库。乔老五以商量的口吻对乔小小说："小小，这事怕是'托坪人不捡狗屎——亲家，亲家，你来起'？"

挖掩寻蛇打

词解

掩：读音 ǎn，本指点种植物种子时挖的小坑，武冈方言把可供蛇、蟹、泥鳅等居住的孔穴也叫"掩"。

释义

本义：看到可能有蛇藏身的孔穴都给它挖开，发现里面有蛇，就将蛇打死。

用语意义：比喻某人做事违背常情，不息事宁人，无事找事，属于过分或无聊的表现。

艺术与现实意义

"见蛇不打三分罪"，过去老百姓认为，蛇咬人，是人的天敌，所以看见蛇就要将其打死。这是当时的常情。但蛇不主动攻击人，蛇在㛐里，不会对人造成威胁，没有必要挖开洞穴将其打死。见孔洞则挖，挖出蛇再将其打死就不符合常情，也没有实际意义。

本俚语不是赞颂某人除恶务尽，而是责备其不息事宁人，无事找事，太过分，太无聊。

本俚语系动态比喻句式。

语例：有消费者举报 A 超市有一批次奶制品不合格。工商局与质监局有关人员协同检查。有人提出其它批次的要不要一并抽查，有人反对说："算了，哪个还去挖㛐寻蛇打！"

外面有个抓钱手，屋里有个聚宝盆

词解

抓钱手：是指在外赚钱的人。本俚语中指在外赚钱的丈夫。

聚宝盆：传说中装满金银珠宝而且取之不尽的神奇的盆儿。

比喻善于持家，聚集财富的人。本俚语中指勤俭能干的妻子。

释义：丈夫在外努力赚钱，妻子在屋里勤俭持家，积累财富。

艺术与现实意义

本俚语既是描述，也包含有借代与比喻两种修辞手法：钱是要用手抓才能进入自己的口袋的，所以本俚语借抓钱的手来代指在外努力赚钱的丈夫；聚宝盆首先要聚集了财富才有取之不尽的效果，妻子在家把丈夫赚到的钱认真管理好，不让其挥霍浪费，发挥其应有的作用，就好比聚宝盆聚积财富一样。“抓钱手”与“聚宝盆”都是人们喜爱的东西，所以本俚语包含了对勤奋努力、勤俭持家的夫妻的褒奖。

过去的农村以自给自足的自然经济为基础，不走出村落是弄不到钱的，要弄钱必须走出家庭，到外面去做生意，所以说是“外面”；妇女是足不出户的，在家里操持家务。男人在外赚钱，赚到钱就是“抓钱手”，而妇女在家却不是只要操持家务就是“聚宝盆”的：有的人贪图享乐，丈夫赚的钱再多，她在家大手大脚用了，到头来什么也没有；同样是节俭，有的人没有计划，无意间使家里的财产缩水，有的人精打细算、计划周详，丈夫赚回来的钱不仅不缩水，还会产生更多的效益，这样的妻子才是“聚宝盆”。

本俚语的使用，一是赞扬别人夫妻会经营家庭，二是要求夫妻要这样持家，有时也用以批评“丈夫”不会抓钱或“妻子”不会聚宝。

语例：胡云和丈夫志杨又为家里没钱买油闹矛盾了。公公看不惯媳妇胡云就批评她：“胡云，不是我爱多嘴，照说志杨在外也捞了不少的钱，你在家里好吃好喝，大手大脚用了，现在没钱用了就怪志杨，你就没责任？人说‘外面有个抓钱手，屋里有个聚宝盆’，你做好这个‘聚宝盆’了吗？”

外行看热闹，内行看门道

词解

外行：对某种事情或工作不懂或没有经验。这里是指外行的人。

内行：对某种事情或工作有丰富的知识和经验。这里是指内行的人。

热闹：（景象）繁盛活跃。

门道：门路。这里是指事物内在的、本质的东西。

释义：外行的人看事物，注重它的外表是否漂亮、花哨，场面是否热闹；内行的人看事物，注重它的质量标准和技术规范（包括艺术规范）等实质性的问题。

艺术与现实意义

本俚语源于过去看大戏。大戏是指大型戏曲，有较为复杂的情节，各种角色齐全，伴奏乐器较多。初看戏的人，不懂戏的人看戏，一般只注意演员的扮相是否漂亮，场面是否热闹，乐器是否悦耳响亮。经常看戏的人，懂戏的人看戏，不仅注意看演员扮相是否漂亮，场面是否热闹，乐器是否齐全，更要看唱腔是否圆润，表情是否自然，台步是否合拍，甚至某个人物该从哪扇门出台从哪扇门进场，在台上该走什么线路，每一线路该走几步都有讲究，所以叫作“看门道”。后来人们把这个看戏的用语推而广之，运用到了其他事物中去了，才是本俚语的“释义”意义。这实际上也是一种暗含的比喻手法。

在现实中，“外行看热闹，内行看门道”的现象是经常存在的。比如买摩托，外行的人一般注重车外形美不美观或威不威风，跑速快不快，而内行人则注重它的技术参数，还要考虑排量大小，适不适合自己的用车环境，等等。又如欣赏古瓷器，外行人只看它造型美不美观，完不完整，皮壳老不老气，而内行人欣赏古瓷，则不仅从造型上判断其符合什么朝代特点，还要审视它的包浆自不自然，有没有伪造痕迹，气泡的特征及有无气泡死亡现象等来判断它的真伪……

本俚语虽只是一个描述，但它也告诫人们要多学习，要做看门道的内行，不要做只看热闹的门外汉而常常吃亏闹笑话。

语例：妻子拉着丈夫的手说，广场里有人在卖翡翠手镯，只要几百千把元钱一个。夫妻俩来到广场，看到有好多人在围观，还有很多人在掏钱准备购买。那些手镯满翠透亮确实招人喜欢。丈夫拿了一个手镯在手掂了掂，又对着阳光照了照，对妻子说：“假的。不信？只要用火烧烧就会闻到胶臭味的。”有买了的人听到这话，就真的用火烧了烧，果然闻出了塑胶味。丈夫自豪地说：“这就叫‘外行看热闹，内行看门道’啊——掂一掂，重量不够；照一照，看不到‘苍蝇翅’，估计是高档塑胶制品……”

外孙外崽，吃呱飞走

词解

外孙：女儿的儿子。

外崽：这里指外甥。

飞走：走，zǒu，跑，武冈读音 zǎi。飞走，飞快离去。

释义：外孙、外甥到你家里来是做客，在这里吃了饭食就飞快地离去了。（不像孙子、侄子，是这个家族的成员，与这个家族的兴衰息息相关。）

艺术与现实意义

崽，本是指儿子，外甥和崽都是关系密切的晚辈，此处把外甥称作“外崽”，一是为了在读音上区别“孙”与“甥”；二是为与“走”押韵，以便说起来朗朗上口。同时，在以前中国的农村，外公、外婆都是与舅舅、舅母住在一起，外孙来到外公外婆家，同时就来到了舅舅舅母家，所以，作为外孙本人同时具有了“外孙”与“外甥”的双重身份。

本俚语与前一俚语“天干莫望云头雨，饿死莫望郎和女”相似，都是封建习俗的产物。孙子与祖父母、外孙与外祖父母本是同一亲等的祖孙关系；外甥与舅舅、姨妈，侄子与叔叔、姑妈，也是同一亲等的旁系血亲关系，但在旧社会，由于孙子、侄子与本家族同姓，就被视为是本家族自己人，外孙、外甥因不是本族姓氏，就被视作外人，“外孙”“外甥”中的“外”就已说明这个问题。事实上，在过去的岁月里，家族有什么事情，如果祖辈、父辈无力，都由孙子、侄子扛着，而没有外孙、外甥扛着的道理。

现在，时代不同了，男、女都一样，不仅在法律上，而且在事实上也已基本实现了男女的平等，“外孙”叫“外祖父母”大部分已去掉了“外”字，这也是一个例证。所以，如果再说“外孙外崽，吃呱飞走”，则既不合时宜，也太伤感情。本俚语也失去了继续运用的现实意义，偶尔使用也是调侃式的用语了。

语例：银大娘的女儿带着儿子在银大娘家吃晚饭，刚吃了晚饭，儿子就吵着要回家，舅舅、舅妈留也留不住。银大娘有些生气，半开玩笑半认真地说：“当真是‘外孙外崽，吃呱飞走’呀！”

弯树生直杈，直树生牛轭

词解

杈：chā，旁开的树枝。

牛轭：轭，读è。牛轭，牛背犁耕地时架在脖子上的器具。近似“U”形。

释义

本义：弯树能长出笔直的枝杈，而树干笔直的树也可能长出像牛轭一样弯曲的枝杈。

用语意义：用以比喻长相不好或人品不端或能力低下的父母（一方或双方，下同）生养的子女（一人或都是，下同）却漂亮、正直、能干；而父母生相标致，正直、能干，生养的子女却难看，或人品不好，或是傻瓜。

艺术与现实意义

把人及与其后代的长相美丑、品行好坏、智力高低和树及与其枝杈的曲直作比，把人与其后代的遗传与变异、继承和背叛描绘得栩栩如生。比喻生动形象，把难以理解的现象、道理简单化、直观化。

现在，植物的生长有园艺师，园林技术可以使直树变弯，弯枝变直，怎样美观就怎样造型。人类生育、成长有遗传工程学和一系列的教育系统，而第一任老师是自己的父母，尽管自己标致、正直、能干，要谨防后代向不良的方向变异，所以，要科学生育，合理教育自己的后代。在后代的人品和学识上，“弯树生直杈”是好事，可切忌“直树生牛轭”呀！

语例：熊某是瞎子，丈夫是个傻子，生养的女儿却既漂亮又聪明；谭某夫妇既标致又能干，却生下个傻儿子，真是弯树生直杈，直树生牛轭呀！

王起眼睛不认人

词解

王：wáng，大。这里是形容词动用，是睁大的意思。

认：跟本来没有关系的人建立某种关系。

释义

本义：把眼睛一瞪，就不顾念过去的旧情。

用语意义：是说某人薄情寡义，稍不如意就翻脸不念旧情。

艺术与现实意义

本俚语是讲一个人的秉性特点，却用这个人具体的处事行为来描述：这人碰到旧交、故友打交道，若发生自己不满意的事情，便睁圆了眼睛，板着面孔，与旧交、故友争吵反目。

在现实中，无论过去还是现在，不乏这样的个例。喝酒吃饭，称兄道弟；求你办事可以五体投地，说尽你的好，信誓旦旦会记恩，一旦触及他个人的利益，哪怕一丁点，或是无意或是万不得已，他就会暴跳如雷，什么旧交，什么故友，全都是狗屁。

本俚语在一定层面上揭露了人自私的本性。但这样的“自私”过于极端，是公众不可容纳的。本俚语也是对这种极端自私的人的抨击。

语例：老表向黄方成诉说：“你们这里的黄细佗怎么是个这样的人呀？他要我垫着钱一起做生意，讲好盈亏均摊的，现在亏了，他却不认账了！”“你怎么能跟他搅在一起呀，他呀，是个王起眼睛不认人的主呀！”黄方成叹息说。

为大不尊，为小作乱

词解

为：wéi，做；作为。

大：指年纪大或辈分高的人。

尊：zūn，这里是“敬重”义。俚语中是被动结构，“被敬重”的意思。

小：指年纪小或辈分低的人。

作乱：指做出一些不符合礼教、规矩、法度的事。

释义

本义：年纪大或辈分高的人不守礼仪，做出一些与自己身份不相符的事情，那么，你就得不到年纪小、辈分低的人的敬重，年纪小、辈分低的人会效法你做出更加没有分寸的事情。

用语意义：作为尊长，作为领导，必须以身作则，否则，尊长、领导不会受到人们的尊重；小辈或下级存在有失礼仪或违法乱纪的行为，尊长、领导就没有资格管教。

艺术与现实意义

这是一条做人的古训，也是社会维持秩序的法则。

说白了，一个社会秩序的实质主要体现在长辈和晚辈、领导和被领导的关系。一个社会秩序的好坏，无论是过去还是现在或是将来，都取决于长辈和领导。长辈们普遍地遵纪守法、与人为善并以此要求自己的晚辈们，晚辈们就不可能出刁钻古怪、扰乱纲常的人；领导们以身作则，下级或百姓们绝不敢违法乱纪。小到一个单位，如果一个领导是靠高尚的品德和过硬的办事能力升上来的，哪一个下属有错他都敢批评、敢处理，下边的人就不敢乱说乱动；如果这个领导是靠吹牛拍马、“走夜路”、行贿赂上来的，下级有错你处理他？你试试！大到一个社会，当官的过得硬了，什么“豆腐渣工程”、什么“三聚氰胺”、什么“假冒伪劣”统统过不了关。

语例：老母亲告诫当团长的儿子：“二狗佗，现在你是领导了，做什么事都要带好头呢。俗话说得好，为大不尊，为小作乱哩。”

为人莫做亏心事，半夜不怕鬼敲门

词解

为人：为，读 wéi。为人，指做人处世的态度。

亏心事：亏心，指感觉到自己的言行违背正理。亏心事，即伤天害理、损人利己的事情。

释义

本义：为人处世，只要不做伤天害理、损人利己的事情，那么，就是三更半夜鬼来敲响你的门，你也用不着害怕。

用语意义：为人处世坦荡，不做违背道义的事情，你就没有什么值得害怕的。

艺术与现实意义

鬼虽然是人们谈之色变的东西，但它也不是无端伤人的。相传，鬼有鬼道，它只找与它生前有仇的人报仇，即使是恶鬼生事，它也会找那些“黑心”人开刀。所以，人，只要是为人正直，不生邪念、歹念，就没有鬼来打扰你。既然鬼都不找正直、心善的人，那么，人自然比鬼更讲道理，且人就算不讲道理他也没有鬼那般凶恶，所以也不用怕。

本俚语体现了武冈人民坦荡的心胸、凛然的正气。同时，本俚语虽然与迷信沾上边，但也有着劝人从善的积极意义。

俚语中，“为人莫做亏心事”是因，“半夜不怕鬼敲门”是果。

语例：林法官在处理了一个民事纠纷后，败诉方认为自己吃了亏，临走时说一些威胁林法官的话。林法官说：“为人莫做亏心事，半夜不怕鬼敲门！本纠纷的处理中，在法律和道理上我没有挖亏（违背正理使别人吃亏）你，我就不怕你。”

温㷭水里跕得一七

词解

温㷭水：温，不冷不热。㷭，nái，《康熙字典》解释：热也。武冈读音 nài。温㷭水，温度与人体温度相比稍高，既不觉得凉也不觉得烫的水。

跍：kū，《康熙字典》解释：蹲貌。武冈读音 kú。在武冈口语的意义中，跍，并不是纯粹指蹲或蹲的样子，其意义与“待”相近，包括了“蹲”的状态。

一七：七天的意思，但并非实指，是说时间长久。

释义

本义：（某人）在不凉不烫的水里能待七日。

用语意义：比喻人性格憨皮，若非火烧眉毛的事情他不会着急。

艺术与现实意义

在温篓水里跍着虽然舒服，但要在里面跍“一七”，若非性格憨皮到极点，是很难做到的事情。既不是因为刑罚，也不是因为毅力，这么长的时间跍在里面是不可能的，普通人任意找一个理由都会离开原来所待之处。而这人能在这里待上“一七”，可见这人的憨皮程度。这是本俚语语面上体现出来的艺术，当然，这也是一种假设的、夸张的比喻的手法，谁也没有这么傻，也没有这个必要到温水里待七天。

文字考究：本人查找了多本字典、词典，武冈话中的“nài”与“kú”都未找到与其读音和意义一致的字。《康熙字典》中的“篓”与“跍”其意义和“nài”与“kú”基本一致，读音相近，故选取。

语例：奶奶要送小琴琴去上学，离学校上课时间只有 20 分钟了，家离学校还有一公里多的路。奶奶催了小琴琴几次，可小琴琴还在慢条斯理地清理学习用品，当天不用的要清得一件不剩，完了还要换上新衣服、新鞋子，好像将要迟到的是奶奶而与她无关。奶奶没好气地责怪道：“你硬是同你父亲一个模子套出来的，温篓水里跍得一七哎！”

我又不是你肚子里的蛔虫

词解

蛔虫：huí chóng，寄生虫，成虫长4~8寸，雌的较大，形状像蚯蚓，白色或米黄色，前端有口，能附着在人的肠壁上，也能寄生在猫、猪等家畜体内。卵随粪便排出体外，进入土壤、附在蔬菜上或混入水中。被人吞下，在肠内变成幼虫，然后发育为成虫。蛔虫在体内不但吸取营养，还分泌毒素，使寄主营养不良，精神不振，面色灰白，腹痛，并且能引发肠阻塞、阑尾炎、肠穿孔，或进入肝脏、胆道等造成其他疾病。

释义：（如果是你肚子里的蛔虫，我就应该知道你的想法）我不是你肚子里的蛔虫（所以不知道你的想法）。

艺术与现实意义

前提：本俚语从语面上讲，是不科学的。蛔虫在人肚子里，只能吸取人的养分，并制造疾病，并无探取他人思维情报的本事。

本俚语其实是一个假想的比喻：假想之一，蛔虫能探取人的思维情报；假想之二，也是中国古人的误解，人思考问题是心里，而心在肚里（此处指腹腔）。蛔虫在人的肚子里上至喉咙（患蛔虫病的人很多从嘴里呕出蛔虫来），下至肛门，无所不至，应当能窥视人的心事。然后，以否定的形式把“我”与蛔虫作比。

本俚语从语面形式看，是一个判断句式，虽然语句形式完整，却意犹未尽：不是你肚子里的蛔虫又怎么样呢？约定俗成的答案是“不知道你的想法”。这又牵系一个前提，即“是你肚子里的蛔虫，就知道你心里在想什么”。所以，本俚语语面简单，却含有多种用语艺术，形在字中意在字外。就现在而言，已破除了“心想”的错误观念，本俚语便具有更深刻的含义：何况我不是你肚子里的蛔虫，就算是你肚子里的蛔虫也不知道你的想法呀！加重强调了你的想法你不说我不可能知道的成分。

语例：妻子要丈夫打杯水来，丈夫端来一杯滚烫的开水。妻子恼了：“我是要把鱼缸里加点水，你打杯开水来做么咯，你想把鱼烫死呀？”“我又不是你肚子里的蛔虫，我怎么知道你要杯水干什么，我以为你要喝水呢！”丈夫没好气地说。

我与你是哪个同哪个呀？

词解

同：与。

哪个：哪，nǎ，疑问代词。哪个，哪一个。

释义

本义：本俚语一反常态，反问是表示否定：我和你不是“哪个”跟“哪个”。

用语意义：我和你是自家人，或关系亲密之人，或利益相同之人，或志趣相投之人（彼此不用分得那么清楚）。

艺术与现实意义

有人敲门，屋内问："哪个？"来人一般不是自家人，是自家人有钥匙不用敲门，或根据来人脚步声或说话声知道是自家人，不用问是哪个。这里的"哪个"是"外人"。如果有不认识的人和你说事，特别是套近乎，你一定会先问："你是哪个？"接到不熟识的电话号码拨来的电话，如果你对对方的声音不熟，你一定先问："你是哪个？"这里的"哪个"是陌生人或关系不是很密切的人。我和你在一起或打交道，不需要问"哪个"，就表明你我是一家人或关系密切之人。

本俚语也是通过借代的修辞手法——以"哪个"疑问语借代关系不密切的生活现象来寓事理的用语艺术。用本俚语来表明两人的关系，既倍感亲切，也有一种含蓄的艺术感，使语言环境多彩而生动。

语例：小陈因有急事深夜要赶往外县，只好要邻居老伍用私车送往。回来后，小陈要数钱给老伍，老伍坚决拒收，并说："我与你是哪个同哪个呀？偶尔有急事用一下车我还能收你的钱？"

我在前面卖烧酒，你在后面喊碧淡

词解

烧酒：烧，shāo。烧酒，白酒。本地是指自己酿造的米酒、高粱酒、红薯酒等。

碧淡：碧，青绿色。含有没有杂色的意思。淡，液体或气体中所含某种成分少；稀薄（跟“浓”相对）。碧淡，是清淡，没有味的意思。

释义

本义：我在前面叫卖我自制的米酒，你在后面说清淡无味（我的酒还卖得出去吗?）。

用语意义：是说一家人或一个团体的人，部分人（或一个人）满腔热情地从事对家人或团体有益的某项工作或事业，而另一部分人（或一个人）不仅不支持、不鼓励，还在后面泼冷水、拖后腿，做出对这项工作进展不利的事情。

艺术与现实意义

本俚语中，“卖烧酒”的与“喊碧淡”的同是一个家庭或一个团体的组成人员，重点提示的是家庭、团体内部不团结，家庭是不会兴旺，团体的事业是不会成功的。就如丈夫在前面叫卖烧酒，妻子在后面说丈夫卖的烧酒是淡而无味的，丈夫的酒是卖不出去的，夫妻俩很可能面临晚餐因没有米下锅而挨饿的悲惨命运一样。

本俚语往往用于“卖烧酒”的对“喊碧淡”的人的责备和批评。

语例：春夏之交，妻子使了老劲松土插栽红薯，丈夫听说今年秋季会大旱，不仅不帮妻子插栽红薯，还对妻子说：“反正要天干的，不要白忙活。”“我在前面卖烧酒，你在后面喊碧淡！大旱不是还没来吗?就算来了，我们不可以挑水浇灌吗?坐着不动就有吃了?”妻子对丈夫咆哮道。

屋檐水点点滴现当

词解

屋檐水：下雨时，沿着房屋檐口流下的水。

点点：每一滴。

滴：液体一点一点地向下落。武冈读音 dià。

现当：武冈方言，指原地方。

释义

本义：屋檐水在没有风等其他外力作用的情况下，每一滴都会滴落在原来的位置。

用语意义：作为父母如果不孝敬自己的长辈，那么，他们的子女会向他们学习，到他们年迈衰老时，他们的子女也会不孝敬他们。

艺术与现实意义

本俚语叙事寓理，是通过比喻来达到目的的：一个家族的延续，一代紧接着一代地更替，就好像顺着檐口往下落的屋檐水，一滴紧接着一滴地消逝；屋檐水总是后一滴跟着前一滴的轨迹落在原处，家族的前辈是后辈学习的榜样，你作为前辈不孝敬长辈，你的后辈也可能学样不孝敬你。

本俚语强调的是人的生长环境对人品德形成影响的重要性。过去的中国，尤其是农村，是自给自足的自然经济，社会协作性少，人们超越家族的社会性接触少。同时，教育不发达，贫穷人请不起先生，接受外来教育的机会也很少，所以，在一个家族中，长辈的品行表现，对晚辈个性的成长有着至关重要的影响，如果父母不孝敬长辈，子女不孝敬父母的可能性就很大。

本俚语以消极的现象，做出了积极的警示：如果你不孝敬父母，子女就会像你一样不孝敬你，所以，你对父母要尽孝，今后你的子女才会孝敬你，你才会有幸福的晚年。

本俚语比喻生动形象，把抽象的道理寓于常见的自然现象之中，不用说理理明，无须多言自觉。

语例：田文脾气暴躁，今日因琐事居然打了父亲。其伯父忍不住了，站出来指责田文："你咯个鬼崽子，你不孝顺父母也罢了，今天居然还敢打父母？'屋檐水点点滴现当'，看今后你的崽女怎样打骂你！"

悟起咯味

词解

悟起：悟，wù，武冈话，心里想问题叫"悟"。悟起，心里想起。

咯：gē，拟声词。武冈读音 gē 时，为判断助词，如同"的"。

味：在武冈话里意思是好的、高兴的感觉。

释义：只是心里想起感觉好，感觉高兴，但没有实际意义或不能实现。

艺术与现实意义

各人的兴趣、爱好有不同，你喜欢的，别人不一定喜欢，你不喜欢的，别人不一定不喜欢；有的人总有点好高骛远，总想一些不切实际的问题。有时，对自己亲人朋友的喜好、追求自己有不同的意见，不赞同，但又不好用太尖锐的话语来表示。在这种情况下，“悟起咯味”就是一很好的话语：它既表示了不赞同，表示怀疑或没有信心，但又不十分肯定该事项就一定不成。用语偏中性，不伤害感情。这是武冈俚语的温和特色的又一例证。

语例：丈夫对妻子说：“今天我到街上买了一注体育彩票，投注时感觉良好，今天肯定能中奖!”“悟起咯味!”妻子淡淡地说。

西暮岭上骂太阳

词解

西暮岭：不是具体山岭的名称，是指一个地方（丘陵地区或山区）天黑前太阳西落下山的山岭。

释义

本义：传说，有年天大旱，太阳火辣辣地炙烤着大地，叫人难以忍受。有个莽汉心烦了就对着太阳辱骂。有人提醒他：“太阳离我们这么远，你这么骂它，它能听得见吗?”莽汉想这话有道理，于是他想：离这么远骂它它听不见，我就到离它近的地方去骂——这太阳不是每天从西边那山岭上掉下去吗，明天下午我就去那山头上骂。第二天莽汉清早走路到了太阳“掉下”的山头。他看到，太阳经过西暮岭正顶上，又慢慢地斜下去低于了山尖，可太阳离他还是有天远，仍然骂不着它。莽汉回到家里对大伙说：“哎咳，我到西暮岭上骂太阳，哪个晓得太阳离我还是有天远！”自此，“西暮岭上骂太阳”的俚语就诞生了。有时也给它作歇后语说成“西暮岭上骂太阳——隔天远”。

用语意义：比喻在别人背后——特别是离自己很远的人或是档次差别大、见不着面的人，讲别人的不是或过错，因别人听不见，不会起到应有的作用。

艺术与现实意义

“西暮岭上骂太阳”，也许真有其人其说，但也许只是人们的一种想象，但以“西暮岭上骂太阳”来比喻某些人当面不敢讲，背后瞎议论他人是非、过错的无用，也是形象生动，且恰如其分。本俚语既是对背后瞎议论他人是非、过错的比喻性描述，也是对这种现象的批评，所以，本俚语间接地体现了武冈人民性格直爽，主张有话当面说，不要背后道短长，待人真诚的好品质。

应当注意，有时被议论的人太黑、太恶，老百姓不敢当面指责他们，只好在背地里议论，造成群众舆论也是对被议论人的一种压力，这时的“太阳”我们不妨骂骂。

语例：阿山在市场上不经允许摆小地摊卖干鱼，被工商罚款50元。回家的路上，嘴上喋喋不休，说工商黑，罚款不开票，以后要怎么怎么的。同行的莉莉听烦了，对阿山说：“要讲本事，你当面问他要罚单呢，行了这么远了还喋喋不休，西暮岭上骂太阳呀？”

稀泻咯

词解

稀：含水多，稀薄（跟“稠”相对）。

泻：xiè，水往下直流（见上海辞书出版社1977年11月出版的《辞海·证词分册》第977页）。武冈读音xià。

咯：gē，拟声词。本地方言，为判断助词，如同“的”。

释义：

本义：指某些东西的状态很稀溏，无法成型。

用语意义：指事物或人的状态很糟糕，不能寄予大的希望。

艺术与现实意义

“稀”有一个意义是用在“烂、松”等形容词前面表示程度很深，如“稀烂”“稀松”。但在这里刚好相反，“泻”是“稀”的程度补充词——稀到什么程度？稀到像水往下直流一样不可收拾。

本俚语语面简洁、含义丰富、适用广泛，在不同的用语环境下有不同的具体含义：若用于人，说某某是稀泻咯，是说这个人稀里糊涂，办不成大事或不务正业；若用于夫妻感情，说某某夫妻稀泻咯，是说某某夫妻感情不和，经常吵闹，已到了不可共同生活的地步；若用于事物，如说某某单位参加篮球赛的情况怎么样，回答说稀泻咯，就是说这个篮球队参赛不仅没有得奖，连一场球赛也没赢或应该赢的球赛也没有打赢……但在说人稀泻咯时，一般情况下，没有表示这个人很坏的意思。

本俚语也是一种借喻的修辞手法，是把不成器的人或不成功、没办好的事务比喻成一摊直往下泻的不能成型、塑造的水、稀泥、稀糊等。

语例：李领导问他下属单位的负责人："我那亲戚在你单位还好吧？""不敢奉承，稀泻咯。"下属单位负责人答道。

戏又唱得丑，人又吃呱亏

词解

丑：不好看。

亏：这里指人受了累又没得到好评或收益。

释义

本义：戏没唱出水平，没有得到观众好评，自然票房收益也不高，但唱戏的人受累的份却有增无减。

用语意义：比喻某人为办某事务付出艰辛努力，却因为非努力与否的其他原因没有收到应有的效果。

艺术与现实意义

台上一分钟，台下十年功。要唱好戏，并非一朝一夕的功夫，需要付出艰辛的努力。戏没唱好有诸多原因，除了自身努力不够外，演员之间没配合好，表演者情绪不佳，表演者没参透剧本、没掌握要领（即方法不当），等等，也是表演不成功的原因。人们想要办成某件事，同样需要做很多的功课，有时也需要做长久的准备，成功与否，同样也面临这些内在、外在原因。办事的成功与否和唱戏的圆满与否，具有相当多的可比之处。当然，无论是唱戏还是办事，在付出努力的基础上，不成功都有悟性不好、理解不透的主观原因，所以，本俚语在使用中也常常带有自责的感情色彩。

语例：小山高中毕业后，经连续复了三年的课都没考上大学。父亲对小山说："小山，这几年复课你确实是用了功的，人也瘦了一大圈，结果是'戏又唱得丑，人又吃呱亏'，我们没有那个命，考不上大学我们不考了，啊？"

虾弓沿边

词解

虾弓：虾，因其背部总是呈弓形，所以本地形象地称它为虾弓。

释义

本义：本地的虾弓主要是河虾，个儿小。河虾主要以微生物、腐殖质为生。俗话说："流水不腐，户枢不蠹。"河流中心因水流急，微生物少，腐殖质则几乎没有，所以河虾主要生活在河床边沿。沿着边儿生活就成了它们的习惯。如果捞回少量河虾（多了则因虾子的堆积体现不出）倒入盛水的盆子里，这些虾子就会挨着边儿排列成圈儿。

用语意义：是指人们对自己共同关心的事务进行围观。

艺术与现实意义

本俚语使用的是借喻的修辞手法，把"围观"的人们比喻成"沿边"的虾弓，特别是倒入盆里的情形。比喻非常形象，而且体现了围观的人围观的整齐性和有序性，不是乌合之众，也说明了人们的质素：善良、守纪。

本俚语被使用最频繁的应当是20世纪的60~80年代。那时候生活水平低下，特别是农村，孩子们可吃的零食相当有限，可吃的零食品种、数量本身就少，能够买得起零食的更少，所以谁家孩子有好吃的东西，左邻右舍的孩子都闻讯赶来围观：一是猎新奇看热闹，二是想“分杯羹”。当零食比较多，而且可分时，一般主人家的大人们都会分些给围观的孩子尝尝。人们常把这种情况戏称为“虾弓沿边”。这种现象，大人们中也有，当时如果谁家杀猪，邻居们也会围观：一、看看是否需要帮忙；二、猪肉肥不肥，可不可以分（买）一些肥肉到家里煎出油来炒菜用；三、本地习俗，谁家杀猪后都要将猪血加少量肉煮成汤给在场的人一人一碗或没人来的邻居送上一碗尝尝。这种情况也系“虾弓沿边”的范畴。

“虾弓沿边”，“沿边”的人都不是“事务”的主角，对事务本身来说都是些“无关紧要”的人。

语例：奶奶给小孙孙一个苹果，小孙孙很高兴，正想拿到外边去显摆。奶奶忙说：“这苹果只有一个，你别拿出去吃呀，等会你的小伙伴们虾弓沿边一样围着你，可是分不来呀！”

瞎子摸臭鱼

词解

摸：mō，用手探取；寻找。

臭鱼：是指自然死亡后开始发臭的整条的鱼。

释义

本义：瞎子到河里的石头底下用手探取鱼儿，结果探取的是死了的鱼。

用语意义：是形容人办事速度慢，效率极低。

艺术与现实意义

在以前，生态环境没有遭到人为的大量破坏，农村中小溪流里、河里鱼很多。到了夏天中午时分，因为太阳太旺，河里浅水处的水很热，小鱼（浅水处只有小鱼）因怕热，就躲到石头缝隙里避太阳。人们利用这个特点，就到河里的石头缝隙里用手轻轻探寻，若触到有鱼就将其捉住（要有熟练的技巧）。这就叫“摸鱼”。如果技术好，一个人一中午能摸到几斤鱼。摸鱼的第一技巧，就是看清石缝的走向，双手从两端慢慢向中间靠拢，将鱼在不感到很危险的状态下赶到手掌合拢的中心，然后捉住。瞎子看不见石缝的走向，也看不见鱼儿是否已从中间溜了，所以能摸活鱼是不可能的——事实上也没有哪个瞎子去摸鱼——只能摸到石板底下已经死了的鱼（也可能腐烂发臭了）。但石板底下有死鱼的可能性很小，所以一天就是摸死鱼也是摸不到几条的。在“鱼”前面之所以要加个“臭”字，意在贬低受话人，同时也表现了用语人对受语人工作效率低的不满情绪。

把人们做事效率的低下，用“瞎子摸臭鱼”这个假设的事实来打比方，赋予了语言直观性的想象和话语的情趣性、情感性。

语例：妈妈要小琳给爸爸织一件毛线衣。小琳贪玩，玩的时候多，织的时候少。过了一段时间妈妈见小琳还未拿毛线衣去交差就对小琳说：“你爸的毛线衣，你瞎子摸臭鱼，一天也要摸几针呢，天冷了你爸要穿呢！”

瞎子婆死呱男人——哭天无路

词解

瞎子婆：瞎了眼睛的妇女。这里是指双目失明的妇女。

男人：这里指丈夫。

哭天：呼天抢地地哭。

释义

本义：双目失明的妇女突然死了丈夫，她呼天抢地，悲痛自己没有了生活出路。

用语意义：是指某事务失去了最后的依靠，没有成功的可能。

艺术与现实意义

双目失明的瞎子妇女，走路要靠丈夫牵引，生活要靠丈夫照料，现在丈夫去世了，一下子什么也没有了着落，她哭得再伤心也哭不回来呀。也就是说这种局势不可挽回，空留惋惜和悲伤。办事也是如此，如果这个事务成立和发展的前提条件和基础没有了，或失去了最后的依靠，肯定是不能成功，只有留下后悔和叹息了。

语例：王涛借了很多的钱给陆立办鞭炮厂，可陆立的鞭炮厂经营不善，一时间也还不了王涛的钱。王涛的钱也是找朋友借来的，朋友催得紧，王涛很着急。不想前天陆立的鞭炮厂爆炸了，王涛闻讯急如热锅上的蚂蚁，嘴上不停地唠叨："现在是瞎子婆死呱男人——哭天无路了，怎么办？怎么办？……"

先进庵堂为长老

词解

庵堂：小佛寺。

长老：对辈分高的和尚或对住持和尚的尊称。

释义

本义：和尚进到佛寺都有法号，一齐入寺的，不论年龄大小都是一个辈分，法号中都有一个相同的字。后入寺的，不论年龄大小，都要比前一批入寺的和尚低一辈分，都得叫前一批的为师叔，尊称前一辈分的为长老。

用语意义：是指一个集团、一个组织中，发起者或先参加者比后来者要更有话语权，说的话比较有分量。

艺术与现实意义

本俚语强调的是一个先来后到的秩序，但它又并不只是先来后到的先后顺序。先后顺序只是个谁在先谁在后的顺序问题，后面的没有听从前面的话语或规定的义务，而先进庵堂为长老，后辈的在一定程度上要听从前辈教诲，遵守前辈立下的规矩。比如说，某一民间组织或某一公司章程、制度的框架都是由创立人、发起人定下，后来加入者、加盟者，只有接受和遵守的份儿。这便是先进庵堂为长老的具体例证。其他事务中也有这种情况的存在。当然，这是客观的、正当的一面。但本俚语也有它消极的一面，论资排辈，摆老资格，大事做不来小事又不做的人，利用本俚语的机械意义，搪塞职责，推脱责任或不采纳积极进步的建议和意见，这是应当批评和摒弃的。

语例：张志和当了十六七年的村支部书记了，这次改选退下来，只当了一般的支部委员，思想上还没转过弯来。新书记安排他负责收取社保缴费，他不乐意，说："先进庵堂为长老，你想安排我呀？"

咸吃萝卜淡操心

词解

咸吃萝卜：咸，读音 xián，这里是指盐那样的味道重。咸味重，食物里含的盐多。咸吃萝卜，是指吃的萝卜多。

淡操心：淡，这里应作"（味道）不浓；不咸"解释。味道淡，食物里含的盐就少，淡操心，即"操心"没有必要的理由，没有价值。

释义

本义：吃多了萝卜，心里（肚里）也变得淡了，管的事也变得不值钱了，操心也变得随便了。

用语意义：责怪他人操了不该操的心，管了不该管的事。

艺术与现实意义

本俚语虽不是工整的对偶，但也是"对仗"修辞手法的运用，特别是开头文字"咸"与"淡"的对用，增强了本俚语的对比效果。

本俚语用语意义含蓄，必须有丰富的生活阅历和语言理解力，才能较深刻地理解该俚语。理解“咸吃萝卜”，是理解本俚语的关键，要理解“咸吃萝卜”就还得理解另一句俚语“吃得咸”(见本书“吃得咸”词条)。“吃得咸”就是身体能承受的盐分多，引申为办事心狠，做生意赚的非法收益多。到了这里我们不难理解，“咸吃萝卜”的“咸”有“多”的意思；“淡操心”的“淡”字有“某种成分比例小”的意思，比例小的原因是散得宽，所以，在这种意义上，“淡”有“宽”“范围广”的意思。

萝卜虽然是好菜，但味淡，又没有香味，萝卜吃多了就可以机械地理解为心里变淡了，变淡了就不值钱，就可以到处撒。既然不值钱了，“操心”也就意义和价值不大了。就比如你拿着的是黄金，你就生怕散失了点，你挑着的是黄土，散失就散失了点，哪怕全部散失也只这么多钱。既然“操心”不值钱，就随便操呗。

本俚语字面简单，用语意义明白，但从字面到用语意义含义曲折。很多人在使用，而且使用得较准确，但大都只知其然而不知其所以然。

语例：半个月前，一个寻找失踪孩子的妇女在九老爹家借过宿。今天，九老爹忽然想起这个事，就对女儿说：“不知道那个女子的孩子找到了没有，真叫人心痛呀!”女儿责怪父亲：“您老人家呀，真是咸吃萝卜淡操心，这么多天了，心里还记挂着这事!”

现郎中

词解

现：本俚语中是“原来的”的意思。

郎中：中医医生。

释义

本义：原来的医生。

用语意义：指病情没有好转或事物没有新的进展，还是原来的样子。

艺术与现实意义

人生了病，如果一看医生、一用药病就好了，当然原来诊病的医生就不用再来了；原来的医生又来了，证明病还没好。所以，以“现郎中”借指病还没有好，进而以“现郎中”比喻事物没有新的进展，还是原来的样子。本俚语语面三个字，却包含了两种修辞手法——比喻和借代，凸显武冈俚语用语的巧妙性。本俚语也是意在弦外的用语特点。

语例：“阿三呀，前次我到你家，看到你家的新屋已打好了基础，现在修得怎么样了呀？”“有得钱买材料，还是个现郎中。”阿三答道。

乡里人进城，肩膀两拍
城里人下乡，杀鸡杀鸭

词解

乡里：家庭久居的地方（指小城镇或农村）。这里指农村。

两拍：拍，用手掌打。武冈读音 pá。两拍，不是个具体的数量词，是个概数，指拍两下或几下（十下以内）。

释义：乡里人到城里来，卸了肩上的东西，把肩膀拍两拍就往回走；城里人到乡里去，都会受到杀鸡杀鸭的款待。

艺术与现实意义

20 世纪 80 年代以前，乡里人进城里去多半是拿着农产品到城里卖了赚些零钱用。而拿着农产品进城，都是肩挑手提，竹条、木头用掮。且当时县城虽通了马路，却没有公共汽车，短途班车也少，不是几十里上百里的路程，谁也舍不得使钱乘车，都是走路进城。同时，进城一般都经过马路（一段或全程），马路上漫天的灰尘（当时县道、省道的路面均系石子、泥土铺成，没有沥青路、水泥路）会落满肩膀及上身。到了集贸市场把东西卖出后，用手拍拍肩膀及上身，掸去衣上的灰尘就往回走（卖了钱除了必购品，也舍不得买点东西吃）。所以，本俚语把它形象地叫“肩膀两拍”。城里人一般是不到乡里去的，乡里太穷、太脏，路也不好走。如果有城里人到乡里去，一般是去走亲戚。而乡里的亲戚见到城里的客人来了，那是敬若神明，杀鸡杀鸭，尽家里所能以款待客人。这里还有一点有必要注明：乡里人进城了，如果有城里的亲戚，一般也不怎么到亲戚家里去，因城里人在一定程度上看不起乡里人——乡里人脏，不讲卫生，吃东西粗鲁——怕城里的亲戚不欢迎、不高兴。这种现象虽不说普遍，但在很大程度上是客观存在的。

本俚语以乡里人进城和城里人下乡所受到的截然不同的待遇，从侧面揭露了当时城乡巨大的差别。现在这些差别在不断地缩小，城里人和乡里人没有多大的贵贱差别的感觉，但本俚语反映了一个历史事实。这个历史事实，值得人们鉴戒。

语例：老六与老云一同到城里来，办完事情后准备一同回家。老六对老云说：“老云呀，好像听说你城里有个亲戚嘛，你不到亲戚那里去呀？”老云说：“你没听人家说‘乡里人进城肩膀两拍，城里人下乡杀鸡杀鸭'？我还是肩膀两拍往回走吧，免得去麻烦人家。”

相骂无好口，打架无好手

词解

好：hǎo，这里作“善”解释。与“恶”相对。

释义

本义：相骂时，没有不使人伤心的话语；打架时，没有不伤人身体的拳脚。

用语意义：常用于劝说吵架双方和解，互相宽容。

艺术与现实意义

相骂、打架，是人们意气冲动时所为，理智退居了二线，骂出的话就怕对方不伤心，打出去的拳头、弹出去的腿，就怕对方不伤身，这是人之常情。只有心地特别善良及素质较高的人，在相骂、打架中才会考虑到骂话不能太伤人心，出拳脚不能给对方造成太大的伤害，但这样即使相骂、打架也不会很激烈。

其实，相骂、打架都是一时的冲动，而且常常发生在邻里、亲戚之间，过后，大多数人都会有些后悔，只是不愿意向对方低头。这也是人之常情。所以，正因为这样，人们闹了矛盾后，才有调和的基础。本俚语正是产生在这样的基础上，成为人们调和矛盾的规劝用语。

本俚语的产生和使用，从侧面体现了武冈人民宽容、大度、不计前嫌的好品质。

语例：王向四被邻居李学光打得食指骨折。王要李赔医疗费，李不同意。于是，王纠集亲友准备报复李。支书闻讯急忙赶来做劝阻与调和工作。半天下来之后，李学光终于同意出医疗费。最后，支书说："相骂无好口，打架无好手，你们是紧挨的邻居，低头不见抬头见，矛盾了结了，还是要和好如初，不能耿耿于怀……"

相见易得好，久处难为情

词解

得：dé，用在别的动词或形容词前，表示可能这样。

处：chǔ，跟别人一起生活、交往。

难为情：脸上下不来，不好意思。

释义：人与人初次或短暂交往，容易友好相处，但要长期打交道或生活在一起就比较困难，难免产生矛盾。

艺术与现实意义

我们常说与谁"相见"都是短暂的，不是长期的。短暂的相见，出于礼貌，用语温和，相互谦让，所以是能够相处得很好的。但是，长期打交道或生活在一起，彼此性格的差异就会显露出来，利益冲突就会暴露出来，如果不是情投意合者是很难长期相处的。

本俚语提醒我们：如果想要与谁长期打交道或相处，必须互相了解彼此的个性特点，考虑是否能够互相包容。若是难以相处的，最好避免长期相处；或者，知道人与人之间总是会有矛盾冲突的，在相处前必须制定好共同遵守的规则，照章行事，避免矛盾冲突。婚姻讲究恋爱、国家讲究法律、民间讲究乡规民约都是基于这个道理。这些道理是透过本俚语语面发散思维的结果。

语例：毛毛刚参加工作，因考虑节约开支，寄居在同学家里。过了一段时间，妈妈对毛毛说："发了下个月工资后，你还是自己去外面租个小房子住。" "我同学和她父母对我都很好。"毛毛不解地说。"傻瓜，俗话说'相见易得好，久处难为情'，久了就会生意见的。"妈妈解释说。

想个螃蟹香下口
哪个晓得乞个螃蟹夹一口

词解

香下口：下，一下子，一段时间。香下口，使嘴保持一段时间（螃蟹的）香味，即享受螃蟹的美味。

晓得：xiǎo · de，知道。

乞：qì，给予（见上海辞书出版社 1977 年 11 月出版的《辞海·语词分册》第 176 页）。这里是被动用法，被的意思。

释义

本义：去捉螃蟹，目的是为了吃螃蟹肉，分享螃蟹的香，结果螃蟹没捉到，反倒让螃蟹的钳状螯将自己的手夹伤了。

用语意义：比喻本想从某件事中获利，结果不仅没获利，反而受了损害。

艺术与现实意义

本地螃蟹个儿不大，外壳不仅坚硬，而且很厚，里面的肉很少，所以，捉个螃蟹吃肉意义不大；本地吃螃蟹，主要是将螃蟹用油炸燥后连壳一起吃，享受螃蟹的香味。本地螃蟹的钳状螯，不仅大而坚硬，而且“钳”上下交接处有锯状齿，一旦被夹住非常痛，有时还会被夹出血来。

有经验的人捉螃蟹，是从螃蟹的后面去捉，不要让自己的手指进入它的夹钳自卫区；没有经验的人去捉螃蟹，从螃蟹前面夹钳自卫区去捉，往往被螃蟹的螯夹住手。

很多人面对有利可图的事情，不去分析利弊，排除不利因素，利令智昏，不考虑后果，往往适得其反，意欲获利而恰受其害。这就与本地没有经验的人捉螃蟹反被螃蟹夹的现象如出一辙。特别要注意的是，本俚语比喻的，往往是获利小反而损失大的事例，就如“香下口”事小，手被夹伤事大一样。

本俚语比喻直观，明白易懂，把人生经验寓在简单的生活现象之中。

语例：张南看到很多人用麻鱼机麻鱼弄到钱，于是就买一个麻鱼机去麻鱼。没麻几天，就被畜牧水产局的执法人员没收了麻鱼机，并罚了几百元钱。真是“想个螃蟹香下口，哪个晓得乞个螃蟹夹一口”。

巷子里赶猪——直冲

词解

巷子：巷，较窄的街道。巷子，指两侧有墙、壁之类隔栏的较窄的过道。

赶猪：赶，驱逐。赶猪，通过定向驱逐，使猪到达预定的目的地。

直冲：很快地向前直闯。

释义

本义：猪被赶到较窄的巷子里，猪没有改变方向或转身的余地，只能向前直冲。

用语意义：比喻做事到了骑虎难下的境地，没有回旋的余地，只有将其进行到底。

艺术与现实意义

本俚语是一个歇后语，也是一个形象生动的比喻：巷子本身较窄，两边都是墙或壁（主要指木壁）的阻拦，不可逾越，不可穿透，后面是人的追赶，猪除了向前冲，它没有别的办法，是被逼的。有时候，人办的事，完成又很困难或要吃亏，但各方面的原因又不容许它停下来，再难再亏也只能把它办完，就像被人追赶的猪进了小巷子，只有向前冲的份。

另外，本俚语之所以选择猪而不是别的动物，是因为猪是被认为最蠢的动物。最蠢的动物在狭窄的巷子里被驱赶，更是想不出其他的办法，只有向前冲的份了。

语例：陆六到东北订了几吨苹果的进货合同，将苹果贩运到本地来卖。谁知今年贩运苹果的多了，价格卖不上去，还要亏本卖。妻子劝陆六不要再去进货了。陆六说："我也不想去进货，可我不去进货，人家要问我索赔违约金，而且违约金很多的，我只有巷子里赶猪——直冲了！"

小生娘娘

词解

小生：小，这里的意思是体积、面积、数量、力量、强度等方面不及一般的或不及比较的对象（跟"大"相对）；生，这里是产生、发生的意思；小生，在这里并非戏曲里的角名"小生"，也非年轻读书人的自谦称谓，是小量产生、增加的意思。

娘娘：niáng · niang，这里是信神的人对女神的称呼。在本地的口语中把轻声变成了重音去声，即读成"niáng niàng"。

释义

本义：小生娘娘传说是一尊在百姓家庭接受供奉的小女神。家庭供奉着"小生娘娘"，这个家庭就会不时地发些意外的小财。不过，她也很小气，如果供奉不周，她就会让这个家庭时不时地遭些意外的小损失（参见"石头拉屎千年肥"条）。

用语意义：是指度量小、容易生气的女人。这种人思想过于敏感，常把别人与自己交往的话语、态度往坏处想，对别人缺乏理解和宽容。

艺术与现实意义

本俚语从字面的释义上看具有贬义性，但在实际运用中这种贬义性不突出，因为常常是用在亲人、朋友间，直接、平和地指出别人的缺点或不足，并无恶意。本俚语的艺术性在于，把这种思想过于敏感，缺乏气量，容易生别人气的人比作女神，起到了欲贬先扬的艺术效果，让承受人觉得，虽切中要害，但毕竟“小生娘娘”也位于女神之列，俚语承受人在情感上能接受对方的批评或提醒。

本俚语既是借喻修辞手法的运用，也是武冈俚语用语含蓄的艺术体现。

语例：小月是一个爱生气的人，同时体胖食量大。一天，听姐姐在厨房里说“吃就吃得天多，事又不去做”。中午，妈妈叫小月吃饭了不见她到厨房来。妈妈来到小月房中，见小月撅着个小嘴不理人。妈妈说：“吃饭了，没听见吗？”小月回道：“不吃，不吃！免得别人讲我‘吃得天多，又不做事’。”妈妈明白是怎么回事了，说：“小生娘娘！你姐不是讲你，是你弟弟在抢她的红薯吃，她讲的是你弟弟。”

笑烂不笑补

词解

笑：这里是“嘲笑、取笑、讥笑”的意思。

烂：破烂。

补：缝补。

释义：只取笑那些衣服烂了不缝补的人，不取笑那些衣服烂后又缝补好的人。

艺术与现实意义

现在的人，衣服烂了就往垃圾箱里一扔，很少有人去缝补的，也没有人去指责这些人的不是。

本俚语是改革开放之前的用语，当时，中国社会的生活水平普遍不高，特别是广大的农村，广大的农民填饱肚皮都不容易，穿着上讲究朴素整齐，衣服烂了没关系，只要缝补整齐了就好；机关里提拔干部，是否穿补丁衣也是评价干部道德品质的依据之一：能穿补丁衣的干部，说明其生活俭朴，体恤百姓，是好干部；很讲究穿着的干部是有资产阶级思想的干部。只有衣服烂了不缝补，披一块，吊一块，露出肌肤的人才会被人耻笑。

本俚语的产生和使用，体现了武冈人民勤俭节约的好品质。事实上，衣服稍破烂一点，只要缝补得工整、美观些是可以再穿的，现在的人不是时兴穿“乞丐装”吗？同样是破烂，穿在身上的感觉有什么不一样呢？且衣服旧一点穿在身上更柔和舒适些。这不是小气不小气与贫穷不贫穷的问题，更大的意义在于减少生活垃圾，利于环境保护。

语例：妈妈要小媛穿着那件黄格子花衣上学，小媛说：“妈妈，那件衣服前次穿烂了，给我缝件新衣吧。”“烂了我已经给你补好了的，笑烂不笑补哩，过年我再给你做件新衣服，啊？”母亲说。

泻泥巴糊不上壁

词解

泻：取“很快地流”的意思。泻泥巴，是指非常稀，倒在哪里都呈流动状态的泥巴。

糊：hú，涂附；黏合。

释义

本义：很稀的泥巴，想把它糊在墙壁上是糊不上的，一糊上去它就自动地滑下来了。

用语意义：比喻人既没有能力，更没有上进心，你想要帮衬他，帮衬了一下是一下；一离开你的帮衬他又回到原来的地方。

艺术与现实意义

人没有能力，可以培养，如果没有上进心，是培养也培养不起来的。就好像一摊泻泥巴，不管你把它糊得多高，你一松手，甚至你还没有松手，它就顺着墙壁流回到了地面。

本俚语虽然有点形而上学，但事实上，缺乏上进心的大有人在。以泻泥巴作比喻，对他人人格有贬低和侮辱感，谁也不愿意成为泻汤汤的泥巴，所以对被比喻者是一个无形的鞭策。

语例：刘二小偷小摸已成性，监狱里进进出出已成习惯，你想帮他也帮不了，确实中了那句话：泻泥巴糊不上壁。

泻屎鲢鱼吃现屎

词解

泻屎：泻，xiè，武冈读音 xià。泻屎，是指屙稀粪，但不是实指，是比喻很差劲，不中用。

现屎：指别人或别的动物屙出的现成的屎。

释义

本义：不中用的鲢鱼吃别的鱼屙出的现屎。

用语意义：比喻过去的妇女要依靠男人而生存。

艺术与现实意义

鲢鱼是吃含微生物的泥土和其他的鱼（如草鱼、鲤鱼等）屙的屎为生的。有经验的养鱼人在放鱼苗时，一般要将草鱼、鲤鱼和鲢鱼按照一定的比例放入鱼塘。这本是鲢鱼的生活习性，拟人地讲是它的生活逻辑和智慧。勤劳的武冈人民认为这样依靠别人生活的人是不中用的，是可耻的，所以，鲢鱼被人瞧不起，卖的价格也比草鱼、鲤鱼等的低（其实，鲢鱼的营养价值不比草鱼、鲤鱼差，而且肉质还相对细腻些）。旧社会由于对妇女的性别歧视，把妇女的足裹成畸形，走不快走不远，不准妇女出门，更不准妇女参加社会活动，使得妇女必须依靠男人生活，把她们说成是“泻屎鲢鱼”，虽然过分，但也有可比之处。历史的沉渣总会对现实产生一定的影响，现今的一些女性，反倒把历史性的歧视变成了一种生活逻辑：“嫁汉，嫁汉，穿衣吃饭”，还真变成了“泻屎鲢鱼”。把妇女整体说成是泻屎鲢鱼吃现屎是对妇女的歧视，把这些懒惰的妇女说成是泻屎鲢鱼吃现屎是对这些人的斥责。

语例：老爸对不想做事的女儿说，现在只要你肯做事，随便干点什么都能挣到钱，你还想泻屎鲢鱼吃现屎吗？

泻屎要争个尖尖

词解

泻屎：泻，xiè，水往下直注。武冈读音 xià。泻屎，像水一样流下的屎，即稀汤得落地即流动的屎。

尖：物体锐利的末端或细小的头儿。

释义

本义：稀汤的泻屎不可能有尖儿，他都要争着让你承认有个尖儿。

用语意义：是指某人争强好胜，不尊重事实，不讲道理，凡事都要争个赢家。

艺术与现实意义

我们知道，稀汤得落地即流的大便，是不像正常的大便那样有个尖儿的（不论人畜都一样）。事实上，谁也不会去硬争着说“泻屎”有个尖儿。本俚语之所以把那些不尊重事实，不讲道理，争强好胜的人处事，比作“泻屎争个尖尖”，一是充分体现了其争强好胜的程度；二是对这些人尖刻地讽刺、嘲笑。

本俚语一出口，就是三岁孩童也会觉得好笑，使严肃认真的批评在笑声中进行。但正是这些笑声，会让被讥讽者更加恼火，起到了犀利的批评效果。

语例：妹妹解一道数学应用题，哥哥指出其结果做错了。妹妹不服气，坚持说自己的是正确的。父亲听到他们的争吵后，来到现场，运用还原法验证了妹妹结果的错误，但妹妹还是一脸不高兴的样子。哥哥批评妹妹："你呀，就是泻屎要争个尖尖！"

行来饱，坐来饥，入倒吃得一皮筲箕

词解

行：xíng，走。武冈读音 héng。

来：此为俗语里用的衬词，没有实际意义。

入倒：入，进到某种状态。入倒，本地方言，指躺下。

皮筲箕：筲箕，shāo jī，淘米、洗菜等用的竹器。皮筲箕，用薄片竹篾编成的簸箕，三面有边沿，一面敞口，用来簸粮食或暂时盛放东西。容量比较大，一般较小的也有2000~3000毫升。

释义

本义：走着路不觉得饥饿，在屋里坐着休息容易觉得饥饿，如果在家里躺着吃了睡，睡了吃，胃口最好，食量最大能吃下一皮筲箕的食物。

用语意义：这是一个关于饥饿感生活经验的总结语，其用语意义在于要注意以劳逸结合来调整食欲、食量，保障身体健康。

艺术与现实意义

首先，本俚语使用的是“借代”的修辞手法，分别以“行”“坐”“躺”借代“劳动”“休息”和“过分休息”。

其次，本俚语是实践经验的总结，至于科学性作者尚未找到能说明的相关资料。但根据作者的生活经验可作如下理解：1. 劳动不是不饥饿，因为劳动付出的体能多，相应需要食物补充的能量也会多，应该更容易觉得饥饿才对。而事实上人在一个劲的劳动中，常常不觉得饥饿，有时超过了固定的进食时间也不觉得饥饿。这原因应该是：饥饿时，由于一心扑在劳动上，没有感觉到。紧接着是体能供给的转换，即饥饿前是由新进食物转化的能量供给劳动所用，饥饿时新进食物转化的能量耗完，接着即转换由体内储存的能量供给为劳动所用。所以，饥饿感不再继续。这个转换的过程在紧张的劳动中没有注意感受。2. 休息时体能付出少，新进食物转化的能量耗得差不多时，人就感到饥饿，由于是休息，这种饥饿感不会被其他的注意力所迁移，所以就会觉得很饿；又因不需大量体能的付出，不会像在劳动中那样很快转换体能的供给，所以饥饿的感觉时间就较长，就总觉得饥饿。3. 吃了睡，睡了吃，食物转化的能量几乎全部变成了脂肪和肌肉，且跟休息一样，饥饿感同样不会被其他的注意力所迁移，吃得就更多。这已是实际中常见的没有争辩的事实。

再次，也是最重要的，本俚语的应用有利于警示人们不能过度地劳累，也不能过分地休息，错误地认为“吃了睡，睡了吃”就是享受。要劳逸结合，才能保证饮食的卫生，保证身体的健康。

语例：阿妞：“这几天在家里休息老是觉得肚饿，不知怎么搞的。”母亲：“‘行来饱，坐来饥，人倒吃得一皮筲箕。’这句老话你没听说过？”

凶　火

词解

凶：凶恶，厉害。

火：物体燃烧时所产生的光和热。

释义：这是一个表示程度的多用语，表示程度、数量、技术或来势等超乎寻常。其具体意义应根据具体的用语环境来确定。

艺术与现实意义

这是一个并列式的词组，“凶”与“火”都是表示程度的：“凶”，基于凶恶的本义，表示到了了不得的地步；“火”，基于其烫，表示惹不起或无与伦比的厉害。其用语之妙，请在列举中体会：如两伙人发生冲突到了剑拔弩张的地步，一伙人亮出了棍棒而另一伙人赤手空拳，领头的见势不妙，大喊一声：“凶火，快跑！”这里的“凶火”是来势凶猛的意思；一个钓鱼的人因偶然的机会，一早上钓了五六斤鲫鱼，遇见的人一看这么多的鱼，叹道：“凶火！”这里的“凶火”是数量多的意思；一个从未捉过蛇的人看到专业捉蛇的人徒手捉住五步蛇，叹道：“凶火！”这里的“凶火”是本事大的意思……

从以上分析、列举可见，“凶火”二字的俚语，表示事物、行为超乎寻常，意义随机应变，是武冈俚语用语简洁、含义丰富又一例证。

语例：长生对大三说四清的儿子高考考了690分。“凶火！

750分的题目他居然考了690分？”大三惊叹道。

牙是牙，刷是刷的

词解

牙：指牙齿。

刷：指牙刷。

释义

本义：牙齿是牙齿，牙刷是牙刷，二者不能混淆。

用语意义：是指某人说话生硬、尖刻，不含糊，不顾情面。

艺术与现实意义

虽然牙齿、牙刷要打交道，但两者都是硬碰硬，即便是打交道之时，二者也泾渭分明，互相没有沾染；打交道后，更是各归其所，毫不相干，两者没有沾亲带故的感觉。这是将牙与刷区分着来说。但是，“牙刷”“牙刷”，“牙”与“刷”本是连用一体的，而到“你”这里硬要把它分开来，说得“牙是牙”“刷是刷的”，这便是生分了。本俚语主要是用在沾亲带故的人之间，说某人说话太过分，“你”“我”分得太清楚，没有一点碍于情面的感觉。所以，以“牙是牙，刷是刷的”来比喻这种尴尬的场面，的确是再恰当不过了。

语例：昨天上午因小花家没人，八婶在小花家的杂物房里拿了一担箩筐临时用了一下（这在农村是常事），到小花回来时，还没送回去。小花知道后，便气冲冲地跑到八婶家去拿箩筐，并说："不经别人允许，就拿别人家的东西就是偷！"八婶："这孩子，说话牙是牙，刷是刷的。"

阎王要你三更死，不得留人到五更

词解

阎王：阎罗，佛教称管地狱的神。

更：gēng，旧时一夜（从黄昏到拂晓）分为五更，每更约两小时。三更，指半夜；五更，指拂晓前一段时间。

释义

本义：相传阎王奉上天的安排掌管着人世间每个人的生与死。生，要阎王赐生死簿，并限定你在人世生活的期限；死，要阎王按生死簿限定的期限钩名。如果生死簿限定你是三更死，那么阎王一定不会让你活到五更。

用语意义：除本义外，还比喻你的前途、命运掌握在别人手里，别人要你怎么样，你也没有办法。

艺术与现实意义

本俚语本义的运用，有劝慰别人对自己和亲人的生老病死，不要过度地悲伤或埋怨命运的不公。因为人的生死是天注定的，生日不到不生，死日不到不死；生死簿上注定了你三更死亡，你若活到了五更，反倒是阎王失职了。这样一想，人们的心情就平静多了，免得每天都生活在愤愤不平或悲凄之中；重病中的人，想到这里，反倒心胸开阔了，有益于病情的好转。

本俚语比喻义的运用，一方面有劝慰受不公平待遇的人不要过于愤怒，接受事实；另一方面把掌握他人前途、命运的人比喻为阎王，也间接地表达了用语者对现实的不满。在这方面，本俚语虽给人以劝慰，有让人逆来顺受的感觉，但在一定程度上起到了息事宁人的作用。

语例

1. 王某的父亲突然过世了，王某非常悲痛，常常叹息父亲没享过他一天福。王某的婶母劝慰他："阎王要你三更死，不得留人到五更，你父亲命中注定要走得这样匆忙，这冇办法的。难得你有这份孝心，你父亲泉下有知不会怪你的。"

2. 小蒋因被领导从办公室安排到比较辛苦的一线工作而愤愤不平，与其相好的同事劝慰他："阎王要你三更死，不得留人到五更，给你调动个工作岗位算什么。"

岩鹰不打窝边鸡

词解

岩鹰：老鹰的一种，因喜欢在岩壁上筑窝，故得名。属于猛禽，常捕食鸡、鸭等家禽。

打：这里是捕食的意思。

释义

本义：岩鹰不捕食它窝所在地附近院落的鸡、鸭等家禽，原因是怕激起窝附近人的怨恨而捣了它的窝或将它消灭。

用语意义：比喻做坏事的人，为自己不致很快被暴露、被捉拿，而不侵犯其周围人的利益。

艺术与现实意义

岩鹰捕食了远处的家禽，远处的人不知道它的窝在哪里，拿它没办法；但如果岩鹰捕食了其窝周边人的家禽，那后果将是：一、其窝被捣毁；二、人想办法将它消灭。传说岩鹰也是有思维的，所以它们养成了不打窝边鸡的习惯。一个聪明的坏人，也是明白这个道理的，所以他一般也不损害自己周围的人的利益。但这已是老话。现在的坏分子专损害周边人的利益，一是他们对周边的情况熟悉，便于得手；二是时代变了，现在不是坏人怕好人，而是好人怕坏人了，周边的受侵害者也只忍气吞声，以祈不招来更大的祸患。

岩鹰不打窝边鸡，是一个哲理，也是一个坏人办坏事的原则。现在的坏人连自己的原则也不遵守了，贪污分子专门损害自己单位和下属的利益；偷盗分子专偷熟人熟户；传销分子专拉亲朋下水……本俚语的使用，是对这些坏分子的斥责。

语例：王二毛连他外婆的金戒指也偷来卖了，人说岩鹰不打窝边鸡，这王二毛真不是东西！

眼大肚子细

词解

肚子：是指胃。

细：小。

释义：是说小孩子在吃东西前争着、抢着要多占些，争到了却又吃不完（有些易腐坏的东西就浪费了）。

艺术与现实意义

“眼大”并不是说眼睛的眼球和眼眶大，而是说孩子对自己喜欢吃的东西，看到一个就想占有一个，看到两个就想占有一双……不去考虑自己能吃多少，也就是说孩子的占有欲大。其实，这也是个比喻：把人的占有欲大或说贪欲大比作眼睛大——眼睛大，看到的东西就多，心里想要的也就多。一“大”一“细”，反衬出欲念和能力的差距与矛盾。

孩子对自己喜欢吃的东西“眼大肚子细”，是孩子的一个普遍心理，对孩子使用本俚语，不是贬低孩子，而是批评孩子自私自利。这个俚语过去常用于父母对儿女带责备性的提醒。这个俚语现在使用率低了，这不是本俚语粗俗的原因，而是社会物质基础改变的原因。过去，能让孩子吃的食品，特别是零食少，孩子难得看到自己爱吃的东西，好不容易看到了，当然要争多。现在给小孩吃的东西太丰富了，大人买时就生怕少了，买回的东西，孩子吃也吃不完，所以不用争；小孩各样东西都吃过，知道大人买的也不会少，特别是独生子女多，用不着争。但是最好还是让孩子有点“眼大肚子细”表现好些，孩子才会觉得食物的珍贵而不浪费。

语例：今天爸爸带回的糖果是安安从未吃过的，所以，爸爸刚把糖果往桌上一放，安安就大把大把地往口袋里装。奶奶说：“不要眼大肚子细，吃不完放在口袋里烊了以后不好吃。”

眼睛不抢事

词解

抢：抢先。

事：事物。指行为、人或物体。

释义：指目光不敏锐，不能抢先发现，或不能发现细节问题。

艺术与现实意义

目光除了眼球的明亮度外，是看不见，摸不着的东西。本俚语一个“抢”字就把目光形象化了；我们仿佛看到无数只手，无数个钩子，无数个箭镞伸向或射向同一个东西，看看谁快。

现实中，人们观察事物的能力是有差别的：同样一个物体，有的人快速地扫一眼，就能发现它与别的物体细小的差别，而有的人如果没人提示，看半天也发现不了其与同类其他物品的区别。前者就叫目光敏锐，后者则叫眼睛不抢事。有些现象别人都注意到了，可你就是熟视无睹，那你就是眼睛不抢事。

要想眼睛抢事，除了保持身体健康外，就是要注意培养自己的观察能力，最重要的是观察习惯，遇事物注意多看看、多想想，发现特点，发现区别，不要遗漏重要细节。还要注意积累知识经验——观察事物有知识经验作指导才全面、深刻——经常注意这些问题，观察事物的目光就相对会敏锐些，不至于“眼睛不抢事”了。

语例：“哥，你骑摩托在街上，我招手叫你，你却一溜烟跑了，害得我走路回来。”“你哥眼睛不抢事的，我也有过同样的遭遇！”嫂子对妹子说。

眼睛不识宝，会到姑娘喊大嫂

词解

不识宝：是指分不清好坏或判不明界限。

会到：碰到、遇到。

姑娘：这里指未婚的女子。

大嫂：这里是对比自己稍年长的已婚妇女的尊称。

释义

本义：是指遇到一个女子，判不明她年纪大小或婚配与否，叫人家“大嫂”，惹得人家不高兴，自己也很尴尬。

用语意义：除本义外，还指不识货，把贵重的认为是便宜的。

艺术与现实意义

“姑娘”和“大嫂”本没有质的区别，在现今，看到显然比自己年少的妇女，不论其是否已婚，都可叫姑娘。但在旧社会的封建意识下，“姑娘”和“大嫂”却有一道不可逾越的“坎”：姑娘未出嫁时称“千金”，娘家视其为珍宝，出嫁后即自称“妾”，即使是皇后都要自称“臣妾”，在婆家地位最低——古训有“在家从父，结婚从夫，夫死从子”之“三从”，总是处在从属的地位；更为严重的是“大嫂”如果死了丈夫则应守节，不可再嫁，更不可有婚外情。所以，对于男人来说“姑娘”是宝，“大嫂”是“草”。在如今万一将姑娘叫成大嫂，姑娘也只是尴尬一笑了之，可在旧中国，以至到20世纪80年代前后，如果你将人家姑娘叫成大嫂，那准会挨人家的责骂。正因为这样，用分不清“姑娘”和“大嫂”来比喻不识货物的好坏，也凸显出了其好坏货物的差距。

比喻一般只是以货比人，而本俚语以人比货，从语法角度也说明了过去妇女社会地位的低下。本俚语也是一个小小的历史印记。

语例：黄山从外地买回一块黄龙玉原石。张嫂看到后夸道：“这块石头还蛮好看的呀！”黄山说：“石头啰，真是‘眼睛不识宝，会到姑娘喊大嫂’，这是黄龙玉哩！”

眼睛如火闪

词解

火闪：本地方言，指闪电。

释义：眼睛像闪电一样明亮、敏锐。

艺术与现实意义

本来眼睛与闪电的可比度太小，之所以把它们作比，是突出某人目光的锐利：反映事物快，观察事物细致、全面，就好像一个物体被闪电照了一下，什么颜色、棱角尽收眼底。

眼睛是心灵的窗口，把一个人的目光比作闪电，这个人的精、气、神就跃然纸上了。本俚语常在少年儿童看见了、发现了难以看见或发现的事物时使用，在带有一定责备性的同时，夸赞了儿童目光的敏锐，也饱含着对机灵儿童喜爱的情感。

语例：六儿："妈妈，我要吃花生。""哪儿来的花生呀？""你从外婆家回来时，我看到你提的篮子底下有花生的。""你真是眼睛如火闪，什么东西都瞒不过你的眼睛呀！"妈妈带着责备而又暗含赞许的口吻说。

眼窝子浅

词解

眼窝子：眼窝，眼球所在的凹陷部分。

释义：比喻某人目光短浅，容易被眼前利益所驱动。

艺术与现实意义

本俚语既是一个科学写实，又是一个比喻。科学写实在于：近视眼的外部症状是眼球凸出，看上去似眼窝子浅了，承载不了眼球；而眼眶深邃的人一般视力较远，同时，老年人的眼睛变成远视眼时，眼球变平，眼窝也显得深邃些。本俚语就以眼窝表现出的深浅与视力远近的关系来比喻人在认识和判断事物上是否有远见，是否被眼前的利益所驱动。本体与喻体虽然没有必然的联系，但作为比喻，形象恰当，语言通俗而多蕴含。

现实中，年轻人近视眼越来越多，他们意识判断也越来越现实：很多年轻女子，看上别人的家产，不惜嫁给可以当自己爷爷的老头，很多年轻男子为了别人的家产，不惜做能当自己奶奶的老太婆的情人，还美其名曰“爱情无年龄界限”；很多人为些许钱财可以和多年的朋友翻脸，有的人专门变着法儿骗自己亲友的钱财；更有甚者，为了钱财杀害妻儿父母。这些人除了“不通人性”外，也是“眼窝子浅”的表现。

语例：张钱厚家财万贯，老年丧偶后欲娶嫩妻。同村如花似玉的姑娘钱笑芳，看上了张老头的家产嫁给了张钱厚，婚后却未能讨得老头欢心。几年后张老头一命归天，一纸遗嘱财产尽给了与前妻所生的子女，钱笑芳落得个“色财两空”，回家守着母亲痛不欲生。母亲连劝带怪道：“……别哭了，别哭了，怪只怪当时你眼窝子浅……”

燕子衔泥空费心

词解

燕子衔泥：燕子，在武冈是指家燕；衔，读音 xián，用嘴含，武冈读音 hán；燕子衔泥，燕子的窝是用泥巴垒的，垒窝时，燕子到野外衔来一口一口的泥巴用唾液黏合成半边碗状的窝，垒一个窝至少要上千口泥才能成功。

释义

本义：燕子衔泥筑窝是空费了心思，白付出了劳动。

用语意义：比喻子女不孝顺，不赡养和孝敬父母，父母养育儿女的心血和操劳白费了。

艺术与现实意义

人们看到燕子从遥远的南方飞来，垒窝育子。燕子父母为垒窝日夜操劳，一口泥土、一口泥土地垒，辛辛苦苦地垒好窝就是为了下蛋育子。可等到小燕子长大，学会了飞翔，就离开了父母，不管父母的死活。据说，燕子父母在飞回南方的路上，很多都因年老体衰无力长途飞行而掉入海洋淹死了，终生没有得到"儿女"半点好处。那些养育了不孝儿女的父母不禁有感而发：燕子衔泥空费心啦。

从古至今，父母对于子女的爱是真诚的，对子女的付出是无私的。父母尽管年迈，只要有能力自理，他们会尽量为儿女付出，不求儿女的回报。但当父母年老体衰，无力自理时，希望天下的子女，能爱心回报，不要让父母有"燕子衔泥空费心"的伤感。

语例：张二毛夫妻一生养育了六个儿子。为六个儿子娶妻生子，老两口房子修了一座又一座，累得自己弯腰驼背。六个儿子都成家了，可对老人的赡养，大的推小的，小的推大的，无人真心侍候，真是燕子衔泥空费心啦！

样怪婆

词解

样：yàng，这里指表现出来的神情。

怪：奇异的。

婆：年老的妇女。这里泛指女性。

释义：指样子机灵、名堂多的女性。一般用于小孩，含有一定的贬义性。

艺术与现实意义

“样怪”的含义侧重于“名堂”多。“名堂”，词典解释有“花样”之意，“花样”，词典解释有“花招”之意，“花招”，是指欺骗人的狡猾手段、计策等，所以，“样怪婆”带有贬义性。说谁是“样怪婆”，从外表说，不仅外表机灵，同时常伴有怪怪的表情，一副要出歪主意的样子；从内心来说，这人主意多，侧重于歪主意多。但即便是这种意义上的用语，它也不同于一般贬义词用语那样凝重，只是透露出一种责备的情感。有时也表达用语人对用语对象的喜爱之情。这种情况一般是这个女孩子长得可爱，遇到事情有不同于一般孩子的主意——当然不是出主意做坏事。所以，“样怪婆”是一个感情色彩复杂的俚语，要根据具体的用语环境来确定。

“样怪婆”与“花样婆”有相似之处，但“花样婆”是一个纯贬义性的用语，没有包含“样怪婆”有时透露的“喜爱”的情感。“样怪婆”就是用作贬义时，也没有“花样婆”的程度深。这也体现了武冈俚语用语温和的特点。

语例

1. “刘老大那个小女，才几岁，她居然晓得挑拨我女儿与张老细的大儿子的关系，让张老细的大儿子打我女儿！”杨秀婆对王二娘说。“刘老大那个小女，是个样怪婆，厉害着哩。”王二娘回道。

2. 江叔在房里接电话，因信号不好，老是听不清楚。“爷爷，爷爷，你不知道到外面去听电话吗？”小孙女说。“样怪婆，就你能干！”江叔一边往外走一边说道。

秧曼鼓充老棒

词解

秧曼鼓：秧，这里指某些饲养的幼小动物，如鱼苗。曼，这里是“长”的意思。鼓，这里指形状像鼓的东西。秧曼鼓，本地语，指蝌蚪。因蝌蚪腹圆如鼓，尾巴修长，是长成青蛙、土蛙或蟾蜍的苗子而得名。

充：冒充。

老棒：本地语，指泥鳅。泥鳅远看像根小木棒。

释义

本义：在20世纪90年代以前，本地的稻田每年至少要甩（shuǎi，用甩的动作往外扔）一次石灰，中和土壤酸性及杀虫、灭菌，以保水稻的丰收。甩石灰都是在稻田里有水的时候。石灰一甩下去，水田里的泥鳅会中毒。中毒前期呼吸困难，于是从泥窝里钻出来，把头伸出水面很高换气，尾巴一摆一摆，使身子保持直立的姿势。这样很容易被人发现。当时，由于物质不丰富，被石灰药出来的泥鳅也是人们的美食。人们，特别是青少年，每到这时候都要拿着捕捞鱼的工具去甩石灰的田里捕捞泥鳅。蝌蚪也会因石灰水中毒，中毒后也和泥鳅一样把头伸出水面老高来换气，身子也一扭一扭的。远看和泥鳅一模一样，孩子们往往误以为是泥鳅，急跑近去一看才发现上当了。这便是“秧曼鼓充老棒”的出处。

用语意义：是指没有能力的人冒充有能力或不该逞能的时候

逞能，亦指不懂装懂。

艺术与现实意义

本俚语以蝌蚪和泥鳅在石灰水中毒后症状相同造成人误判的现象，来比喻人好逞能、好出头，把低级被迫的现象引喻到高级主动的现象，生动有趣，同时又极具诙谐、贬义的性质。使用本俚语时，还暗含了一个反问句："秧曼鼓"充"老棒"那是因为它中毒了，你没有能力充有能力，不该逞能时逞能，你也是吃错药了吗？——带有责备的情感。另外，"老棒"具有双重意义：一是借指泥鳅，二是有"强""高""好"的意义，整句俚语的意思也含"以弱、低、劣冒充强、高、好"的意思。

现实中，秧曼鼓充老棒的现象比比皆是：有的人抄袭他人论文冒充有学分、有成果；有的人什么也不懂却又充任着业务性较强单位的领导；有的门外汉却在台上咿里哇啦地作报告指挥他人；等等。本俚语的产生和运用，也是对这种社会现象的批评、鞭笞。

语例：爸爸想考考儿子的政治经济学学得怎么样，就问儿子："什么叫生产力？"刚上初中的女儿赶忙答道："搞生产要用力呗。"爸爸笑着说："哟，秧曼鼓充老棒了！"

洋　人

词解

洋：国外来的（人或物）。

释义

本义：洋人，外国人（多指西洋人）。

用语意义：用使别人上当受骗的话语或方法，让别人闹笑话或出丑。

艺术与现实意义

本义的“洋人”是一个偏正结构的词，“洋”是修饰“人”的，即“漂洋过海”的人；俚语“洋人”是一个使动用法的动宾结构，即“使人出洋相”。物以稀为贵，人以稀为奇，西洋人到中国来，肤色不同，毛发不同，眼珠不同，立即会遭到围观；语言不通，难以交流，西洋人咿里哇啦地说话和不为人理解的表情及手势，均会被本地人传为笑料。俚语“洋人”正是基于这种情况而衍变为让别人的言行成为笑料的意思。

特别注意：“洋人”并非“害人”“挖苦人”，是轻度地、玩笑式地作弄、愚弄人。说得具体些，即别人要你或你要别人干什么或怎么干，但你或别人如果按照别人或你讲的去做了，就会闹出笑话，成为笑柄，有时也会受轻微损失。

语例：村子里好久没有什么动静了，阿风觉得很不自在，于是放出风说：“明天供销社发糖哟，凡是去供销社的小孩子都有糖吃哎。”明明信以为真，回来对妈妈说：“阿风讲明天供销社发糖，凡是去了的小孩子都有，妈妈，你要带我去供销社呢。”妈妈告诉明明：“阿风洋人的，哪有不给钱，供销社就给人糖吃的。”

阳　水

词解

阳：外露的，表面的。

释义：指蔬果等新鲜植物表面的水或叶、枝、茎、果肉易被蒸发的生理水。

艺术与现实意义

“阳水”，是本地日常生活中经常用到的词语，但对它的定义没有确切的界定，要根据不同的情况做出不同的理解。举例说明：比如白萝卜，除了鲜吃外，还可以浸酸萝卜，做腌萝卜，或做萝卜干。做这些先要晾干或晒干阳水，但各种情况下，阳水的范围是不同的：浸酸萝卜说要先晾干阳水，阳水是指洗好后的萝卜表面沾附的水；做腌萝卜时说先把阳水晾干，是指把萝卜中的生理水大部分通过晾晒蒸发掉，使其呈半柔软状态；做萝卜干时，一般不说是晾干或晒干阳水，而直接说把萝卜晒干，但实际也是把萝卜肉质中生理水绝大部分蒸发掉。

语例：制作茶叶时要先把采摘来的鲜叶晒干阳水，使其变柔软（但不能燥），再进行搓揉，然后……

养崽不像爷，各人心里划

词解

爷：这里指父亲。武冈方言指代父亲时读“yá”。

划：huà，计划，打算。武冈读音 huá。

释义

本义：如果妻子生的儿子不像父亲，那可能是妻子心里想着别人或其他特别的原因，而与别人怀孕生育的；而丈夫出于某种原因也接受了这个事实。

用语意义：除本义外，也用以比喻本应是一个整体的人，有的人就不为整体打算。

艺术与现实意义

儿子不像父亲而又在一个家庭生活，情况是十分复杂的，第一，可能是妻子不爱丈夫，另有相好，愿与相好的养崽，而不愿与丈夫养崽。这又有几种不同的情况：丈夫贪恋妻子美貌，舍不得“休妻”；丈夫爱虚荣，不想让别人知道自己的妻子与他人相好；妻子很强势，丈夫不敢“休妻”。第二，丈夫没有生育能力，默许妻子“借种”而视为己出。第三，妻子受到他人强暴而怀孕，妻子不敢讲，丈夫顾全妻子名声而“打脱牙齿往肚里吞”。各种情况各人的想法是不一样的。所以叫作“养崽不像爷，各人心里划”。

父母子女关系是人世间最亲近的关系，尚且有如此复杂的情形，除此之外的人际关系就更加复杂了。有的人身在曹营心在汉，本应与你或大家劲往一处使，共图利益，而他偏只想他自己，心里想的只是怎样损公肥私、损人利己。本俚语就是对这种人的贬损和批评，比喻形象，且也说明了这种情况的不可避免性。

语例：年初，张三、李四、王五协定共同承包了生产队一口水塘养鱼，说好年底干塘捉鱼后平分。年初放了几百尾鱼苗，平时又不见死了鱼，结果年底干塘后捉上来的不到一百尾鱼。他们找来队长，要求队长处理。队长说："这就真是'养崽不像爷，各人心里划'了，是什么原因只有你们自己最清楚，我有什么办法？"因为队长早就听说他们各自在干塘前都有偷捕偷钓行为，只是有多少的差别而已。

养崽不学艺，担断淤筛直

词解

艺：手艺，具体的制作技术等。

淤筛：畚箕，簸箕。

直：直子，本地方言指向上竖着的器物的襻。

释义：生养儿子，如果不让他学到一门或一门以上的手艺，那他成年后就只会做挑担这样的粗笨活，经常把挑物的淤筛襻儿挑断了。

艺术与现实意义

本地农村过去常用的挑物的工具叫淤筛。是在竹制的三面有边缘（无边缘的一面利于装卸物品）的簸箕上安装一个竹制的分成三叉（三叉简单而且稳定）的襻儿。襻儿较高，一般连簸箕高至使用人站立时肘部上下为宜。这三叉的襻儿叫淤筛襻，单独叫一叉枝时叫直子（不规范）。这样的直子都比较坚忍，但使用久了也会断裂。这样的器具容物较多，稳定性好，使用方便。

学了手艺的人，一般功夫轻松，且雇主开的工钱高，没有学手艺的人，无一技之长，只有一身力气，所以只有天天带了淤筛去给人家挑担，经常把淤筛襻驮断。

本俚语主观上虽带有对体力劳动者的歧视性，但客观上激发了人们从小学技术、学知识的热情，起到了推动社会进步的积极作用。

语例：老杨欲找小凌有事，遇见小凌他爸便问道："小凌在家吗?""不在，给人挑土方去了。""又去给人挑土方了?""没办法呀，'养崽不学艺，担断淤筛直'，怪我这做父亲的不能干。"小凌爸说。

咬呱盐

词解

咬：yǎo，在这里是浸渍的意思。武冈读音 ǎo。

呱：guā，象声词。武冈土话中，性质、意义与"了"同。

盐：食盐，无机化合物，成分氯化钠。用于制造染料、玻璃、肥皂等，也是重要的调味剂和防腐剂。

释义

本义：咬呱盐，也就是已经用盐浸渍了。咬盐是本地腌制菜的一道工程：先将要腌制的蔬菜、肉类等洗净晾至半干（肉类晾干阳水），再在其上撒适当的食盐，然后搅拌使其均匀，让食盐浸渍一定时间后腌制。让食盐浸渍一定时间的工序叫“咬盐”，也就是咬呱盐。咬盐的作用，一是调味，二是防腐，使腌制品不容易腐烂变质。

用语意义：“咬呱盐”是指因某人或某事具备了某些条件而对其奈不何，没办法。

艺术与现实意义

本俚语其实暗藏着一个比喻，就是把“我们”自己比作有害细菌。有害细菌当然希望侵入蔬菜、肉类等，让其腐烂、变质，成为自己的养分来繁殖后代。但是，这些蔬菜、肉类咬呱盐，有害细菌无法侵入，“我们”对它奈不何，没办法，所以只有感叹：“咬呱盐，咬呱盐！”

本俚语比喻委婉、含蓄，意在字外，但只要知道腌制菜的人一听说该俚语，就很容易理解其内在含义，所以，它又具有通俗、形象性和风趣性，使人们日常交流的话语生动而多彩。像这样的用语，不失为武冈人民的创造发明。

语例：王刚钢做生意连连受挫，负债累累。最近从外地贩回一车钢材。他的债权人刘老板知道后急派手下去找钢材的下落，想把钢材截去还债。结果还是晚了一步，因另一债权人已捷足先登，申请法院查封了该批钢材。手下回复刘老板说：“咬呱盐，这批钢材已被法院查封了！”

要哈不惺

词解

要：yào，表示估计，用于比较。

哈：hǎ，武冈土语通“傻”。

惺：xīng，武冈读音 xǐng。聪明，清醒。

释义：说傻不全傻，说聪明不聪明。偏重于不聪明。

艺术与现实意义

“要哈不惺”与“傻子”“傻瓜”是有区别的。“傻子”“傻瓜”是指明显智障的人，而“要哈不惺”含义就很丰富：1. 表面不傻，但接受能力很差，稍复杂一点的问题就转不过弯来；2. 性格偏执，遇到某类问题无论怎样解释都和他讲不清；3. 只注重眼前利益，不顾及长远利益，只要伤到眼前利益是万万不可的；4. 只注重个人利益，而不懂得大局利益的重要性，若伤及个人利益，那是天王老子来也是说不清的。如此等等。

“傻子”“傻瓜”除了实事求是的描述外，一般都是侮辱性语言，而“要哈不惺”则侧重于批评、指责，一般是某人在某个问题上理解不透，处理欠妥时，而说某人不太聪明时使用。“要哈不惺”比较口语化，虽是批评而用语对象反感较小；与之近义的“不聪明”或“不太聪明”，较书面化，太文质彬彬，起不到这种批评的效果。

语例：因为排水圳太小，每年春夏多雨季节，水圳两侧的稻田都被淹没，于是生产队决定扩圳。扩圳要占黄标子少许菜地，生产队答应另补些地给他，只是稍远些。黄标子不同意，经队长多次解释做思想工作，黄标子就是不同意。队长气极了，斥责黄标子："你真是要哈不惺，不可理喻！"

要精不肥

词解

要：yào，希望得到。

精：精肉，瘦肉。

肥：肥肉。

释义

本义：指一块肉，若想把它当精肉使用，它却夹杂着很多肥肉，若想把它当肥肉来使用，它却夹杂着许多精肉。

用语意义：是指某人，你若说他不聪明，他能讲出许多歪道理来，你把他当聪明人来用，他却办不成什么事情。

艺术与现实意义

本俚语从语面形式上，是"要精不精，要肥不肥"的缩写。在语法修辞上，"要精"与"不肥"也是互文关系。如果不考虑这是两句话的缩写，光从语言逻辑上分析，"要精"它"不肥"这就对了，就是一致的了，但这是一个约定俗成的俚语，不能这样理解。从俚语整体上看，它使用的是借喻的修辞手法，把“用语意义”中的人，比喻成“本义”中的肉。他们的共同之处在于都不好使用。本地另一个俚语是对本俚语的进一步解释，即“精肉打不得汤，肥肉煎不得油”也是这个意思。

本俚语的潜台词是“无用”。但如果直接说某人“无用”，又未免太武断，一棍子打死了，语言交流也缺乏了生趣。所以，本俚语的使用又带有一定的委婉性。

语例：村委会正在研究第三村民小组组长的候选人，有人提出陆六是否可以作组长候选人，马上有人反对：“陆六有点子要精不肥，平时你看他好像道理讲得一箩筐，但要他做点正事他做不成的。”

要菩萨塑菩萨，冇要菩萨捌菩萨

词解

塑：读音 sù，塑像，即塑造菩萨像。

捌：bā，破也，分也。又击也。（上海辞书出版社 2011 年 2 月出版的《康熙字典》第 380 页）。这里是打烂、扔掉的意思。在这种意义上，武冈读音 bà。

释义

本义：认为需要菩萨保佑了，就塑造一尊菩萨供奉，等需要菩萨保佑的事一结束（办成或不可能办成），认为不需要菩萨保佑了，就把菩萨捌了。

用语意义：比喻某些人与别人交往、接洽的目的，就是为了利用。有利用价值，他就把别人敬若神明，一旦失去了利用价值，他就翻脸不认人，毫无交情可言。

艺术与现实意义

把菩萨放在家里，无事不敬，事过不捌，这很正常。但需要时才塑，事过即毁，一“塑”一“捌”，把一个人与他人接洽的丑恶的功利心理暴露无遗。

在过去的 20 世纪里，这种与人交往只求利益不讲交情的现象只在少数。本俚语的使用，旨在谴责那些只讲求利益，不讲交情的人。而在当今的经济社会里，这种“要菩萨塑菩萨，冇要菩萨捌菩萨”的现象已是人们与人接洽的较普遍逻辑，人们也习以为常了。掌握着权力的官员们深知“菩萨”的作用与时效，所以每当有人来烧香拜佛时，没有那么多的供品，绝不睁眼。老百姓托人情关系的少了，知道“人情”不值钱，还是来点实惠的吧。于是腐败成风，不知道腐败的人是没有能力的人。但是，腐败的官员一旦卸职，也便成了被捌的“菩萨”。当然，这些贪腐的“菩萨”捌了也应该，只是人们的道德被扭曲了。

“菩萨”要想不被人捌，要恢复原来的恬淡心理：清心寡欲，慈悲为怀；对能“进供”的人和不能“进供”的人一视同仁。

本俚语以“塑”和“捌”两个行为过程，剖析了人的行为品质。

文字考究：查阅了较多的字典、词典，没有找到读音及意义与武冈话“bà”一致或很相近的字。《康熙字典》中对“捌”意义的解释之一（见前）与武冈话“bà”很相近，读音也近似，“bà”应系“bā”的口音变化。故选取了“捌”字。

语例：父亲告诫儿子：“儿子，你现在不大不小也是个领导了，对给你送礼的人要当心啦：现在的人都是要菩萨塑菩萨，冇要菩萨捌菩萨的，你这尊‘菩萨’可不要被人‘捌’了啊!”

要钱不要命，要钱打板钉

词解

打：敲打，把小而尖的物体以敲打的方式挤进另一物体。

板钉：钉在木板上的钉子。

释义

本义：为了挣钱，连自己的生命都不顾，要钱干什么呢？买钉子钉在自己的棺材上吗？

用语意义：为了挣钱不顾惜自己生命的人，即使挣到了钱也不值得。

艺术与现实意义

本地习俗：人，寿终正寝掩埋尸体时用棺，未满 60 岁而意外死亡的叫“短命鬼”，掩埋尸体时用板。棺，用圆木制成，圆木与圆木之间以榫卯结合，外横截面呈五边形，高大雄壮；板，用 2 厘米左右厚薄的木板做成长方体，简易矮小，板与板之间以铁钉构合。用棺下葬，仪式隆重，送葬队伍庞大；以板下葬，简单清冷，可以说没有什么仪式，也很少有人送葬。

在过去的农村，如果用板下葬，一般都用废旧木板，来源一是自家多余的，二是向人家讨要的，如果家境困难就把自家房子下面的隔地木板（本地叫地楼板）撤了给死者钉下葬用的木板盒，所以不需要用钱。倒是铁钉，因其要求比一般的钉子要长很多，家里一般没有现成的，需要购买，要用钱。但这个钱是很少的。

在过去，因为生产力不发达，人们生活水平低，体力劳动繁重，医疗条件差，人的平均寿命不长。挣钱的都是60岁以下的（60岁以上的一般就衰老不堪了），为挣钱非正常死亡，均系“短命鬼”之列，也只能用木板盒了。

为挣钱死亡的原因很多，如为挣钱拼命劳动，积劳成疾而死亡；为挣钱悬崖峭壁上采药、采物而摔死；为“挣钱”，违法乱纪被处死或被他人打死；等等。

综上所述，如果为了挣钱，连自己的命都搭上了，挣到的钱用到自己头上的只是为了买“板钉”，突出了死亡的不值。本俚语产生和使用的宗旨在于劝慰人们珍爱生命，不要为占有欲而以身犯险（包括过度劳累、自然环境的险和法度的险）——这些都是本俚语弦外之音给我们的思考。

语例：这结冰的天气还到河里捞鱼，真是“要钱不要命，要钱打板钉”！

要声不咂气

词解

要：yào，希望得到；希望保持。

声：发出声音。

咂气：咂，zā，舌头与上腭接触发出的声音。咂气，嘴里因发声而呼出的气流。

释义

本义：希望他说话，他嘴里就是不呼出要发声的气流。

用语意义：是指某人迂腐，处事不当，不果决，当说（指提意见和要求）时不说或没有勇气说。

艺术与现实意义

本俚语的用语环境主要是，用语人希望受语人表达某种意见而受语人没说，用语人以本俚语表达心中的不满。在现实中表现的情况有两种：主要是个性迂腐、懦弱木讷的人。这种人不善于表达自己的诉求，或因胆怯不敢表达自己的诉求，也可以说是没出息的人；另一种情况是受语人不同意用语人的意见，但又不好公开表示反对，在用语人希望其表达意向时，只是不作声，且有为难的表情。本俚语略含贬义。

语例：队里很多人主张修圳，王力等因修圳得不到利益的人反对修圳。在开会表决时，王力提出反对意见后，希望得到王六的支持，因王六也是反对修圳的。王力几次暗示王六发言，王六基于多数人的压力不敢发言。王力烦了，小声而气愤地对王六说："要声不嗰气！"

爷大细崽

词解

爷：yé，〈方言〉父亲。武冈话也有指父亲的意思，但读yá，读yé时是指祖父。

细：小，与"大"相对。"大"，武冈读音dái（本音节字典上没有阳平调，在这里读音近似阳平声调）。

崽：zǎi，〈方言〉儿子。这里也包括女儿。

释义：爷大细崽，本义直译是“大到父亲，小到儿女”。俚语意义，是指包括父母子女在内的一家人。

艺术与现实意义

本俚语是亲友、邻里间看到对方一家人在一起问候对方时作称呼使用，而且，本称呼并不是凡是一家人在一起都可以使用，只适用于子女（或孙子女）尚未成年的家庭。本俚语本可用“一家人”替代，但“一家人”是一种概括性、抽象性的语言，而“爷大细崽”是一种具体性、描述性语言。一听到别人称呼“爷大细崽”，一幅拖儿带女的画面就呈现在眼前。所以，“爷大细崽”与“一家人”相比，具有生动的描述性。

值得注意的是，本称呼使用时，并不一定要求父母子女一个不落全在现场，只要大部分在现场就行；有时父亲不在现场，也称呼“爷大细崽”。

语例：群玲夫妻带着一儿两女到他们外婆家。回来的路上遇到同院落的四婶。四婶：“你们爷大细崽到哪里呀？”群玲：“到他们外婆家。”

野狗离不开臭茅厕

词解

野狗：野，yě，武冈读音 yǎ。野狗，这里指家犬中无人喂养、无人收留的狗。

茅厕：厕所。

释义

本义：无人喂养、无人收留的狗，因为饥饿，常常会去茅厕里偷屎吃，所以离不开臭气熏天的茅厕。

用语意义：比喻有共同不良嗜好的人总喜欢凑在一起或有某种不良嗜好的人总离不开某类场所。

艺术与现实意义

两点说明：第一，本俚语中的“野狗”，并非野生动物中未经驯养的野狗。野生动物分类中的野狗是纯食肉动物，是不吃人的粪便的。无人喂养、收留的家狗，茅厕里的粪便则是它的主要食物来源。第二，“茅厕”，词典解释中为“厕所”，这是不全面的，因为厕所在被称为“茅厕”时，与现在的厕所是有很大的区别的：茅厕构造简陋，很多都是简单的木架与茅草搭成，承载大小便的池子或桶子不是密封的，也没有能上闩或锁的门，狗随时可以偷食其中的粪便。现代的厕所最先也是便池，是可以密闭的大小便储存池，大小便可取作肥料；时下的便池叫化粪池，是完全密闭的，若不是维修还不能打开。

俗话说：“狗走千里要吃屎”，说明狗是喜欢吃屎的，更何况以屎为主要食物来源的“野狗”，就更离不开屎了。所以，茅厕虽臭，但因其中有屎，就成了“野狗”们经常光顾的场所了。抽大烟的人，总离不开鸦片馆；好赌博的人，总爱往赌场跑；好色之徒，总会去妓院留宿……这些便是本俚语比喻的喻体和众多的本体。喻体——狗吃屎是令人恶心的，众多本体的现象，也是人们所痛恨的。本俚语就是对这些烟鬼、赌鬼、色鬼的贬低和尖锐的批评。但本俚语也用于描述有些小孩子在一起就相骂、打架，可相骂打架后过不了半个时辰，又凑到一块去了。这与前者的用语色彩是不一样的。

本俚语与成语“臭味相投”是近义语，但有一定的区别：“臭味相投”是纯贬义词，而本俚语虽也带贬义性，但其具有描述性，范围不像“臭味相投”这么单一，程度也没有这么严厉。“臭味相投”是抽象的概括，本俚语则是形象的、具体的描述。本俚语是以行为过程比喻行为过程。

语例：小方总爱和小高、小明他们玩“打仗”，每次都玩得有人受了小伤才散去。晚饭前，小方的额头不知被谁的小土坷坨击中，哭哭啼啼地回到母亲身边。母亲埋怨道：“野狗离不开臭茅厕，自讨的！”

一代亲，二代表，三代四代就了

词解

亲：指血统或婚姻关系很亲近。

表：中表，跟祖父、父亲的姐妹的子女的亲戚关系，或跟祖母、母亲的兄弟姐妹的子女的亲戚关系。

了：liǎo，完毕，结束。

释义：第一代是很亲近的血亲、姻亲，第二代是中表亲，到了第三代、第四代，关系就较疏远，可以不因为亲戚关系而交往。

艺术与现实意义

自己与父母，自己与配偶及其与配偶的父母（或祖父母）的关系，兄弟姐妹的关系，属于“一代亲”的范围；兄弟姐妹的子女之间及其与祖父母兄弟姐妹的子女的关系，属于“二代表”的范围；“二代表”的子女或孙子女之间的关系，就属于“三代”“四代”的范围，也是可以“了”的范围了。

本俚语是本区域亲戚之间交往范围的一个指导性原则。

严格说来，一代结亲，之后的世世代代都可以算是亲戚，如果这些亲戚都要礼尚往来地交往的话，那么，每个人每天都会在走亲戚中度过。这样，既荒废了生产，又让人累得不可开交。本俚语只把一、二代纳入必交往之列，到三代、四代就可交往可不交往了，不交往也不会让人说闲话了。否则，是亲戚不礼尚往来，会遭别人说你“六亲不认”的非议。这是本俚语最大的现实意义：简约了烦琐的亲戚关系，使人们有较多的精力投身于生产、生活。

语例：老张问小李，今天他姑奶奶的孙子结婚，怎么不去做客。小李说：“一代亲，二代表，三代四代就了，我爷爷姐妹多，这样的亲戚我走也走不过来，就了了吧。”

一代岩鹰九代鸡

词解

代：世系的辈分。一代，即一代人或一辈人。

岩鹰：山鹰。

释义：一代人有一个大官，他们家以下会有九代人当平民百姓。

艺术与现实意义

岩鹰是食肉动物，常常到农村的院落里抓食家禽，特别是小鸡，所以，岩鹰和鸡是欺侮和被欺侮、压迫和被压迫的关系。旧社会，官与百姓的关系很多时候也呈现为欺侮和被欺侮、压榨和被压榨的不正常关系。所以官与岩鹰、百姓与鸡在这种意义上具有可比性。本俚语是一个动态性的比喻：一听到“鸡”和“岩鹰”，岩鹰抓小鸡的情形就仿佛显现在我们眼前。

本俚语也是对现实情况的一个总结概括。俗话说：时势造英雄，成就一个高官，除了这个高官的能力外，更重要的是机遇。一般来说，某一个家族出了一个大官，这个大官以下就可能有好几代人的能力或机遇都不及他们的前辈；同时，因为高官前辈的护荫，其子孙很大部分贪图享乐，不思进取，成不了大器。“九代”是一个概数，不是实指，是“多代”的意思。这个概括的准确性没有谁统计验证过，但即便准也只及以前了，对后来的人可就不管用了。

本俚语的现实意义不在于它是对现实的总结概括，而在于它的警示性：每个当官的人在位时，办事不要太嚣张，因为你这个家庭、你这个家族、你当了官后，你的后人不一定能和你一样当得了大官，你压榨别人太甚了，别人也会像你一样压榨你的后代。

本俚语在使用中，往往也体现出用语人对俚语描述人的不满、不涵服的情感。

语例：高名依仗自己的父亲是乡长，常常欺压乡邻。一天，有人骂他：“一代岩鹰九代鸡，你父亲当官当得一世呀，等你父亲下台后，看别人怎么收拾你！”

一个吹箫咯还要一个捺眼咯

词解

箫：竹制管状乐器。单管不封底，直吹。是管弦乐器中最简单的一种。

捺眼：手指按住箫上的孔，按所吹奏音阶开合不同的手指。

咯：gē，拟声词。本地方言为判断助词，如同“的”。

释义

本义：用箫管吹奏乐曲，一个人专门负责吹响箫管，另一个人负责用手指在箫孔上按节律开合以使声音有节奏。

用语意义：旨在批评一些人做事图轻松，讲排场，不讲究办事效率。一个人能轻松胜任的事，分作几个人来完成。

艺术与现实意义

武冈有一句俗语说：“碗米的唢呐，担米的琴。”说的是，假如学拉琴要付出一担米作为学徒费的话，那么学吹唢呐只须付出一碗米的学徒费。可见吹唢呐是很容易的事情。吹箫与吹唢呐的原理一样，也是一个很容易完成的事情。而现在一个人吹奏的箫管，却让两个人来共抚，显得这人很低能；而且箫管长不过尺余，两个人同抚一箫管也显得笨拙、别扭。一想到这种情形，就让人觉得滑稽。二、事实上，这样的事情不会实际发生，假如确实发生了，不外乎两种原因：一是吹箫的人极其懒惰或没有手指；二是讲排场，讲阔气——你看，我吹箫还有专人捺眼的哩！

老百姓将这种做事图轻松、讲排场的人比作“一个吹箫咯，还要一个捺眼咯”，是对这些人辛辣的讽刺。

这是一个以动态比动态的句式。

语例：妈妈要小丽去地里弄些菠菜回来，小丽不顾弟弟正在写字，硬要弟弟跟她到地里去，帮她拾取她扯下的菠菜。妈妈批评小丽：“一个吹箫咯还要一个捺眼咯！”

一个牛尾巴只遮得一个牛屁眼

词解

遮得：能够遮盖住。遮，zhē，武冈读音 jiā。

释义

本义：像牛、猪、羊、狗等动物，尾巴的作用除在运动中保持身体平衡与驱赶蚊虫外，其作用就是遮盖住屁眼，保护屁眼不受损害。自然，一个牛尾巴只能遮盖住自己的屁眼不受外来损害。

用语意义：牛的尾巴再大，也只能保护住自己的屁眼，和牛尾巴一样，一个人的能力再好，也只能保护和照料好自己；不要指望别人能保护和照料你。

艺术与现实意义

一个人的能力有大小之分，能力大的人自己的需求也较大；能力小的人自己的需求也相对较小。正像牛的尾巴一样，牛大尾巴也大，同时自己的屁眼也大，仅能保护自己的屁眼；牛小尾巴也小，同时自己的屁眼也小，也能起到保护自己屁眼的作用；且牛各有体，有各自的活动天地，牛的尾巴再大也不可能去给别的牛遮盖屁眼。牛尾巴是牛自身的，只能附随它自己；能力是人自己的，人自身在哪里就发挥在哪里。该比喻具有动态性，其效果形象生动，可勉励人们自立、自强，去掉对别人的依赖思想。

但该俚语也有消极的一面：人毕竟是人，人的能力不能完全等同于不可分割的牛尾巴。有能力的人可以也应该对能力缺乏的人予以适当的帮助，而有些心胸狭隘的人会以该俚语为借口，拒绝对应是帮助对象的人给予适当的帮助。同时，用此俚语时，说话者也常带有对别人的能力不服气或对其为人处世不满的感情色彩。

语例：小刚正在讲以前的朋友小李现在搞得怎么怎么好，讲述中大有羡慕和自愧不如的表情。爸爸对小刚不满地说："一个牛尾巴只遮得一个牛屁眼，做好自己的事！"

一根肠子通屁俺

词解

通：没有堵塞。这里指肠子没有曲折，直通到底。

屁俺：俺，ǎn，小坑，小孔。屁俺，即屁眼，指肛门。

释义

本义：从嘴到屁眼就是一根肠子直接连着，中间没有转转弯弯。

用语意义：比喻人为人直爽，有什么说什么，是什么说什么，该怎么做就怎么做，心里没有转转弯弯。

艺术与现实意义

一看到这个俚语，我们就会自然联想到蚯蚓、蚂蟥等腔肠动物：从嘴里吃进去，从屁眼里屙出来，是那么直接，也那么直观，没有藏着掖着的感觉。以本俚语来比喻人的性格直爽，说话做事没有小九九，直观形象，尤其一个“通”字赋予了该喻体以动态感，好像我们从头到尾都看到了这个人思维和言行吻合行进的全过程。

本俚语系动态比喻。

语例：你说小云欺骗你，我不信：小云是在我眼皮底下长大的，他是什么样的人我还不了解——一根肠子通屁掩。

一行服了一行，西瓜服了翘牙床

词解

一行：行，háng，量词，用于成行的东西。一行，这里是一样、一种的意思。

服：fú，服从，信服。

翘牙床：指牙床及牙齿向前凸起的生理现象。

释义：

本义：因为西瓜的皮呈弧度向外隆起，平常人吃西瓜那些靠近弧度内部顶部的瓜瓤总难吃到，而翘牙床因牙齿向前凸起就正好能吃到。

用语意义：一样东西中存在的难题，总有一样东西能够很好地解决它，就像西瓜皮弯弯，紧贴瓜皮弧度内顶端的瓜瓤只有翘牙床方便咬到一样。

艺术与现实意义

西瓜皮弯弯，靠近弯弧顶端处的瓜瓤，不把弯弧掰作几段，一般人是吃不到的，但翘牙床，由于牙齿顶端向外凸起，其弧度与西瓜皮弧度相近，不需要把西瓜皮切作几段也能咬到。这是生活中常见的现象。本俚语正是由这样一种常见的特殊现象作比，揭示一个普遍的哲学道理：世界上的万事万物都有其本身固有的特点，这种固有的特点构成矛盾的特殊性，只有用特殊的方法才能解决这个特殊的矛盾。一瓶啤酒的盖子，只有用专开啤酒盖的开瓶器才能很容易地开启；而开啤酒瓶盖的开瓶器却又不能开启红酒瓶的软木塞子。有的小孩你怎么恫吓他都不怕，但你只要说要把他卖了，他就哭了。传说，荆轲不畏惧父母，不听父母的教诲，却在祖母面前很温顺。如此等等，正是本俚语所揭示的矛盾的特殊性和它提示的特有解决方法。

好个"翘牙床"，既使俚语前后押韵，朗朗上口，又因"翘牙床"是一种备受人取笑的不正常的生理现象，而使本俚语带有诙谐性，活跃了话语的气氛。

语例：一块不算很大的石头衔在石窝子里，几个人用尽力气都翻不出来。伍师傅拿了一根钢钎来了，找准着力点一撬，石头便滚了出来。"真是一行服了一行，西瓜服了翘牙床！"有人感叹道。

一开始剃头就碰到个络腮胡子

词解

剃头：剃去头发，也泛指理发。这里是指理发。

释义

本义：一个初学理发的学徒，刚举起理发剪实习操作，却碰巧理发的是一个络腮胡子，不知道从什么地方开始剪。

用语意义：1. 生活和工作经验不足，碰到特殊情况不知如何处理。2. 运气差。刚想独立完成一项工作表现表现，结果就碰到一个特殊事例，达不到预期目的。

艺术与现实意义

在旧社会男人时兴蓄长发的时候，理发也是用剃刀修理边角、胡须。清朝灭亡后，农村里很多男子逐渐时兴剃光头，所以，本地把理发匠一概称为“剃头匠”，把理发叫“剃头”。本俚语中的“剃头”之所以要解释为“理发”，是因为若是剃光头都是从头顶上开始，有无络腮胡子不影响操作顺序；而理发一般都是从鬓角开始，刚学理发碰到络腮胡子，就不知道络腮胡是按鬓角处理还是按下巴底下的胡子处理，师父还来不及教，所以为难。

一开始理发就碰上络腮胡，说特殊也不特殊，毕竟它只是稍有不同而已，如果在学艺前注意多观察，学艺中注意多问问，就不会有“一开始剃头就碰到一个络腮胡子”的尴尬局面。本俚语用语意义上的“特殊性”“运气性”虽有它的客观性，但在很多情况下都带讥笑和讽刺的色彩，意即“你这个人脑筋太死板，稍一变化就不会处理”。从这层意义上，本俚语有激励我们学业求精的积极作用。

本俚语弦外之音是说人学艺不精。

语例：爸爸对正在上中学的儿子说：“你已经学了几何了，我问你：一块三角形的田要平均分成两块，又要在原来的田中间掘一口井，使这口井在公共地上，以方便两边灌溉。这井打在什么位置，这块田怎么分？”（答案：分田以三角形的中线为界，井打在三角形两中线的交叉点。）儿子想了半天没想出来，于是自我解嘲：“三角形的课程老师昨天才讲完，这不，一开始剃头就碰到个络腮胡子了。”说得爸爸忍不住笑了。

一粒老鼠屎，打坏一锅汤

词解

打：在此处作“烧”解释。武冈方言中“打汤”就是烧汤的意思。“打坏一锅汤”在此处是一个被动句式，即“一锅汤被……打坏”的意思。

释义

本义：正烧着的一锅汤被掉入的一粒老鼠屎污染了，不能饮用。

用语意义：比喻一个好的团队（含单位，下同），由于个别人的不良行为使其声誉受到严重损害。

艺术与现实意义

一粒老鼠屎与一锅汤相比，其大小可以忽略不计，但由于老鼠是人们很厌恶的动物，更重要的是老鼠屎常常带有病毒会使人患病，所以，一锅汤再大，只要混入了老鼠屎，是谁也不敢喝的，只好将其报废——倒掉。

该比喻直观地突出了小的坏对好的整体的负面影响。该俚语盛行于20世纪的人民公社时期。当时农村以大、小队，城市以居委会、居民小组为基本单位，虽然生产力不算发达，但单位（含行政、企事业单位）都把集体荣誉看得很重，容不得少数人对集体荣誉带来负面影响，所以，常常把做出不良行为影响集体荣誉的人贬为“老鼠屎”。

语例：某单位在“双文明”检查中各方面的成绩都很好，可就因为张某参与贩毒被惩处，单位评不上先进。领导总结时说：“……真是一粒老鼠屎，打坏一锅汤呀！”

一拳打死爷老子，要手脚到堂

词解

爷老子：武冈方言，指父亲。爷，yé，武冈读音yá。

到堂：堂，房室，引申为“位置”。到堂，就是“到位”的意思。

释义

本义：就算要一拳头把父亲打死，也要脚走到父亲跟前，拳头落到父亲身上。

用语意义：比喻做事情必须有个过程，不像说话一样轻松快捷，喊到就到，喊完成就完成。带有抱怨的思想感情。

艺术与现实意义

本俚语一般是用在接受别人委托（含亲人的嘱咐）或上级指派的事情，自己已尽了力，但由于时间来不及或过程比预想的要复杂，办理速度或效果未达到委托人、指派人预期的效果，受到委托人、指派人责备时，以表达自己的委屈或不满时的用语。

本俚语强调的是办事有一个过程，但为什么选择用“一拳打死爷老子”作比方呢？原因在于：第一，打人是最简单的事情，手起拳落就完成；第二，打自己的父亲最容易办到，因为过去的家庭父亲总和儿子住在一起，而且儿子打父亲是违背天理的事情，父亲不会想到儿子会打他，儿子接近他也不会防备——要接近别人，别人多少会有点戒心，不容易得手；第三，过去，贫穷家庭的父亲，到儿子成年后就因为操劳而变得老迈体衰了，不经打。选择打死父亲作比，还有一层深意：打死“爷老子”是违背天理、道德和律法的，就是说，为你办事你催得这么急，你总不能要我违法为你办事吧？就是采用违法手段也要手脚到堂呀！

本俚语是一个假设关系的复句，而且前提是一个让步假设。我们知道，谁也不会真的去把自己的“爷老子”打死，之所以以此作比，是强调了事情的难办性——打死“爷老子”这么简单的事情都要手脚到堂，更何况你交办的事不简单呢，同时也加强了用语的诙谐感，也表达自己的委屈和不满，可谓是用语简单而含义深刻、复杂。

语例：小林托付朋友小张去银行找关系为他贷款。过了一段时间不见小张叫他去办手续，于是打电话给小张催问，其中带有责怪小张不尽力的口吻。小张有点来气说："一拳打死爷老子，要手脚到堂，你以为找关系就这样容易？"

一夜失眠，十夜难全

词解

失眠：夜间睡不着或深夜醒后不能再入睡。这里重点是指耽搁正常的睡觉时间。

全：保全，恢复。

释义：一夜耽搁了正常的睡觉时间，十夜早睡晚起也难以弥补因耽搁睡觉时间对身体所造成的损害。

艺术与现实意义

失眠，首先会使自身的精神状态欠佳，影响工作和学习；长期失眠，会使身体免疫力下降，引发高血压、高血脂、心脏病、老年痴呆、记忆力减退、过早衰老等疾病。有时一夜的失眠，很可能就埋下了某种疾病的病根，以后再怎么睡觉，它也不能消除。比如，心脏血管疾病患者因一夜失眠所加速的中风、脑梗、心梗等疾病，也许就留下了终身遗憾，莫说是十日难全了。

本俚语正是基于上述因素，强调了保证睡眠质量、按时睡觉的重要性。但它并不是直接罗列各种可能因失眠引发的疾病，而是给人一个1∶10的数字比，让人觉得耽误睡眠太划不来——一夜的耽搁要十夜来弥补还不够，使人自觉地重视睡眠及睡眠的按时性。这是本俚语的艺术性所在。

语例：夜深了，女儿的房中灯火通明，她还在刻苦地学习。“萍萍，该睡了。‘一夜失眠，十夜难全’，学习成绩上去了，身体拖垮了更不行。”母亲疼爱地劝说道。

一只跳虱撑不起一个被窝

词解

跳虱：虱，shī，跳虱，即跳蚤，昆虫，约芝麻大小，深褐色或棕黄色，脚长，善跳跃。寄生在人或哺乳动物身上吸血为生，并会传染病菌。虱，武冈读音 sé。

撑：chēng，支持、顶住，这里是指把一个物件顶起使其离开原来的位置。

释义

本义：一只跳虱再善跳跃，也不能把一个被窝顶起来，因为它太小而被窝相对它来说太大。

用语意义：是指个人的力量是有限的，仅凭个人的力量办不成大事。

艺术与现实意义

有资料显示，跳蚤是到目前为止，世界上所有动物中的跳高冠军，它能跳出比自身高 30 多倍的高度。它的相对力量之大，就是凶残的豺狼虎豹也是望尘莫及的。撑起一个被窝对于人或其他较大的动物而言，是不值一提的，可对于跳蚤来说却是无法征服的难题，虽然一只跳蚤在被窝里可以扰得人睡不安宁，但它相对被窝来说，无论是重量（包括它的力量也冲抵重量）还是体积都是可以忽略不计的。跳蚤虽然本领高强但相对被窝来说实在太渺小，而跳蚤闹被窝在过去是我们生活中常见的现象，所以，本俚语选择跳蚤与被窝作比是很巧妙的。

本俚语不仅是对事物的一个判断，同时也是一个比喻：把个人力量与面对的巨大困难或任务的差距，比作跳蚤与被窝的悬殊，使差距具体化、形象化。

这个俚语告诉我们，一个人能力再强、力量再大，总是有限的，团结才有力量；不能搞个人英雄主义。

语例：支书对开会的村民说：“我很想把我们村的学校翻修一新，可我个人能力有限，一只跳虱撑不起一个被窝，希望大家群策群力……”

衣　禄

词解

衣：衣服，穿着。

禄：古代官吏的俸给。

释义

本义：吃的，穿的。

用语意义：相传人在出生的时候，阎王就把你一生吃的、穿的、用的数量限定了，就如同20世纪80年代前，居民每月的粮食限定了指标一样。如果阎王赐给你的衣禄足，你的一生就富贵；如果阎王赐给你的衣禄少，你就一生贫穷。老百姓把这一迷信传说用一个词语来概括就是“衣禄”。

艺术与现实意义

人最基本的需求就是“吃”“穿”二字。吃穿不愁是富裕，缺吃少穿是贫穷。

在中国古代，朝廷给官吏的俸禄最初是粮食（规定每一级别的官吏每年的俸禄分别是多少担粮食），而不是金银和纸钞。粮食只能吃，衣服要靠自家纺纱织布解决，其他需求的物品要以粮食、布匹去换取。所以，用“衣禄”借代人一生吃、穿、用所需要的财物。衣禄好的人，一生吃、穿、用不愁；衣禄不好的人，一生的生活就很贫困。口语中，常常用“衣禄好”“衣禄不好”“衣禄足”“衣禄不足”来表示一个人的命运好坏。这种说法，不仅是对一个人生活状况的描述，也与宿命论中的“八字”好坏异曲同工。

“衣禄”说，虽带有迷信色彩，没有科学依据，但对人生活有积极的指导意义——注意节约：既然衣禄的量在生前就限定了，那么，你用得快或大肆挥霍，则使用的时间就短，也就是说人的寿命就短；反之，注意节约，不浪费，使用的时间就长，也就是说人的寿命就相对增长。这个命题虽然迷信，但在现代生活中得到了证实，那些每天都沉迷于大吃大喝的人，很快各种疾病——高血压、高血脂、糖尿病、冠心病、脑梗阻、脑中风等就缠上了身，一不小心就驾鹤西去了。而粗茶淡饭者，就少了这些富贵病的缠扰，相对来说，寿命长些。

语例：很多人靠做生意都赚肥了，戴甲甲也去做生意想发发财。可他做了好几次生意不仅没赚到，反而赔了老本。母亲劝他：“阎王只赐了你这么多的衣禄，发不起财的，你还是老老实实在家把田种好吧！”

移窠忘记绷崽

词解

移窠：移，yí，移动。窠，kē，鸟兽住的窝。移窠，本义即把婴儿睡的被窝移动下位置。武冈方言指婴儿出生后第一次去外婆家。

忘：wàng，不记得。武冈读音 māng。

绷崽：绷，bēng，《说文解字》：束也；《现代汉语词典》：衣服、布、绸等张紧。武冈读音 běng。崽，本是自己的儿子，这里指自己刚生不久的婴儿。绷崽，以专用的布袋或背带（按照一定的顺序将婴儿束缚在背上的专用的柔软布带）将崽兜住并束缚在胸前或背上，通常意义即“抱崽”。

释义

本义：父母带婴儿第一次去外婆家进行“移窠”仪式，临行时却忘了抱婴儿。

用语意义：比喻某人主要去办某事，临了却把这个主要的事或办这件事必需的物件给忘了。

艺术与现实意义

本地习俗，移窠是人生旅程中重要的仪式之一。满月（也有的叫“洗三”）移窠、试周（满周岁）、加冠（上二十岁的生日）、结婚等，都是父母要操办的儿女成长过程中的里程碑性的仪式，一般都很慎重。移窠，是儿女出生后第一次到外婆家去，是以“崽”为中心，不抱“崽”到外婆家去，就不叫作“移窠”

了。移窠不是普通的走亲戚，最重要的是新生儿到外婆家来挂号认祖宗：移窠的外孙（含外孙女，下同）进门前，外婆家要在祖先神龛前设香案，点燃香烛，摆上供品。移窠的外孙一进门，第一件事就是在外祖父母的主持下“祭祀”，告诉祖宗移窠外孙的名字，并祈祷外婆家祖宗的庇佑。所以，这么慎重的仪式，怎么能把“崽”忘记“绷”了呢，这岂不是天大的笑话吗？“移窠忘记绷崽”，本身是一个不可能成立的事实，而办事时忘了主要任务的情况虽不应该，但确实存在，这除了生理上的衰老、疾病外，最主要是办事人员责任心不强或未引起足够重视的表现。本俚语把那些办事忘了主要任务的情况比作“移窠忘记绷崽”，凸显出办事人员失职的严重和极不应该性。

本俚语是对办事忘了主要任务的人员的批评，但又不失幽默感，使被用语人既受到了责备、批评，又在幽默生动的气氛中愉快地接受，而不产生抵触情绪。这是武冈俚语用语巧妙、温和的表现。

语例：妻子要黄山进城取钱，就便买些饲料带回来。黄山准备好买饲料的家什就进了城。进了城才发现忘了带取钱的存折，结果一事无成地回来了。妻子不无揶揄地对黄山说：“你就能干了，移窠忘记绷崽！”

意好水也甜

词解

意：心愿，心意，愿望。

释义：只要心意诚恳，没有其他吃的，喝杯水的感觉也是甘甜的。

艺术与现实意义

这是一句接人待物的俚语，是说人与人相处，贵在于诚而不在于物。本俚语产生于过去缺吃少穿的年代。很多人虽然家庭不富有，但好客招友；一旦亲戚朋友到他家去了，却因拿不出像样的东西来款待客人而心存愧疚——当然，也不至于什么吃的都没有就只喝了杯水或一碗清汤——客人感于其诚意，于是说本俚语，一为感激其诚意，二为宽慰其尴尬的心理。

本俚语虽有夸张，但又不是空穴来风，是有生理基础的：一是人在极其干渴的情况下，喝着水，只要水不是苦的，就会产生甘甜的口感；优质的泉水，由于矿物质的原因，也会给人甘甜的口感。所以，本俚语也可解释为：虽然款待的食物不好（不上档次），但因诚意原因，给人的感觉是美好的。

语例：主人："对不住了，留（挽留）我就留得有意，吃就没什么好吃的哩。"朋友："别这样说，意好水也甜，意好水也甜！"

阴毒蛇

词解

阴：隐藏的，不露在外面的。

释义

本义：看似外表温和、行动缓慢的毒蛇。

用语意义：比喻外表和善，通情达理，背地里却使阴招，心狠手辣的人。

艺术与现实意义

本俚语源自本地的银环蛇。银环蛇外表温和，昼伏夜出，白天看到它，它总是懒洋洋的样子，可是，“以啮人，无御之者也。”（语见柳宗元的《捕蛇者说》）其毒无比。所以，人们就把它叫“阴毒蛇”。

现实中，有些人善于伪装，满脸笑容，从不说粗话、坏话、狠话，从不直接得罪人，而暗地里出坏主意，让受害人受了害还不知道是谁害了他。这种人与“阴毒蛇”相比是有过之而无不及。

俚语“阴毒蛇”的产生和运用，对人们有很强的警示作用：一是要确实提防像银环蛇这样的阴毒蛇，不要大意以免被它们咬伤；二是要提防像“阴毒蛇”这样的人，不要被别人算计了还不知道是谁。对这些人要揭露和批判。

语例：几个朋友在一起道白，谈到了对他人人品的评价问题。有人说王六这个人不错，经常笑嘻嘻的，对人从不讲句重话。有人反对说：“阴毒蛇！你是没栽在他手上，栽在他手上，死了你还不知道是怎么死的。”

阴风带祸

词解

阴风：从暗处来的风。

带：携带，夹带。

释义：阴风带祸，是指难以预料和防止的灾祸。

艺术与现实意义

本俚语一般是用来提醒别人做事要注意安全，特别小心地提防意外灾祸的发生。

看过《西游记》和《聊斋志异》的人都知道，每当恶鬼、妖魔将要出现时，都是乌云滚滚，阴风飕飕，造成一种阴森恐怖的气氛。电影、电视的镜头，源于人们传说的描述，“阴风”，就像电影、电视镜头一样，形象地描述了灾祸的突发性和不可预测性，同时，还给人一种因寒冷、害怕而毛骨悚然的感觉。本俚语将意外灾祸以“阴风带祸”来描述，无疑是增强和渲染了意外灾祸的突发性和可怕性，用以提醒别人注意安全，起到了强烈的警示作用。

语例：张三山好打牌赌博，本村落找不到赌友，常常到外村赌钱打牌过了半夜才归。奶奶很担心三山夜行出意外，就对三山父亲说：“你要拿出点做父亲的样子，不准三山半夜不归，怕阴风带祸哩！”

硬鼻牛

词解

硬：物体内部组织紧密，受外力作用后不容易改变形状（跟“软”相对）。

释义

本义：有些牛的鼻子膈膜坚韧，忍耐力强，特别是犯浑时，不管缰绳怎样牵拉也不能左右它进退方向。人们把这种牛叫“硬鼻牛”。

用语意义：比喻人（一般指未成年人）性格倔强，有错不认错。

艺术与现实意义

在农村里生活较长时间的人就知道，为了让牛听从人的指挥，都会在牛的鼻子上穿一根缰绳。牛的左右鼻孔之间有一层较厚较软的膈膜，这层膈膜神经丰富，痛觉敏感，牵拉时绳子勒着膈膜很痛，所以，牛只好乖乖地按着人牵引的方向走。但有的牛鼻膈膜的痛觉敏感性较差，人不是用很大的力牵拉，它不会动；特别是牛也和人一样有个性，有的牛一犯愣，它不愿跟着你牵引的方向走，就强忍住鼻膈膜的疼痛，埋着头（把嘴鼻向下向内扣，把头顶和犄角向前向外张着），任凭你怎样牵拉，它就是不按你牵引的方向走，要走它也按它想去的方向走，如发情的母牛所在的方向。

有的小孩个性倔强，就是知道错了，不管父母怎样劝导、教育，甚至打骂都不认错，也不服软求饶。把这种个性倔强的小孩比作硬鼻牛，非常形象贴切。

语例：小丁是个倔强的孩子，今天听说父母要到姑姑家做客，他就不肯去上学，要跟着父母一同去做客。父母左劝右劝他不听，后来父亲拿小棍子抽得他满身伤痕，他也不服软，仍然坚持要跟父母走亲戚。旁人叹息说：“真是头硬鼻牛呀！”

用别个咯屁股当脸

词解

用：yòng，使用，借用。武冈读音 yōng。

别个：别人。

咯：gē，拟声词。本地方言为判断助词，如同“的”。

当：dàng，作为；当作。

释义

本义：把别人的屁股当作自己的脸庞。

用语意义：比喻拿别人的东西（包括物质、荣誉、成果等）当作自己的东西，以点缀自己的门面或提高自己的声誉、地位等。

艺术与现实意义

在过去的习俗中，屁股是人体中被人们视为最脏、最臭、最低贱的部位。如果有意识地将屁股朝向谁，就是对谁的不屑和侮辱；如果把谁摁倒在地再将屁股坐在其头上，特别是女人用屁股坐在男人头上，是对被坐人的极大的侮辱。屁股是别人的，无论如何不能把它变成自己身体的组成部分。现在要把别人的屁股挂在自己的头部，并把它当成自己的脸面，是多丢人的事情。本俚语极尽侮辱之能事，极其尖刻地批评了那些窃取他人成果、荣誉据为己有的可耻行径。

社会现实中，人们的廉耻观已淡化，侵犯他人专利权、商标权、著作权的行为比比皆是，连有些学者、教授都剽窃他人研究成果来为自己粉饰门面。本俚语虽然用语粗俗，但用以批评这些“窃贼”是有不及而无过之，这些人就是上嘴唇挨着天、下嘴唇贴着地，不要脸了，还在乎世人把他的脸看成是别人的屁股呢？

语例：今天老师将毛毛的作文作为优秀作文的范例宣读。玲玲一听就知道毛毛的作文是抄袭乙班军军的。一下课，玲玲就对毛毛说：“用别个咯屁股当脸，不知羞耻！”

油滴熄火

词解

滴：dī，液体一点一点地向下落。武冈读音 dià。

熄火：使燃料停止燃烧。

释义

本义：从锅里溢出的油连续滴下来将灶膛柴、煤燃烧的火浇灭了。

用语意义：是指某户人家殷实富裕。

艺术与现实意义

20 世纪 80 年代前一个很长的历史时期内，中国社会的生产效率、效益不高，人们的生活水平较低下：一般人家很少有荤菜吃，即使吃蔬菜等，也缺乏食油调味和补充营养；条件稍好些的家庭，炒菜时可放少量的食油润锅以防菜蔬粘锅；贫困一点的家庭，润锅的油都没有。所以，在当时，炒菜能放较多食油的人家，就被视为是富裕人家。就算富裕人家对食油也很珍惜，使用中生怕滴出一滴油了。如果食油很充分，使用中滴出一两滴不算一回事，就是很富裕的家庭了。

油滴熄火，如果是滴熄很小的火，也用不着一两滴油，也不算什么；但如果说要滴熄灶膛里的火，这是不可能的事情，因为食油本身是燃料，所谓“滴”是说油的量少，少量的油滴入灶膛中，会马上燃烧，不但不会熄，火势反而会更大。本俚语就是以这种不可能的事情来衬托富裕的程度，也暗含着对用语对象的不屑。一个“滴”字反衬了这种富裕：“滴”的油与炒菜所放的油相比，一般来讲都是可以忽略不计的，而滴下来的油能将灶膛的火浇灭，可见炒菜所放的油之多。本俚语使用借代与夸张的修辞手法来描述这家人是何等的富有。

本俚语是个假设性的用语，并非写实，具有一定的讽刺、挖苦性。

语例：老陆两口子闹矛盾了。妻子对老陆说：“我到你屋里得到哪点好？只有受苦受累的份呀！”老陆说：“是你自愿嫁来的，又不是我绑着你来的。”“是呀，是呀，是我自己愿意嫁来的，当初，我想倒你屋里油滴熄火咧！”

诱蛾灯

词解

诱：yòu，使用手段引人随从自己的意愿。

蛾：é，昆虫，腹部短而粗，有四个带鳞片的翅膀。多在夜间活动，常飞向灯光。其中多种是农业害虫。

释义：诱蛾灯，也叫诱虫灯，夜里用来引诱和捕杀有趋光性的昆虫的灯。

艺术与现实意义

本俚语是一个专用名词，艺术性不是它的主题，主题是它的实用性和环保性。

本编所经历的诱蛾灯：20 世纪 70 年代初，国家就已注意到农药对人体的危害，科学家们也开始研究对农作物环保性杀虫、除菌。当时最具代表性的就是“诱蛾灯”：早、晚稻（当时提倡种双季稻）禾苗分蘖以后，蛾子二化螟、三化螟就开始在禾苗上产卵。卵孵化出来的幼虫俗称“钻芯虫”。钻芯虫一般都生活在禾苗抽穗前后，它们专门啃食禾苗的芯子，如果治理不善，到禾苗抽穗后全是一片灰白的死穗子——一季禾就这样被糟蹋了。二化螟、三化螟不食人间烟火，杀药不灵；钻芯虫非最毒的农药不能奏效。所以，到了禾苗分蘖后就要开始点诱蛾灯杀灭二化螟、三化螟。当时的简易诱蛾灯，是用较大的盆子打半盆或小半盆水，在水上滴几滴煤油（或柴油），再把点燃的煤油灯搁置在水面中间，把整个装置放置在稻田边。二化螟、三化螟趋上面的光来到水盆周围，看到水中光的倒影也趋之。这样自然就落于水中，水中的煤油沾在翅膀上，二化螟、三化螟再也飞不起来，死在水盆里。第二天早上，生产队的记工员和会计一起来逐盆逐盆清点盆中被诱杀飞蛾的数量，按飞蛾数量的多少给点灯人记工分。这样诱蛾灯一户至少一盏，多的可几盏。每年到这些时候夜间的田垄里都是灯光一片，有如天上的繁星点点，很是壮观。这样的效果能基本上杀灭钻芯虫，保护了禾苗的茁壮成长。

编写本俚语意义有三：其一，让后来的人们知道，诱蛾灯的简易做法及其曾经有过的辉煌历程；其二，群众的力量是伟大的，万众一心，那么多、那么可怕的钻芯虫不用毒药也能杀灭；其三，过去的时代并不是一无是处，也有超前进步的东西——环保农业。

语例：诱蛾灯，我少年时代最美好的夜景！

有了梧桐树，何愁牛屎鸟

词解

牛屎鸟：八哥鸟的一种。本地的一种八哥鸟，因全身羽毛黑褐色，认为其丑陋，不招人喜欢，故取名牛屎（常呈黑褐色）鸟。

释义

本义：只要栽了梧桐树，就不怕丑陋的牛屎鸟不到树上来栖息。

用语意义：本俚语是本地男女婚配方面的用语，一般被用于父母对儿子的激励。意即只要培养了好的儿子，就不怕娶不到媳妇，或者说，只要自己有本事、有财富，就不愁娶不到老婆。

艺术与现实意义

梧桐树是一种材质较好的树，适合于制作乐器，这是其高雅意义的一面。又古代传说凤凰非梧桐不栖，所以梧桐是高雅、伟岸的化身。男子汉应像梧桐树一样高雅、伟岸。梧桐树连凤凰那样神奇的鸟都能招来，像梧桐树一样的男子汉还怕娶不到普通的女子做媳妇吗？

本俚语虽包含了歧视妇女的封建糟粕，但其广泛使用，有利于激励男儿奋发向上、有所成就。在当代，男尊女卑的思想已经淡化（最终会消亡），女子同样要自立、自强，成为经得住风雨，让“梧桐树”引以为傲的“凤凰”。无论男女，只要自己能与象征意义中的梧桐树、凤凰相媲美，就不愁找不到自己心仪的伴侣。

语例：妈妈发现读中学的儿子有早恋现象，即规劝儿子现在不是谈恋爱的时候，应先学有所成，才有资本谈婚论嫁，最后对儿子说：“有了梧桐树，何愁牛屎鸟，儿子加油！”

有理三扁担，无理扁担三

词解

扁担：biǎn · dàn，放在肩上挑或抬东西的工具，用竹子或木头做成，扁而长。

释义

本义：有道理或理由打三扁担，没有道理或理由也打三扁担。

用语意义：是说某人横蛮不讲理，有理无理都是他在理，总要责备和处罚对方。有时也用于有过错的和无过错的同样受到处罚，以批评人处事糊涂（实也包含了不讲理）。

艺术与现实意义

本俚语的来由应源自古代打官司中的打板子。即老百姓要到官府告状，不管你告的是谁、你告的有没有事实和道理，先要挨一顿板子，才准开口说话，即有理无理先打了板子再说。其目的在于限制老百姓滥诉。这也是如今民事诉讼中要收诉讼费的来由。本俚语把“板子”换成了“扁担”，把数量以表示多的“三”替代，使俚语更贴近人们的生活。

本俚语既是对那些横蛮不讲理的人说话、行事的情形的描述，也是对旧官府诉讼制度的批判。本俚语其实暗含了一个比喻：你这个人自己有理你责骂、殴打别人，自己没理也责骂、殴打别人，真是蛮不讲理，就好像过去的旧衙门，有理无理先打了板子再说。把不讲理的人比作旧衙门，反过来也就是批评旧衙门是一个不讲理的地方。旧衙门是人们痛恨的地方，不言而喻，不讲理的人也是人们痛恨的人。

“三扁担”与“扁担三”是一种回文修辞手法的实际运用，由于“三”和“担”的押韵使本俚语读来朗朗上口。不论是“三扁担”还是“扁担三”，其中的“三”均不是实指，只是一个概数，传承了古代“三”表示多的遗风。

语例：生产队为保护林木封山（禁止上山砍树、砍柴）了，封山公约约定：“凡是带刀进山的罚款 20 元。”今天强强因砍山那边自留地边的杂草，带了柴刀经过了山间，队长“执法”要罚强强 20 元，强强说明缘由，并要队长去看他自留地边被割下的杂草。因是有人举报并说不罚款以后的山怕是封不成了，队长很为难，于是说：“反正是带了刀子进了山，就要罚款!”强强急了，对队长说：“有理三扁担，无理扁担三，你这个队长怎么能这么当呢！……”

有两把刷子

词解

把：bǎ，量词，用于有把手的器具。

刷子：刷，shuā。刷子，用毛、棕、塑料丝、金属丝等制成的剔除脏物或涂抹膏油等的用具。一般带柄。

释义：是说人有一定能力和本事。

艺术与现实意义

洗衣服或清除其他器具上的脏物，特别是有槽沟的器具，刷子的作用是其他任何东西不能替代的；刷子的主体是以既坚且韧的鬃毛、棕、塑料丝、金属丝制成，所以，用刷子来比喻人有能力、有本事比较贴切、形象。前面的“两把”不是一个实际的数量词，“两”是一个概数，是说这人办事有一定的方法和能力。

本俚语是一个称赞性用语，但有它的独特性：它是在一个看似平庸的人崭露头角的时候，人们对他刮目相看的时候的称赞语，但其情感不是很热烈，似乎有点轻描淡写，包含了一种本来不佩服这个人，是这个人拿出真本事了，不得不佩服的复杂情感在里面。

语例：教育局调小陈来学校当教导主任。小陈年轻、个儿小，长相也不怎么样，校长和老师对他都不怎么感兴趣。直到小陈做好了几个调皮捣蛋的学生的思想工作，使他们变得遵规守纪，且学习成绩也有较大进步时，校长和老师们才背后称赞："这小陈还真有两把刷子!"

有钱的畜生，无钱的老爷

词解

畜生：禽兽的通称（也用作骂人的话）。

老爷：旧时称官吏或豪绅，农村也称年长而有威望的人。

释义：有钱的人是畜生，无钱的人是老爷。

艺术与现实意义

该俚语本是一句穷人出于对富人嫉恨而说的损人的话。但它并不纯粹是一句侮辱人格的用语。在武冈区域，骂人是"畜生"，侧重于指被骂之人狠毒，做事不通人性，不近情理。"有钱的畜生"有责骂有钱人为富不仁的意思；另一层意思是，畜生都有一个特点，就是每天都为着食物奔忙，有钱人为了有钱也在不休地奔波、操劳，在这种意义上，他（它）们具有可比性。在本地农村老百姓心目中的"老爷"就是什么事不用做，不用管，享清福的人。因为老百姓最切身的苦就是累，他们羡慕"老爷"的就是清闲。所以在说谁是"老爷"时，主要是羡慕他的清闲。"无钱的老爷"，是说没有钱的穷人也有一样好，他们不用为了钱起早贪黑、劳心劳力、担惊受怕，虽然贫穷但可悠然自得地生活。

本俚语体现了部分"无钱"人对有钱人妒忌和安于贫寒的不良心理，现已丧失了用语意义，因为时代的进步荡涤了人们的落后心理，不再以“无钱”为荣，不再无端地去嫉恨“有钱”人。但本俚语反映了过去很长一段历史时期，一定范围内人们对待贫富的心态，具有一定的历史借鉴意义。

语例：刘大叔在与朋友们一起聊天，谈到他们共同的熟人张细佗时说：“张细佗后来做生意，钱哩是有，但是累呱些，不像我们这样清闲。”一个朋友接过话茬说：“要不然怎么叫‘有钱的畜生，无钱的老爷’呢?”

有事莫过当时

词解

当时：dàng · shí，就在那个时刻，即事情发生的时刻。

释义

本义：有什么事情（需要了结）不要超过当时。

用语意义：强调事情办理得及时。

艺术与现实意义

本俚语虽然简短，语言朴实，却饱含了无数的经验教训，是人们办事作风的格言。

有些事情意识到要办或办到一定程度时，或因有其他自己认为更重要的事情要办，或因认为此事办理也不急于一时，就搁置下来。事后，或因忘记了，或因提不起续办的兴趣，或因腾不出时间来办就更难办理了结。可后来发现，此事当时不办或没办完结是一大损失，或一大遗憾；再办已不可能，或达不到当时的效果。比如，有位至交生病，当时认为应当要去看望他，可这时因有其他的事要办，又认为缓几天再去看也没关系，可没想到这位至交就在这几天里过世了，于是留下了终生遗憾。所以，通过对这类现象的总结，得出了“有事莫过当时”的俚语。

有事莫过当时，值得把它当成口头禅、座右铭。意识到要办理的事情，或正在办尚未办完的事情，只要不是非常特殊的原因，一定要当时了结，避免留下遗憾或造成不必要的损失；更重要的是有利于督促我们去掉工作上的拖拉作风，提高我们的办事效率。

语例：星期天，小龙正在家里搞卫生，快结束时，有朋友打电话邀其去聚会，小龙放下电话就要走。妻子要其搞完卫生再走。小龙说：“等我回来再搞。”妻子说：“有事莫过当时，聚会稍晚点去没关系的。”

有种替种，无种不乱生

词解

种：读音 zhǒng，指生物传代繁殖的东西。

替：读音 tì，本义“替代”的意思。这里是指因遗传因素，有血亲关系的晚辈与长辈在长相、性格等方面相似的现象。是“替代”意义的引申。也就是说，长辈如果去世了，世上还有与长辈特征相似的人替代他。

释义

本义：有种替种——是谁生养的孩子，长相、性格、智力等就像谁。无种不乱生——孩子如果不是父亲生的，长相、性格、智力就不会与父亲有很大的相似性；如果不是父母亲生的而长相、性格等与父母相似，这就是乱生——奇怪了。不乱生，就是说这种现象不存在。

用语意义：本俚语的使用，通常比喻父母有什么优点、缺点，儿女一般也会有什么优点、缺点——就如孩子的长相、性格等与父母因遗传相似一样。

艺术与现实意义

本俚语常用在通过提及别人的孩子优秀而间接地夸赞别人或提及别人孩子的缺点而间接地贬斥别人。前者一般当面说，后者一般不当面说。前者当面说有奉迎别人之嫌，后者不当面说有背后说别人的坏话之嫌。然而俚语使用的价值，主要不在褒贬别人，而在于生活经验总结和给人们警示：孩子从小就跟着父母生活，耳濡目染，如果父母在儿女面前表现出更多的优秀品质，那么，儿女的品性也不会很差；如果父母在儿女面前表现出更多的是坏的品性，那么儿女所沾染的坏的习气也不会少。这古老的俚语，早就揭示了环境对人品性形成的影响。

本俚语的本义说的是遗传因素，用语意义说的是环境因素。本俚语看似一个同性事物相比的比方，实则不然：儿女长相、性格等与父母相似，是自然遗传因素，品性相似是环境对人的影响，是两个性质不同的事物。

本俚语的广泛使用，警示我们：作为父母要时刻注意修身养性，时时注意矫正自己的不良习气，为儿女做出好的榜样。只有这样才有利于孩子身心健康成长，将来成为对社会也对家庭有用的人。

语例

1. 甲："张满佗，年纪不大，吃喝嫖赌，五毒俱全……"乙接上话茬："有种替种，无种不乱生，张满佗的父亲年轻时也是一样的！"

2. 王妈："听说伍元佗的儿子在学校学习成绩蛮好的。"菊子妈："有种替种，无种不乱生，伍元佗小时候读书成绩也很好的。"

又遭雷打，又被火烧

词解

雷打：就是遭雷击的意思。

释义

本义：一般遭到雷击的人，也会同时被雷电产生的火焰所灼伤；遭到雷击的物，如果是可燃物，也会被雷电所产生的火焰所引燃。

用语意义：比喻人同时遭遇到两个以上的不幸。

艺术与现实意义

雷打、火烧，本是雷电同时所致的自然现象，同时也是一般自然灾祸中后果较为严重的一种。人如果同时遭遇两个以上的不幸，也是人生中遭遇不幸的很严重的后果。

该俚语把人的连遭不幸，以雷电的极速动态和形象的严重后果比喻出来，让人心感震撼。

语例：张三的妻子难产，不仅腹中的胎儿夭折了，妻子也因失血过多而休克死亡，真是又遭雷打，又被火烧。

圆　心

词解

圆心：圆的中心，即跟圆周上各点距离都相等的一点。

释义

本义：指动物的心脏，多称人的心脏。

用语意义：父母常常把自己的子女叫“圆心”，是说子女在父母心目中与自己的心脏一样重要。

艺术与现实意义

本俚语是一个双重比喻：过去的人认为人的心脏既是人体血液的供给中心，是人生命的中心——心脏搏动，人的生命才存在；心脏停止搏动，人就失去了生命。心脏也是人的思维中心——人的思想意识均出自心脏；圆心是圆、球的中心，人的心脏在人体中就像圆心在圆中的位置一样重要，所以，人们用“圆心”来代称自己的心脏。

人们把自己的子女叫“圆心”，特别是母亲，是把自己的子女比喻成自己的心脏，子女就是自己生命的中心，突出了子女在父母心目中的无比重要。“圆心”称呼，表现了伟大的母爱。

时下，独身成为一种时尚。已婚的，对有没有子女也不很关心（除生育功能有缺陷的外）；生有子女的，有些也不珍爱，虐待、抛弃自己的子女。本编编写本条，一是“圆心”是本地常用的且富有艺术性、情感性的俚语；二是旨在有助于唤回人们的“母爱”或“父爱”。

语例：小立不幸夭折，小立的母亲悲痛欲绝，时而来到小立的小坟堆前哭泣：“小立呀，我的圆心！我去哪里看得到你？你怎么这样无情？这么早就把妈妈抛下……”

远贼有熟脚

词解

远贼：远处来的贼。

熟脚：熟，熟识。脚，借代人。熟脚，就是熟识本地情况的人。

释义：远处的贼来偷了东西，必然有本地熟识情况的人与贼相勾结。

艺术与现实意义

这是本地百姓在失盗后，对盗贼来历的逻辑判断。虽有些主观臆断——因为有时是过路贼偶然所为——但却不无道理，这是当时的历史条件所决定的：因为贼不能总是顺手牵羊，他必须先确定行盗对象，这个对象必须富有，有东西可偷；其次要确定可偷的东西是什么、在什么位置；再次，在前两项的基础上，要确定怎么偷、从哪里进出才不被发现。这些问题只有熟识情况的人才知道，远处来的人，这些问题就无法一一确定。远贼踩点踩多了，你还来不及偷就被人家发现了或被捉住了。因为过去，特别是农村，流动人口非常少，一个院落，谁家有几个亲戚、分别是谁都互相认识；从门前经过的人也大都认识；过路人路过陌生的地方，一般无正当理由不在别人家附近驻足，以免遭人嫌疑。

本俚语在过去，总是失盗者在自己心中有重大怀疑对象后，用于指桑骂槐；在现今对于公安机关破案，这一逻辑判断也是不无帮助的。

语例：张怀失盗后不久，他所怀疑的邻居李某似乎很关心地问张怀："偷你家东西的人你晓得了吗？""晓得了吗？远贼有熟脚嘛！"张怀话中带刺地说。李某因此与张怀发生了口角。张怀借机冲到李某家翻箱倒柜，结果在李某家中翻出了被盗的部分东西。

约人如放火

词解

约人：与人相约。

释义

本义：放了火如不及时扑救后果不堪设想，与人相约了就要及时赴约，否则，就如同放了火不及时扑救一样不负责任。

用语意义：强调了信守约定的重要性。

艺术与现实意义

本俚语牵涉到一个生活常识问题，就是烧山种地。本地大山边居住的农民，因为耕地少，常常要在大山土质较厚，又没有成片的大森林，且又当阳的一面山坡种玉米等农作物。由于山地宽，种玉米等农作物对土地的整理要求也没有其他作物那样高，所以对山地的整理，不可能像平地的耕地那样深耕细作。简单的操作就是放火烧山，把要种玉米等农作物的山坡上的灌木、杂草烧掉，然后再把土地粗略地翻一遍，捡掉柴蔸、草根，就播上玉米。来年这些地上又长满灌木杂草，播种玉米前又放火烧山。当然，放火烧山不是任火蔓延，先要扫开防火道，预计烧到风向所向的防火道边缘时（放火时根据风向确定放火点，如是东南风则在所要拓荒地块的东南端边缘做放火点，西北边是防火重点），则要及时赶去做预防工作，并将余火扑灭，以防因意外原因（如风势过大）使火蔓延过界引发大的山火——放了火，必须及时防火、灭火，否则后果不堪设想。这是本俚语产生的基础。要不然，本俚语就存在逻辑问题：如果故意搞破坏放火，就不存在放火再扑火；如果既不烧荒，又不是搞破坏，那放火干什么？

本俚语就是以放火拓荒必须及时防火、灭火的紧迫性作比，来强调守约的重要性。

语例："儿子，你和朋友约了七点钟见面的，现在都六点四十了，你还不去赴约呀？约人如放火，不要让别人久等！"父亲催促儿子说。

匝断根墨线一样

词解

匝：zā，环绕（解释见上海辞书出版社 1977 年出版的《辞海》语词分册第 168 页）。这里指把墨线固定于要取直的木料上。

断：截断（解释见上海辞书出版社 1977 年出版的《辞海》语词分册第 1563 页）。这里指凭墨线截开。

根：一条的意思。

墨线：木工用来在木料上打直线的装在墨斗上的线绳。

释义

用语意义：比喻人们正在争执的是非曲直，知道原委的人发话了，或是非曲直的真相公布了，大家的争论就戛然而止，没有人提出异议了，就好像打了墨线一样整齐划一；或者，人们议论的问题牵涉到某人，某人一出现，大家碍于情面或惧怕其权威而停止议论，没有谁再出声。

艺术与现实意义

打了墨线，凭墨线断开，木料就直了，这样曲直就无可争辩了。标准有了，答案出了，争执自然也就平息了。这里是把是非的曲直与木料的曲直作比；把标准、真相的明了与木料匜了墨线作比。人们的安静无声，不是本俚语的直接内容，是人们通过想象和意会的结果，也就是我们讲的弦外之音。同时“墨”和“默”同音、“线”和“信”谐音，也有着默不作声的意思在里面。所以，本俚语含义曲折，但比喻形象。本俚语在“用语意义”的第二种情况下，强调的是“墨（默）”和“整齐划一”。

语例：上午张刚被公安局的警察带走了，下午大队通知开群众会，说是公安局要来宣布重大的事情。会前，群众议论纷纷：有的说肯定是张刚做了什么坏事，有的说张刚偷东西了，有的说可能是张刚协助公安破案……大会开始了，公安人员走上主席台，会场立刻安静，人们的议论就像匜断根墨线一样。结果公安是来宣布对见义勇为的张刚进行表彰的。

在 行

词解

在行：zài háng，词典解释：（对某事、某行业）了解底细，富有经验；内行。

释义

用语意义：是指人聪明、懂道理；有时也指小孩子听长辈的话。

艺术与现实意义

对某事、某行业在行的人，必定是知道某事、某行业的来龙去脉，并有相当丰富的知识和经验。一个傻瓜绝对不可能成为一个在行人。本俚语正是基于“在行”的本义而引申开来，变成泛指人聪明。在行，即是聪明，不在行就是不聪明；聪明的人就明白事理，遇事不死搅蛮缠，是小孩子，就能听从长辈符合情理的指令。

俚语“在行”是对“在行”本义外延的扩展，体现了用语的地方特色，是对汉语词汇的丰富和创新。

在本地牵系到“在行”的本义时，一般以“内行”或“里手”替代出现。

语例：方媒婆欲将兰兰介绍给邻村二狗佗的儿子当媳妇，兰兰的姑姑特意来阻止，对兰兰妈说：“听说方媒婆想将兰兰介绍给二狗佗儿子当媳妇？我可是知道的哟，二狗佗那个儿子可不在行的哟。”

在家千任好，出门时时难

词解

千任好：任，rèn，听凭。千任好，本地方言，意思是无论什么都好。

出门：指离家远行。

释义

本义：在家里无论哪方面（包括办理事务）都好、都方便；出门在外，时时刻刻都会遇到困难，办事不会顺畅。

用语意义：告诉人们出门在外的艰辛，如想外出谋生，必须有应对各种困难的思想准备。

艺术与现实意义

在自给自足为经济基础和交通不发达的过去，在家里，只要勤劳持家，吃、穿、住、行都不用花好多的钱；又在自己熟识的环境和友善的人际关系中，当然事事都好办。出门，首先要长途跋涉，忍饥受累，遇到有店家，还要节约每一个铜板不可大吃大喝；在外有困难没有人帮助，生病了也没人照应……本俚语是无数出门受过苦的人的经验总结。

本俚语以横向的“千任”与纵向的“时时”作对应，衬托出了“好”与“难”的悬殊。在本俚语叹息的背后，我们隐约感觉到了武冈人民热爱家乡之情。另外，“千任”虽只是横向，但是因为“在家”的持续性，赋予了“千任”纵向的时间性。

语例：儿子：“爸，我要外出打工。”父亲：“在家千任好，出门时时难，打么子工呀。在家里把自己的果园弄好，收益也是不错的。”

在生不孝，死呱拜号

词解

在生：活着的时候。

孝：孝顺。

拜号：号，háo，大声哭。武冈读音 hào。拜号：指拜在已故父亲或母亲灵前大声哭诉。

释义：父母活着的时候不好好孝顺，父亲或母亲死了却跪拜在灵前大声哭诉，表示自己的悲痛或显示自己的孝顺。

艺术与现实意义

在现实中，很多子女在父母在世时嫌弃父母，不孝敬父母，甚至打骂、虐待父母，父母去世时，才跪拜在父母灵棺前哭泣(俗称“拜号”)。这种哭泣也有不同的情况：一是对父母在生不孝有其客观原因，如子女多，家庭负担重，对父母照料不周，确实觉得愧对父母，舍不得父母而哀号；二是在生虽不孝顺父母，但对父母还是有感情的，一旦父母离世则悲从中来；三是父母在时不孝，嫌父母是累赘，父母死了也不觉得难过，但又要在众人面前装出孝顺悲痛的样子，所以也要到灵前“拜号”——干号(没有眼泪)。

本俚语其实弦外有音，还暗藏了一个相对语：在生尽孝，死后不必拜号。对父母尽到了孝道，父母去世，那是天命所归，谁也避免不了，哭号也不可挽回，所以，不用拜号，只在心里怀念自己的父母。

本俚语体现了武冈人民认识到了“孝”的本质，诫勉人们对父母的孝道重在（父母）生前而不在（父母）死后。

语例：陆大妈：“贞婆的女儿小玟跪在贞婆棺前哭得真够伤心！”

刘二娘：“当然啦，这么多年没看到妈妈了，结果是妈妈死了才见面，肯定伤心了。”

张老汉：“在生不孝，死呱拜号！”

在学校是踩牛屎淤的？

词解

踩：cǎi，本指脚底接触地面或物体。这里是以踩的方式制造的意思。

牛屎淤：淤，yū，淤积起来的。牛屎淤，是牛被圈养中，屎尿和垫栏的稻草等混合，经牛踩踏而成的厩肥。

释义

本义：你在学校教室里读书，是和牛在牛栏里踩牛屎淤一样的吗？

用语意义：批评他人读了书却不长知识或不讲道理。

艺术与现实意义

本俚语既是一个反问句，也是一个比喻句；以反问的句式表面上表示否定，否定被比喻的内容——读书不是踩牛屎淤，实际上表示肯定——你读书如果不是踩牛屎淤，那为什么不长见识、不通道理？本俚语字面简单，含义丰富，话中有话，意中有意。其具体含义是：你名义上是个读书人，却没有应有的知识，不明白相应的道理；既然这样，那么，你以前被长期关在教室里，肯定是像牛被关在牛栏里一样，不是读书，而是在踩牛屎淤（即虚度时光）。说“踩牛屎淤”，实际是骂人的话，就是说“你脑袋如此不开窍，就像是只会踩淤的畜生”。

本俚语中比喻的贴切性：关牛的牛栏四方形，且一般较宽敞，教室四方形，比较宽敞；农闲时，牛长时间被关在牛栏里，学生上课时，长时间被关在教室里；牛向往着野外吃草，学生向往着室外活动，两者具有很多的可比性。

本俚语虽然带有人格侮辱性质，但现实中确实存在着很多这样的冥顽不化的人，读书不能学以致用，不能用所学的知识解决实际问题，不能用所学的道理来指导自己的行动。对这些人用本俚语对他们进行批评、针砭，能起到很大的促动作用。

语例：老奔因与侄子小云发生口角而动手把小云打伤。爸爸批评老奔：“论辈分你是叔叔，论年龄小云比你小了一大截，论文化你是高中生，小云是小学生，你怎么好意思打小云呢？难道你在学校是踩牛屎淤的？”

遭 蘖

词解

遭蘖：遭，zāo，遇到。蘖，niè，罪恶。遭蘖，本是佛教指善恶有报，因之前的作恶受到的恶的报应。

释义：武冈俚语的“遭蘖”是“可怜”的意思。

艺术与现实意义

作恶多端的人受到了恶的报应，本是其罪有应得，但罪孽越深其报应就越惨。如果是现世报还，则人们会拍手称快；如果是因前生的罪孽而在今生受到报应，因人们看不到他前世作孽的情形，不仅不会让人有快感，反而容易让人产生同情心。所以，武冈俚语的“遭蘖”是佛语“遭蘖”后果的社会同情效应。

俚语“遭蘖”是同情心的表现，从一个侧面体现了武冈人民的善良。同时也说明，武冈人民是唯物的，是不相信前世今生的报应的，如果相信，“遭蘖”就不会变成同情用语了。

语例：路边有一个双腿残缺的老人在乞讨，龙龙一甩手就给了 10 元。毛毛说：“龙龙，你真舍得，一出手就是 10 元。”“人家遭蘖，多给点没关系。”龙龙说。

灶面先捡到把铁夹

词解

面先：武冈土话，面前的意思。

铁夹：是指烧柴、烧煤、煮茶做饭时，用以添换柴、煤的铁钳类工具，呈“叉”形，伸入火里的一端很长，手持部位较短(够手持握即可)。

释义

本义：把别人灶面先的铁夹拿回家里，说是捡到的。

用语意义：比喻某人贪图小利，把别人暂时脱管或依习俗不须收捡而显然应当知道其归属的财物据为己有，还美其名曰“捡到的”。

艺术与现实意义

在以前的农村中，厨房都是开放式的，一般有壁无门，或者有门也没谁上闩上锁；做饭烧火后就随便把铁夹丢在灶面前或厨房的其他位置，没有谁收捡。主人家没人时，铁夹就像无主物。但依习俗谁也不会去捡别人家的铁夹。如果谁捡了拿回家，是特没有面子的事情。不仅如此，在过去的农村中，一般的财物也不怎么注意收拾，随便放置在自己家里或自己屋前屋后的空地上，不用关门上锁也不用担心失盗。正因为习俗、公德，谁也不会去拾捡别人家随便乱放的铁夹，所以用“灶面先捡到把铁夹”来比喻那些贪图小利的人将别人暂时脱管或按习俗不须收捡的财物据为己有，更凸显出其行为的不应该、不道德。本俚语的使用意义在于批评和讽刺那贪图小利、不顾社会习俗和公德的人。

本俚语以行为的全过程诠释人的品性。

语例：小平："妈妈，我捡到个南瓜。"妈妈："在哪里捡到的？""在明明家的屋门口。"妈妈："哟，你在明明家灶面先捡到把铁夹呀——还不快点退回去，小兔崽子！"

栈里碗盏有相磕

词解

栈：zhàn，词典解释之一：用竹木编组或阁架而成的。如"栈车""栈道"。这里指碗柜。

碗盏：是碗、碟、酒杯等的统称。

磕：读音 kē，碰在硬的东西上。

释义

本义：碗柜里的碗盏也会因为放得不稳当，发生倾斜或其他震动而产生磕碰的。

用语意义：本俚语常用在劝解夫妻吵架的场合。比喻常在一起的人，特别是夫妻，难免会发生矛盾——所以不要斤斤计较。

艺术与现实意义

首先需要说明：本地农户都将常用的碗、碟、酒杯等单独放置在一个专用的小柜子里。这个柜子，以前由于生活水平的限制，就用竹木简易地组合而成，属于"栈"类物件。由于本地当时远离“栈车”“栈道”等概念，就用“栈”专指“碗柜”。

栈里的碗碟放好了，一叠是一叠，是彼此独立的，且是静态的，从静止的观点出发，它们之间不会相互碰撞。然而，静止的是相对的，运动是世界的属性，此物不动他物动，内地不动外地动，总会受到动的影响，稳当也是相对的，没有绝对的稳当，所以，磕碰也就难免了。

以“栈里碗盏有相磕”劝慰吵架后的家人、夫妻等不记仇，并不是和稀泥，因为，无生命的碗盏放在一起都会有磕碰，人与碗相比，不仅能自动，而且还会说话，有自己的思想和观点，“磕碰”就更加难免。虽然人的思想、观点各不相同，但人的思想观点是可以沟通的，所以，不论是夫妻，还是与他人，不要一产生矛盾就走向极端。

本俚语的广泛使用，可引导人们宽大为怀，包容他人的不足和缺点，所以有利于家庭和社会的和谐。

语例：小芳和小坚小两口为谁做饭谁洗衣的小事吵起来，而且吵得很凶。小芳一气之下跑回娘家。妈妈劝小芳：“多大点事呀，值得这么生气？栈里碗盏有相磕，哪个小夫妻不闹点矛盾？回去吧！”

站起死，直起埋

词解

起：在武冈方言中与助词“着”同，表示动作状态的持续。

直：zhí，跟地面垂直的（跟“横”相对）。

释义

本义：人死也要站着死，埋也要竖着埋。

用语意义：比喻人性格刚毅、直爽，作风正派，说话、办事不拐弯抹角；不向邪恶屈服。

艺术与现实意义

现实中没有一个人是站着死了的，除非是非常特殊的非人的意志所决定的情况；更无竖着埋了的，除非是死于地质性灾害。本俚语是一个假设性的描述，是对人的精神个性的比喻：死后尸体僵硬了，状态还站立着的，埋到土里，状态也是竖着的，给人一种挺拔、倔强的精神感觉；死后能站立，是人生前正直、高傲精神的延续，是对他一生精神状态的诠释。一个一身正气、性格直爽、硬朗的形象就活脱脱地出现在你的脑海。本俚语以静态的形象，描写了动态的精神。

语例：我那口子，是站起死、直起埋的，要他去向别人求饶是不可能的。

张家人不抬奶奶——牛重

词解

张家人：姓张的人。

牛重：像牛一样重。

释义

本义：旧中国，封建礼教要求妇女裹足，即从小用布条将足缠住，控制其生长发育，变成特小的畸形，不能外出远行。外出远行须用轿子抬着行走。本俚语的具体出处已无从考证，推测应是某张姓人的奶奶个子高大而且很胖，子孙们在用轿子抬她出行时，有人不犯想心地说："哎呀，好重呀，一头牛一样。"这话被外姓人听到了，传为笑料。

用语意义：人们在搬移或提拿看似不重，一着手却发现很重的物件时，常用本俚语惊叹该物件的重量。

艺术与现实意义

最先人们使用本俚语时，或许有取笑张姓人的用意，但后来成了本地"成语"，人们使用本俚语时也不避讳是否有张姓在场，张姓人在场也不会介意。当然有时候也有人特意和张姓朋友、同事、邻里调侃使用。这是另当别论。

本俚语最大的现实意义就是活跃了人们的用语环境。人们在生活中碰到较重的物件是常事，如果只是说该物件"很重""太重了"等，未免有些单调乏味，而使用本俚语，特别是有多人在场时，能使劳动场面活泼有趣。

本俚语为"不字格"歇后语，用幽默性语言直译，意思是"张家人呢冇抬奶奶的，只是抬着奶奶还说奶奶有牛重"。

语例：老大和二牛在抬一截树干，因这截树干是杂木的，看上去干枯却挺沉重。一上肩，老大惊叹道："哎呀！'张家人不抬奶奶——牛重'也。"

张郎送李郎，送到大天光

词解

郎：láng，郎在这里兼有两种意义：一是对某种人的称呼，如货郎、女郎等；二是“旧时女子称丈夫或情人”。

大天光：凌晨天完全亮了的时候。

释义

本义：是指男女恋爱期间，晚上约会后难舍难分：你送我，我送你，送到天光也不得完结。其实是借相送为由，舍不得分离。

用语意义：现在一般是指恋爱男女交往频繁。有时也用于某些迎来送往，一下子不得完结的事务。

艺术与现实意义

本俚语中的“郎”不是专指年轻男子，也有“女郎”之“郎”意。“张郎”“李郎”中必有一男一女；且“张”“李”不是代表确定的姓，只是代表不同的姓氏。

本俚语应产生于中华人民共和国第一部《婚姻法》颁布实施以后，即20世纪50年代后。男女的婚姻从“父母之命，媒妁之言”的封建羁绊解放出来，开始自由恋爱之时。当时恋爱的男女，不论是城市还是农村，白天要参加集体劳动，只有到了晚上才有时间与情人相会，而且也不可能天天见面；同时，当时的青年恋爱交往都很有害羞感，怕别人笑话，只有晚上相会才“安全”。当时的恋爱男女不像现在的恋爱男女这样热烈、奔放，一见面就亲嘴、拥抱。当时的恋爱很含蓄，见面拉拉手已算是大胆的了。见了面又不舍得分开，也不便老是在一个地方待着，也没有现在年轻人这么多的话说，只好选择你送我、我送你的方式，延长相处时间，于是迎来送往天就大亮了。这样的实例是可能存在的，并非本俚语纯粹地夸张。

本俚语反映的是本地区爱情的前期状况，是对热烈而含蓄爱情的描绘。现在热情奔放的男女，如果读懂了该俚语，也会感受到当时爱情的温馨和甜蜜。

语例：菊花：“三婶，你侄女华华上午才被她男朋友接去，你看，这下午她男朋友又送她回来了，现在的年轻人真热乎！”三婶：“当时你和你丈夫，张郎送李郎，送到大天光的情形你就忘记了？”

张漏打空

词解

张：使紧缩的东西放开。这里是用张开的器具接取东西。

漏：遗漏。

打：dǎ，做，从事。

空：kòng，没有被利用；空隙。

释义：一些不急须完成的事务挤出空闲时间来完成。

艺术与现实意义

“张漏”，是把掉下来的东西接住，在这里被接住的东西是指时间。时间是否被接住是看不见摸不着的，所以只有在这个时间里创造一些财富才是现实的。“打空”，是在空闲时间来做、来完成。“张漏”“打空”含义是一致的，并列使用强调了完成某事务的非专业性、主业性。

“张漏打空”是指人们利用空闲时间完成某些事务以创造财富来贴补家里经济的不足，体现了武冈人民勤劳持家的好品德。

语例：朋友到杨大家里来玩，看到杨大家里有小渔网便问杨大：“如今还专门打鱼?”“哪里，哪里，张漏打空使用下子。”杨大解释说。

张木匠不修屋——哪里不隔两三分

词解

木匠：制造或修理木器、制造或安装房屋木制构件的工人。俗称木工师傅、木匠师傅。

隔：间隔、距离。这里是指有差距，不能完全吻合。

分：这里是长度单位。1 米 = 3 市尺，1 市尺 = 10 寸，1 寸 = 10 分。

释义

本义：张木匠帮别人修屋，榫卯相接的地方不能做到严丝合缝，大小或长短相差两三分的地方较常见，但他不以为意，认为没有什么关系。

用语意义：是说人做手艺不工整细致，宽容自己的不足或调侃别人功夫不到家。

艺术与现实意义

以前农村里修房子，绝大部分是木瓦结构：瓦盖“人”字屋顶，木架子，木壁，木地板，木楼板。屋架上的柱子与柱子、柱子与木枋之间都是榫卯结构，不需用铁钉。因为修屋用的木料都比较粗大，榫卯之间隔两三分不严丝合缝，是常见的不足，且暂时也没有很大的问题，只是年深日久后，房屋容易倾斜，木料腐损后容易倒塌。

本俚语常用于自我解嘲：自己做什么事情（一般是工艺性的事情）没做好，别人提出来，自己又不想返工时，应用本俚语来搪塞或自我解嘲。这虽是一种工作不精益求精的表现，不值得提倡，但现实生活中，如果每一件事都做到十分九寸，那么，我们的生活压力会太大、太辛苦，只要不是关键的情况、关键的节骨眼，放松放松也未尝不可。本俚语正是这种心态的表现。

本俚语系“不字格”歇后语，用幽默性语气直译意思为：张木匠哩不修屋的，只是修起的屋每个榫卯结构处都隔个两三分合不了缝。

另外，综合“张家人不抬奶奶——牛重”条应做一下说明：张姓是全国数一数二的大姓，武冈姓张的人也很多，所以外姓人爱拿张姓人说事，并非姓氏歧视。

语例：老覃没有学过木工手艺，但无师自通，做的木工活还像那么回事。一天，一个朋友看过他做的衣柜后向他提了个小意见，说是前门的木板换一块宽一点的不露缝就好了。老覃说：“噢，‘张木匠不修屋——哪里不隔两三分’，算了，没工夫也没木料换了。”

张睎木匠——放落斧头把讲话

词解

张睎木匠：张，张望。睎，xī，了望。“张”和“睎”本不是一个词，这两个字的组合，是根据本俚语的方言读音和意义拼凑的。“张睎木匠”，是指喜好打探与自己没有关系的闲话闲语的木工师傅。

把：bà，柄。

释义

本义：一个爱打探闲话闲语的木工师傅，一听到别人讲白话，就把自己手中的木工工具放下，专心和别人讲白话。

用语意义：是比喻某些人一遇到自己感兴趣的事或话题——不管这事或话题与自己有没有关系、重要不重要，就置自己的本职工作于不顾。

艺术与现实意义

张，在本地不仅有“看”“望”的意思，同时也有“探听”的意思，如本地说“耳朵不张事”中的“张”。

斧头是木工的主要工具，木料基本定型，除了用锯大体调整外，都需斧头。放落斧头把，就是代表停下手头的工作——这是一种借代的修辞手法。一个熟练的木工，就是关心他人所讲的事情，他可以边听边讲边做，没有必要把自己手头的工作丢下。放落斧头把讲话，是事业心不强或工艺不熟练的表现。

现在在我们的单位上，特别是行政事业单位，有着不少的“张睎木匠”，总认为单位的事做多做少一个样，工作相对人的事不是自己的事，同自己没有很大的利害关系。只要遇到自己感兴趣的事或话题，就不惜置自己的本职工作和工作相对人于不顾，聊他的天去了。“张睎木匠”是我们整顿工作作风的对象。

语例：超市里，顾客排着长长的队等着付款，而收银员正和自己的姐妹聚精会神道家常。有顾客提意见：“张睎木匠——放落斧头把讲话了！”

这山望着那山高

词解

这山：这，指示代词，近指。这山，这里指自己所在之山。

那山：那，指示代词，远指。那山，即离自己较远的山。

释义

本义：站在自身所在之山看着远处的山，觉得远处的山比自己站的山可能更高、更好，于是产生到“那山”去的想法。

用语意义：是指人的欲望难以满足，已经站在高处（指生活、待遇等）了，还想站到更高的地方去；有时也指人见异思迁，就是“那山”没有“这山”好，也想要到“那山”去看看。

艺术与现实意义

本俚语的用语意义是语面的弦外之音；“这山望着那山高”

后会怎样？当然是想到更高的山上去呀。这层意思词条没有表述出来，依靠听者、读者去体会、去理解。

人往高处走，水往低处流，这是人之常情，也是自然规律。“这山”的山顶已经是高处了，可是爬上这个原以为很高的地方，却发现山外还有更高的山巅，又见异思迁，向往着“那山”。“这山望着那山高”简短的几个字，将这复杂的意思都比方出来了。这里需要说明的是，本俚语字面上虽是说“那山高”，但有时“那山”实际没有“这山”高和好，但以为“那山”好，想要挪动一下自己的位置，也是本俚语包含的内容。

见异思迁，本是人的一种心理活动，是看不见、摸不着的。用本俚语来表达人的这种心理活动，就好像在我们眼前展现出了一段动画，它是那样直观、那样浅显易懂。

值得特别提示的是，本俚语不是对那些严格要求自己、积极进取的人的赞许，而是对那些贪恋物质享受和权势、美色等人的批评。

语例：父亲发现儿子有与其他女人相好的迹象，于是意味深长地劝告儿子：“你现在的媳妇已经很不错了，你不要这山望着那山高呢，那山虽然较高，重新爬上去是要付出很多的哩，更何况那女子除了年轻点，其他方面还不一定会比你媳妇好哩。”

真葱不如野葱香，真婆娘不如野婆娘

词解

真：真，不是“真”与“假”之“真”，在武冈方言里

“真”有“正宗”的意思。

真葱：是指家里栽培的葱。

野葱：与真葱相对，是野生的葱。

真婆娘：是明媒正娶的妻子。

野婆娘：是指情人。

释义：男人总觉得自己的妻子不如自己心仪的情人可爱、有情趣，就好像总觉得自己栽培的葱没有野生的葱香一样。

艺术与现实意义

本俚语除反映有的男人喜新厌旧、见异思迁的不良品性外，还反映了这样一个现实问题：男女恋爱时彼此的心怡是不亚于情人的，但是，不论是过去，还是现在，男女结婚后，男女双方都不注意培养和发展彼此之间的感情。不是每个男人找的情人都比自己的妻子优秀，往往找的情人除年轻些外各方面其实都比不上自己的妻子，为什么会这样呢？在这里重点要说的是女人——因为诠释本俚语需要——女人与男人一结婚生子，就觉得是铁板一块，丈夫不会把她怎么样，所以，就不像在娘家做闺女时注意保持体形、容貌，在这方面变得懒散和听之任之。很多漂亮姑娘，结婚生子后身材体貌就变得很不堪，这是因素之一。因素之二就是不注意发展感情，因为懒惰而没有新的情趣，关心丈夫的身体健康，却很少关心丈夫的精神需求，让男人产生另寻新欢之心。男子也存在相应的问题。所以，因为双方类似的原因，彼此之间找不到新的感觉，没有火花撞击的激情。有的妇女“红杏出墙”，其实也应当是同样的问题。但这些都是不健康的婚恋观，是应当批判的。

语例：几个臭男人在一起讲男人的私话。甲说：“结婚之前吧，我觉得婆娘是那么的漂亮，可现在总觉得别人的婆娘好些。”乙：“真葱不如野葱香，真婆娘不如野婆娘吧……”

中又中滴子，越又越滴子

词解

中：zhōng，中间，适中。引申为合理、公平或标准。

滴子：滴 dī，量词，表示液体一点一点往下落的数量。引申为“小”或“少”，与“一点”或“一点点”义同。滴子：一点儿。

越：yuè，这里是“不按照一般的次序；超出（范围）”的意思。

释义：尽量公平、合理或符合要求一点更好，若不能做到，稍偏离一点也没关系。

艺术与现实意义

本俚语是说人们对物件的制作或问题的处理要求不很苛刻：对物件的制作，不符合标准点，粗糙点，也能够接受；对问题、争端的处理，结果不是很理想、很公平，不能完全达到自己的要求也能包容。这并不是说人们不知道标准、不喜欢精细，不知道何谓公正，而是体现了武冈人民为人大气、心胸宽广、以和为贵而不斤斤计较的性格和品德。

语例：刘兴春与刘三保的菜地相邻。因两家均外出打工，荒废了几年，菜地的分界已经不明显了。今年双方都要回来种地，两家为界线发生争执，还发生了一次小小的肢体冲突。于是双方叫来组长主持公道。组长劝双方：“乡里乡亲的，不就是一块菜地吗，中又中滴子，越又越滴子，宽一尺、窄一尺又有多大的事呀……”最后，以组长画线为准了事。

只顾羊卵子，不顾羊性命

词解

顾：关注、照管的意思。

羊卵子：卵，luǎn，男子睾丸的俗称（解释见 1981 年 10 月上海辞书出版社出版的《辞海》语词分册第 2169 页）。羊卵子，本地俗语指公羊的睾丸。

释义

本义：本地有吃公羊睾丸的习惯，有的人偏爱吃公羊睾丸。同时另有一习俗：如果是兽医帮你阉割公羊，公羊睾丸就归兽医拿走。有的人为吃羊睾丸，自家的公羊自己动手阉割，因自己技术不精，常常造成公羊患处感染，以致并发其他疾病，严重的甚至造成公羊的死亡。这就是为了羊卵子而不顾羊的死活。

用语意义：是指人处事自私自利，为了实现自己的利益，而不顾及因此而给其他人，甚至是自己所在的集体带来的损害或给他人造成比自己所获利更大的损害。

艺术与现实意义

本俚语是以自己阉割羊而不注重羊的死活的特例来鞭笞、批评那些只顾个人利益而不念及他人、集体利益的自私自利的行为，但并不是以偏概全，而是恰到好处。俚语本身是一个悬殊的对比：羊卵子是局部，羊是整体；羊卵子的美味事小，羊的性命事大，而恰恰有人将这个悬殊的关系颠倒了。通过这悬殊的对比，彰显出自私自利的不应该。

本俚语中“只顾羊卵子”具有双关的意义：一是只注重羊卵子的美味；一是只注重自己——用语习惯上“羊卵子”有暗指自私自利的人的意思——把“自己”与“羊卵子”合并，具有对那些自私自利的人进行贬低的用意。

语例：王五为使自家菜地里的菜不让鸡啄食，把队里鱼塘边的篱笆移到自家的菜地边。结果一群鸭子冲入队里的鱼塘，将队里鱼塘中刚放入的鱼苗吃了个精光。队长批评王五：“你真是只顾羊卵子，不顾羊性命啦……”

只求斧头把脱，不图柴蔸烂

词解

求：祈求。恳切地希望。

斧头把：斧头柄。

图：谋划、计划。这里有“希望实现”的意思。

柴蔸：蔸，dōu，指某植物的根和靠近根的茎。柴蔸，指乔木、灌木的根和靠近根的部分茎。

释义

本义：受指令或安排劈柴蔸，柴蔸难劈却又不能不劈，所以，只祈求斧头柄快点脱离斧头（没有劈柴蔸的工具就不用劈了），柴蔸劈烂不劈烂就不去管它了。

用语意义：比喻事情不是自己愿意办的，而且办起来很吃力，很多时候办成不办成与自己还没有大的利害关系；事情既难办却又不能不办，所以，总想找到正当的理由或借口从该事务的办理中解脱出来。

艺术与现实意义

本俚语应产生自过去的家庭劳作。过去的农村，煮茶做饭都用柴禾生火，而树蔸干枯后是最好的生火材料——火力旺，烟雾少；明火燃烧后的余物经过简单的隔氧处理，又是最好的木炭，以备冷天烤火取暖用。所以，劈柴蔸是家庭重要的日常劳作。但是，劈柴蔸是一种苦力活，柴蔸纤维结构紧密，纹理纵横交错，不易被劈开。如果柴蔸是新鲜的还好些，如果在劈之前就已干枯，那就更难劈了，但干柴蔸可就劈就烧，以解没有余备柴禾之急，所以，劈干枯的柴蔸（砍树后的陈年树蔸及开荒种地等挖出多时的灌木柴蔸），也是常见的工作。父亲要儿子劈柴蔸，儿子力气不足，手掌肉嫩，劈柴蔸那个难受的劲就不用说了；可是父亲安排的事不能不做，所以心里默默祈祷：斧头柄呀，你快点脱了吧，没有劈柴的工具，我就可以不用劈柴了，父亲也没有理由责怪我。至于，柴蔸没劈烂，等父亲有时间再劈吧！给地主帮工或后来的大集体劳动中，虽也有劈柴蔸的工作，但帮工人或被安排劈柴蔸的人，半天、一天劈不开一个柴蔸是交不了差的，斧头把脱了自己可以安装或马上找人安装的。

本俚语描述和揭露了这样一种普遍存在的心态：人一般不愿为与自己没有多大利害关系的事情吃苦，即便是因接受指令或委托，不便擅自停止，但总希望能找到正当的理由来终止该指令或委托的执行。在这里之所以只用“描述”“揭露”，而不用“批评”之类的词语，是因为这种心态是人的本性使然，每个人或多或少地都存在这种心态，只是体现的程度不同而已。据此，我们要承认这种心态存在的合理性，在现代管理中，一定要把被管理的每个人的工作与他自己的切身利益关联起来，这样才能激发每个人的工作积极性和自觉性；不要夸大政治思想工作的作用。

语例：王流的哥嫂因车祸早亡，侄女小荔从五岁开始就随叔叔王流生活。小荔早恋了，二十不到就随一男孩共同生活了。背后有邻居责备王流不劝阻侄女的早恋。另一邻居说：“王流能力有限，自己有三个孩子要养，他怕也是只求斧头把脱，不图柴蔸烂了。”

只图天欢喜，何愁地不平

词解

图：这里是“获取”“追求”的意思。

何：哪里。

愁：忧虑。

释义

本义：因为一心只想让天高兴欢喜，所以，地因此而变得高低不平，也顾不得了。

用语意义：是说为了自己心爱的人、重要的人、敬重的人满意、高兴、欢喜，自己吃苦、受累、受委屈都顾不得了。

艺术与现实意义

地上高低不平，坑坑洼洼，除了地壳变动引发外，天刮风、下雨、打雷、地震（虽也是地壳变化，但人们能直接感觉）等也是一个重要因素。过去，人们认为刮风、下雨、打雷、地震等自然现象是天不良情感变化的表现，而地是天这些不良情感变化的承受者。因为天尊地卑，地对天的这些喜怒哀乐只有默默地承受：你（天）烦躁，你吹胡子，任风扬起我（地）的尘沙，吹折我的树木（造成地不平）；你悲伤，你流泪，任雨水卷走我的泥土，冲垮我的山崖（造成地不平）；你愤怒，你擂拳，声音震撼我的大地（造成地不平）；你咆哮，你跺脚，让我浑身颤抖，山崩地裂（造成地不平），我默默地忍受着，没有也不能提出抗议。

本俚语其实也是一个比喻，把自己心爱的人、对自己重要的人、自己敬重的人比作天，把自己比作地；把自己愿意为自己心爱的人、重要的人、敬重的人任劳任怨比作地默默地承受着天的一切。这默默地承受分两种情况，一是体现的是爱的表达，是人无私的奉献，尤其是父母对子女那份爱和奉献；一是带有一定目的而迫不得已，这种忍受和奉献有一定的违心感，如为达到某种目的，对领导、对上司阿谀奉承，逆来顺受。本俚语一经使用，就带有一定遗憾的思想感情，因为它一般是在被奉献的人有违奉献者初衷时才被使用的。

语例：周成夫妇为了送儿子读书，起早贪黑，周成背都累驼了。可没想到儿子竟在学校里染上了毒瘾。在戒毒所里，母亲如泣如诉地教育儿子："我和你父亲，为了供你读书，半夜起来喊天光，你要什么我们尽力给什么，真是'只图天欢喜，何愁地不平'，唉，你却不好好读书，去吸毒……"

只要年情好，麻雀子吃得哪滴倒

词解

年情好：是指当年风调雨顺，且庄稼没有病虫灾害，农作物的收成好。

麻雀子：麻雀。麻雀子是人们对麻雀的昵称。

滴：本地方言，与“点”同。

倒：dǎo，垮的意思，这里指损害的程度。

释义

本义：只要风调雨顺，没有病虫害，五谷丰收了，麻雀子再多，它们吃得再狠也吃不了多少，与丰收的稻谷相比，根本不算什么。

用语意义：办事情要把握好大方向，促进事情的成功，不要在细小的得失上过于纠缠而误了大事。

艺术与现实意义

一看本俚语，武冈人民的大气和远见卓识便跃然纸上。要成大事的人，如果老是在细小的得失上纠缠不休，就没有时间和精力去办大事，大事也肯定办不成功。

这里有一个大的事例，就是对改革开放与腐败的看法问题；改革开放就是“好年情”，腐败分子就是偷食稻谷的小麻雀；腐败分子贪腐的财富与改革开放给社会带来的财富相比，简直是九牛之一毛，如果我们因为出现了腐败而放弃改革开放，就会得不偿失。“麻雀子吃得哪滴倒”，并不是不驱赶麻雀子，那时候的人们尽管年情再丰收，也要想尽了办法驱赶和消灭麻雀子。本俚语体现的是人办事气魄大气，不能因小失而痛心疾首，停滞不前。时下，国家的经济发展已慢慢走上轨道，党中央已腾出手来严惩腐败，驱赶“麻雀”。这就是我们党领导国家的气魄。

本俚语也可以说是一个比喻句，把大的主流中的不足，比作丰收年情中被麻雀吃去的可以忽略不计的谷子。

语例：张老汉的橘子园今年大丰收，霜降节前夕请了很多人采摘橘子。过了一会儿，儿子跑来告诉张老汉采摘橘子的人边采边吃。张老汉说："现在抓紧时间采摘收藏要紧，要吃随他们吃吧，只要年情好，麻雀子吃得哪滴倒。"

只有锅里煮白米，哪有锅里煮文章

词解

只有：只，zhǐ，只有，仅有。表示肯定。

哪有：nǎ，此处表示反问。哪有、没有的意思。

释义

本义：只有白米放在锅里能煮出白花花的饭来——能吃，文章写得再好放在锅里煮不出白米饭——不能吃。

用语意义：劝导人们要正视现实，以脚踏实地地劳动创造实实在在的财富，不要追求虚荣。但有时也是目光短浅的表现。

艺术与现实意义

本俚语的产生和运用并不是说武冈人民就不热爱学习、不重视文化，而是针对范进式的老学子进行劝导。人生活在世上，首先要解决的问题是吃饭穿衣，考取功名，是人生活中的次要问题；没考取功名不会有生命危险，如不劳动创造财富，解决不了吃饭穿衣的问题，就会饿死、冻死。在旧中国的学习，可以说90%以上的内容是政治、文学，这样的学习，如达不到"秀才""举人""进士"的地步，既不能当官获取薪酬，也不能开堂教学收取学费，就没有养家糊口的实际意义。但社会崇尚"万般皆下品，唯有读书高"的理念，于是很多人不务农耕，一心只想考取功名。其中又有很多人从“开蒙”到年迈都考取不了功名，只好贫病交加，终生含恨，或做一辈子的“寄生虫”。

本俚语劝导人们正视现实，不作无谓的生命消耗，在当时具有积极的现实意义。在今天，对我们的人生也具有积极的开导意义：对于社会来说，正如邓小平同志所说的“发展才是硬道理”；对于个人来说，首先要立足解决自己的生存问题，在此基础上才能讲求个人的精神需求。否则他就是一个现代的“范进”，就不是一个正常的人。

本俚语虽也含有一定的消极因素，但主体上体现了武冈人民的务实精神。

语例：小建复课迎高校招生考试连续六年了，可总是考分上不了最低分数线。父亲劝小建：“只有锅里煮白米，哪有锅里煮文章。我们没有考取大学的福气，就扎扎实实做点事，弄点钱，把家庭建设好了也一个样，何必硬要考大学呢?”

主该咯

词解

主：这里是“预示（凶吉祸福、自然变化等）”的意思。

该：理应如此，这里有上天安排的意思。

释义：这应当是上天的安排，没有办法避免或理应如此。

艺术与现实意义

本俚语用语简洁，含义深刻而丰富，且在不同的用语场合，可以表达不同的感情色彩：一般是在不该发生的事或可以避免的事（均指不好的事）发生后，用语人表示惋惜或对受害人或其家属表示同情或安慰的用语；但有时与自己不和的人或公认的坏人发生了意外损害或伤亡，也用此语表示高兴或庆幸。为了更明白地表达，举个例子来分析：王嫂10岁的儿子小武带着6岁的妹妹去外婆家，回来的路上遇上大雨，小武不小心掉入路边的水塘里。小武不会游泳，喝了几口水，用了吃奶的力气爬到池塘边，抓住一块大石头想爬上来，结果因雨水的冲刷石头松动了，小武又重入水中且被石头砸伤了头，最终被淹死了。事后王嫂怀着沉痛的心情把这事诉说给其表妹听。表妹听后良久，以低沉的口气说："这也是主该咯。"简单的几个字表达出了委婉、复杂的感情：掉到水里也罢，已经爬到塘边，谁承想这么大一个石头就被水冲松了呢；这石头不仅没帮着小武，反而还砸伤了小武的头，要是没砸伤头，或许还能再次爬上来哩，唉，这真是天意呀，这是第一层意思。第二层意思是，既然是天意，表姐，你也别太伤心了。这个事本来不会发生，却又凑巧发生了，真是太遗憾了，或者这真是上天的安排，避也避免不了的，你（受害人或其亲属）也不要太难过了。第二种用语场合，表达的是仇恨或"善有善报，恶有恶报"的思想感情。就是"仇人"遭遇了不幸"我"高兴；坏人遭遇了不幸，罪有应得。

语例：尹六六在村子里是一个远近闻名的恶人，经常行凶打人，强抢恶要。有一天，尹六六路过采石场，被放炮炸飞的石头砸死了。消息传到村里，很多人都高兴地说："这回真是主该咯了！"

主意打不清，萝卜起网筋

词解

主意：主见，办法。这里是指决定对某事物怎么处理的方案。

打不清：打，定出。清，清楚。打不清，即拿不定。

起：长出。

网筋：网，wǎng，武冈读音 mǎng。像网的东西。筋，jīn，是动物骨头上的韧带或皮下静脉。网筋，指植物体中呈脉络状的组织，较硬。

释义

本义：萝卜一长出后，种它的主人就在考虑，这萝卜是要它的苗做新鲜小菜吃呢？还是等它稍长大点，苗还未老之时做酸菜吃呢？还是等它长出块茎在块茎未老之时做腌萝卜呢？还是等块茎长成熟后炖汤或做萝卜干呢？还是等它开花结果做来年的种子呢？主人内心很矛盾，长时间决定不下。但还未等他最终决定，萝卜块茎的外皮下已长出坚硬的网筋，除了做种子，怎样吃都不合适了。可做种子哪要得了这么多呀。

用语意义：比喻人办事优柔寡断，往往失去事情成功的良机。

艺术与现实意义

本俚语可以算是一个借喻句式，把人遇事优柔寡断坐失良机与对萝卜怎么吃决断不定致使萝卜变老无用作比。

萝卜虽不怎么值钱，但它多利于人的身体健康，且吃法多样。正因为吃法多样，才有让人“主意打不清”的缘由。这是本俚语产生的基础。以萝卜为例说事，还有一种更深层次的含义：优柔寡断的人，连萝卜这样不值钱的东西怎么吃的小事都处理不好，大一点、重要一点的事情就更处理不好了。

本俚语是以动态比喻动态，不仅具有直观性，而且具有现今的视频短剧的效果，让人们在感受本俚语生动的动态艺术的同时，深切地理解本俚语的含义。

语例：儿子高考差 10 分落榜，现在面临四条路可走：务农，复课，上高价大学或读技校。务农能减轻自家负担，但耽误了儿子大好前程；复课不仅费用高，而且不一定就能比今年考得更好；上高价大学不仅花钱多，而且毕业证牌子也不怎么硬；技校嫌档次低了点。老米真是左右为难，犹豫不决。老高劝老米：“必须尽快决断，要不然，‘主意打不清，萝卜起网筋’了，高价学校、技术学校不会等到你打清了主意才招生呀！”

钻山打洞

词解

钻：zuān，穿过，进入。

打：揭，凿开。

释义

本义：把山凿个洞穿过去。

用语意义：比喻克服极大的困难。

艺术与现实意义

这是一个状语后置的倒装句式，正常的顺序应是“打洞钻山”，即凿了山洞才能穿过山体。本俚语的状语后置，是为了突出谓语“钻山”的重要和难度。

以现在的建筑条件和技术，开凿山洞已经不是什么遥不可及的天方夜谭，高速公路、高速铁路上隧道比比皆是，习以为常，可在20世纪以前的中国，愚公移山只是个寓言，凿洞穿山，都是想都不敢想的事情。所以，为了谁，或者为了某件事而“钻山打洞”，那确实是克服了难以想象的困难。

本俚语产生时，人们应从未听说过“隧道”这个名词，所以，俚语本身是一个极大的夸张，本俚语是一个夸张的比喻，也是一个假想的比喻。但是，把克服巨大困难用“钻山打洞”作比喻，既形象、具体，又有种实在感——似乎可以实现。

语例：“爸，你不要逼我复课考大学，让我去做事挣钱补贴家用吧。再说，我即便是考上大学，家里也没钱供呀。”“儿子，这你就不要操心，只要你考上大学了，我钻山打洞也要找来供你上学的钱！”

钻天挖雷公

词解

钻：zuān，进入，穿过。

挖：wā，挖掘，寻找。

释义

本义：哪怕上到天庭，把天庭翻转来，也要找到雷公。

用语意义：指想尽一切办法，克服一切难以克服的困难达到目的。

艺术与现实意义

相关传说：传说在很久很久以前，有一个女子一向心地善良，尽管自己贫穷，还经常尽其所有去帮助别人。可她有一块去不掉的心病，就是与丈夫结婚多年，已到了人老珠黄的年龄，却没有一男半女。她常为此痛苦不已。一天，她正向菩萨哭诉，菩萨念其行善，赐给她六粒药丸，嘱其一年吃一粒。她因思子心切，将六粒药一次吃了，结果一次生了六个胖娃。更神奇的是这六个孩子生出来在地上打一个滚就长大成人了，且各具特色：一个手脚能伸能缩，伸能够着天；一个眼睛炯炯有神，能看到千里以外的东西；一个耳朵奇大，很远很远地方发出的声响都能听得见；一个浑身闪闪发光，刀枪不入；一个跳入滚开的水里、油里都不觉热；一个能上天入地，力大无穷。该女子没文化，这么多孩子不知叫什么名字，就根据他们的特点，分别把他们叫“长脚长手”“千里眼”“顺风耳”“打不死”“下油锅”“上天入地”。这女子有了这六个孩子当然就吃穿不愁了，很快成了当地富有的老太婆，享尽了人间的荣华富贵。到老了竟忘了年轻时的贫穷和善举，变得贪图享受。一天，儿子们见母亲几天来食欲不佳，问其原因，老太太竟说她什么东西都吃过了，就是没有吃过雷公肉，她想吃雷公肉。儿子们都很孝顺，想都没想就满口答应要把雷公捉来让母亲吃雷公肉。“上天入地”即带着“打不死”到天上寻雷公。雷公被追得没办法就跑到下界来躲藏。没想到，刚一出天门，就被“千里眼”发现了，“长脚长手”即一把将雷公抱住。几兄弟将雷公按住要宰杀。老太太看了看雷公说，雷公太瘦，要养胖一点才宰杀。于是几兄弟把雷公关在谷仓里，每天好东好西地喂养。有天夜里贼来偷谷，刚一打开仓门，雷公“嗡”的一声，趁机逃跑了（所以，也有雷公不打做贼人之说）。本俚语的产生与这个传说应是有关联的，要不然怎么就只说钻天“挖”雷公，而不说“挖”二郎神什么的呢？

“钻天”不光是进入天空，因“钻”还有“穿过”的意思，可以想见寻找雷公是在天上来回穿梭的情景。一个“挖”字体现了寻找雷公的艰辛。“挖”是把天比作地了——在天上找到雷公，如同雷公埋藏在地的某个谁也不知道的位置，现在要用锄头等工具将雷公挖出来，这就意味着可能要挖遍地球的每一个角落。所以本俚语体现了要达到目的的艰辛加决心。

本俚语与前边的“钻山打洞”具有异曲同工之妙，有着相同的修辞艺术，但在实际运用中略有区别：前者侧重于表决心，本俚语侧重于描述，即在叙述他人事迹时运用得多。

语例：洋洋高中毕业后在家无所事事，母亲没少责备他。有天，他提出想学钢琴，母亲好不容易找来了钢琴，学了几天他又说没兴趣了。母亲气不打一处来：“这么大的人，窝在家里几年了，什么也不做！你说你想学钢琴，我钻天挖雷公把钢琴找来了，琴键还没摸热，你说不学就不学了？”

装香擸菩萨

词解

装香：指给菩萨上香。

擃：làng，击也（见上海辞书出版社2011年2月出版的《康熙字典》第400页）。这里也含有“推”“碰”的意思。

释义

本义：由于上香人毛手毛脚，在给菩萨上香的过程中，却把菩萨碰歪了或碰倒了，甚至打坏了。

用语意义：比喻人办事不细心，在完成某一事务的过程中，却损害了比完成的事务更重要的东西。

艺术与现实意义

给菩萨装香，本是为了敬重菩萨，祈求菩萨的庇佑，可是由于装香人的疏忽，却碰歪、碰翻了菩萨，这样的结果是，菩萨不仅不会庇佑你，还会怪罪于你。不良的后果比不上香祈求庇佑的程度要严重多了。

本俚语并不是说本地区的人民很迷信，而是旨在警示人们，办任何事情要认真、细心，不能莽撞、大意，将好事办成了坏事。

本俚语以动态的喻体形象生动地体现了粗心之过。

语例

1. 妈妈要小惠把茶杯放在茶几上，结果小惠一不小心将茶几上的茶壶碰到地上打碎了。妈妈无奈地说：“你真是装香擃菩萨哩。”

2. 小方以为王八大补，即买了王八给领导送礼。谁知该领导最忌王八，一见小方提来王八勃然大怒，给小方一顿臭骂。小方真是装香擃菩萨了。

祖坟上面冒青烟

词解

祖坟：自家已故祖先的坟墓。

青烟：黑色或紫色的烟。

释义：是说（他）已故的某个祖先已得道成仙，开始管后人的事，能保佑后人升官发财、走好运了。但有揶揄的色彩。

艺术与现实意义

本俚语的来由应源自《封神演义》。《封神演义》在描写那些被姜子牙封神的将领被杀时，都有这样的描述：一道青烟朝封神台飘去。这里的一道青烟是这些神将的灵魂，祖坟上面冒青烟，就是祖先得道成仙的灵魂向天上仙宫飘去。但《封神演义》中的神将是被杀后才化作一道青烟向封神台飘去，不像其他仙家那样是自己修炼后羽化登仙，再怎么神，也是被别人杀死的鬼。所以，本俚语表面上是赞叹、奉迎，实则又含揶揄之感情色彩。但说其祖先管事是主流。在这里再说说这个俚语的另一版本："祖坟上面葬倒狗。"这个版本主流上是挖苦受语人，但往往受语人也不生气，因为它承认别人祖坟有灵气，管后人升官发财的事是基础。之所以举此一例，在于帮助加深对本俚语含义和感情色彩的理解。

语例：小冈平时成绩不是很突出，但这次高考却发挥得非常好，运气也好——卷面所出的考题大题都是他特别注意了的地方。小冈父亲比小冈更加喜不自胜，逢人便夸小冈考得如何如何好。老牛对小冈父亲说："是哩，是哩，你家祖坟上面冒青烟了呢！"

嘴多无福

词解

嘴多：嘴，在这里是指说话。嘴多，是指爱说话、爱唠叨。

福：福气，指享受幸福生活的命运。

释义

本义：爱唠叨的人没有享受幸福的福气。

用语意义：规劝他人不要唠叨。

艺术与现实意义

人爱说话，如果这人知识丰富、见识广博，每天都有讲不完的新鲜事、新道理，这样的爱说话的人就受人欢迎；如果爱说话却又知识贫乏、见识浅陋，讲来讲去是几句现话，这便是爱唠叨。唠唠叨叨，别人听着就会生厌烦。一个令人厌烦的人，别人有什么好的机会不会给他，也不愿意跟他合作或向他提供更多的支持或帮助，这是其一；其二，言多必失，讲话讲多了，就会讲错话，得罪人，或泄露有关秘密而使自己或他人受到损失；其三，这种爱唠叨的人，往往自以为是，还爱介入他人（包括自己的父母子女）的事情。这样的人肯定人气不旺，难以得到他人的帮助或怜爱。所以就没有福气。俚语"嘴多无福"，言简意赅，是对这种人运道的高度概括。

语例：女儿老是爱数落女婿的不是，几近唠叨，所以小两口相处总是不和谐。父亲劝女儿："嘴多无福，你总是唠唠叨叨的，哪个喜欢？起不到作用的话就少讲或不要讲。"

嘴上冇毛，做事不牢

词解

毛：体毛。这里指胡须。

牢：牢固，经久。这里指稳妥。

释义：年轻男孩嘴上不长胡须，做事也欠稳妥。

艺术与现实意义

我们知道，胡子是男孩重要的第二性征，不仅标志着男孩身体生理上走向成熟，思维也开始趋向完善，办事就稳妥多了，不会像以前那样风火毛糙。男孩一般在十四五岁开始长胡子（当然现代激素原因造成不良后果的就提前了），这时胡子只是从汗毛开始变黑变粗，如果不去剃它，会维持一段很长的时间不会快速增长。这时的胡须不很明显。十七八岁以后胡须不剃就碍事了，考虑问题就比较全面了，所以，本俚语所讲的有须无须，应是指比较明显的胡须了。

人从无须到有须，并不是人变聪明了，而是知识、阅历多了，社会经验丰富了，考虑和处理问题也就较全面稳妥了。

本俚语适用于男孩而不适用于女孩，是对尚未完全成年男子办事不妥当的责备，但属于陈述性的，不是严厉的批评。本俚语应产生于旧社会，对外办事是男子汉的事情，女子被封建礼教束缚，足不出户，对外办理事务的很少，所以，没有关于女子办事稳妥性与女子成熟性的俚语。

语例：父亲要通通去街上买 3 斤黄豆种。通通在回来的路上不小心在河边摔了一跤，大半的黄豆种子被水冲走了。哥哥取笑通通："嘴上冇毛，做事不牢！"

左眼睛都不睇一下

词解

睇：dì，斜着眼看。

释义

本义：左眼睛都不会斜着看（你）一眼。

用语意义：形容对某人极端轻蔑、鄙视。

艺术与现实意义

一般人们的视力右眼要比左眼好；人们习惯重点用右眼，如射击瞄准，单眼在高倍放大镜、显微镜下看物质的细微处等都习惯用右眼，所以觉得右眼比左眼重要。用右眼斜视（或瞟视）你就是对你的不尊重，更何况是用左眼斜视（或瞟视）你。而现在的状况是用左眼斜视你一瞬间也不愿意，就表示对你的极端轻蔑、鄙视。

该俚语含有三重递进关系，将用语人对被用语人的轻蔑、鄙视推到了极致。但本俚语体现的是用语者心高气傲，不利于团结的不良个性。

语例：“你以为你儿子很了不起，告诉你，我儿子比你儿子强多了。我儿子对你儿子左眼睛都不睇一下。”

坐得正，行得稳，和尚面前打得滚

词解

正：zhèng，这里是姿势端正的意思。

稳：稳当。

打得滚：可以打滚，能够打滚。打滚，指躺下滚来滚去。

释义

本义：坐的姿势端正，行路的步伐稳当，在和尚面前躺着打滚，也不怕和尚生邪念。

用语意义：是说一个人（指女人）只要作风正派，行为端庄，就不需要故意做作地去避嫌，就不怕别人讲闲话诽谤。

艺术与现实意义

本地习俗：一个女人如果作风不正派，则坐无坐相，行走轻浮，处处有卖弄风骚之嫌；坐姿端正，步伐稳重，是正派女人的标志。所以，本俚语以“坐得正”“行得稳”的具体行为作为一个女人作风正派的借代，放在本俚语因果句式的“因”中。又俗语有言，“和尚是色中之王”，和尚在出家时虽说已受“五戒”，其中就有“色戒”，但这只是意念强迫不要去想性的问题。只要发育正常的人，就有性需求，这是自然禀性。更何况很多和尚并不是一心向佛，是基于其他原因出家。长期的性压抑，一旦有机会他们比常人的性冲动更迫切，有女人躺在他面前岂有不乱性的。但和尚也有和尚的修行，一般情况下不至于强迫良家妇女，如果知道这女子一向作风正派，行为端庄，偶尔非挑逗性地躺在他面前，和尚也不敢非礼。

本俚语主要用于女子自诩，体现了女子作风正派的底气和自信。

本俚语使用了借代的修辞手法，以女子坐立行走的姿势，代表女子的行为品德。

本俚语为叙事寓人的用语。

语例：妹妹告诉嫂子有人在外面说嫂子作风上的坏话。嫂子说："我坐得正，行得稳，和尚面前打得滚。妹子，这你是知道的，别人爱怎么说就随他说去吧。"

做出人情千日在

词解

人情：恩惠、情谊。

释义：你做了对别人有恩惠的事情，别人会永远记得你。

艺术与现实意义

在别人有困难的时候，帮助了别人，特别是在别人特别需要帮助的时候，你及时伸出了救援之手，解救了别人急难，也许别人当时没有感谢你，或是来不及，或是无力，或是找不到适合的方式，但人家会对你心存感激，一旦有机会别人就会报答你。也许你对别人做了好事，你是不经意的，但对别人来说意义非凡，别人也会记住你的好处，有适当的机会便会出乎你意料地给予报答。当然，也许别人永远也没有机会报答你，包括你不需要报答，他没有能力报答和没有机会与你再次相遇。自然，一个心地善良的人，做好事，帮助别人的出发点也不是图报答，获利益，但只要别人心里记得，你做出的“人情”就是存在的。

本俚语旨在劝导人们多做善事，不要只图眼前利益，不要只想着做了点对别人有益的事就希望别人以金钱、物质报答你，别人在心里记挂着你的恩惠也是对你的报答。

语例：阿成向邻里讲述了一个亲身经历的故事：前不久，阿成去外地做生意，身上带了不少的钱，在一个行人稀少的巷子里遭到拦路抢劫，正在危难之际，突然冲出一男子汉，击退了劫匪，将受了伤的阿成送到了医院。在医院那男子讲出了要救阿成的缘由：原来几年前这男子到武冈走亲戚，因中暑倒在路边，是阿成把他送到医院抢救过来。阿成已经淡忘了这事，不想这天如此碰巧。“这就叫‘做出人情千日在’呀！”一邻居感叹说。

做到老，学到老，还有三分没学到

词解

三分：与前“打蛇不死三分罪”条同。

释义

本义：人做事，要一边做一边学；知识经验是学不完的，即使你从一开始就注意学习，一直学到你年迈不能从事劳动，关于劳动和生活方面的知识经验你还会有很多没有学到。

用语意义：知识经验是不断发展的，人要注重学习，不能满足于现状。

艺术与现实意义

本俚语系叙事寓理，是人生经验的总结，其中包含了深刻的发展观理念：人生在世，要学的知识经验很多，你花尽毕生精力也学不完；就是一门简单的技术，等到你全部学会了，别人已经改革更新，你又需要继续学习。

本俚语用语简洁，标题小学问大，语言朴素，说理诚恳，易为人所接受。看似普通，实为警句。提醒着人们要努力学习，不能停滞不前。

语例：小胖学木匠出师了，桌椅板凳、住房床柜都能制作。一天父亲对小胖说："有空别闲着，出去走走，看看别的师傅怎么做。"小胖说："要去看别人怎么做，我还有哪样不会做呀？"父亲说："做到老，学到老，还有三分没学到。你才做了几天木工呀？"

做狗了

词解

做：充当。

释义：本地习俗把小孩子生病了叫"做狗了"。

艺术与现实意义

本地百姓认为，狗除了嗅觉、听觉灵敏，奔跑迅速，可以用于狩猎、看家外，最大的特点就是命贱：生命力强，不易生病。过去农村放养的狗确实生命力强：杀狗吃肉时，有时把狗吊得断气了，放在地上，一会儿它又活过来了，且能长久地活着；有时把狗的头骨打碎了，放在地上不动弹了，过一会儿它又站起来了（这种情况狗是不是能长久地存活没有等到验证，因这种情况都是要打狗吃肉，狗爬起来后，人们又接着打直到其死亡）——人们传说狗是地圆心（指狗的心脏是与地的灵气相通的），沾地气就能增强生命力。不像现在的宠物狗这么娇贵，一不小心就生病了，对它的护理比护理小孩要求还高。

人们把小孩生病叫作“做狗”，一是为了避讳：“病”是一个不吉利的名词，不能直接安在小孩头上；第二，把小孩子生病叫“做狗了”，其实是人们对生病孩子的一种良好祝愿，就是祝愿他像狗一样生命力强盛，很快康复起来。

本俚语把小孩比作狗，表面看是贬低了小孩，其实是衬托出了小孩的珍贵，表达了人们对孩子深深的爱。

语例：谢小妹背着孩子从医务室出来，恰巧碰见了孩子他姥姥。姥姥惊愕地问：“孩子做狗了?!”

做过了

词解

过：超过（某个范围和限度）。

释义：把事情做得过了头，会产生不利后果。

艺术与现实意义

物极必反，这是个自然法则，但在本俚语产生之时，科学界可能还未总结出这个自然法则，至少这个法则还未得到普遍传播。本俚语产生的基础，应是佛学的因果报应。本俚语在以前常常被用作对别人家出现不肖后代的奚落，说是别人家前人做过了、做狠了，所以才生出不肖后代。但渐渐地，这种用语意义退居二线。现在最多的用语境况是，别人做某事做得过于认真，在用语人看来没有必要，即用本俚语劝别人不要继续下去，并称如果继续这样操作下去的话，很可能产生不利后果。

本俚语语面虽然简单，却有着深厚的文化底蕴，并与自然法则相吻合。

语例：弟弟和姐姐在一起插栽红薯苗。弟弟担心红薯苗被风刮掉，所以插一株就用手指将苗下润土按压了又按压。姐姐见状说："你做过了，哪个插红薯苗要反复按压，以后它的根怎么生得出来呀？只要轻轻按压一下防刮风脱落就行了。"

做事冇种，人怕纲讧

词解

种：zhǒng，（种儿）生物传代繁殖的东西。这里指人的遗传特性。

纲讧：纲：gāng，生物学上分类的一个层次，把同一门的生物按照彼此相似的特征和亲缘关系再分为几个群叫作纲。这里是指性格、品质相近的人聚在一起。讧：gōng。普通话读hòng。按《康熙字典》解释，主音读"hóng"，也读"gōng"，注释：《说文》：讃：也。讃：huì，注释：……又《正韵》：呼聚也。（分别见上海辞书出版社2008年8月第1版《康熙字典》第1122页与第1154页）。纲讧：指趣味相投的人聚在一起（贬义色彩）。

释义：人生在世总得做些事情——好事或坏事；没有人天生是做好事的，也没有人天生是做坏事的，关键要看你经常和哪些人聚在一起：常同好人聚在一起，你会学样做好事，常同坏人聚在一起，你会学样做坏事，怕就怕常和坏人聚在一起。

艺术与现实意义

本俚语强调了人际关系对人生的影响。人是群居动物，最怕寂寞，但人一旦共处，在言语、意向、志趣等方面，会互相产生影响；与你经常相处的人都是积极上进者，无形之间促动着你积极上进；如果与你经常相处的人都是消极、堕落之辈，你也难以积极上进。一个院落中一群同伴里，有一两个读书用心并考上大学的，那么，这个院落里读书的风气就会无形中好转。如你接洽的朋友都吸毒、贩毒，那你也难与毒品脱离关系，特别是未成年人。这也是"昔孟母，择邻处"的道理。

20世纪80年代前，国家招工招干，以至大学招生，都要进行严格的政审，其中重要的一项是审查被招收人的社会关系，即与哪些亲戚朋友交往密切，如果社会关系复杂，特别是近亲属中有坏分子，就不会被招收。这便是"做事有种，人怕纲讧"道理的延伸和具体表现。

本俚语要求我们，在养育自己的后代时，要注意关心孩子交朋结友的情况，不要让自己的孩子被坏人带坏了。

语例：几个老人在一起道家常，有人说："老六的崽，原先好听话的，现在却被公安强制戒毒，真痛心啦！""做事冇种，人怕纲讧，还不是他父亲与母亲离婚后跟着个娘，娘管不了，混坏了队！"一老太接过话茬说。